国家出版基金项目
"十四五"国家重点出版物出版规划项目

信息融合技术丛书

何 友 陆 军 丛书主编　熊 伟 丛书执行主编

多源信息融合推理与应用

刘准钆　潘　泉　牛佳伟　张作伟
黄林庆　韩春雷　鹿　瑶　　　　著

电子工业出版社
Publishing House of Electronics Industry
北京·BEIJING

内 容 简 介

本书讲述了多源信息融合处理的基本概念以及多源信息融合发展的核心理论方法，如证据理论等；介绍了多源冲突信息鲁棒证据推理、多辨识框架下异构证据融合以及多值映射迁移分类等多种融合技术；给出了多源信息融合的典型应用，特别是在不确定数据分类、多源信息融合检测与识别领域的实践应用，如多源图像数据融合目标识别和多特征融合目标检测。

本书可供从事多源信息融合推理理论研究和工程应用的专业技术人员参考，也可作为高等院校相关专业本科高年级学生、研究生的参考书。

未经许可，不得以任何方式复制或抄袭本书之部分或全部内容。
版权所有，侵权必究。

图书在版编目（CIP）数据

多源信息融合推理与应用 / 刘准钆等著. -- 北京：
电子工业出版社, 2025. 1. -- (信息融合技术丛书).
ISBN 978-7-121-49215-0
I. G202
中国国家版本馆 CIP 数据核字第 2024NA5892 号

责任编辑：张正梅
印　　刷：北京利丰雅高长城印刷有限公司
装　　订：北京利丰雅高长城印刷有限公司
出版发行：电子工业出版社
　　　　　北京市海淀区万寿路 173 信箱　　邮编：100036
开　　本：720×1000　1/16　　印张：21.25　　字数：427 千字
版　　次：2025 年 1 月第 1 版
印　　次：2025 年 1 月第 1 次印刷
定　　价：136.00 元

凡所购买电子工业出版社图书有缺损问题，请向购买书店调换。若书店售缺，请与本社发行部联系，联系及邮购电话：（010）88254888，88258888。
质量投诉请发邮件至 zlts@phei.com.cn，盗版侵权举报请发邮件至 dbqq@phei.com.cn。
本书咨询联系方式：zhangzm@phei.com.cn。

"信息融合技术丛书"
编委会名单

主　　编：何　友　陆　军

执行主编：熊　伟

副 主 编（按姓氏笔画排序）：

　　　　王子玲　刘　俊　刘　瑜　李国军　杨风暴
　　　　杨　峰　金学波　周共健　徐从安　郭云飞
　　　　崔亚奇　董　凯　韩德强　潘新龙

编　　委（按姓氏笔画排序）：

　　　　王小旭　王国宏　王晓玲　方发明　兰　剑
　　　　朱伟强　任煜海　刘准钆　苏智慧　李新德
　　　　何佳洲　陈哨东　范红旗　郑庆华　谢维信
　　　　简湘瑞　熊朝华　潘　泉　薛安克

丛书序

信息融合是一门新兴的交叉领域技术，其本质是模拟人类认识事物的信息处理过程，现已成为各类信息系统的关键技术，广泛应用于无人系统、工业制造、自动控制、无人驾驶、智慧城市、医疗诊断、导航定位、预警探测、指挥控制、作战决策等领域。在当今信息社会中，"信息融合"无处不在。

信息融合技术始于20世纪70年代，早期来自军事需求，也被称为数据融合，其目的是进行多传感器数据的融合，以便及时、准确地获得运动目标的状态估计，完成对运动目标的连续跟踪。随着人工智能技术的发展和大数据时代的到来，数据的来源和表现形式都发生了很大变化，不再局限于传统的雷达、声呐等传感器，数据呈现出多源、异构、自治、多样、复杂、快速演化等特性，信息表示形式的多样性、海量信息处理的困难性、数据关联的复杂性都是前所未有的，这就需要使用更加有效且可靠的推理和决策方法来提高融合能力，消除多源信息之间可能存在的冗余和矛盾。

我国的信息融合技术经过几十年的发展，已经被各行各业广泛应用，理论方法与实践的广度、深度均取得了较大进展，具备了归纳提炼丛书的基础。在中国航空学会信息融合分会的大力支持下，国内二十几位信息融合领域专家和知名学者联合撰写了"信息融合技术丛书"，系统地总结了我国信息融合技术发展的研究成果及经过实践检验的应用，同时紧紧把握信息融合技术发展前沿。本丛书按照检测、定位、跟踪、识别、高层融合等方向进行分册，各分册之间既具有较好的衔接性，又保持了各自的独立性，读者可按需读取其中一册或数册。希望本丛书能对信息融合领域的设计人员、开发人员、研制人员、管理人员和使用人员，以及高校相关专业的师生有所帮助，能进一步推动信息融合技术在各行各业的普及和应用。

"信息融合技术丛书"是从事信息融合技术领域各项工作的专家们集体智慧的结晶，是他们长期工作成果的总结与展示。专家们既要完成繁重的科研任务，又要在百忙之中抽出时间保质保量地完成书稿，工作十分辛苦，在此，我代表丛书编委会向各分册作者和审稿专家表示深深的敬意！

本丛书的出版得到了电子工业出版社领导和编辑的积极推动，得到了丛书编委会各位同志的热情帮助，借此机会一并表示衷心的感谢！

何　友

中国工程院院士

2023 年 7 月

前言

信息融合通常指对获得的多源信息在一定的准则下加以自动分析、优化综合，以完成所需决策和估计任务而进行的数据处理过程。信息融合也是生物体所固有的一种本质特征，是生物体进行环境感知和行为分析的基础。在多传感器综合系统中，信息融合能够提高目标检测识别的准确性和鲁棒性。信息融合是侦察预警中的核心关键技术，并且已被广泛应用于目标检测识别、遥感解译、视频监控等军用和民用的诸多领域。然而，在当前多源信息综合系统中，传感类型不断增加，对抗干扰技术不断进步，导致目标检测数据的不确定、高冲突、大差异等特性凸显，给目标检测识别带来了严峻挑战。

在多源信息融合目标识别中，证据理论作为一种基本的高层信息融合理论，将概率框架拓展到了幂集，其在不确定信息表示、分析与融合处理方面具有独特优势，已被广泛应用于多源异类信息综合处理。证据理论基于一个完备的辨识框架，不同信源的信息都在该辨识框架下用证据进行表示，采用证据组合规则可以将多个证据进行融合，根据融合结果对事件做出判断。融合时，不同的证据根据信源质量可以被赋予不同的权重，以调整各信源对融合结果的影响程度。

现行证据融合识别方法一般要求不同信源提供的事件证据要在相同的辨识框架下进行表示，即要求所有待融合证据的焦元（基本置信值大于 0 的幂集元素）来自相同的辨识框架。然而，在许多情况下，由于信源的独立性和差异性，不同信源提供的关于目标识别等事件的证据经常基于不同的辨识框架，导致现行证据融合识别方法无法处理这种异构数据。此外，由于各信源属性不同且信息可靠性不同,经常出现信源证据高冲突,传统方法在处理多源冲突数据时通常采用加权融合方式,但是这类方法只能改变信源权重,无法改善信源质量,导致高冲突数据融合结果可靠性较低。多源异构冲突数据融合是当前国际信息处理领域的一个难点。

在非合作目标识别中,训练样本往往十分匮乏,这会造成目标识别准确率较低。当存在一些与目标数据相关但分布甚至属性不同的带标注样本数据(称为源域数据)时,迁移学习通过将目标域待分类的数据和源域数据转换到统一的特征空间,利用源域数据来辅助目标数据分类。不过,在现行多源信息融合目标检测系统中,信源种类日益增多,如雷达、可见光、红外及情报文本等。这些信源属性差异较大,不同信源之间的映射迁移非常困难。并且,当源域(辅助信源)增多时,通常将多个源域整合为一个源域再与目标域数据集进行迁移,这种集中式迁移不利于充分挖掘利用每个源域的辅助知识,难以显著提高目标检测识别的准确性。对这种多源异构数据进行有效融合以提高目标检测识别的准确性成为工程应用中亟待突破的技术瓶颈。

作者长期从事多源信息融合及其应用的研究工作。目前国内外关于多源信息融合在数据分类和融合推理方面的研究进展的学术文献有很多,但针对多源、大差异、高冲突信息融合推理及其在目标检测、识别等应用方面的研究进展进行系统全面介绍的著作较少。对广大对多源信息融合推理有兴趣的人来说,拥有一部能够反映多源、大差异、高冲突信息融合推理及其在目标检测、识别等应用方面的研究进展的工具书,将有助于他们解决相关技术问题。对长期在工程一线从事具体应用的工程技术人员来说,同样需要一本能够反映多源信息融合理论及其应用研究发展动态的参考书,以更新知识储备。本书的初衷就是为信息融合领域的学生和科研工作者尽微薄之力,以对他们的学习和工作有所帮助。

作者是在长期从事多源信息融合及其应用研究工作基础上完成本书的。本书较为系统地总结了国内外这方面的最新研究进展,特别是系统地总结了作者在多源证据融合数据分类、多源信息融合目标检测与识别等方面的研究成果。本书共 15 章,主要包括多源信息融合处理理论与方法及多源信息目标检测、识别和应用两部分内容。第 1 章介绍多源信息证据融合、迁移学习、多源图像数据融合识别等相关基础知识。第 2 章介绍多源冲突信息鲁棒证据推理,在信源高冲突时通过对信源可靠度的精细化评估对信源证据进行修正,从而提高融合结果的准确性。第 3 章介绍多辨识框架下异构证据融合分类,针对多源证据辨识框架不一致问题，构建异构证据转换模型，将异构证据转换到统一的辨识框架下进行融合分类。第 4 章介绍多源不完备数据融合分类，针对单个信源数据不完备导致目标识别错误率高的问题，利用不同信源之间的互补知识来实现对目标的准确分类与识别。第 5 章介绍异质不确定数据多值映射迁移分类，针对雷达、光学等大差异数据难以精准映射的问题，采用多值映射迁移策略，即在异构特征空间利用多个映射值来表征迁移的不确定性，进而通过高层证据融合获得目标正确的分类结果。第 6 章介绍异构数据双向迁移融合目标分类，针对异构数据单向迁移时存在不确定性的问题，将源域和目标域的数据进行双向交互迁移，进而将目标迁移分类结果进行融合以提高分类的准确率。第 7 章介绍多源异构数据分布式迁移融合分类，当存在多个源域数据时，将每个源域数据分别与目标域数据进行迁移分类，然后将每个源域辅助下的目标分类结果进行加权证据融合以获得目标分类结果。第 8 章介绍多特征融合 SAR 目标检测，在没有标注样本的情况下，将 SAR 图像目标的统计特性和结构特性进行融合以提升目标检测性能。第 9 章介绍异质遥感图像无监督变化检测，采用图像翻译技术将 SAR 图像转化为光学图像，进而对目标变化区域进行检测。第 10 章介绍渐进式多光谱遥感图像变化检测，首先获得一些高置信值的变化像素点，以此为样本学习不同图像之间的映射关系，然后进行精细的目标变化检测。第 11 章介绍自适应开放环境下目标识别，当目标类别未被完全包含在训练集中时，利用 k 近邻方法并自适应寻找已知类和未知类在概率空间的最优分割阈值，从而对目标进行分类。第 12 章介绍多源异构图像目标迁移融合识别，通过设计端到端的深度网络模型，将每个源域的图像数据分别与目标图像对齐并辅助目标分类，最后将不同源域辅助下的分类结果进行融合，获得最终分类结果。第 13 章介绍观测样本严重缺失条件下的 SAR 目标识别，针对 SAR 目标观测样本匮乏的情况，通过将目标解缠为相互独立的身份特征和姿态特征，在观测角连续大范围缺失的条件下实现对目标的准确识别。第 14 章介绍多源图像数据融合目标识别，利用互学习技术将红外图像和可见光图像等异类图像数据进行融合，从而提高目标识别精度。第 15 章介绍异源舰船图像语义特征融合目标识别，针对辅助信源包含少量有标记样本及大量无标记样本的情况，构造跨源域深度学习网络，利用光学辅助源图像提高 SAR 目标识别的准确率。相信本书的出版对于推动多源信息融合理论及其应用的研究发展会有所裨益。

本书的出版离不开邱光辉、回学猛、宁亮波、郭钊瑞、王姝玥、刘佳翔、刘泽超、杨涛、陈照、段静菲等人的贡献，并且本书得到了国家自然科学基金项目（U20B2067）以及西北工业大学精品学术著作培育项目等的资助，在此表示衷心的感谢。由于作者水平有限，书中不妥之处在所难免，恳请读者批评指正。

刘准钆

2024 年 8 月

目录

第 1 章 绪论 ··· 1
  1.1 多源信息证据融合 ··· 1
    1.1.1 证据理论基本概念 ··· 2
    1.1.2 证据融合 ·· 3
  1.2 迁移学习 ··· 4
    1.2.1 迁移学习的基本定义与分类 ··· 5
    1.2.2 基于数据的迁移学习 ·· 6
    1.2.3 基于模型的迁移学习 ·· 11
    1.2.4 多源迁移学习 ··· 17
  1.3 多源图像数据融合识别 ·· 18

第 2 章 多源冲突信息鲁棒证据推理 ·· 22
  2.1 引言 ··· 22
  2.2 CF-CRE 方法介绍 ··· 23
    2.2.1 内部可靠度评估 ·· 23
    2.2.2 相对可靠度评估 ·· 26
  2.3 实验结果与分析 ··· 29
    2.3.1 基础数据集 ·· 29
    2.3.2 相关融合方法 ··· 29
    2.3.3 实验细节 ··· 31
    2.3.4 结果分析 ··· 32
    2.3.5 参数敏感性分析 ·· 43

2.4 本章小结 ··· 43

第 3 章 多辨识框架下异构证据融合分类 ··· 44
3.1 引言 ··· 44
3.2 多辨识框架下异构证据融合识别基础知识 ··· 45
3.3 CCDF 方法介绍 ··· 47
    3.3.1 构建异构证据转换模型 ··· 47
    3.3.2 估计证据等价转换矩阵 ··· 50
3.4 实验结果与分析 ··· 54
    3.4.1 基础数据集 ··· 54
    3.4.2 相关分类方法 ··· 57
    3.4.3 实验细节 ··· 58
    3.4.4 结果分析 ··· 61
3.5 本章小结 ··· 67

第 4 章 多源不完备数据融合分类 ··· 68
4.1 引言 ··· 68
4.2 不完备数据目标分类 ··· 69
4.3 CCIF 方法介绍 ··· 71
    4.3.1 渐进式异常目标检测 ··· 71
    4.3.2 多源证据加权融合分类 ··· 75
4.4 实验结果与分析 ··· 79
    4.4.1 基础数据集 ··· 79
    4.4.2 相关融合方法 ··· 83
    4.4.3 实验细节 ··· 84
    4.4.4 结果分析 ··· 89
    4.4.5 参数敏感性分析 ··· 90
4.5 本章小结 ··· 93

第 5 章 异质不确定数据多值映射迁移分类 ··· 94
5.1 引言 ··· 94
5.2 EHTC 方法介绍 ··· 95
    5.2.1 不确定数据多值映射预测 ··· 95
    5.2.2 基于证据推理的迁移分类 ··· 101
5.3 实验结果与分析 ··· 102
    5.3.1 基础数据集 ··· 102

5.3.2　相关分类方法 ··· 104
　　　5.3.3　结果分析 ··· 105
　5.4　本章小结 ··· 107
第 6 章　异构数据双向迁移融合目标分类 ·· 109
　6.1　引言 ··· 109
　6.2　BDTC 方法介绍 ··· 110
　　　6.2.1　异构数据双向迁移分类 ··· 110
　　　6.2.2　多分类结果优化加权融合 ·· 116
　6.3　实验结果与分析 ··· 120
　　　6.3.1　基础数据集 ··· 120
　　　6.3.2　相关分类方法 ··· 123
　　　6.3.3　实验细节 ··· 123
　　　6.3.4　结果分析 ··· 126
　　　6.3.5　参数敏感性分析 ·· 127
　6.4　本章小结 ··· 129
第 7 章　多源异构数据分布式迁移融合分类 ··· 130
　7.1　引言 ··· 130
　7.2　CTC 方法介绍 ·· 131
　　　7.2.1　权重估计 ··· 131
　　　7.2.2　谨慎决策 ··· 135
　7.3　实验结果与分析 ··· 138
　　　7.3.1　基础数据集 ··· 138
　　　7.3.2　相关分类方法 ··· 139
　　　7.3.3　实验细节 ··· 141
　　　7.3.4　结果分析 ··· 142
　7.4　本章小结 ··· 154
第 8 章　多特征融合 SAR 目标检测 ··· 155
　8.1　引言 ··· 155
　8.2　USOC 方法介绍 ·· 156
　　　8.2.1　海杂波统计分布模型选择 ·· 156
　　　8.2.2　CFAR 检测软标签生成 ·· 158
　　　8.2.3　无监督舰船检测网络构建 ·· 164
　8.3　实验结果与分析 ··· 168

    8.3.1 基础数据集 ·· 168
    8.3.2 实验细节 ·· 169
    8.3.3 结果分析 ·· 169
  8.4 本章小结 ··· 172

第 9 章 异质遥感图像无监督变化检测 ·· 174
  9.1 引言 ·· 174
  9.2 USCD 方法介绍 ··· 175
    9.2.1 图像–图像翻译 ··· 175
    9.2.2 提取显著变化/未变化的像素对 ··· 178
    9.2.3 图像分类 ·· 179
  9.3 实验结果与分析 ··· 181
    9.3.1 基础数据集 ·· 181
    9.3.2 相关分类方法 ·· 183
    9.3.3 结果分析 ·· 184
    9.3.4 参数敏感性分析 ·· 192
  9.4 本章小结 ··· 193

第 10 章 渐进式多光谱遥感图像变化检测 ··································· 195
  10.1 引言 ··· 195
  10.2 CPCD 方法介绍 ·· 196
    10.2.1 基于辐射/混合方法的训练样本扩充 ································ 197
    10.2.2 基于 CNN 的不确定样本精细化分类 ······························ 198
    10.2.3 基于 CPCD 方法的变化图生成 ·· 199
  10.3 实验结果与分析 ··· 199
    10.3.1 基础数据集 ·· 200
    10.3.2 评估标准 ·· 201
    10.3.3 结果分析 ·· 203
    10.3.4 参数敏感性分析 ·· 210
  10.4 本章小结 ··· 210

第 11 章 自适应开放环境下目标识别 ··· 212
  11.1 引言 ··· 212
  11.2 KAOSR 方法介绍 ·· 213
    11.2.1 测试目标属于已知类概率计算 ··· 213
    11.2.2 测试目标属于已知类概率迭代优化 ································· 216

  11.2.3 最优概率阈值自适应计算·················218
 11.3 实验结果与分析····························223
  11.3.1 相关分类方法·························223
  11.3.2 结果分析····························225
  11.3.3 参数敏感性分析························229
 11.4 本章小结································233

第 12 章 多源异构图像目标迁移融合识别····················234
 12.1 引言···································234
 12.2 MHDTN 方法介绍····························235
  12.2.1 加权混合最大化均值差异···················236
  12.2.2 多源异构分布式迁移网络···················238
 12.3 实验结果与分析····························241
  12.3.1 基础数据集···························241
  12.3.2 相关分类方法·························243
  12.3.3 结果分析····························244
  12.3.4 参数敏感性分析························248
 12.4 本章小结································249

第 13 章 观测样本严重缺失条件下的 SAR 目标识别·············251
 13.1 引言···································251
 13.2 ConFeDent 方法介绍··························252
  13.2.1 身份特征和姿态特征正则化函数················255
  13.2.2 损失函数及优化策略······················259
 13.3 实验结果与分析····························263
  13.3.1 基础数据集···························263
  13.3.2 实验细节····························265
  13.3.3 结果分析····························266
  13.3.4 参数敏感性分析························270
 13.4 本章小结································273

第 14 章 多源图像数据融合目标识别·······················274
 14.1 引言···································274
 14.2 基于 DML 策略的可见光图像-红外图像数据融合目标识别
    方法介绍································275
  14.2.1 多源图像 DML 融合网络设计··················276

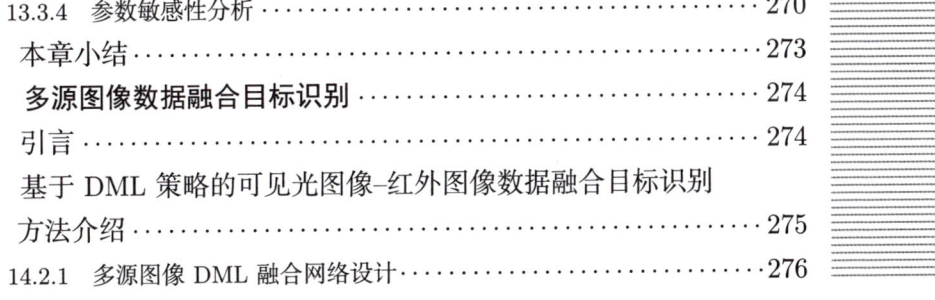

14.2.2 多分类结果决策级加权融合识别 ··· 279
  14.3 实验结果与分析 ··· 282
   14.3.1 基础数据集 ··· 282
   14.3.2 相关分类方法 ··· 285
   14.3.3 实验细节 ··· 285
   14.3.4 消融实验 ··· 288
   14.3.5 参数敏感性分析 ··· 289
   14.3.6 结果分析 ··· 292
  14.4 本章小结 ··· 294

第 15 章 异源舰船图像语义特征融合目标识别 ·············· 295
  15.1 引言 ··· 295
  15.2 异源舰船图像语义特征融合目标识别方法介绍 ······················ 296
   15.2.1 光学图像辅助 SAR 舰船目标 ······································· 296
   15.2.2 预训练辅助舰船分类网络及知识蒸馏 ······························· 297
   15.2.3 主网络设计 ··· 299
   15.2.4 网络搭建及优化 ··· 304
  15.3 实验结果与分析 ··· 307
   15.3.1 基础数据集 ··· 308
   15.3.2 参数敏感性分析 ··· 312
   15.3.3 结果分析 ··· 313
  15.4 本章小结 ··· 317

参考文献 ··· 318

第1章
绪论

1.1 多源信息证据融合

信息融合是将多源信息或多个传感器获取的信息进行有目的的组合，这是多传感器综合系统中的核心关键技术。在侦察监控中，将不同平台（如星载、机载等）、不同传感器（如雷达、光电等）的多源信息进行适当的融合，能够有效提高目标探测识别的准确性和鲁棒性。根据融合对象和方式的不同，信息融合一般分为数据层融合、特征层融合和决策层融合。

数据层融合是直接对传感器的观测数据进行融合处理，从而得到对目标状态更精准的观测结果。数据层融合信息损失最少，可以获得比较精准的观测信息，融合精度高。不过，数据层融合要处理的传感器数据量很大，计算量也较大，并且由于它处理的对象是原始数据而不是特征信息，故融合精度容易受环境等外部因素的影响。另外，数据层融合对参与融合的数据配准关系要求较高，这就增加了计算代价。

特征层融合是中间层次的融合，它先从每个传感器探测数据中提取目标特征，融合中心对从不同信源（传感器）提取的目标特征进行融合，从而获得目标更丰富、全面的特征表示，这可以为后续的分类识别等处理提供支持。特征层融合对数据配准要求不如数据层融合那样严格，这样既能够保留目标重要的特征信息，又能够进行可观的数据压缩，降低对传输中通信带宽的要求。不过，特征层融合存在融合特征中各维度特征量纲不统一的问题，而且融合特征维数一般较高，为后续分类等处理增加了一定难度。

决策层融合属于高层信息融合，其先由每个传感器基于自己的数据做出决策判断，然后融合中心对各传感器的决策结果（如概率、证据等）进行融合以得到最后的识别判断结果。融合中心在对各传感器提供的结果进行融合前同样需要进行关联处理，以保证参与融合的结果来自同一个目标。这种处理方法具有较高的灵活性，对通信带宽要求低。此外，其对传感器的依赖性较小，参与融合的传感器可以是同质的，也可以是异质的，而且可以处理异步信息。不过，决策层融合中目标原始数据信息损失较大，且融合中心需要对各传感器数据进行处理来得到各自的初步决策结果，所以其预处理代价较大。

证据融合是当前一种基本的决策层融合方法，由于决策层融合能够有效处理属性差异较大的信息，因此被广泛应用于异类传感器信息融合中。

1.1.1 证据理论基本概念

证据理论（Evidence Theory）又称证据推理（Evidential Reasoning，ER）、信任函数理论（Belief Functions Theory），由 Dempster 首次提出，他采用多值映射的方法得出了概率的上下界，后来由 Shafer 在其著作 *A Mathematical Theory of Evidence Theory* 中进行推广，标志着证据推理的形成，因此该理论又称 Dempster-Shafer 理论（Dempster-Shafer Theory，DST）。证据推理作为一种表示和融合不确定信息的优秀工具，已经被成功应用到许多研究领域，如多源信息融合、不确定数据分类、不确定数据聚类、专家系统、决策支持系统、图像分割、遥感图像变化检测等。

证据推理成功地将概率框架 $\Omega = \{\omega_s, s = 1, 2, \cdots, c\}$ 扩展到了幂集，并发展了众多证据融合方法。在 DST 中，一个证据的基本置信值（Basic Belief Assignment，BBA）是从 2^Ω 到 $[0, 1]$ 的一个映射函数 $m(\cdot)$，而这个映射函数满足 $m(\varnothing) = 0$ 和

$$\sum_{A \in 2^\Omega} m(A) = 1 \tag{1-1}$$

例如，如果 $\Omega = \{\omega_1, \omega_2, \omega_3\}$，那么 $2^\Omega = \{\varnothing, \omega_1, \omega_2, \omega_3, \{\omega_1, \omega_2\}, \{\omega_1, \omega_3\}, \{\omega_2, \omega_3\}, \Omega\}$。所有满足 $m(A) > 0$ 的 2^Ω 中的元素 A 都称为基本置信值函数 $m(\cdot)$ 的焦元，用来表示目标对类别 ω_s 的支持程度。贝叶斯概率分配是基本置信值的一种特殊情形，当所有焦元都是单类时就是贝叶斯概率分配。在另一种情况下，如果焦元 A 不是单类而是多个类别的集合，如 $A = \{\omega_s, \omega_t\}$，就代表该目标可能属于类别 ω_s 和 ω_t 中的某一类，但是目前的知识不能确定是哪一类。证据推理与概率框架的差异是前者可以表示对一部分知识的未知。其中 $m(\Omega)$

表示对全局的未知，当 $m(\Omega)=1$ 时表示对信源的完全未知。

根据基本置信值函数 $m(\cdot)$，Shafer 定义了信任函数 $\mathrm{Bel}(\cdot)$ 和似然函数 $\mathrm{Pl}(\cdot)$ 来表示概率的下限与上限，即

$$\mathrm{Bel}(A) = \sum_{B \in 2^{\Omega} | B \subseteq A} m(B) \tag{1-2}$$

$$\mathrm{Pl}(A) = \sum_{B \in 2^{\Omega} | A \cap B \neq \varnothing} m(B) \tag{1-3}$$

1.1.2 证据融合

来源于同一个辨识框架下的两个独立的证据 $m(1)$ 和 $m(2)$ 可以用 Dempster-Shafer 规则（DS 规则）进行融合，得到的基本置信值函数表示为 $m = m_1 \oplus m_2$，而 $m(\varnothing) = 0, \forall A \neq \varnothing \in 2^{\Omega}$，

$$m(A) = m_1 \oplus m_2(A) = \begin{cases} \dfrac{\sum_{B \cap C = A} m_1(B)m_2(C)}{1 - \mathcal{K}}, & \forall A \in 2^{\Omega} \backslash \{\varnothing\} \\ 0, & A = \varnothing \end{cases} \tag{1-4}$$

式中，$\mathcal{K} = \sum_{B,C \in 2^{\Omega} | B \cap C = \varnothing} m_1(B)m_2(C)$ 表示两个证据的冲突量度。此外，可以将以上基本置信值函数拓展到多个独立证据的情况下，即有 n 个独立的基本置信值分配 $m_1, m_2, \cdots, m_n$，满足 $m(\varnothing) = 0, \forall A \neq \varnothing \in 2^{\Omega}$，有

$$m(A) = L \sum_{\substack{A_1, A_2, \cdots, A_n \in 2^{\Omega} \\ A_1 \cap A_2 \cap \cdots \cap A_n = A}} m_1(A_1)m_2(A_2)\cdots m_n(A_n) \tag{1-5}$$

DS 规则按照等比例原则将冲突信息进行分配，当两个证据高度冲突时，DS 规则可能产生不太合理的融合结果。因此，许多学者纷纷提出了改进的证据融合规则。成比例冲突再分配规则（Proportiona Conflict Redistribution Rules，PCR）是由 Dezert 和 Smarandache 提出来的，DS 理论中共包含 PCR1~PCR5 五种规则，它们的不同之处主要在于冲突的比例再分配形式。其中，PCR5 被认为是对冲突信息分配最精确的融合规则，PCR5 将辨识框架中的单焦元看作冲突信息的来源，把融合后的冲突信息按照单焦元的置信值

进行再分配。利用 PCR5 对两个独立证据融合如下。

$$m_{12}(X_i) = \sum_{\substack{Y,Z \in G^\Theta \text{ and } Y,Z \neq \varnothing \\ Y \cap Z = X_i}} m_1(Y)m_2(Z) \tag{1-6}$$

$$m_{12}(X_i) + \sum_{\substack{X_j \in G^\Theta \text{ and } i \neq j \\ X_i^i \cap X_j = \varnothing}} \left[\frac{m_1(X_i)^2 m_2(X_j)}{m_1(X_i) + m_2(X_j)} + \frac{m_2(X_i)^2 m_1(X_j)}{m_2(X_i) + m_1(X_j)} \right]$$
$$\tag{1-7}$$

式中，$X_i \in G^\Theta$ 且 $X_i \neq \varnothing$；m_1 和 m_2 代表两个独立证据的基本置信值分配；G^Θ 代表广义幂集空间。公式中所有分式的分母都不为 0，如果分母为 0，则分式将不再使用。

在证据融合中，不同信源的可靠度存在差异，根据可靠度不同，每个证据在融合中权重也不同。经典的 Shafer 证据加权折扣方法将每个证据利用其权重系数进行加权折扣，折扣掉的信息全都分给未知类。Shafer 证据加权折扣方法的计算公式如下。

$$\begin{cases} {}^\alpha m(A) = \alpha m(A), A \subseteq \Omega, A \neq \Omega \\ {}^\alpha m(\Omega) = 1 - \alpha + \alpha m(\Omega) \end{cases} \tag{1-8}$$

式中，$\alpha = 0$ 是 $m(\cdot)$ 的权重。具体而言，$\alpha = 1$ 代表信源完全可靠，此时 ${}^\alpha m(\cdot) = m(\cdot)$；$\alpha = 0$ 代表信源完全不可靠，此时 ${}^\alpha m(\Omega) = 1$，即将信息全部分给了未知类，${}^\alpha m(\Omega)$ 在融合中不起作用。经过加权折扣后的证据可以采用适当的融合规则（如 DS 规则、PCR5）等进行处理，加权折扣可以调节每个证据在融合中发挥的作用。

在根据 DS 规则对融合结果进行判断决策时，通常将基本置信值函数值转换为概率度量 $\text{BetP}(\cdot)$，目标通常被分给概率值最大的类别。其中，单类 w_s 经过转换后得到的概率度量为

$$\text{BetP}(\omega_s) = \sum_{X \in 2^\Omega, \omega_s \in X} \frac{1}{|X|} m(X) \tag{1-9}$$

1.2 迁移学习

在目标识别中，通常利用大量的训练样本学习一个分类模型对目标数据进行分类识别，并且一般认为训练样本和目标满足独立同分布。然而，在许多

应用中，训练样本往往匮乏，收集大量带标注训练样本十分耗时且代价很大。在这种情况下，传统数据分类算法难以精准地识别目标。半监督学习利用少量带标注训练样本与大量无标注样本学习模型参数，可以减小由于带标注样本匮乏带来的影响。不过，在某些非合作目标识别中，获取训练样本极其困难，甚至无法获得。在这种情况下，往往可以获得一些与目标数据相关但分布等差异较大的带标注样本数据，但这些数据不能直接用于目标分类。迁移学习能够将这些有差异的数据通过特征映射转换到相似的特征分布空间，从而借助这些辅助带标注样本信息提高目标数据分类的准确率。

1.2.1 迁移学习的基本定义与分类

迁移学习通过将不同领域的知识进行迁移，可以有效解决带标注训练样本匮乏的问题。在实际生活中，人类如果学会了分辨一种肤色的人的性别，随后仅需要进行少量的学习，就可以分辨另一种肤色的人的性别。受人类跨领域迁移知识能力的启发，迁移学习旨在利用来自相关领域（称为源域）的知识来提高机器学习模型的性能，减少对带标注训练样本的依赖，实现对无标注或少标注领域（称为目标域）样本的准确识别。假设给定领域 $\mathcal{D} = \{\mathcal{X}, P(X)\}$，$\mathcal{X}$ 代表特征空间，$P(X)$ 代表边缘概率分布。对于特定领域 $\mathcal{D}$，其任务 $\mathcal{T}$ 表示为 $\mathcal{T} = \{\mathcal{Y}, P(Y|X)\}$，$\mathcal{Y}$ 代表类别空间，$P(Y|X)$ 代表条件概率分布。根据以上定义，迁移学习旨在利用源域 $\mathcal{D}_s$ 中丰富的知识辅助提高目标域 $\mathcal{D}_t$ 中样本的分类准确率，其中 $\mathcal{D}_s \neq \mathcal{D}_t$ 或 $\mathcal{T}_s \neq \mathcal{T}_t$，其中 $\mathcal{T}_s$ 为源域任务，$\mathcal{T}_t$ 为目标域任务。

迁移学习的分类如图 1-1 所示。

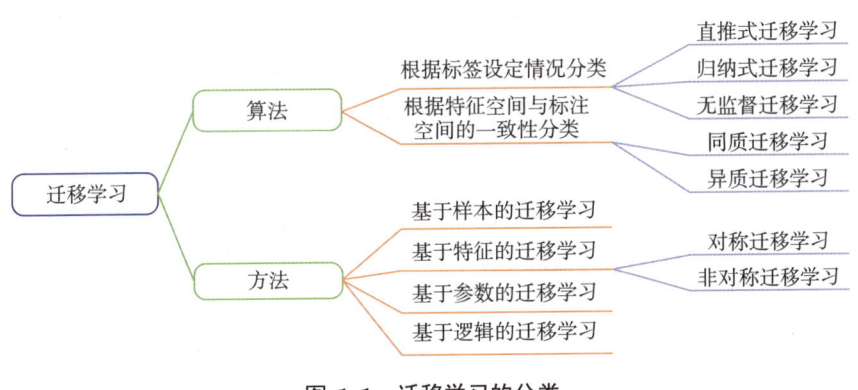

图 1-1 迁移学习的分类

现有的迁移学习算法根据标签设定情况可以分为 3 类：直推式迁移学习、

归纳式迁移学习和无监督迁移学习。其中，直推式迁移学习样本的标签信息只来自源域；归纳式迁移学习中目标域的标签信息同样可用；无监督迁移学习源域与目标域均没有可用的标注信息。根据源域与目标域特征空间和标注空间的一致性，迁移学习可以分为两类：同质迁移学习和异质迁移学习。同质迁移学习方法处理不同领域具有相同特征空间的情况，即 $\mathcal{X}_s = \mathcal{X}_t$ 且 $\mathcal{Y}_s = \mathcal{Y}_t$。其中，$\mathcal{X}_s$、$\mathcal{X}_t$ 分别表示源域和目标域的特征空间；$\mathcal{Y}_s$、$\mathcal{Y}_t$ 别表示源域和目标域的类别空间。异质迁移学习是指在不同领域具有不同特征空间情况下的知识迁移过程，即 $\mathcal{X}_s \neq \mathcal{X}_t$ 或 $\mathcal{Y}_s \neq \mathcal{Y}_t$。除了分布对齐，异质迁移学习还需要实现特征空间对齐，这一点使异质迁移学习比同质迁移学习更加复杂。

现行的迁移学习方法可以分为 4 类：基于样本的迁移学习、基于特征的迁移学习、基于参数的迁移学习和基于逻辑的迁移学习。基于样本的迁移学习主要利用样本重加权策略实现分布对齐。基于特征的迁移学习将源域特征与目标域特征映射到一个新的特征空间，并在该空间缩小源域特征与目标域特征之间的差异。基于特征的迁移学习可以进一步分为基于特征的对称迁移学习和基于特征的非对称迁移学习，其中基于特征的对称迁移学习同时对源域与目标域进行映射，在新的特征空间进行分布对齐，基于特征的非对称迁移学习只对源域进行映射，从而减小源域分布与目标域分布之间的差异。基于参数的迁移学习通过修改模型的参数实现知识迁移。基于逻辑的迁移学习将从源域中学到的逻辑关系或规则进行迁移。

本节拟按照 Zhuang 等提出的更加简洁的分类法，将现行的迁移学习分为两类：基于数据的迁移学习和基于模型的迁移学习。在基于数据的迁移学习中，本节将详细介绍基于样本的迁移学习和基于特征的迁移学习。在基于模型的迁移学习中，本节将详细介绍基于参数的迁移学习。基于逻辑的迁移学习代表性研究较少，且 Pan 等在其综述中详细介绍了该类方法，在此不再赘述。此外，大部分迁移学习关注单个源域的知识向目标域转移，但在现实应用中可能存在多个可用信源，从而衍生出了多源迁移学习。因此，本节最后将对多源迁移学习进行介绍。

1.2.2 基于数据的迁移学习

基于数据的迁移学习主要通过对数据进行调整或变化实现知识迁移，其主要包括基于样本加权策略的迁移学习方法和基于特征转换策略的迁移学习方法，本节将按照图 1-2 中的分类方法详细介绍基于数据的迁移学习方法。

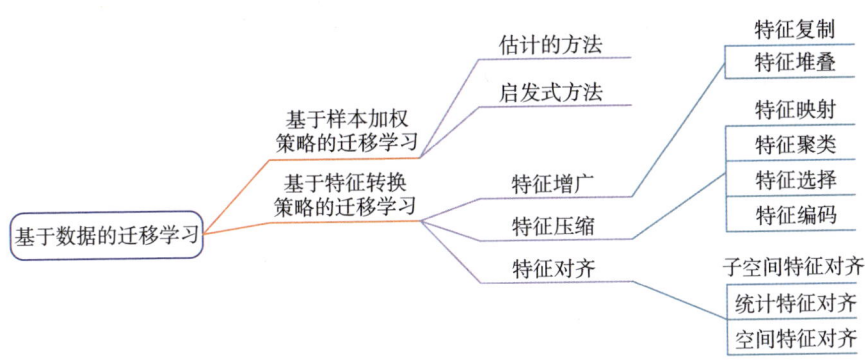

图 1-2　基于数据的迁移学习分类

1.2.2.1　基于样本加权策略的迁移学习

基于样本加权策略的迁移学习的核心思想在于给源域样本分配不同的权重，从而筛选出源域中与目标域相似度高的样本，主导分类器的参数训练。假设存在一个大量的带标注源域与一个有限数量的无标注目标域，源域与目标域之间仅边缘分布不同，即 $P_s(X) \neq P_t(X)$ 且 $P_s(Y|X) = P_t(Y|X)$。在这种情况下，最直接的方式是使边缘分布自适应。Huang 等提出了一种简单的方法，通过在最终损失函数中给源域样本分配不同的权重实现边缘分布自适应。同时，Huang 等提出了核均值匹配（Kernel Mean Matching，KMM）策略，在再生核希尔伯特空间（Reproducing Kernel Hilbert Space，RKHS）匹配源域与目标域样本的均值来估计最终的损失函数值。Sugiyama 等提出了 Kullback-Leibler 重要性估计过程（Kullback-Leibler Importance Estimation Procedure，KLIEP），KLIEP 将 Kullback-Leibler（KL）散度最小化并通过一个内置的模型选择过程实现权重估计。

除了直接估计权重参数的方法，许多学者还提出了迭代优化权重的方法。这类方法的核心思想在于减小对目标分类器学习有负面影响的源域样本的权重。Dai 等基于 AdaBoost 提出了一种代表性方法——TrAdaBoost。AdaBoost 是为传统机器学习任务设计的一种有效的增强算法。在 AdaBoost 的每次迭代中，学习器都在权重不断更新的样本上进行训练，这一加权机制保证了对分类错误的样本给予更多的关注，最后将多个弱分类器进行结合得到一个强分类器。TrAdaBoost 将 AdaBoost 扩展到迁移学习领域，将带标注源域与无标注目标域看作一个整体，对源域和目标域采用不同的加权策略训练弱分类器，最后通过投票策略将一半的弱分类器进行集成得到强分类器。Yao 等扩展了 TrAdaBoost，提出了多源 TrAdaBoost（Multi-Source TrAdaBoost，MsTrAdaBoost）算法，主要包括候选分类器构建与样本加权两个步骤，每次迭代选出的分类器组成了最终的分类器，以实现对目标的准确分类。

1.2.2.2 基于特征转换策略的迁移学习

基于特征转换策略的迁移学习主要通过特征转换找到源域与目标域的公共潜在特征并使用这些潜在特征实现知识迁移。这类方法的目标包括构建一个新的特征空间最小化源域和目标域的边缘与条件分布差异，保留数据的属性或潜在结构，以及寻找特征之间的联系。基于特征转换策略的迁移学习可以分为 3 类：特征增广、特征压缩与特征对齐。其中，特征增广主要包括特征复制与特征堆叠；特征压缩可以分为特征映射、特征聚类、特征选择和特征编码 4 类；特征对齐主要包括子空间特征对齐、统计特征对齐与空间特征对齐 3 类。由于减小源域与目标域之间的分布差异是特征转换的主要目标，因此如何精确评估源域与目标域之间的差异或相似性是一个重要的问题。下面首先对常用的分布差异度量方式进行概括，然后对基于特征转换策略的迁移学习进行详细介绍。

1）分布差异度量方式

减小源域与目标域数据之间的差异是特征转换的主要目标。分布差异度量会直接影响最终的迁移效果。最大化均值差异（Maximum Mean Discrepancy，MMD）是迁移学习领域广泛使用的一种度量方式，其定义如下。

$$\mathrm{MMD}\left(X_{\mathrm{s}}, X_{\mathrm{t}}\right)=\left\|\frac{1}{n_{\mathrm{s}}} \sum_{i=1}^{n_{\mathrm{s}}} \phi\left(\boldsymbol{x}_{i}^{\mathrm{s}}\right)-\frac{1}{n_{\mathrm{t}}} \sum_{j=1}^{n_{\mathrm{t}}} \phi\left(\boldsymbol{x}_{j}^{\mathrm{t}}\right)\right\|_{\mathcal{H}}^{2} \quad (1\text{-}10)$$

式中，$\mathcal{H}$ 为再生核希尔伯特空间；ϕ 为函数映射，通过在再生核希尔伯特空间计算样本的均值来度量各分布之间的差异。通过使用该方法，MMD 可以被准确且轻易地估计。表 1-1 总结了迁移学习常用的几种分布差异度量方式。除了表中所示的度量方式，还有许多自适应度量方式在迁移学习中得到了大量的运用，如 Wasserstein、中心矩差异（Central Moment Discrepancy，CMD）等。同时还有一些方法优化了现有的度量方式。例如，Gretton 等提出了多核 MMD，利用多个核函数精确度量分布差异；Yan 提出了加权 MMD，用于解决类权重差异的问题。

表 1-1　迁移学习常用的几种分布差异度量方式

度量方法
最大化均值差异
KL 散度
JS 散度
Bregman 散度
希尔伯特–施密特独立性准则

2）特征增广

特征增广在特征转换中被广泛应用。有多种方式可以实现特征增广，如特征复制与特征堆叠。Daumé 等提出了特征增广法，通过特征复制对原始特征进行转换。新的特征表征包含一般性特征、源域特定特征与目标域特定特征，利用带标注转换后的特征进行分类器训练。特征增广法简单，对多源域自适应场景具有一定的泛化性能。Kumar 等对 FAM 进行了扩展，利用无标注样本进一步促进知识迁移过程。

3）特征压缩

特征压缩大多通过一定的策略对原始特征进行降维压缩，提取出源域与目标域分布差异较小的特征。在传统机器学习领域，有很多基于映射的方法能够提取数据的特征，如主成分分析（Principal Component Analysis，PCA）法、核主成分分析（Kernelized-PCA，KPCA）法等。然而，这些方法主要关注数据的方差而不是分布差异。为了减小跨域数据之间的分布差异，一些学者提出了特征映射的方法用于迁移学习。Pan 等提出迁移成分分析（Transfer Component Analysis，TCA），使用 MMD 度量边缘分布差异，从经验核特征空间学习一个线性映射，将数据映射至低维特征空间。TCA 避免了半正定规划（Semi-Definite Programming，SDP）问题，其最终优化目标可以通过特征分解求得，降低了计算复杂度。Long 等提出了联合分布域自适应（Joint Distribution Adaptation，JDA），旨在寻找一个低维特征空间使条件分布与边缘分布差异均最小化。为了实现这一目标，其利用 MMD 与伪标签，通过特征分解求解轨迹优化问题，得到所需的转换矩阵。伪标签的估计准确率会影响 JDA 的性能，Long 等提出通过迭代优化的方式提高伪标签质量。JDA 可以利用标签和结构信息、聚类信息、各种统计和几何信息等进行扩展。

特征聚类旨在学习原始特征更抽象的表征，一些方法使用互聚类（Co-clustering）技术隐式地进行特征压缩。Dai 等提出了基于互聚类的文件分类方法，以互信息损失最小为准则，通过迭代得到聚类结果。Dai 等同时提出了一种无监督方法——自学习聚类（Self-Taught Clustering，STC），该方法假设源域与目标域在公共的特征空间共享相同的特征簇，同时对源域与目标域样本进行互聚类。

特征选择是另一类特征压缩方法，旨在从原始特征中选择核心特征。核心特征是指在不同领域作用相同的特征。由于这类特征具有跨域稳定性，因此被用来实现知识迁移。Blitzer等提出结构对应学习（Structural Correspondence Learning，SCL）方法，通过选择核心特征并利用结构化学习技术和核心特征寻找低维公共隐层特征空间，最后通过特征增广得到新的特征表征。

除了特征映射与特征选择，特征编码同样是一种实现知识迁移的常用方法。自编码器是深度学习领域一种常用的特征编码工具。自编码器由编码器与解码器组成，编码器生成输入数据的高层抽象表征，解码器将该表征映射回原始特征空间，最小化重构误差。自编码器可以堆叠起来构建深度学习框架。近年来，基于自编码器的迁移学习方法受到了广泛关注。Glorot等提出了堆叠去噪自编码器（Stacked Denoising Autoencoder，SDA），其中去噪自编码器是基础自编码器的扩展，提高了鲁棒性。这类自编码器包含随机破坏机制，在对输入数据进行映射前，向原始数据中加入随机噪声或高斯噪声，随后去噪自编码器通过最小化原始输入与输出之间的去噪重构误差进行参数优化。为了缩短训练时间，加速收敛过程，Chen等提出了边缘堆叠线性去噪自编码器（Marginalized Stacked Linear Denoising Autoencoder，mSLDA），实现了良好的特征提取性能。

4）特征对齐

特征增广与特征压缩主要关注特征空间中的显式特征，特征对齐更加侧重数据的隐式特征，如统计特征或谱特征。Fernando等提出了一种子空间对齐（Subspace Alignment，SA）方法，该方法利用PCA生成子空间，通过学习转换矩阵进行子空间对齐。许多基于子空间对齐的迁移学习方法受到了广泛的关注。Sun等提出了双子空间分布对齐（Subspace Distribution Alignment between Two Subspaces，SDA-TS）方法，同时对齐子空间偏差与分布差异。Gong等提出了另一种代表性子空间对齐方法——测地线流式核（Geodesic Flow Kernel，GFK）方法。GFK与测地线流式子空间（Geodesic Flow Subspaces，GFS）关系密切。GFS受增量学习的启发，充分利用两个域之间可能有利于域自适应的潜在路径传递的信息，通过子空间生成、子空间插值和特征映射与堆叠实现特征对齐。

统计特征对齐是另一种特征对齐方式，Sun等提出了互相关对齐（Co-

Relation Alignment,CORAL)方法,构建源域数据转换矩阵,对齐二阶矩特征,即

$$W = \arg\min_{W} \left\| W^{\mathrm{T}} C_{\mathrm{s}} W - C_{\mathrm{t}} \right\|_{\mathrm{F}}^{2} \tag{1-11}$$

式中,C_{s} 和 C_{t} 分别代表源域与目标域的方差矩阵;W 代表转换矩阵。与子空间对齐方法相比,CORAL 方法避免了子空间生成与映射过程,更易于实现。

在传统机器学习领域,谱聚类是一种基于图论的聚类方法,该方法利用相似度矩阵的谱,即特征值,在聚类前对特征进行降维处理。Pan 等提出了谱特征对齐(Spectral Feature Alignment,SFA)方法,用于解决情感分类问题。该方法可以辨识不同域的域特定词汇与域独立词汇,对齐域特定词汇特征,构建低维特征表征。SFA 主要包括特征选择、相似度矩阵构建、谱特征对齐、特征增广与学习器学习 5 个步骤,实现了较好的分类性能。

1.2.3 基于模型的迁移学习

基于模型的迁移学习主要通过对模型参数进行优化实现知识迁移。这类方法主要包括基于模型控制策略的迁移学习、基于参数控制策略的迁移学习与深度迁移学习三大类,如图 1-3 所示。本节将按照图 1-3 中的分类方法详细介绍基于模型的迁移学习。

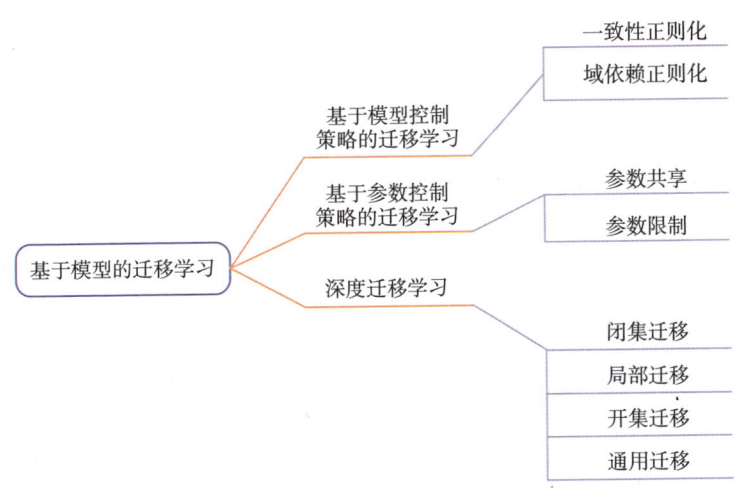

图 1-3　基于模型的迁移学习分类

1.2.3.1 基于模型控制策略的迁移学习

基于模型控制策略的迁移学习从模型角度出发，通过在训练阶段将模型层正则化约束，加入学习器目标函数，可以有效地将知识从源域模型迁移至目标域模型。Duan 等提出了一种通用的多源迁移学习架构——域自适应机（Domain Adaptation Machine，DAM）。DAM 基于多个分别预训练好的基分类器构建鲁棒的目标域分类器。其目标函数定义如下。

$$\min_{f_t} \Omega(f_t) + \frac{1}{2}\sum_{i=1}^{n_1}\left(f_i^t - y_i^t\right)^2 + \Omega_D\left(f_u^t\right) \tag{1-12}$$

式中，n_1 表示有标签样本的数量；f_t 表示最终决策函数；f_i^t 表示第 i 个数据在目标域的分类器输出值；y_i^t 表示第 i 个数据在目标域的真实值；Ω_D 表示目标域；f_u^t 表示目标域无标签样本的分类结果。式 (1-12) 中的第一项控制最终决策函数 f_t 的复杂度；第二项最小化带标注目标域样本的分类误差；第三项代表不同的正则化方法。第二项分类误差的计算方式并不局限于平方误差，交叉熵、均方误差损失均可以用来优化目标分类器。另外，一些研究被当作 DAM 的特例。Luo 等提出了一致性正则化架构（Consensus Regularization Framework，CRF）用于目标域无标注样本的多源迁移学习。Duan 等基于流形假设和图正则化提出了 Fast-DAM，设计了一种域依赖正则化器，对包含在源域分类器中的知识进行迁移。

1.2.3.2 基于参数控制策略的迁移学习

基于参数控制策略的迁移学习主要关注模型参数，模型参数本质上能够反映模型所学到的知识，因此，在参数层进行知识迁移是一类十分重要的方法。基于参数控制策略的迁移学习主要包括参数共享与参数限制两类，下面对这两类方法进行详细介绍。

1）参数共享

这类方法最直接的方式是共享源域与目标域学习器的参数。基于参数共享的迁移学习在深度迁移中有广泛的应用，在源域训练的神经网络，可以冻结其中的一定网络层，对其余网络参数进行微调，生成一个适用于目标域分类的神经网络。

除了基于深度神经网络的方法，基于矩阵因式分解的参数共享方法同样取得了较好的效果。Zhuang 等提出了一种基于矩阵三角分解的分类框架（Matrix Tri-Factorization based Classification Framework，MTrick），其提出，在不同领域，不同的单词或段落可能表达相同的意思，因此使用单词的高层次抽象概念来代替单词本身进行知识迁移是更有效的。使用基于矩阵三角分解的分类框架可以寻找用于迁移的稳定的知识。

2）参数限制

参数限制是指限制模型的参数。不同于参数共享强制模型共享一定的参数，参数限制只要求源域与目标域模型的参数尽可能相似。Tommasi 等提出了一种单模型知识迁移（Single-Model Knowledge Transfer，SMKL）方法，选择单个训练好的二分类器并迁移其参数中隐含的知识。之后 Tommasi 对 SMKL 方法进行了扩展，提出了多模型知识迁移（Multi-Model Knowledge Transfer，MMKL）方法，使用多个训练好的二分类器对知识进行迁移。

1.2.3.3 深度迁移学习

随着硬件设备的发展，深度学习技术由于其强大的拟合能力，成为机器学习算法的主流发展方向，成功应用于各个领域。由于深度学习技术需要大量的带标注训练样本来进行网络参数优化，因此许多学者将迁移学习技术引入深度学习领域，减少了其对大规模带标注训练集的依赖，并取得了显著成果。如图 1-4 所示，目前主流的深度迁移学习按照源域与目标域类别空间的构成方式不同可以分为四大类：闭集迁移学习、局部迁移学习、开集迁移学习、通用迁移学习。下面详细介绍这 4 类深度迁移学习。

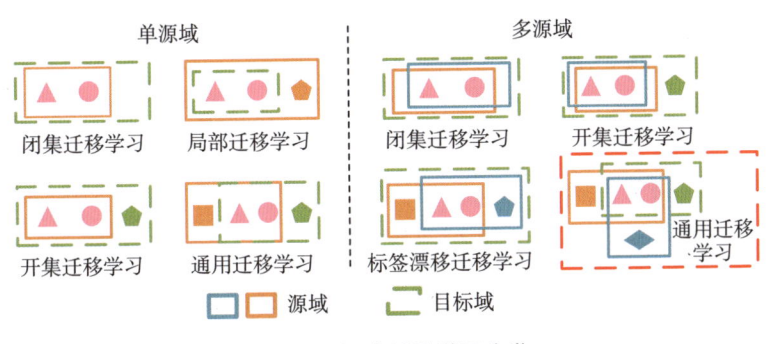

图 1-4 深度迁移学习分类

1）闭集迁移学习

闭集迁移学习要求源域与目标域的类别空间完全相同，仅数据分布存在差异。闭集迁移学习主要包括两大类：基于差异的迁移学习与基于对抗的迁移学习。基于差异的迁移学习通过在目标函数中加入自适应度量来最小化源域与目标域的分布差异。基于对抗的迁移学习通过在网络中嵌入域对抗模块，促使网络自动学习域不变特征，实现知识迁移。下面详细介绍这两类闭集迁移学习方法。

基于差异的迁移学习是深度迁移学习中的一个热门研究方向。早期方法尝试使用浅层神经网络学习域无关（域不变）特征实现知识迁移。然而，浅层网络由于参数数量的限制，无法获得优异的性能，因此后续研究者将浅层网络转为深度神经网络。Tzeng 等在深度网络中加入了一个深度自适应层，显著提高了目标分类的准确性。Long 等对该工作进行了扩展，提出了一种多层自适应网络架构——深度自适应网络（Deep Adaptation Network，DAN），作为非对抗迁移学习方法的经典架构。其结构如图 1-5 所示。

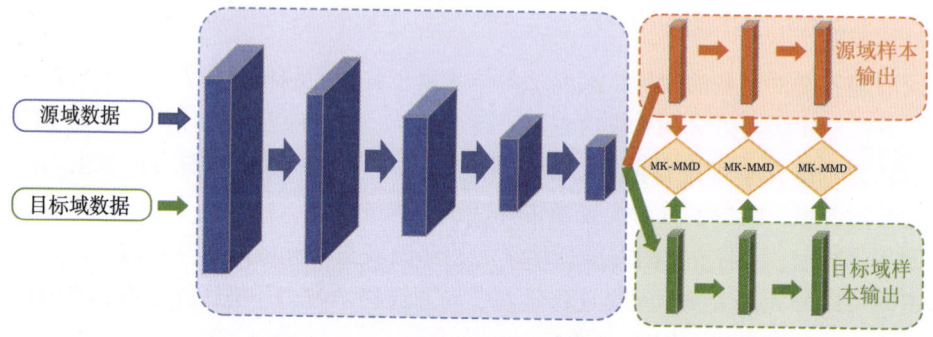

图 1-5　深度自适应网络结构

DAN 使用 AlexNet 作为主干网络，通过前 5 层卷积层逐步提取出数据的高层语义特征，在最终目标函数中加入自适应度量 MK-MMD，使网络提取出源域与目标域的域不变特征，实现知识迁移。最终的损失函数包括两个部分，如式 (1-13) 所示。

$$\min_{\Theta} \max_{\kappa} \sum_{i=1}^{n_s} \mathcal{L}\left(f(x_i^s), y_i^s\right) + \lambda \sum_{l=6}^{8} \text{MK-MMD}\left(\phi(x_1^s), \phi(x_1^t); \kappa\right) \qquad (1\text{-}13)$$

在训练过程中，DAN 使用预训练权重作为初始化参数，冻结前 3 层参数，对后 5 层参数进行微调，缩小源域与目标域之间的分布差异。Long 等对 DAN 进行了扩展，利用目标域无标注数据引入熵最小化准则，将 AlexNet 架构拓展至 GoogLeNet 与 ResNet，并使用均值嵌入检验作为分布差异度量准则。

基于这一基础架构，许多学者做了大量代表性工作。Long 等基于深度残差学习，提出了残差迁移网络（Residual Transfer Network，RTN）。同时 Long 等提出了联合自适应网络（Joint Adaptation Network，JAN）以缩小多个网络层的联合分布差异。Sun 等提出了深度 CORAL（DCORAL），将 CORAL 加入损失函数中以提取域不变特征。Chen 等认为具有相同标签的样本特征应满足类内聚集的特性，提出将 CORAL 与基于样本的类层次差异损失函数加入优化目标，实现了较好的分类效果。Kang 等提出了对比自适应网络（Contrastive Adaptation Network，CAN），考虑了类内差异与类间差异。Zhu 等提出了多表征自适应网络（Multi-Representation Adaptation Network，MRAN），将原始图像映射至不同的特征空间进行分布对齐，实现了良好的迁移性能。

生成对抗网络拥有强大的数据拟合能力，在风格迁移、图像生成等领域取得了显著的成果。传统的生成对抗网络由生成器与判别器构成，生成器根据随机噪声生成仿真数据，并欺骗判别器使其产生错误的判别结果。将真实数据与仿真数据同时输入判别器，判别器要能够准确地判别数据真伪。通过生成器与判别器的博弈训练网络参数，使生成器产生的数据尽可能接近原始数据的真实分布，其目标函数如式 (1-14) 所示。

$$\min_{\mathcal{G}} \max_{\mathcal{D}} \mathbb{E}_{\boldsymbol{x} \sim p_{\text{true}}}[\log \mathcal{D}(\boldsymbol{x})] + \mathbb{E}_{\overline{\boldsymbol{n}} \sim p_{\overline{\boldsymbol{n}}}}[\log(1 - \mathcal{D}(\mathcal{G}(\tilde{\boldsymbol{n}})))] \qquad (1\text{-}14)$$

式中，$\mathbb{E}_{\boldsymbol{x} \sim p_{\text{true}}}$ 代表对真实数据分布 p_{true} 的期望；$\mathbb{E}_{\overline{\boldsymbol{n}} \sim p_{\overline{\boldsymbol{n}}}}$ 代表对噪声分布 $p_{\overline{\boldsymbol{n}}}$ 的期望；$\tilde{\boldsymbol{n}}$ 代表用于生成仿真样本的输入噪声；$\mathcal{D}$ 代表判别器；$\mathcal{G}$ 代表生成器。

受生成对抗网络的启发，Gannin 等提出了域对抗神经网络（Domain Adversarial Neural Network，DANN）用于域自适应，其结构如图 1-6 所示。与传

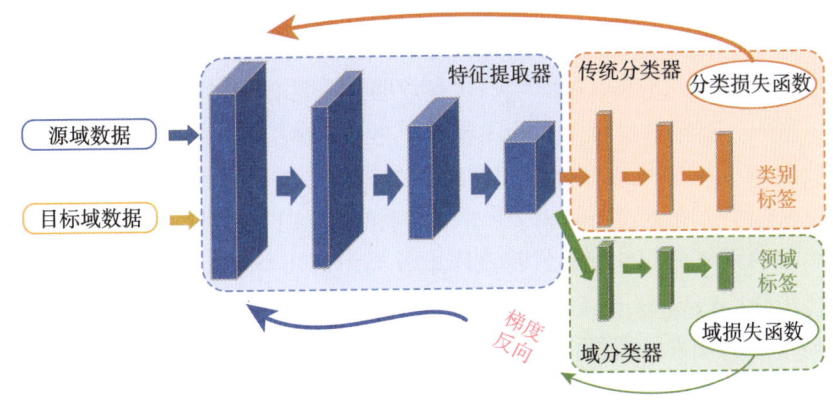

图 1-6　域对抗神经网络结构

统深度神经网络相比，DANN 加入了梯度反向层（Gradient Reversal Layer，GRL）和一个域判别器，通过梯度反向层使网络自适应学习域不变特征。Hoffman 等将循环一致性损失加入网络优化目标中，该损失可以促进结构一致性与语义一致性。Long 等提出了条件域对抗网络（Conditional Domain Adversarial Network，CDAN），利用条件域判别器促进对抗域自适应。Zhang 等对源域分类器与目标域分类器采用了对称的设计，实现了良好的分类性能。

2）局部迁移学习

局部迁移学习主要针对源域中含有私有类别的情况，如源域中含有货船、军舰、邮轮 3 类样本，而目标域中含有货船、军舰 2 类样本。这些私有类别可能会与目标域样本进行对齐，导致分类器难以学习特定类别的精确表征，从而引起负迁移。现行的大多数局部迁移学习旨在减少不相关源域样本的影响。选择性对抗网络（Selective Adversarial Network，SAN）采用重加权策略，降低私有类别样本在域判别器中的重要性。局部对抗域自适应（Partial Adversarial Domain Adaptation，PADA）采用可训练的分类器来估计权重，并将该权重同时应用于分类器与判别器。重要性加权对抗网络（Importance Weighted Adversarial Network，IWAN）利用域分类器的预测概率估计源域样本的重要性。除了重加权方法，深度残差矫正网络（Deep Residual Correction Network，DRCN）通过在源域任务特定的特征层中插入一个残差模块，削弱不相关源域样本的重要性。Liang 等将局部域自适应问题作为类别不平衡问题进行考虑，提出了平衡对抗对齐（Balanced Adversarial Alignment，BAA）策略来减少负迁移，该方法利用源域样本对目标域样本进行数据增广，实现对目标的准确迁移分类。

3）开集迁移学习

开集迁移学习主要针对目标域中存在私有类别的情况，即源域类别空间为目标域类别空间的子集，如源域中含有货船、军舰 2 类样本，而目标域中含有货船、军舰、邮轮 3 类样本。利用源域样本进行分类器训练，在测试阶段，除了需要对目标域中与源域类别相同的样本进行分类，还需要对目标域中的私有类（未知类）样本进行辨识。Busto 等提出了 ATI-λ，根据目标域样本与源域样本簇的距离分配伪标签或将该样本分类为未知类。Saito 等提出了开集反向传播（Open Set Back-Propagation，OSBP）架构，利用一个阈值来平衡已知类与未知类样本的置信值。Baktashmotlagh 等提出了学习源域和目标域数据的隐式表征，通过域特定子空间重构来识别未知类样本。Liu 等与 Feng 等利用多个二分类器或语义对比映射将未知类样本推离决策边界。Luo 等采用渐进学习策略，对所有目标样本进行全局排序，并将置信值较低的样本逐渐分离出来作为未知类样本。

4）通用迁移学习

通用迁移学习主要针对源域与目标域中均存在私有类别的情况，即各个领域的类别空间均不完备，如源域中含有货船、军舰、清淤船 3 类样本，而目标域中含有货船、军舰、邮轮 3 类样本，这是最符合实际应用场景的情况，也是极具挑战性的一类迁移学习问题。在训练阶段，通用域自适应算法需要利用源域与目标域中的相关样本进行分类器学习。在测试阶段，需要精确地识别目标域中的共有类样本，同时对目标域的私有类样本进行辨识。You 等首先提出了通用域自适应问题，在目标域样本标签集合未知的情况下，提出了一种新的指标来量化域对抗训练中每个样本的可转移性。Fu 等采用多分类器集成模型来检测未知类。Saito 等采用自监督方法来解决通用域自适应问题。

1.2.4 多源迁移学习

当多个源域的知识被迁移到目标域时，称为多源迁移学习。由于源域和目标域的数据分布不一致，并且不同源域之间存在分布差异，单纯将多源数据合并用于迁移学习无法达到满意的效果。因此，多源迁移学习是一项具有挑战性的任务。图 1-7 展示了单源迁移学习和多源迁移学习之间的不同。

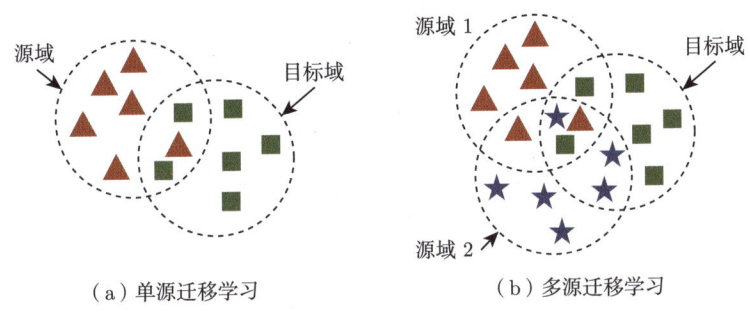

图 1-7 单源迁移学习和多源迁移学习之间的不同

多源域对抗网络（Multi-Source Domain Adversarial Network，MDAN）用对抗学习提取多个域漂移中的不变特征表示，同时保证特征对任务具有判别性。多源域自适应矩匹配（Moment Matching for Multi-Source Domain Adaptation，M3SDA）使用矩匹配动态对齐源域和目标域之间的数据分布。尽管每个源域与目标域均具有域相关性，但还需要考虑源域之间的不同之处。为了解决这一问题，深度鸡尾酒网络（Deep Cocktail Network，DCTN）通过计算域相关性给出每个源域和目标域的相似度，并通过考虑域相关性利用对抗性学习进一步最小化域差异。基于注意力的多源域自适应（Attention-based Multi-Source Domain Adaptation，ABMSDA）方法利用注意力机制增强与目标域相似的源域的积极作用，抑制与目标域不相似的源域的消极作用。相关文献针对多源无监督域自适应提出了两阶段对齐，不仅使每个源域分别和目标域对齐，还使分类器的输出对齐。渐进式多源域自适应网络（Progressive Multi-Source Domain Adaptation Network，PMSDAN）将域对齐分为两步，首先将多个源域合并成一个整体和目标域进行对齐，然后将目标域和每个源域分别进行对齐，实现渐进式多源域对齐。

1.3 多源图像数据融合识别

证据融合方法和迁移学习方法被广泛应用于目标分类和识别中，旨在将来自不同信源的证据进行有效合并从而提高性能。在目标识别领域，可见光传感器、红外传感器和合成孔径雷达（Synthetic Aperture Radar，SAR）传感器常被用来采集目标信息。可见光传感器的成像分辨率高且具有较为清晰的细节信息，然而它容易受到光照变化和不利天气的影响，只有在白天才能有效工作。红外传感器不易受光照和天气等因素的干扰且成像距离远，可以全天候、全天时工作，但是它的成像分辨率低且缺乏一些细节信息。SAR 传感器采用主动成像的方式，在夜晚和有云层遮盖的条件下仍可实现有效观测，但是它成像会受到相干斑的影响，难以被人眼直接辨识与理解。由于可见光传感器、红外传感器及 SAR 传感器的成像特性不同，所以采集到的图像各具特点且具有互补性。因此，经常将可见光图像和红外图像、SAR 图像进行融合，挖掘可见光图像中的互补信息，增强红外图像的细节信息或提高 SAR 的图像解译能力，以达到提高目标识别准确率的效果。多源传感器图像的融合可分为 3 种：第一种是像素级图像融合，即对两种图像直接进行融合处理，属于最低层次的融合，包含更大的信息量，但对设备的要求也相应较高；第二种是特征级图像融合，即对图像进行处理后将获得的特征信息进行融合，属于中间层次的融合，保留了充分的重要信息；第三种是决策级图像融合，即对图像的识别结果按照一定的准则进行融合，属于最高层次的融合。决策级图像融合不仅可以处理同类信息，还可以处理异类信息。

可见光图像与红外图像的成像机制存在较大的差异，红外传感器可以捕捉到物体发出的热辐射信息，进而生成红外图像，这种热辐射受弱光线或不利天气的影响较小，生成的红外图像显著，目标突出，但获取的图像空间分辨率较低且缺乏足够的纹理细节信息；可见光图像和人类的视觉系统更加一致，可以提供具有较高的空间分辨率和清晰的纹理细节的图像，然而可见光成像易受到光照和天气等环境因素的干扰。表 1-2 列出了可见光成像与红外成像在不同方面的对比。

表 1-2　可见光成像与红外成像对比

对比项	可见光成像	红外成像
成像原理	反射光线	热辐射
工作波长	380~760nm	760nm~1mm
工作时长	白天	全天
分辨率	高	低
特征表达	纹理细节信息	整体轮廓特征
是否易受环境干扰	是	否

在可见光图像和红外图像的融合识别中，基于深度学习的方法显现出了巨大的潜力。由于卷积神经网络（Convolutional Neural Network，CNN）具有强大的自主学习能力，能够充分提取图像结构特征并利用源图像的深层特征来自适应融合图像，因此被广泛应用在可见光图像和红外图像的融合中。Guo 等针对不同光照下的可见光图像和红外图像，设计了一种几乎没有信息损失的自适应分数融合策略和最近邻算法来进行最终分类。Dai 等提出了一种跨模态生成对抗网络来利用可见光图像与红外图像进行行人重识别。在遥感目标识别中，可见光图像和红外图像也是重要的信息源。Zhong 等提出了一种基于可见光图像和热红外高光谱图像融合的空间光谱发射率土地覆盖物分类方法。Lu 等提出了一种基于决策级的协同分类方法来对长波红外图像和高分辨率可见光图像进行土地覆盖分类。在海洋船舶识别中，Zhang 等在世界上首次发布了成对的可见光图像和红外船舶图像数据集，利用加权平均融合方法提高了船舶的识别精度。Stanos 等提出了一种多传感器数据融合方法，利用长波红外图像和可见光图像进行海洋船舶的识别。Qiu 等将多光谱船舶识别任务建模为一个卷积特征融合问题，并提出了一种混合特征融合结构。Ren 等提出了一种基于注意机制和多尺度 CNN 的可见光图像和红外图像船舶分类方法。在场景识别中，Brown 等分享了 RGB-NIR 场景数据集，并提出了一种多光谱尺度不变特征转换（Scale Invariant Feature Transform，SIFT）算子，可有效使用多个光谱带中的信息。Salamati 等研究了红外图像和可见光图像中哪些描述符是相关的，以及如何最好地组合它们。Xiao 等提出了一个可视化的描述

符，可以显式地从多通道图像中获得互补信息。Peng 等将先验知识引入深度结构并利用知识蒸馏引导可见光图像和红外图像的特征融合。

因此，可见光图像和红外图像之间具有较好的互补性，将两者进行融合可以充分利用红外图像中的热辐射信息和可见光图像中的详细纹理信息的优点，使目标识别的结果更加鲁棒和精确。

可见光图像与 SAR 图像的成像机制存在较大的差异。SAR 成像可以有效地实现全天时、全天候的目标实时监测，并且由于成像模式的特殊性和多样性，使所采集的图像具有多种特性。但是 SAR 图像会受相干斑的影响，使其难以被人眼直接辨识与理解。而光学图像是由多个高频分量组成的反射图像，具有较高的空间分辨率，在光照良好的情况下，可以清楚地反映目标的边缘细节和纹理信息，但是在恶劣的天气条件下，图像的对比度低且成像质量差。表 1-3 列出了可见光成像与 SAR 成像在不同方面的对比。

表 1-3 可见光成像与 SAR 成像对比

对比项	可见光成像	SAR 成像
成像原理	反射光线	微波成像
工作波长	380~760nm	1mm~1m
工作时长	白天	全天
分辨率	高	低
特征表达	纹理细节信息	整体轮廓特征
是否易受环境干扰	是	否

在可见光图像和 SAR 图像的融合识别中，基于模型的方法（如基于压缩感知的方法、基于深度学习的方法）得到了广泛的关注。Shen 等提出了一个综合框架，可实现多源遥感图像的时空谱融合。Liu 等提出了一种联合 IHS 转换和非负稀疏表示的光学及 SAR 图像融合方法。Gaetano 等利用光学图像来降低 SAR 图像中的斑点噪声并用于地物分类。Li 等提出了一种基于 HSV（Hue-Saturation-Value）的融合方法，并取得了较好的视觉效果。Grohnfeldt 等使用条件生成对抗网络，通过融合 SAR 图像和光学图像来去除后者中的云层遮挡。Sportouche 等提出了一种半自动的建筑物三维重建方法，通过分别从 SAR 图像和光学图像中推断出有关建筑物的高度与形状信息，估计出建筑物的三维结构。Wegner 等通过综合利用高分辨的光学图像和 SAR 图像中的特征来估计平顶建筑的高度。Luo 等通过从极化 SAR 图像中提取出 13 种特征，并与光学图像中 3 个通道的颜色特征拼接起来，共同完成地物分类任务。Liu 等利用深度卷积网络将光学图像和 SAR 图像转换到同一特征空间来完成变化检测。Mou 等提出了一种用于辨别 SAR 图像和光学图像对的双路 CNN

网络，该网络可自动完成对异源图像之间信息的比对。Xu 等提出了一种双路 CNN 网络，分别从配对的异源图像中提取特征并将其拼接在一起用于后续的任务。Fan 等设计了一种基于均匀非线性扩散的 Harris 特征提取方法，能够从光学图像和 SAR 图像中发掘更多可能被正确匹配的特征点。Huang 等采用域自适应的方法，通过将源域数据和目标域数据映射到一个共同的特征空间来完成融合（知识迁移），并在 SAR 舰船识别任务中比较了不同的网络架构、不同类型的遥感图像数据及不同相似度的任务之间知识迁移的效果。

因此，可见光图像和 SAR 图像之间具有比较好的互补性，将两者进行融合处理，可以充分挖掘光学图像中的互补知识，并且提升 SAR 图像的解译能力，从而使目标识别的结果更加准确。

第 2 章
多源冲突信息鲁棒证据推理

2.1 引言

证据理论作为高层信息融合方法，经常被用于多个分类器融合，这里将每个分类器的输出作为相应的信源证据，进而将不同分类器对应的多个证据进行融合，获得最终的目标分类结果。不同的分类器通常可以提供一些具有互补性的知识，通过多个分类器融合能够提高分类的准确率。在多分类器融合中，不同的分类器由于性能不同，其生成的分类结果经常会出现冲突。目前对于冲突信息通常采用加权融合策略，即根据分类器性能对其赋予相应的权重，分类准确率高则权重大，反之亦然。不过，这种加权融合策略虽然可以智能调节各分类器在融合中的权重大小，却无法改善各分类器输出结果的质量，当冲突较大时，融合结果的可靠度较低。

本章提出了一种基于精细可靠度评估的多源冲突信息证据融合推理方法，即上下文可靠度估计（Classifier Fusion with Contextual Reliability Evaluation，CF-CRE）方法，利用目标数据邻域样本估计目标分类误差信息，以此揭示目标分类结果的可靠度，并对目标分类结果在证据幂集空间下进行谨慎的修正，以降低各分类器的错误风险及彼此之间的冲突，并采用证据融合规则对多分类结果进行融合以提高分类的准确性。首先设计目标分类结果内部可靠度矩阵，矩阵表征目标被分类为某类时属于其他类的条件概率，矩阵中的元素（参数）利用目标在训练集中的 k 个近邻来估计。接着在证据理论（信任函数理论）框架下提出一种谨慎折扣规则，根据内部可靠度对目标分类结果进行修正。此外，为了反映不同分类器结果之间的相对可靠度，本章还定义了一种新的证据不相容度量，根据相对可靠度对每个分类器输出的结果进行加权折扣，以降低分类器之间的冲突程度。内部可靠度和相对可靠度从不同的视角给出了目标分类结果的可靠度评价，两者结合能够提供更全面的分类可靠度评估能力。采用 DS 规则将折扣后的分类结果进行融合，可以得到目标的最终分类结果。

2.2 CF-CRE 方法介绍

本节将针对不同分类器输出结果高度冲突导致融合结果可靠度较低的问题，提出一种精细的可靠度评估方法以降低各分类器之间的冲突程度，主要研究在不同属性的数据集上训练的多个分类器的融合问题。假设待分类的目标 y 的类别包含在辨识框架 $\Omega = \{\omega_1, \omega_2, \cdots, \omega_c\}$ 中。考虑在 N 个不同的属性空间 $S_1, S_2, \cdots, S_N$ 上训练的 N 个分类器 $C_1, C_2, \cdots, C_N$，每个分类器 $C_n(n = 1, 2, \cdots, N)$ 基于 S_n 中数据的属性知识得到一个输出概率质量函数，可表示为 $\boldsymbol{\mu}_n = [\mu_n(1), \mu_n(2), \cdots, \mu_n(c)]$。$\mu_n(i)$ 的值表示目标属于类别 ω_i 的概率。按照惯例，将待分类目标 y 的真实类别（未知）由 $c(y)$ 表示，由分类器 C_n 输出的预测类别由 $\hat{c}_n(y)$ 表示。考虑分类器的分类质量能够提高分类性能，而分类器的分类质量可以通过对每个分类器的输出 $\boldsymbol{\mu}_n$ 进行细化的上下文可靠度评估获得。然后，在分类器融合得到最终分类决策之前，对分类器的输出 $\boldsymbol{\mu}_n$ 进行相应的修改。

2.2.1 内部可靠度评估

在 c 类分类问题中，分类器 C_n 在属性空间 S_n 中对目标 y 的分类结果为 $\boldsymbol{\mu}_n$ 的内部可靠度由矩阵 $\boldsymbol{R}_{c \times c}$ 表示，该矩阵表示目标 y 的条件概率。目标 y 使用分类器 C_n 分类，被分类为 $\omega_j(j = 1, 2, \cdots, c)$ 但属于 $\omega_i(i = 1, 2, \cdots, c)$，即 $r_{ji} \triangleq P(c(y) = \omega_i | \hat{c}(y) = \omega_j)$。因此，如果可以准确地估计可靠度矩阵 $\boldsymbol{R}_{c \times c}$，则可以利用这一重要知识有效地提高分类结果 $\boldsymbol{\mu}_n$ 的准确性。下面将介绍如何估计该可靠度矩阵。

在分类任务中无法获得有关目标真实类别的信息，因此本节尝试使用现有的训练数据来估计该可靠度矩阵。在训练样本空间，目标 y 附近的近邻样本通常与目标具有接近的属性值。因此，分类器在目标及其近邻上通常具有相似的性能，而且训练数据的真实标签是已知的。因此，本节将使用位于目标附近的训练数据进行内部可靠度矩阵的估计。

首先在属性空间 S_n 中找到目标 $\boldsymbol{y}$ 的 K 个近邻样本。选定的样本表示为 $\boldsymbol{x}_k$, $k=1,2,\cdots,K$。然后由给定的基本分类器 C_n 对选定的近邻样本进行分类，C_n 得出的分类结果 $\hat{c}_n(\boldsymbol{x}_k)$ 由向量 $\boldsymbol{P}_k=[P_k(1),P_k(2),\cdots,P_k(c)]$ 表示，其中 $P_k(i)\triangleq P(\hat{c}(\boldsymbol{x}_k)=\omega_i)$ 表示将 $\boldsymbol{x}_k$ 预测为类别 ω_i 的概率，$i=1,2,\cdots,c$。如果基分类器将带有真实类别标签 ω_i ($c(\boldsymbol{x}_k)=\omega_i$) 的近邻 $\boldsymbol{x}_k$ 以概率 $P_k(j)$ 分类为类别 ω_j ($\hat{c}(\boldsymbol{x}_k)=\omega_j$)，则表明将 $\boldsymbol{x}_k$ 分类为 ω_j 的条件概率为 $P_k(j)$，即 $P_k(j)\triangleq P(\hat{c}(\boldsymbol{x}_k)=\omega_j|c(\boldsymbol{x}_k)=\omega_i)$。由于 $\boldsymbol{x}_k$ 是目标 $\boldsymbol{y}$ 的近邻，因此分类器 C_n 可能会在 $\boldsymbol{x}_k$ 和 $\boldsymbol{y}$ 上有相似的分类结果。如果目标 $\boldsymbol{y}$ 的真实标签为 ω_i，可以根据 $P_k(j)\triangleq P(\hat{c}(\boldsymbol{x}_k)=\omega_j|c(\boldsymbol{x}_k)=\omega_i)$ 来估计目标 $\boldsymbol{y}$ 被分类为 ω_j 的条件概率，即 $P(\hat{c}(\boldsymbol{y})=\omega_j|c(\boldsymbol{y})=\omega_i)$。

此外，在 K 个选定的近邻中，可能存在多个带有真实类标签 ω_i 的样本，这些样本全都可以用来估计条件概率 $P(\hat{c}(\boldsymbol{y})=\omega_j|c(\boldsymbol{y})=\omega_i)$。类别为 ω_i 的近邻越多，估计出的条件概率 $P(\cdot|c(\boldsymbol{y})=\omega_i)$ 的值越大。同时，必须另外考虑目标 $\boldsymbol{y}$ 和其近邻 $\boldsymbol{x}_k$ 之间的距离。如果 $\boldsymbol{y}$ 远离 $\boldsymbol{x}_k$，则认为 $\boldsymbol{x}_k$ 对 $P(\hat{c}(\boldsymbol{y})=\omega_j|c(\boldsymbol{y})=\omega_i)$ 的估计影响（权重）较小，且距离越大，近邻的权重越小。属于类别 ω_i 但被分类为 ω_j 的近邻 $\boldsymbol{x}_k$ 的条件概率的加权和（β_{ij}）表示为

$$\beta_{ij}=\sum_{\boldsymbol{x}_k}P(\hat{c}(\boldsymbol{x}_k)=\omega_j|c(\boldsymbol{x}_k)=\omega_i)\delta_k=\sum_{\boldsymbol{x}_k|c(\boldsymbol{x}_k)=\omega_i}P_k(j)\delta_k$$

在 k 近邻（k-Nearest Neighbor，KNN）分类器中，指数函数通常可以很好地表征距离影响，具有良好的性能，因此在式 (2-1) 中应用了指数函数来计算距离权重 δ_k，计算公式为

$$\delta_k=\mathrm{e}^{-\gamma d_k} \tag{2-1}$$

式中，γ 是用于控制距离影响的超参数；d_k 是目标到近邻 $\boldsymbol{x}_k$ 的距离和到最近邻距离的比值。

β_{ij} 可以解释为对于目标实际来自 ω_i 类但被分类为 ω_j 这种情况的加权因子。条件概率 $P(\hat{c}(\boldsymbol{y})=\omega_j|c(\boldsymbol{y})=\omega_i)$ 应与 β_{ij} 成正比，即 $P(\hat{c}(\boldsymbol{y})=\omega_j|c(\boldsymbol{y})=\omega_i)\propto\beta_{ij}$，$P(\hat{c}(\boldsymbol{y})=\omega_j|c(\boldsymbol{y})=\omega_i)=\rho\beta_{ij}$（$\rho$ 是正比例系数）。接着可以根据贝叶斯规则导出以概率 $r_{ji}\triangleq P(c(\boldsymbol{y})=\omega_i|\hat{c}(\boldsymbol{y})=\omega_j)$ 表示的可靠度矩阵 $\boldsymbol{R}$，

矩阵中的任一元素 r_{ji} 可由下式计算。

$$r_{ji} = P(c(\boldsymbol{y}) = \omega_i | \hat{c}(\boldsymbol{y}) = \omega_j) = \frac{P(\hat{c}(\boldsymbol{y}) = \omega_j | c(\boldsymbol{y}) = \omega_i) P(c(\boldsymbol{y}) = \omega_i)}{\sum_{l=1}^{c} P(\hat{c}(\boldsymbol{y}) = \omega_j | c(\boldsymbol{y}) = \omega_l) P(c(\boldsymbol{y}) = \omega_l)}$$

在没有其他知识的情况下，通常假设上式中的先验概率 $P(c(\boldsymbol{y}) = \omega_l)(l = 1, 2, \cdots, c)$ 是均匀分布的。因此，概率 $r_{ji} \triangleq P(c(\boldsymbol{y}) = \omega_i | \hat{c}(\boldsymbol{y}) = \omega_j)$ 可以通过下式获得。

$$r_{ji} = \frac{P(\hat{c}(\boldsymbol{y}) = \omega_j | c(\boldsymbol{y}) = \omega_i)}{\sum_{l=1}^{c} P(\hat{c}(\boldsymbol{y}) = \omega_j | c(\boldsymbol{y}) = \omega_l)} = \frac{\rho \beta_{ij}}{\rho \sum_{l=1}^{c} \beta_{lj}} = \frac{\beta_{ij}}{\sum_{l=1}^{c} \beta_{lj}}$$

由此可以确定可靠度矩阵 $\boldsymbol{R}$。该可靠度矩阵可用于修改分类结果 $\boldsymbol{\mu}_n$，使其更接近真值。由于该可靠度矩阵是根据待分类目标的多个近邻进行估计得出的，因此应用该可靠度矩阵修改的目标 $\boldsymbol{y}$ 的分类结果不能完全取信。如果使用该可靠度矩阵直接计算目标属于每个类别的边缘概率，则可能带来很高的错误风险。因此，本节提出了一种谨慎的折扣方法，将分类知识转移到不精确的相关类别集合（如 $\omega_i \cup \omega_j$）上，而非转移到特定单一类别（如 ω_i）上。可以通过后续的合并过程减少甚至消除这种不精确分类的现象。更具体地说，来自分类器的输出 $\mu_n(j)$ 和可靠度值 $r_{ji} \triangleq P(c(\boldsymbol{y}) = \omega_i | \hat{c}(\boldsymbol{y}) = \omega_j)$ 可通过下式进行结合。

$$m_{n1}(\omega_i \cup \omega_j) = r_{ji} \mu_n(j) = P(c(\boldsymbol{y}) = \omega_i | \hat{c}(\boldsymbol{y}) = \omega_j) \mu_n(j)$$

式中，$\omega_i \cup \omega_j$ 表示 ω_i 与 ω_j 之间的不精确度，在 ω_i 与 ω_j 的分类中起中性作用。另一种置信质量 $\omega_j \cup \omega_i (j \neq i)$ 也可以通过 $\mu_n(i)$ 获得，即

$$m_{n2}(\omega_j \cup \omega_i) = r_{ij} \mu_n(i) = P(c(\boldsymbol{y}) = \omega_j | \hat{c}(\boldsymbol{y}) = \omega_i) \mu_n(i)$$

因此，对于 $i = 1, 2, \cdots, c$ 和 $j = 1, 2, \cdots, c$，可以从 $\boldsymbol{\mu}_n$ 中得出两种折扣的置信值分配。如果 $i \neq j$，则有

$$m_n(\omega_i \cup \omega_j) = m_{n1}(\omega_i \cup \omega_j) + m_{n2}(\omega_j \cup \omega_i) = P(c(\boldsymbol{y}) = \omega_i | \hat{c}(\boldsymbol{y})$$
$$= \omega_j) \mu_n(j) + P(c(\boldsymbol{y}) = \omega_j | \hat{c}(\boldsymbol{y}) = \omega_i) \mu_n(i)$$

如果 $i = j$，则有

$$m_n(\omega_i) = r_{ii} \mu_n(i) = P(c(\boldsymbol{y}) = \omega_i | \hat{c}(\boldsymbol{y}) = \omega_i) \mu_n(i)$$

可以看到，由于谨慎的折扣操作，出现了一些不精确分类的现象（$\omega_i \cup \omega_j$），但是可以通过与其他分类器的结果进行融合来减少这种不精确分类的现象。如果分给 ω_i 的 K 个近邻的概率全为零，则目标 y 属于 ω_i 的概率 $\mu_n(i)$ 将通过下式被折扣到全局未知类中。

$$m_n(\Omega) = 1 - \sum_{A \in \Omega} m_n(A) \tag{2-2}$$

式中，$m_n(\Omega)$ 表示有关分类器 C_n 分类结果中的全局未知类，在与其他分类器的分类结果融合时起中立作用。实际上，全局未知类 $m_n(\Omega)$ 会根据融合规则在分类器融合过程中被重新分配给其他更特定的焦元。

分类结果的内部可靠度主要关注分类器在目标近邻上的分类效果，并计算该目标属于某个类但被分配给另一类的条件概率，作为内部可靠度矩阵的元素构建内部可靠度矩阵。该矩阵表达了分类器对于不同类别发生分类错误的概率，并且它为目标的分类结果提供了比分类器的分类精度更加精细的可靠度知识。本节提出了新的谨慎折扣方式，根据内部可靠度矩阵校正分类结果，并将单类的可靠度（如 ω_i）谨慎地重新分配给由两个相关类（如 $\omega_i \cup \omega_j$）组成的并集，通过对部分不精确度进行建模，这种谨慎的折扣操作可以降低出错的风险。由于传统分类器的可靠度通常取决于训练精度，而训练精度主要反映分类器的整体性能，因此只使用这种可靠度无法提高单个分类器的分类精度，而本节所提出的内部可靠度评估方法对分类器的可靠度进行了更精细化的表示，在多分类器融合实验中也取得了更好的效果。

2.2.2 相对可靠度评估

除了内部可靠度评估，在信息融合系统中还可能会出现与其他信息相差较大甚至高度冲突的信源。在多源信息融合中，信源（分类器的分类结果）之间的高度冲突通常对融合过程不利。因此，需要通过比较待融合的分类结果进行相对可靠度评估，以减少分类器之间的冲突程度，获得最佳的融合结果。如何有效地衡量不同分类器分类结果之间的差异在相对可靠度评估中起着至关重要的作用。目前已经有各种度量来表征证据的差异性，如 J 距离、冲突值可靠度等。在相关文献中，冲突值和证据距离都用来反映证据之间的冲突。在以前的工作中，还有学者提出了一种既考虑证据距离又考虑冲突差异性的度量方式。现有方法对证据之间的细微差异很敏感，有时会对信源之间的冲突给出过于严格的度量，反而不利于后续的融合。

实际上，信源之间的差异在一定程度上描述了信源的互补性，并且互补信息有助于通过融合过程获得准确的结果。例如，考虑谨慎折扣后的两个分类结果，它们用两种基本置信值分配分别表示为 $m_1(\omega_1) = 0.2$，$m_1(\omega_1 \cup \omega_2) = 0.8$，$m_2(\omega_2 \cup \omega_3) = 1$。显然，这两种基本置信值分配不同，但可以看到它们是互补的、兼容的。m_1 表示该目标属于类别 ω_1 或 ω_2，而 m_2 表示该目标属于类别 ω_2 或 ω_3。因此，这两种基本置信值分配都强烈支持潜在类别 ω_2，使用证据理论给出融合结果 $m(\omega_2) = 1$，这个结果也与我们的认知相符。

为了更好地利用信源之间的互补性，且不至于将微小的信源间差异作为冲突，本节提出一种新的差异性评价指标来评估信源的相对可靠度，并且该指标能够兼容信源之间的互补信息。在之前的谨慎折扣步骤，单类的概率值被部分折算到符合类（如 $\omega_i \cup \omega_j$）中。似然函数 $\mathrm{Pl}(\cdot)$ 表示目标对应的所有类别的概率上界。它对应与目标类别有关联的所有焦元，此处将似然函数用于定义新的差异性评价指标。

首先根据目标折扣过的基本置信值分配获得每个单类的似然函数 $\mathrm{Pl}(\cdot)$。然后根据 $\mathrm{Pl}(\cdot)$ 预测目标可能的类别。最大的 $\mathrm{Pl}(\cdot)$ 值对应的类是该目标最可能属于的类别，取值相对接近的其他类也是有可能的。因此，从分类器 $C_i(i = 1, 2, \cdots, N)$ 的分类结果中可以得出，目标可能属于的真实类别集合为

$$\Phi_i = \left\{ A \Big| \frac{\mathrm{Pl}_i(A)}{\max\limits_{B \in \Omega} \mathrm{Pl}_i(B)} > \lambda \right\} \tag{2-3}$$

式中，$\lambda \in (0, 1)$ 是一个较小的正阈值。

如果 $\Phi_i \cap \Phi_j \neq \varnothing$，则表示分类器 C_i 和 C_j 支持共同的类别，这种情况称为两分类器的分类结果兼容，冲突程度为零。如果 $\Phi_i \cap \Phi_j = \varnothing$，则表示分类器 C_i 和 C_j 对目标 y 支持不同的类，将它们的输出结果视为存在冲突。冲突程度可以用每个基本置信值分配中冲突类对应的似然函数值的乘积来定义。考虑在同一辨识框架下的两种基本置信值分配 m_i 和 m_j，其对应的似然函数为 Pl_i 和 Pl_j。可以通过式 (2-4) 计算 m_i 和 m_j 的冲突程度。

$$\kappa(i, j) = \begin{cases} \sqrt{\max\limits_{A \in \Omega} \mathrm{Pl}_i(A) \max\limits_{B \in \Omega} \mathrm{Pl}_j(B)}, & \Phi_i \cap \Phi_j = \varnothing \\ 0, & \Phi_i \cap \Phi_j \neq \varnothing \end{cases} \tag{2-4}$$

式中，A 和 B 满足 $|A| = 1, |B| = 1$，$A \cap B = \varnothing$ 且 $\kappa(i, j) \in (0, 1]$。如果 $A \cap B \neq \varnothing$，则表示 m_i 和 m_j 兼容，即 $\kappa(i, j) = 0$。m_i（对应分类器 C_i）相

对于其他分类器的兼容程度可定义为

$$\tilde{\alpha}_i = \sum_{j|j \neq i}(1 - \kappa(i,j)) \tag{2-5}$$

如果分类器的输出与其他分类器的输出都兼容，则可以认为 m_i 非常可靠。但是，若 m_i 与其他结果高度冲突，则考虑为它赋予较低的相对可靠度，以减少其在融合中的影响。m_i 的相对可靠度可以根据其与其他分类器的兼容程度计算，即

$$\alpha_i = \frac{\tilde{\alpha}_i}{\max_j \tilde{\alpha}_j} \tag{2-6}$$

由于相对可靠度 α_i 通常需要获得所有分类结果的可靠度，因此，Shafer 的证据加权折扣方法将用于先前修改过的分类结果 m，并将折扣后的信息转移到识别框架中的全局未知类中，即 Ω。相对可靠度为 α_i（$^{\alpha_i}m_i$）的折扣基本置信值分配由式 (2-7) 给出。

$$\begin{cases} ^{\alpha_i}m_i(A) = \alpha_i m_i(A), \forall A \in \Omega \\ ^{\alpha_i}m_i(\Omega) = \alpha_i m_i(\Omega) + 1 - \alpha_i \end{cases} \tag{2-7}$$

通常认为，如果单个分类器具有高精度和高多样性，那么多个这样的分类器融合可以产生良好的效果。为了提高分类精度，每个分类器都应该强烈支持同一类。而至于分类的多样性，应保证在支持相同（真实）类别的条件下，各分类器输出的距离尽可能大。值得注意的是，本节所提出的兼容性概念与传统的差异度量或距离概念有很大的不同。在本节中，如果多个分类器同时强烈支持一个（或几个）类，则它们的冲突程度为零。因此，新的冲突程度评价指标在一定程度上可以容忍基本置信值分配的一些差异，并且可以很好地保留分类器之间的互补信息，这对得到良好的融合结果非常重要，也是新的冲突程度评价指标的主要优势。在新的冲突程度评价指标下，只有当多个分类器支持不同的类别时，分类器之间的冲突值才为正。在这种情况下，与其他分类器有高冲突的单个分类器被认为相对可靠度是较低的。在后续的融合中，该分类器的分类结果根据其相对可靠度进行折扣。通过该步骤，可以有效减少分类器之间的有害冲突信息，从而实现分类器的整体最佳性能。

内部可靠度和相对可靠度能够从不同的方面表征分类结果的可靠度。内部可靠度矩阵利用分类器在目标邻域的性能来挖掘先验知识，并将其用于校

正与目标关联的分类器输出结果,每个分类器的内部可靠度都是独立评估的。相对可靠度反映了不同分类器分类结果的可靠性,并将其用于计算每个分类器在融合过程中的权重。一个分类器的相对可靠度取决于其相对于其他分类器的冲突程度。因此,内部可靠度和相对可靠度是相辅相成的,两者结合可以全面地表征待融合分类器的可靠度。

谨慎折扣规则和经典折扣规则均可有效降低分类结果的冲突程度。经典折扣规则计算量相对较小,常用于处理低冲突情况,本节将其用于融合折扣后的分类结果,即来自不同的分类器的 $^{\alpha_i}m_i, i=1,2,\cdots,c$。由于 DS 规则满足交换律,因此基本置信值分配可以依次组合,并且组合顺序对结果没有影响。

在最终的融合结果中,由于进行了折扣处理,某些基本置信值分配可能会保留在(部分)不精确的焦元(不确定的类别)中。因此,此处考虑所有相关类别的似然函数 $\text{Pl}(\cdot)$,并且认为目标属于最大似然值的类别,如 $\omega_g, \text{Pl}(\omega_g) = \max_j \text{Pl}(\omega_j)$。

2.3 实验结果与分析

在本节中,为了评估本章所提的 CF-CRE 方法的分类性能,使用公开的 UCI 数据集进行验证。与此同时,将 CF-CRE 方法和其他几种融合方法进行对比,以验证 CF-CRE 方法的有效性。

2.3.1 基础数据集

本实验使用 UCI 数据库中的 15 个真实数据集来评估本章所提融合方法的性能,并将其与其他 9 种融合方法进行比较。表 2-1 展示了所用数据集的基本信息。这些数据集中的数据包含多个属性。对每个数据集来说,整个属性集将被随机分为 n 个不同的子集,每个子集将分别用于训练基分类器。例如,SPECTF Heart 数据集有 44 个属性,这些属性可以分为 4 个不同的子集,每个子集包含 11 个属性。基于每个子集的属性数据分别学习基分类器。

2.3.2 相关融合方法

本实验评估了 9 种相关的融合方法,包括平均融合(Average Fusion, AF)方法、加权平均融合(Weighted Average Fusion, WAF)方法、局部加权平均融合(Local Weighted Average Fusion, LWAF)方法、多数投票(Majority

Voting，MV）方法、加权多数投票（Weighted Majority Voting，WMV）方法、局部加权多数投票（Local Weighted Majority Voting，LWMV）方法、DS 方法、加权 DS（Weighted DS，WDS）方法和局部加权 DS（Local Weighted DS，LWDS）方法。这些融合方法的简要说明如表 2-2 所示。

表 2-1 UCI 数据集的基本信息

数据集	类别/个	属性/个	样本数/个
SPECTF Heart（SH）	2	44	267
Bupa（Bu）	2	6	345
Tae（Ta）	3	5	151
Texture（Te）	11	40	5500
Vehicle（Veh）	4	18	946
Wbdc（Wb）	2	30	569
Ionosphere（Io）	2	33	351
Movement-Libras（ML）	15	90	360
Wine Quality（WQ）	7	11	4898
Sonar（So）	2	60	208
Page-Blocks（PB）	5	10	5472
Segment（Seg）	7	19	2310
Magic（Ma）	2	10	19020
Satimage（Sat）	7	36	6435
Connectionist-Bench（CB）	11	10	990

表 2-2 9 种相关融合方法简要说明

融合方法	计算公式
AF	$\boldsymbol{p} = \dfrac{1}{N}\sum_{n=1}^{N}\boldsymbol{p}_n$
WAF	$\boldsymbol{p} = \sum_{n=1}^{N} w_n \boldsymbol{p}_n$
LWAF	$\boldsymbol{p} = \sum_{n=1}^{N} \hat{w}_n \boldsymbol{p}_n$
MV	$\boldsymbol{l} = \sum_{n=1}^{N} \boldsymbol{l}_n$
WMV	$\boldsymbol{l} = \sum_{n=1}^{N} w_n \boldsymbol{l}_n$
LWMV	$\boldsymbol{l} = \sum_{n=1}^{N} \hat{w}_n \boldsymbol{l}_n$
DS	$\boldsymbol{m} = \boldsymbol{m}_1 \oplus \boldsymbol{m}_2 \oplus \cdots \oplus \boldsymbol{m}_N$
WDS	$\boldsymbol{m} = {}^{\alpha_1}\boldsymbol{m}_1 \oplus {}^{\alpha_2}\boldsymbol{m}_2 \oplus \cdots \oplus {}^{\alpha_n}\boldsymbol{m}_N$
LWDS	$\boldsymbol{m} = {}^{\hat{\alpha}_1}\boldsymbol{m}_1 \oplus {}^{\hat{\alpha}_2}\boldsymbol{m}_2 \oplus \cdots \oplus {}^{\hat{\alpha}_n}\boldsymbol{m}_N$

在表 2-2 中，p_n 表示分类器 C_n 的输出，l_n 表示根据 p_n 做出的硬决策结果。例如，对于三分类问题，如果分类器得到 $p_n = [0.7, 0.2, 0.1]$，则有硬决策 $H(p_n) = [1, 0, 0]$。为进行 DS 融合，对 $\alpha_n = \dfrac{w_n}{\max\limits_i w_i}$ 和 $\hat{\alpha}_n = \dfrac{\hat{w}_n}{\max\limits_i \hat{w}_i}$ 进行归一化，以使融合结果的总和等于 1。$\alpha_n m_n$ 表示使用可靠度因子 α_n 对基本置信值分配 m_n 进行折扣。

2.3.3 实验细节

为了展示本节提出的冲突程度评价指标的有效性，分别采用以前所用的严格不相似性算法 DismP 和广泛使用的 J 距离，它们可以很好地描述一对基本置信值分配之间的距离度量，本节使用这两种指标评估分类结果的相对可靠度来进行对比实验。

基分类器可以根据实际情况选择。本节实验选择证据神经网络（Evidential Neural Network，ENN）和朴素贝叶斯分类器作为基分类器。在第一个测试中仅用 ENN 作为基分类器，在第二个测试中仅用朴素贝叶斯分类器作为基分类器。结合证据理论的 ENN 产生的分类结果包括单个焦元和全部未知焦元，即 Ω。置信质量 $m(\Omega)$ 通常很小，并且会成比例地分配到框架内的其他单个焦元上。因此，ENN 分类器的输出可以转换为概率值，然后进行可靠度评估。本节使用不同的属性子集分别训练基分类器，并融合不同分类器的分类结果对目标进行分类。目标的预测类别为获得最大支持度的类别。对于使用概率框架（如朴素贝叶斯分类器或平均融合规则）的方法，支持程度由分配给每个类别的概率值表示。对于使用基本置信值函数框架的分类方法（如采用 DS 融合方法的 ENN 分类器或采用本节所提方法的贝叶斯分类器），支持程度用似然函数 $\text{Pl}(\cdot)$ 表示。

分类器的加权因子通常是根据各个分类器的精度确定的，这里简要介绍 3 种常用的计算分类器权重的公式，如式 (2-8)～式(2-10) 所示。式 (2-8) 给出了简单的权重确定方法，将每个分类器归一化的准确率视为该分类器的权重。式 (2-9) 定义了最大最小加权方式，具有最大（或最小）精度的分类器的权重被视为 1（或 0），其他分类器的权重则在两个极端之间进行线性评估。式 (2-10) 采用对数函数来计算分类器的权重。它只将正权重分配给精度大于 0.5 的分类器，而其他精度小于 0.5 的分类器将在融合中被删除。式 (2-8)～式(2-10) 在实践中均得到了广泛应用。

$$w_n = \frac{\eta_n}{\sum_i \eta_i} \tag{2-8}$$

$$w_n = \frac{\eta_n - \eta_l}{\eta_u - \eta_l} \tag{2-9}$$

$$w_n = \log \frac{\eta_n}{1 - \eta_n} \tag{2-10}$$

式中，η_i 表示被分到第 i 类的样本数；$\eta_u \triangleq \max\limits_n \eta_n$；$\eta_l \triangleq \min\limits_n \eta_n$；$\eta_n \triangleq \dfrac{n_c}{T}$，$n_c$ 是正确分类的样本数，T 是总样本数；η_n 是分类器 C_n 在整个数据集上的准确率。

此外，实验中还考虑了根据目标邻域计算的局部精度 $\hat{\eta}_n$，其基于训练数据空间中目标 $\boldsymbol{y}$ 的 k 近邻的分类结果得出，计算公式为 $\hat{\eta}_n = \dfrac{\hat{n}_c}{K}$，$\hat{\eta}_n$ 也用来确定分类器 C_n 关于目标 $\boldsymbol{y}$ 的局部精度，其中 K 是所选近邻的数目，$\hat{n}_c$ 是正确分类的近邻的数量。局部精度可以很好地反映分类器在目标邻域的可靠度。可以将式 (2-8)～式 (2-10) 中的 η_n 替换为 $\hat{\eta}_n$ 来计算局部加权因子。

k 折交叉验证通常用于分类性能评估，k 是自由参数。实验中使用最简单的双重交叉验证，因为训练数据集和测试数据集很大，每个样本可以分别用于每折的训练和测试。在 k 近邻的选择中，测试 K 值为 5～20 时局部加权融合方法和本章所提融合方法的分类性能。实验测试了式 (2-8)～式 (2-10) 所示的 3 种加权方式，并展示了最佳结果。在实验中，可以使用训练数据优化参数 $\gamma \in [5,20]$ 和 $\lambda \in [0,1]$，并采用与最高精度相对应的优化值。表 2-3 和表 2-4 列出了 $K \in [5,20]$ 时不同融合方法的平均分类结果（平均准确度）。为了简明起见，在表 2-3 和表 2-4 中将 DismP、J 距离和新的冲突程度评价指标的分类器融合方法分别表示为 CRED、CREJ、CREI。图 2-1 和图 2-2 展示了不同融合方法在不同 K 值下的分类结果。其中横轴表示 K 值，纵轴表示分类精度。

2.3.4　结果分析

在表 2-3 和表 2-4 中，n 表示分类器的数量，每个分类器对应一个属性子集。η_l 和 η_u 分别代表单个分类器融合后分类精度的下限和上限。最大精度值以加粗字体显示。

对表 2-3 和表 2-4 中的结果进行分析可知，对于单独使用的每个分类器，多分类器融合方法通常可以提高分类准确度。这证明了分类器融合的优点。同时可以看到，CREJ、CRED 和 CREI 融合方法通常能比其他传统融合方法产生更高的分类精度，这要归功于本章提出的 CF-CRE 方法，该方法包括内部可靠度评估和相对可靠度评估。由矩阵表示的内部可靠度为衡量分类器局部分类质量提供了非常重要和精确的先验知识，它准确地表示了目标属于某一类却被指定给另一类的条件概率。通过谨慎折扣来根据内部可靠度矩阵校正对目标的分类结果，可以提高分类准确度。基于分类器之间的冲突程度得出的相对可靠度评估可以降低分类器之间的冲突程度以获得合理的融合结果。在其他加权融合方法中，加权因子主要是基于总体分类准确度来计算的，它们无法很好地捕捉到分类器针对每个目标的可靠度知识。这就是 CF-CRE 方法优于传统融合方法的原因。此外，在大多数情况下，本章所提的 CF-CRE 方法能够得到最高的分类精度。这是因为进行相对可靠度评估时在一定程度上可以容忍分类结果的差异，并且可以很好地保留分类器之间的互补信息，有助于实现最佳融合性能。

从图 2-1 和图 2-2 中可以观察到，CF-CRE 方法的分类性能对 K 值的变化不是很敏感，这是因为它有效地考虑了从物体到其近邻的距离的影响。在内部可靠度评估中，距离越远，该近邻的权重（影响）越小。在 CF-CRE 方法中，距离目标很远的近邻对目标的分类影响很小。实验结果表明，CF-CRE 方法相对于 K 值是鲁棒的，这对实际应用而言是一个很好的特性。因此，建议应用更小的 K 值以减少计算负担。

在分类器融合中，经常会遇到不同分类器的分类结果高度冲突甚至完全矛盾的情况，这可能导致不合理的融合结果。本章所提的融合方法能够很好地处理冲突情况，有效提高分类精度。如实验所示，本章所提融合方法基于内部可靠度，采用谨慎折扣规则将置信质量从单一类转移到相关的复合类中。实际上，该步骤使来自不同分类器的分类结果更接近真值，以提高准确性。这样，通过对部分不精确度进行适当的建模，可以降低分类器之间的冲突程度，有利于后续分类器融合过程中的再次具体化分类。之后，根据每个分类器与其他分类器的冲突程度来评估其相对可靠度，对与其他分类器高度冲突的分类器分配较小的可靠度。Shafer 的证据加权折扣方法与相对可靠度共同应用，将部分焦元的置信质量按比例折算为总的未知程度，这能够有效降低分类器之间有害冲突的影响。因此，本章所提的 CF-CRE 方法可以通过正确地处理冲突信息来得到较高的分类精度。

表 2-3　不同融合方法基于 ENN 分类器的分类结果 /%

数据集	n	$[\eta_L, \eta_U]$	MV	WMV	LWMV	AF	WAF	LWAF	DS	WDS	LWDS	CREJ	CRED	CREI
SH	4	[79.40, 79.40]	79.40	79.40	79.40	79.40	79.40	79.40	79.40	79.40	79.40	79.40	79.40	79.40
SH	11	[79.40, 79.40]	79.40	79.40	79.40	79.40	79.40	79.40	79.40	79.40	79.40	79.40	79.40	79.40
Bu	3	[56.82, 57.97]	57.97	57.97	58.23	57.97	56.24	57.45	57.69	57.69	58.12	62.84	62.77	62.61
Ta	2	[37.06, 44.39]	43.05	44.39	46.84	49.67	44.38	45.69	45.05	45.72	47.35	59.62	59.62	62.92
Te	10	[49.87, 68.44]	77.00	77.47	84.47	82.09	76.84	82.21	81.93	81.35	85.55	93.21	93.35	93.56
Te	5	[61.13, 71.35]	76.51	76.60	84.97	80.53	77.87	83.17	79.35	79.84	84.95	95.23	95.55	96.31
Veh	6	[39.24, 49.29]	51.42	51.42	55.13	55.67	49.88	52.86	54.96	54.73	56.45	64.65	65.17	65.42
Veh	3	[38.18, 50.00]	48.94	48.82	54.67	53.07	53.43	54.79	53.31	52.48	54.44	66.37	65.84	64.52
Wb	10	[69.60, 91.56]	91.39	91.21	91.84	91.03	90.68	90.45	91.38	91.03	92.30	92.51	92.51	92.78
Wb	6	[65.90, 88.75]	89.27	89.63	91.66	91.21	89.28	89.46	91.03	90.86	91.46	93.49	93.49	93.49
Io	4	[60.98, 85.76]	66.70	67.56	69.82	74.09	84.34	84.81	78.65	79.50	80.92	85.44	85.26	85.73
Io	10	[56.70, 81.19]	63.27	63.27	70.48	73.54	81.77	83.62	78.09	78.37	79.44	82.36	80.08	83.62
ML	18	[24.44, 39.17]	55.00	55.00	56.51	62.50	42.50	48.09	64.72	61.67	61.72	72.17	71.33	74.44
ML	30	[22.50, 37.50]	52.50	53.33	53.35	63.89	48.06	51.91	69.72	62.78	61.93	69.44	68.89	70.83
WQ	5	[44.73, 49.86]	45.24	45.24	46.91	45.00	44.90	45.00	44.83	44.86	46.01	59.23	58.89	59.51
WQ	2	[44.86, 45.69]	45.61	45.06	46.63	45.10	45.14	45.33	45.12	45.10	45.41	56.24	56.24	56.24
So	30	[51.92, 71.15]	64.42	64.90	67.46	74.52	66.35	68.30	74.04	74.04	74.43	75.64	75.16	76.92
So	10	[52.88, 74.52]	72.60	72.12	73.11	77.40	72.60	74.67	78.37	77.40	78.85	78.81	79.25	79.75
PB	2	[89.77, 89.77]	89.77	89.77	89.77	89.77	89.77	89.77	89.77	89.77	89.77	91.91	91.91	91.91
PB	3	[89.77, 91.34]	89.77	89.77	90.92	89.77	89.77	90.48	89.77	89.77	90.77	91.07	91.26	91.55
Seg	6	[30.65, 67.75]	64.42	63.64	76.57	74.46	76.80	79.07	80.82	77.49	80.29	89.29	88.65	89.93
Seg	3	[47.53, 68.44]	68.01	68.31	75.98	77.45	79.65	79.12	84.98	82.68	89.98	89.33	89.13	90.65
Ma	5	[64.84, 72.38]	67.01	67.01	70.62	71.61	72.53	72.70	72.19	72.27	72.37	72.61	71.28	73.16
Ma	2	[64.84, 72.29]	64.84	72.29	73.04	72.31	72.37	72.69	72.39	72.36	72.72	73.98	73.78	74.88
Sat	9	[73.82, 78.51]	78.48	78.42	83.70	81.21	78.28	82.58	82.28	82.49	84.50	85.92	85.02	86.05
Sat	6	[74.55, 81.80]	80.72	81.52	85.48	84.13	81.55	84.13	83.82	84.12	85.56	87.85	88.13	87.68
CB	3	[30.71, 53.54]	45.86	57.27	59.10	61.01	57.07	61.21	62.53	58.28	62.21	87.76	87.10	88.69
CB	5	[24.44, 55.96]	50.20	58.08	62.83	69.90	58.79	62.47	74.95	61.92	67.46	74.34	70.76	78.18

表 2-4 不同融合方法基于贝叶斯分类器的分类结果 / %

数据集	n	$[\eta_L, \eta_U]$	MV	WMV	LWMV	AF	WAF	LWAF	DS	WDS	LWDS	CREJ	CRED	CREI
SH	4	[62.94, 66.31]	60.33	66.69	71.89	67.82	63.32	67.97	71.93	70.43	72.70	73.98	73.24	75.48
SH	11	[56.95, 68.93]	71.18	71.18	78.83	73.43	75.66	79.58	77.16	76.04	82.80	82.40	82.43	82.98
Bu	3	[50.15, 56.53]	56.24	56.24	58.59	60.29	55.08	56.89	60.58	59.13	58.93	63.17	62.18	62.89
Ta	2	[42.39, 50.33]	39.08	44.41	52.07	49.66	52.98	50.99	50.32	49.65	51.89	62.38	63.19	64.25
Te	5	[56.62, 72.84]	71.80	73.18	80.28	74.40	67.42	77.25	77.45	75.36	81.48	93.02	**93.80**	93.30
Te	10	[46.05, 66.53]	69.45	70.87	78.26	74.35	66.47	75.09	77.45	75.53	80.12	88.01	**89.41**	89.02
Veh	3	[39.72, 51.89]	46.69	49.88	60.77	49.53	52.96	60.42	47.28	50.71	61.55	65.43	65.66	67.24
Veh	6	[36.76, 43.38]	46.57	48.35	56.09	47.28	44.33	50.85	45.51	46.34	59.43	64.67	64.72	65.25
Wb	6	[71.88, 94.02]	92.62	92.26	92.45	91.21	91.21	91.50	93.32	93.49	93.79	93.49	93.32	95.10
Wb	15	[62.39, 93.14]	88.93	90.33	91.75	91.74	91.74	91.94	93.15	92.44	93.53	93.44	93.62	93.70
Io	4	[65.82, 87.74]	74.09	77.78	79.87	72.37	87.17	**88.90**	82.61	87.45	85.51	86.57	86.39	88.17
Io	10	[64.40, 88.60]	71.52	74.08	80.78	75.50	90.02	90.41	81.19	87.18	85.65	89.87	89.87	91.32
ML	30	[18.61, 32.50]	40.83	40.00	44.13	50.83	36.67	41.42	69.44	49.72	52.66	66.22	65.44	70.28
ML	18	[20.83, 33.06]	44.17	41.67	46.06	49.17	35.00	39.86	69.44	46.94	51.04	69.33	69.43	72.22
WQ	2	[41.40, 46.82]	46.57	46.82	48.06	47.73	46.63	48.31	48.00	48.24	49.01	57.81	57.81	60.04
WQ	5	[42.83, 48.67]	46.69	46.94	48.66	47.02	47.12	48.04	46.75	47.08	48.93	59.55	59.29	79.81
So	10	[53.37, 66.35]	71.63	71.15	74.70	70.19	59.13	64.18	69.23	66.83	73.20	79.05	79.27	80.29
So	30	[52.88, 73.56]	74.04	72.12	74.67	73.08	60.10	60.28	71.15	71.63	74.52	79.13	78.37	93.76
PB	5	[87.19, 91.94]	90.83	91.25	91.80	91.78	91.05	91.93	93.06	92.64	92.62	92.88	93.13	94.86
PB	2	[83.81, 93.42]	93.44	93.42	93.84	93.31	93.57	94.28	93.59	93.75	94.22	94.86	94.86	90.93
Seg	3	[52.73, 80.09]	65.93	77.10	83.33	71.08	65.50	73.41	80.39	79.22	83.50	89.67	89.84	87.13
Seg	6	[27.32, 61.60]	62.29	62.73	80.12	71.73	74.98	78.11	79.40	80.61	79.59	86.85	87.02	77.11
Ma	2	[70.25, 75.65]	73.29	75.65	75.31	72.96	71.87	73.45	72.96	73.00	74.16	77.11	77.11	74.69
Ma	5	[64.59, 73.70]	71.93	71.93	73.16	73.43	72.13	73.04	73.43	73.63	74.21	74.20	74.28	87.98
Sat	6	[74.51, 78.20]	81.54	81.07	85.59	81.82	77.93	83.21	80.34	81.55	85.71	86.34	86.55	87.19
Sat	9	[74.48, 79.15]	81.86	81.60	85.77	82.39	78.71	83.07	80.34	81.66	85.47	86.90	86.92	78.18
CB	5	[19.49, 55.35]	38.79	55.96	57.86	63.84	57.07	58.81	71.62	59.29	62.42	72.73	69.09	92.46
CB	3	[24.44, 56.87]	45.25	58.99	62.52	66.57	60.20	62.55	71.62	61.72	65.47	89.80	90.10	92.46

（a-1）SH数据集四分类器融合

（a-2）SH数据集十一分类器融合

（b）Bu数据集三分类器融合

（c）Ta数据集两分类器融合

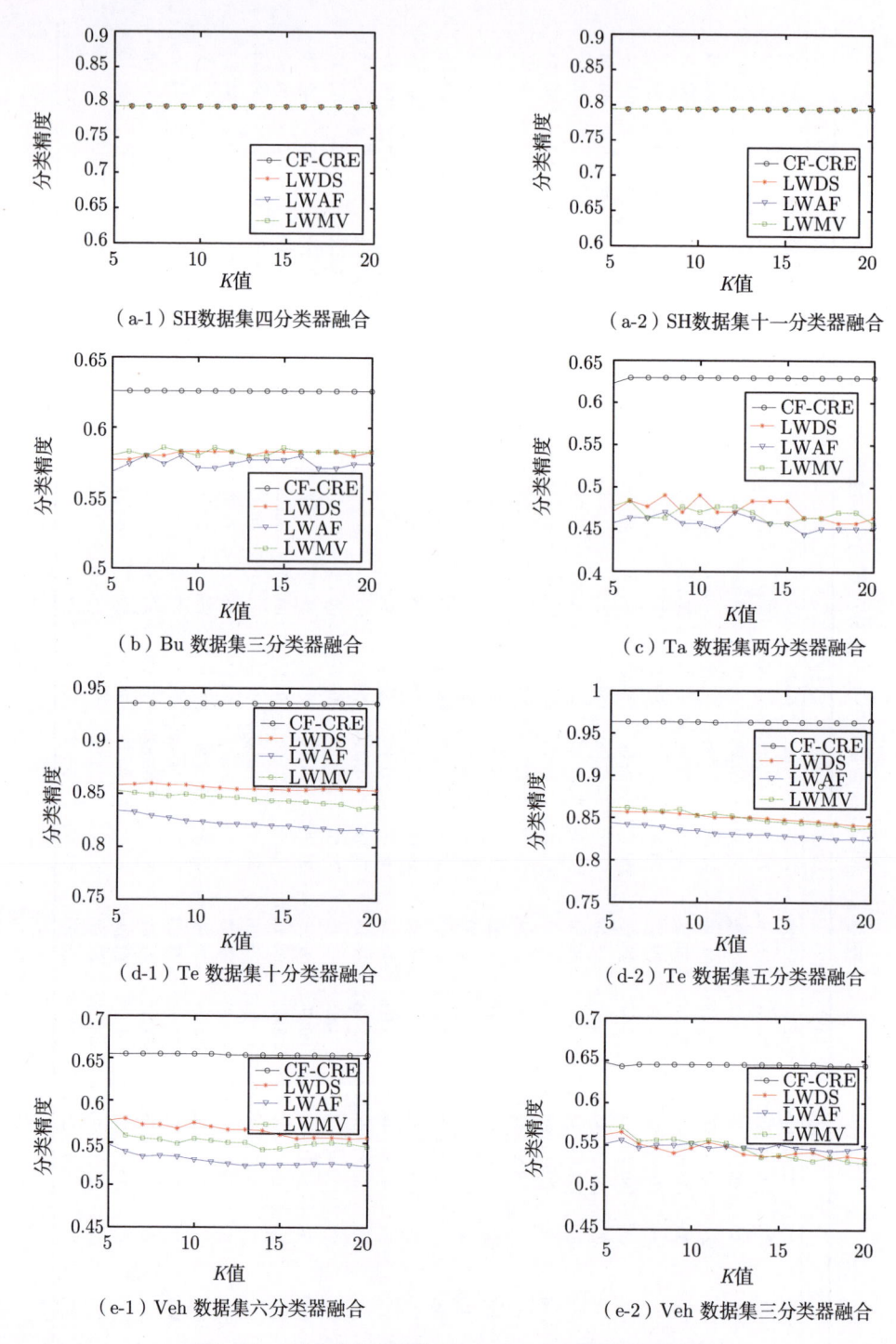

（d-1）Te数据集十分类器融合

（d-2）Te数据集五分类器融合

（e-1）Veh数据集六分类器融合

（e-2）Veh数据集三分类器融合

图 2-1　不同融合方法基于 ENN 分类器的分类结果

（f-1）Wb 数据集十分类器融合

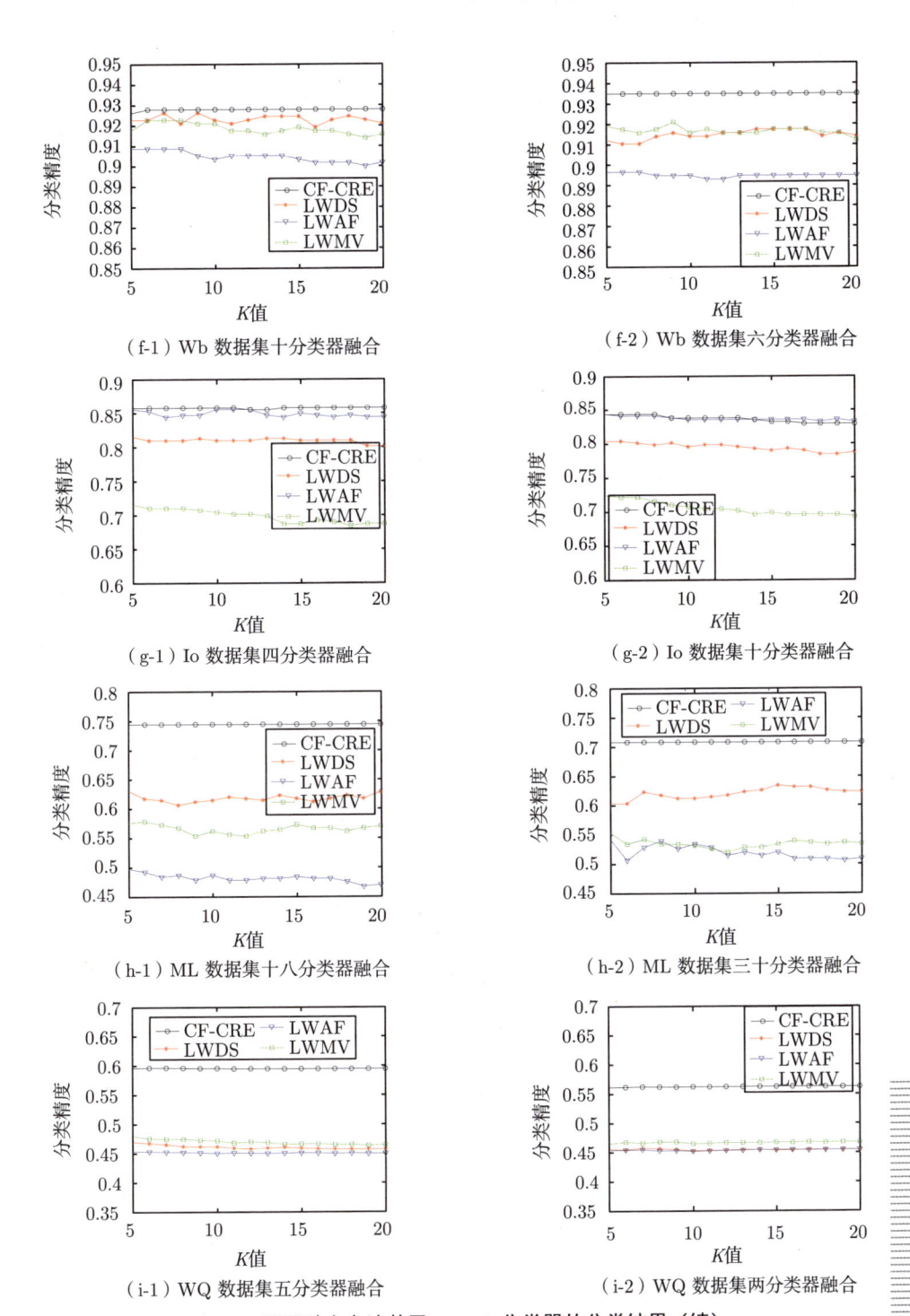

（f-2）Wb 数据集六分类器融合

（g-1）Io 数据集四分类器融合

（g-2）Io 数据集十分类器融合

（h-1）ML 数据集十八分类器融合

（h-2）ML 数据集三十分类器融合

（i-1）WQ 数据集五分类器融合

（i-2）WQ 数据集两分类器融合

图 2-1　不同融合方法基于 ENN 分类器的分类结果（续）

（j-1）So 数据集三十分类器融合

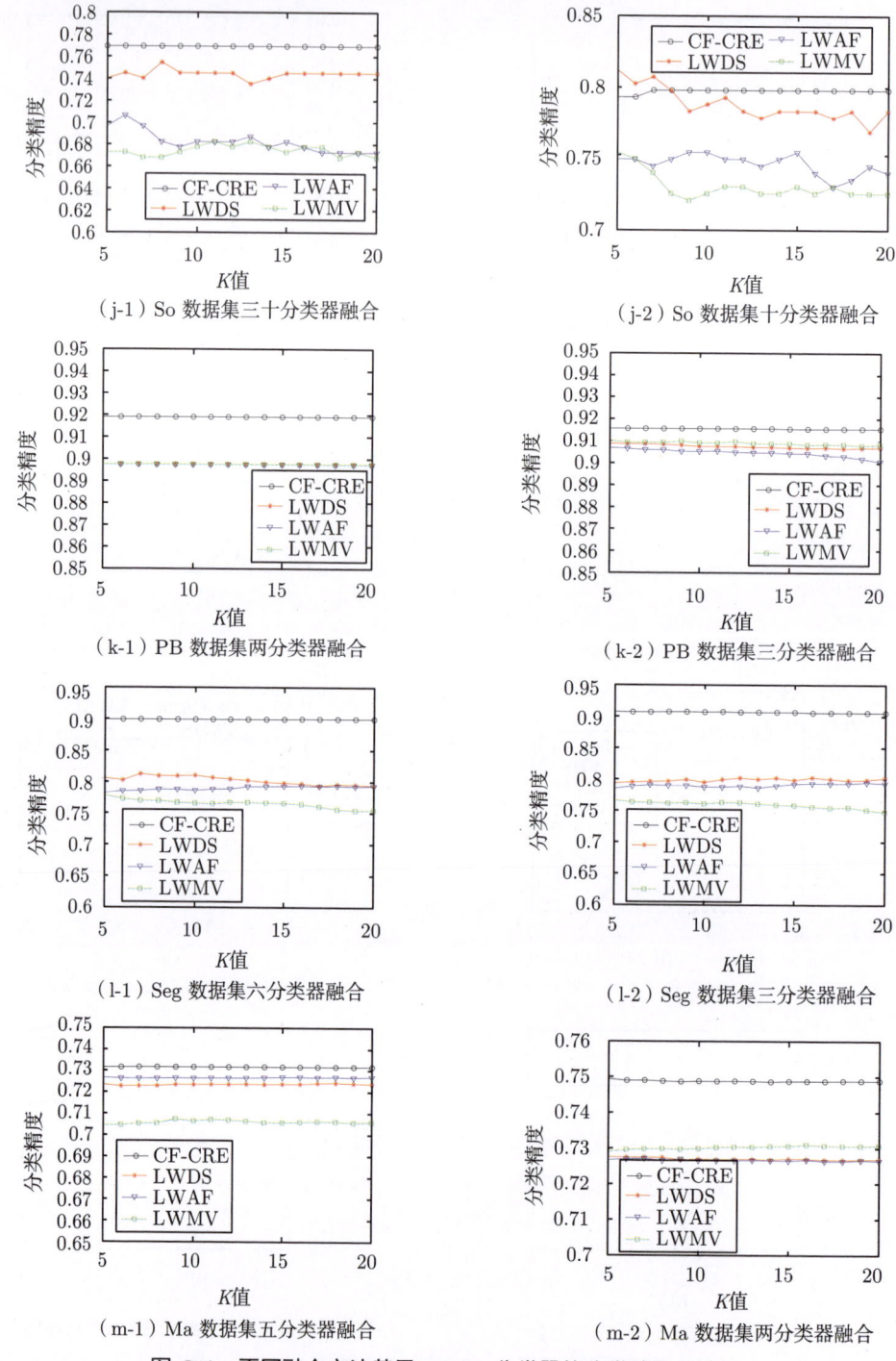

（j-2）So 数据集十分类器融合

（k-1）PB 数据集两分类器融合

（k-2）PB 数据集三分类器融合

（l-1）Seg 数据集六分类器融合

（l-2）Seg 数据集三分类器融合

（m-1）Ma 数据集五分类器融合

（m-2）Ma 数据集两分类器融合

图 2-1　不同融合方法基于 ENN 分类器的分类结果（续）

（n-1）Sat 数据集九分类器融合

（n-2）Sat 数据集六分类器融合

（o-1）CB 数据集三分类器融合

（o-2）CB 数据集五分类器融合

图 2-1　不同融合方法基于 ENN 分类器的分类结果（续）

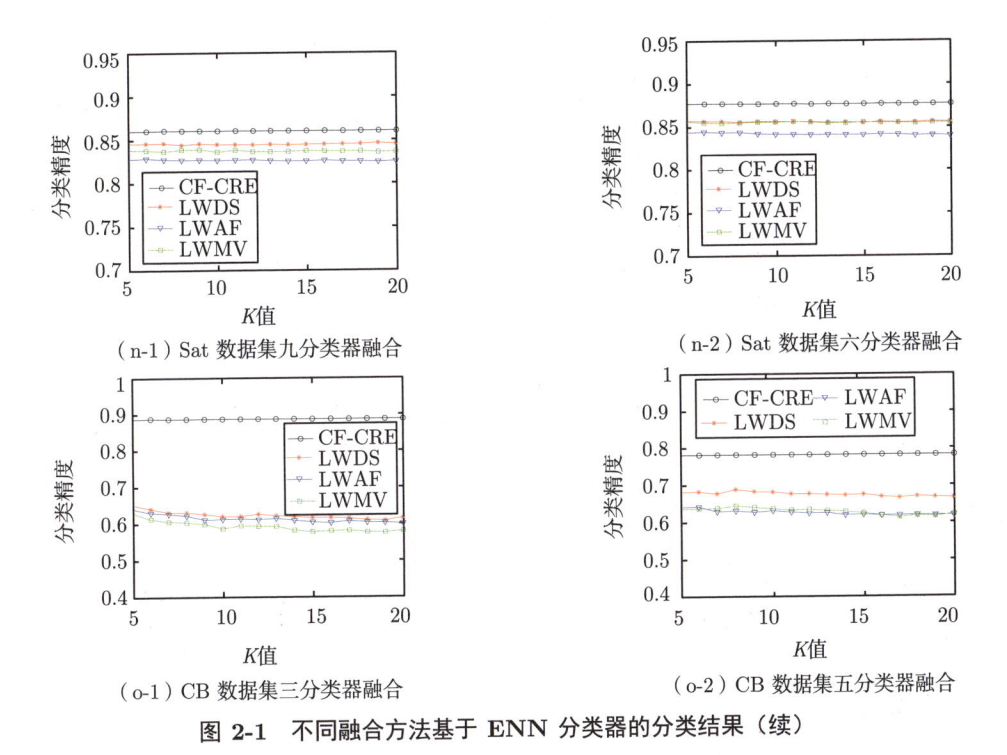

（a-1）SH 数据集四分类器融合

（a-2）SH 数据集十一分类器融合

（b）Bu 数据集三分类器融合

（c）Ta 数据集两分类器融合

图 2-2　不同融合方法基于贝叶斯分类器的分类结果

(d-1) Te 数据集五分类器融合

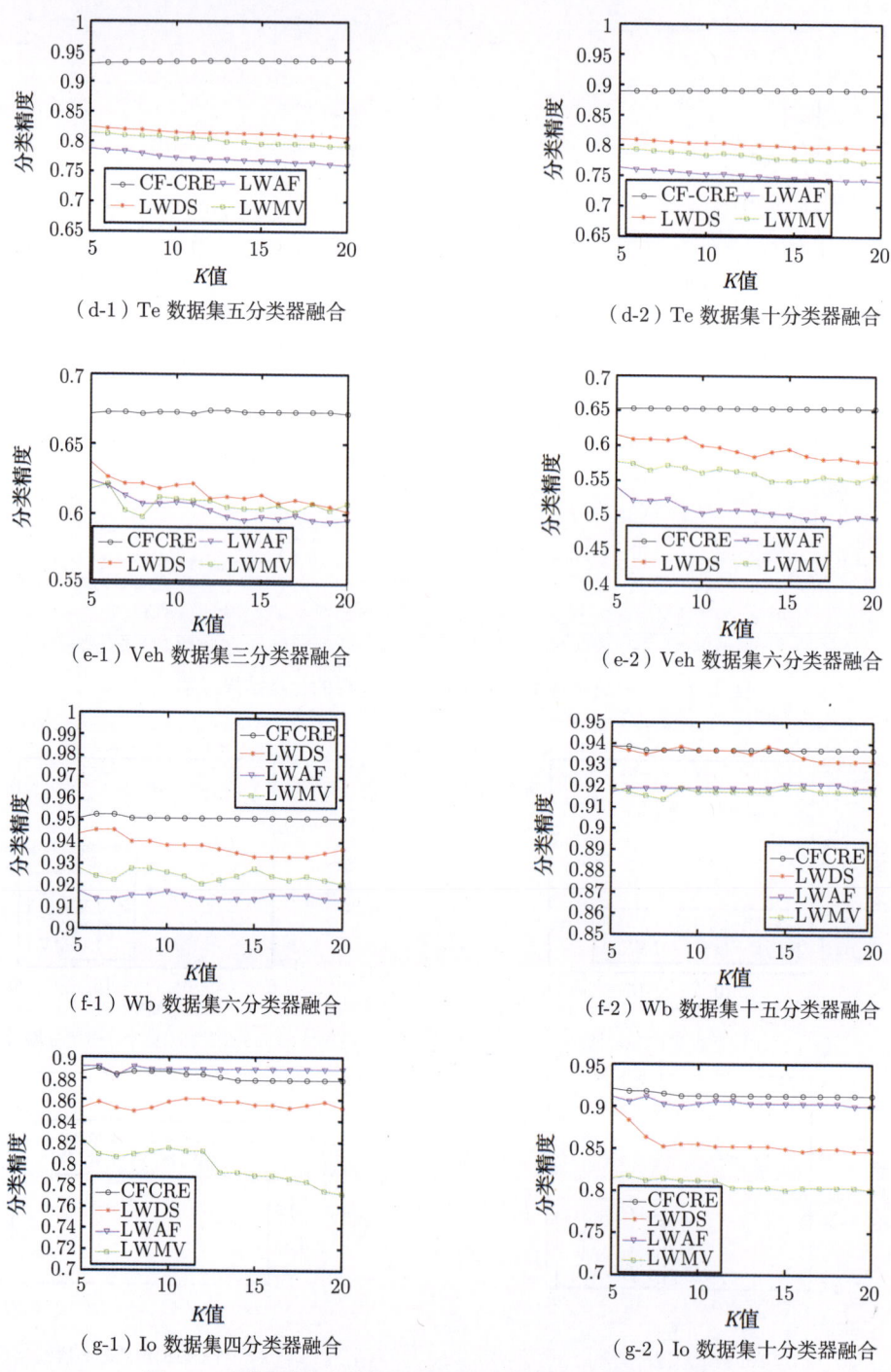

(d-2) Te 数据集十分类器融合

(e-1) Veh 数据集三分类器融合

(e-2) Veh 数据集六分类器融合

(f-1) Wb 数据集六分类器融合

(f-2) Wb 数据集十五分类器融合

(g-1) Io 数据集四分类器融合

(g-2) Io 数据集十分类器融合

图 2-2 不同融合方法基于贝叶斯分类器的分类结果（续）

（h-1）ML 数据集三十分类器融合

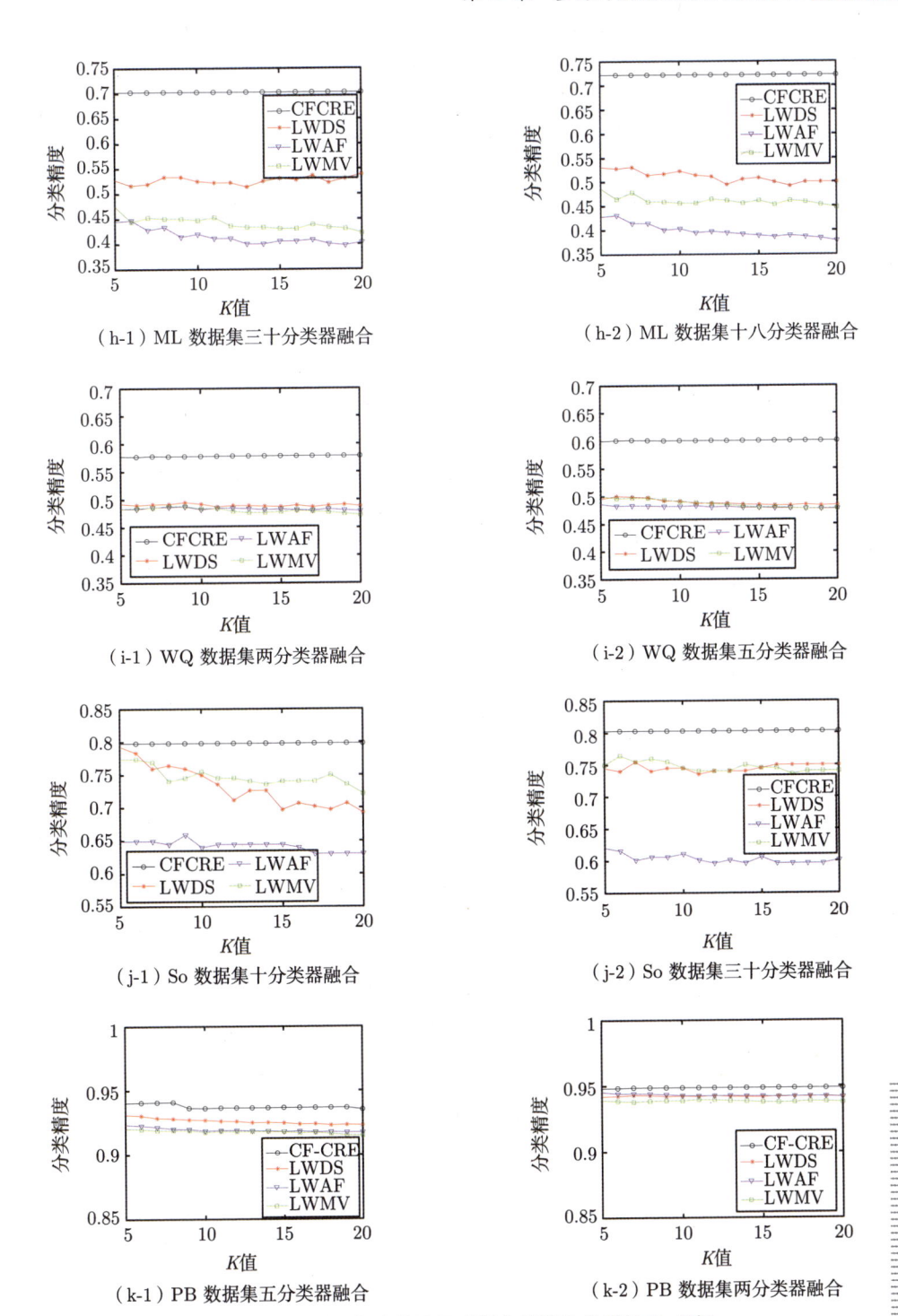

（h-2）ML 数据集十八分类器融合

（i-1）WQ 数据集两分类器融合

（i-2）WQ 数据集五分类器融合

（j-1）So 数据集十分类器融合

（j-2）So 数据集三十分类器融合

（k-1）PB 数据集五分类器融合

（k-2）PB 数据集两分类器融合

图 2-2　不同融合方法基于贝叶斯分类器的分类结果（续）

（l-1）Seg 数据集三分类器融合

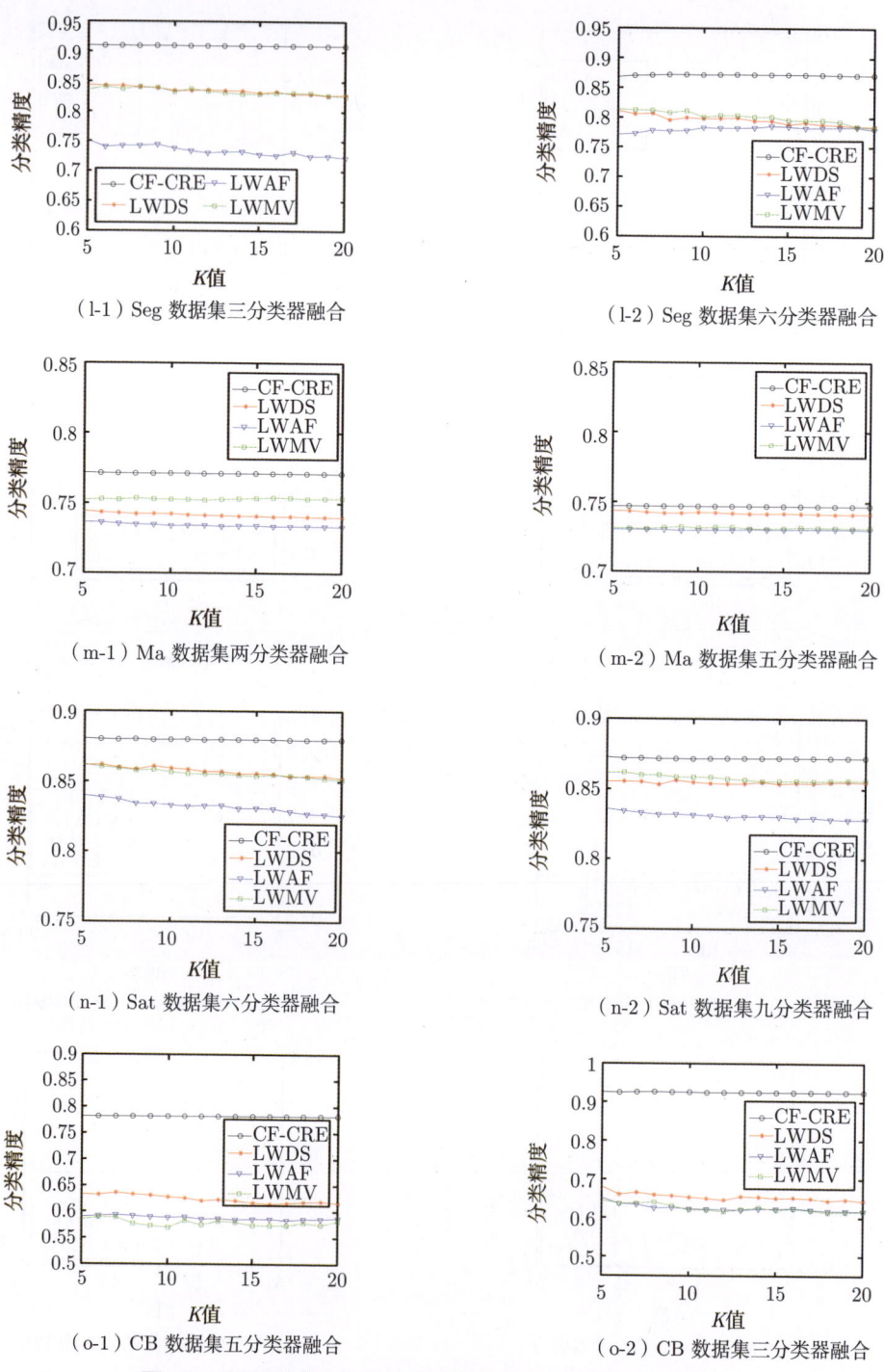

（l-2）Seg 数据集六分类器融合

（m-1）Ma 数据集两分类器融合

（m-2）Ma 数据集五分类器融合

（n-1）Sat 数据集六分类器融合

（n-2）Sat 数据集九分类器融合

（o-1）CB 数据集五分类器融合

（o-2）CB 数据集三分类器融合

图 2-2　不同融合方法基于贝叶斯分类器的分类结果（续）

2.3.5 参数敏感性分析

在本章所提方法中，式 (2-1) 中的参数 γ 和式 (2-3) 中的阈值 λ 需要根据实际应用情况进行调整。在确定内部可靠度时，需要计算目标与其近邻之间的距离，因此使用 γ 来调整距离的影响。γ 值越大，近邻对可靠度评估的影响越小。经过对多个实际数据集进行多次测试，我们发现使用 $\gamma \in [5, 20]$ 能够实现良好的分类性能，所以我们建议将 $\gamma = 10$ 作为默认值。至于阈值 λ，可以将其视为分类结果差异的容忍度阈值。较小的 λ 值会将更多的类别视为潜在的真实类别，因此不同的分类结果将更有可能支持共同的潜在真实类别。更多的分类结果可以被认为没有冲突，这通常会导致较高的相对可靠度（最高为 1）。但是，过小的 λ 值不能有效地降低分类器之间的冲突程度；而较大的 λ 值会降低分类结果差异的容忍度，并且对与其他分类器有冲突的分类器来说，可能导致其相对可靠度过低。过大的 λ 值将对融合过程中存在冲突的分类器造成不利影响。因此，考虑取 $\lambda = 0.5$ 作为默认值。在应用中，可以通过训练数据进行交叉验证来优化调整参数 γ 和 λ，选择与最高精度相对应的优化值。

2.4 本章小结

本章提出了一种新的分类器融合方法，该方法包括内部可靠度评估和相对可靠度评估。内部可靠度用可靠度矩阵来表示目标在分类器给出分类结果后属于每一类的条件概率。与传统的用总体分类器性能表示可靠度的方式相比，可靠度矩阵通过深入探索目标邻域样本的分类信息，提供了更加完善的知识。本章还提出了一种新的谨慎折扣规则，根据内部可靠度矩阵，谨慎地将单个类别（如 A）的部分概率（或置信质量）重新分配给相关的复合类（如 $A \cup B$）来降低错误风险。相对可靠度主要用于减少分类器之间的有害冲突，它根据冲突程度评价指标计算。该方法可以很好地表征高冲突信息，并且在一定程度上可以容忍分类结果差异，以保持多分类器的信息互补性，这对于实现良好的融合性能非常有效。通过与其他融合方法进行比较，在多个实际数据集上的实验清楚地证明了本章所提方法的有效性。实验结果表明，经过改进的 CF-CRE 方法可以显著提高分类准确率。此外，该方法对于 K 值选择的改变也是鲁棒的，具有较高的实际应用价值。

第 3 章
多辨识框架下异构证据融合分类

3.1 引言

在多源信息融合目标分类中，当不同信源的属性差异较大时，各信源提供的关于目标类别的证据可能基于不同的辨识框架。将分类器的输出结果视为证据，其中概率可以作为贝叶斯证据。例如，成像雷达生成的证据是关于目标属于航母、货轮、巡洋舰等类型的可能性，敌我识别器生成的证据是关于目标属于敌方、我方、友方的判断，这两个证据的辨识框架截然不同。虽然这两个信源证据是基于不同的辨识框架工作的，但仍然能够提供一定的互补信息。例如，根据经验，已知目标来自敌方，那么它是航母的可能性很大。然而，现行的证据推理方法处理的多源证据一般基于统一的辨识框架，即所有证据的辨识框架是完全一致的，这些方法无法直接对不同辨识框架下的证据进行融合。目前也存在一些不同辨识框架的转换策略，包括概率多值映射、幂集全映射等。不过，概率多值映射难以对目标类别的置信值在不同辨识框架下的转换不确定性进行有效的分析。幂集全映射将每个目标类别的置信值分配给指定辨识框架下幂集所包含的全部元素，这导致引入的转换系数过多，参数大量冗余，难以计算，这种策略实用性较差。

针对这种多辨识框架证据不一致的问题，本章提出了一种多辨识框架下异构证据融合分类方法，即基于信任函数的不同辨识框架下的分类器组合（Combination of Classifiers with Different Frames of Discernment based on Belief Functions, CCDF）方法。首先，通过构建异构证据转换模型，将不同辨识框架下的证据统一到指定的辨识框架下再进行融合。在设计异构证据转换模型时，为了降低算法复杂度，增强算法实用性，原证据中每个类别的置信值只允许分配给指定辨识框架中与该类别相关的元素。然后，由于各证据的可靠度存在差异，在融合中应赋予它们不同的权重，并且在分配置信值时应考虑未知类。如果某证据的可靠度较低，那么在辨识框架转换时其置信值被分配给未知类的比例就大，这样就可以降低该证据在融合过程中的影响，从而有利于获得更好的融合结果。最后，为了确定不同辨识框架元素之间的置信值分配系数，本章设计了一个证据等价转换矩阵以优化目标函数，通过最小化转换后的融合结果与期望值之间的误差来获得最优证据等价转换矩阵。将所有证据转换到统一的辨识框架下之后，采用 DS 规则对其进行融合，进而根据融合结果对目标进行分类。

3.2 多辨识框架下异构证据融合识别基础知识

将多源信息在决策层融合有望提高目标分类性能，从而获得更准确的分类结果。然而，在分类器融合过程中，由于多分类器外界环境的差异及各分类器本身性质的不同，往往会产生信息不确定的问题。这种不确定问题可以分为两类：信源信息本身的不确定和证据之间关系的不确定。本节讨论的是证据之间关系的不确定。

在解决证据之间关系的不确定问题时，Pearl 等引入了一种基于贝叶斯概率框架的方法，表示了贝叶斯框架下目标类别之间的关系。John 等提出了证据空间（证据辨识框架）和假设空间（概率框架）之间的概率多值映射，使用条件概率来表征不同框架下目标类别之间的关系。在概率多值映射中，从概率框架 E 到概率框架 H 的多值概率转换表示为

$$\Gamma^* : E \to 2^{2^{\theta \times [0,1]}} \tag{3-1}$$

概率框架 θ_E 中每个元素的映射关系表示为 $\Gamma^*(e_i)$，具体公式为

$$\Gamma^*(e_i) = \{(H_{i1}, P(H_{i1}|e_i)), (H_{i2}, P(H_{i2}|e_i)), \cdots, (H_{im}, P(H_{im}|e_i))\} \tag{3-2}$$

满足以下条件：

$$\begin{cases} H_{ij} \neq \varnothing, & j = 1, 2, \cdots, m \\ H_{ij} \cap H_{ik} = \varnothing, & j \neq k \\ P(H_{ij}|e_i) > 0, & j = 1, 2, \cdots, m \\ \sum_j P(H_{ij}|e_i) = 1 \end{cases} \tag{3-3}$$

式中，e_i 是概率框架 E 中的一个元素；$H_{ij},H_{i(j+1)},\cdots,H_{im}$ 是概率框架 H 中的集合。

该方法实现了概率在概率空间中的映射。但是，该方法不能很好地描述信息转换过程中证据之间的不确定关系，即在将概率框架 E 中的概率转换到概率框架 H 中时，无法表述下面这种不确定关系：在舰船识别系统中，已知在敌我判别器概率框架 $\Theta = \{\theta_1 \triangleq 友方, \theta_2 \triangleq 敌方\}$ 下，目标被分配给了类别"敌方"，那么在雷达图像传感器概率框架 $\Omega = \{\omega_1 \triangleq 航母, \omega_2 \triangleq 货轮, \omega_3 \triangleq 巡洋舰\}$ 下，目标类别为"航母"的概率为 0.5，为"货轮"的概率为 0.2，为"巡洋舰"的概率为 0.1，而有 0.2 的概率无法确定目标类别。

证据推理具有处理不确定问题的能力，并且可以对信息类别进行模糊表示，因此在进行多辨识框架转换时具有很大的优势。

幂集全映射方法利用 $f(e_i \to H_{i1})$ 来表达证据映射中元素 e_i 与概率空间中集合 H_{ij} 之间的不确定关系。由此，辨识框架 θ_E 到辨识框架 θ_H 的证据映射表示函数为

$$\Gamma^* : E \to 2^{2^{\theta_H} \times [0,1]} \tag{3-4}$$

$$\Gamma^*(e_i) = \{(H_{i1}, f(e_i \to H_{i1})), (H_{i2}, f(e_i \to H_{i2})), \cdots, (H_{im}, f(e_i \to H_{im}))\} \tag{3-5}$$

式中，$\theta_i = \bigcup_{j=1}^{m} H_{ij}$ 满足下列条件：

$$\begin{cases} H_{ij} \neq \varnothing, & j = 1, 2, \cdots, m \\ f(e_i \to H_{ij}) > 0, & j = 1, 2, \cdots, m \\ \sum_j f(e_i \to H_{ij}) = 1 \end{cases} \tag{3-6}$$

如果采用幂集全映射方法来融合不同辨识框架下的分类器，那么在置信值重新分配中涉及的参数太多，并且需要大量的先验训练数据来估计这些参数。同时，该方法也没有提供具体的计算方法来计算这些转换后类别的置信值，该策略在实际应用中难以实现。如何有效地构建异构证据转换方法仍然是多辨识框架下异构证据融合决策面临的主要问题。

3.3 CCDF 方法介绍

本节提出了 CCDF 方法，充分考虑算法的复杂度和实用性，构建多辨识框架转换模型，实现多辨识框架证据融合决策。对于在辨识框架 $\Theta_1, \Theta_2, \cdots, \Theta_N$ 下由 N 个分类器 $C_1, C_2, \cdots, C_N$ 基于不同属性空间 $S_1, S_2, \cdots, S_N$ 分类的目标样本 $\boldsymbol{y}$，单一辨识框架证据融合识别方法将不再适用。如何将多分类器信息转换到一致的辨识框架下成为亟待解决的问题。为了实现不同辨识框架下证据的融合识别，必须将证据 $\boldsymbol{m}_n \in \Theta_n (n=1,2,\cdots,N)$ 转换到同一目标辨识框架 Ψ 下。假设对于每个训练样本，其在辨识框架 Ψ 上的类别真实值是已知的，同时该训练样本在辨识框架 $\Theta_1, \Theta_2, \cdots, \Theta_N$ 中的分类结果也是已知的，充分利用假设来构建异构证据转换模型。

3.3.1 构建异构证据转换模型

在构建异构证据转换模型时，将辨识框架 Θ 中的各元素转换到辨识框架 Ψ 中，实现精准的异构证据转换。如果辨识框架 Θ 中的 θ 类在等价转换时转换到了辨识框架 Ψ 中的全部类别（所有单类、复合类和全局未知类），那么在辨识框架 Ψ 中对 θ 类进行重新分配，涉及的元素将有很多（$2^{|\Psi|}$），在构建异构证据转换模型时涉及的参数也较多。这就需要大量的先验数据来确定（优化）这些参数。然而，在实际应用中，从训练集获取的先验信息是有限的，为了降低计算复杂度，避免过拟合，必须尽量减少优化的参数数量。因此，在异构证据转换中，每个目标类别的置信值只能分配给指定框架中与该类别相关的元素，即只考虑辨识框架 Ψ 中满足 $A \cap \theta \neq \varnothing$ 条件的元素 A。例如，若已知辨识框架 Θ 中的元素 θ 与辨识框架 Ψ 中的元素 $\psi_j, \psi_{j+1}, \cdots, \psi_k$ 相关，那么 θ 上的置信值将仅分配到 $A = \{\psi_j, \psi_{j+1}, \cdots, \psi_k\}$ 中的元素而不涉及辨识框架中的其他元素。

在异构证据转换中，将 θ 上的置信值转换给集合 A 中的元素的过程表示为 $m^{\Psi}(A) = m^{\Psi}\{\psi_j, \psi_{j+1}, \cdots, \psi_k\} = m^{\Theta}(\theta)$。通过异构证据转换，可以将辨识框架 Θ 中的元素转换到辨识框架 Ψ 中，实现辨识框架的统一。然而，目标样本在辨识框架 Ψ 上不同类别（ψ_j 和 ψ_k）中的置信值分配是不同的。如果直接将置信值分配给两个类别的并集，那么置信值就会均等地分配给类别 ψ_j 和 ψ_k。显然这是不合理的，因为在实际情况中，属于类别 θ 的样本更有可能在指定的辨识框架上属于置信值更大的类别。因此，在进行置信值分配时，必须考虑分配给单类的情形。下面将对这种情况进行举例说明。

【例 3-1】 假设目标 y 所对应的证据 m^Θ 在辨识框架 $\Theta = \{\theta_1, \theta_2\}$ 上表示为 $m^\Theta(\theta_1) = 0.9, m^\Theta(\theta_2) = 0.1$，指定的目标辨识框架为 $\Psi = \{\psi_1, \psi_2, \psi_3\}$。已知辨识框架 Θ 中类别 θ_1 上的置信值只与类别 ψ_1 和 ψ_2 相关，ψ_3 上的置信值全部来自类别 θ_2。转换后目标样本 y 在辨识框架 Ψ 上的分类结果为 $m^\Psi(\psi_1, \psi_2) = 0.9, m^\Psi(\psi_3) = 0.1$。结果显示这一目标属于类别 ψ_1 或 ψ_2 的可能性很大（置信值为 0.9）。然而，这一结果仍不能准确地确定目标是 ψ_1 或 ψ_2 中的某一类，尽管在辨识框架 Θ 中两个类别的置信值相差悬殊。这就是在进行异构证据转换时仅考虑将置信值转换到复合类存在的问题。

然而，如果在进行异构证据转换时只考虑将置信值 $m^\Theta(\theta)$ 分配给指定辨识框架中的单类，又会出现证据转换表达能力不够，无法反映异构证据转换模型的不确定性的问题。同样对这种情况进行举例说明。

【例 3-2】 假设目标 y 所对应的证据 m^Θ 在辨识框架 $\Theta = \{\theta_1, \theta_2\}$ 上表示为 $m^\Theta(\theta_1) = 0.6, m^\Theta(\theta_2) = 0.4$，指定的目标辨识框架为 $\Psi = \{\psi_1, \psi_2, \psi_3\}$。假设辨识框架 Θ 中类别 θ_1 上的置信值平均分配给了 ψ_1 类和 ψ_2 类，而类别 θ_2 上的置信值全部分配给了 ψ_3。那么转换后的分类结果是 $m^\Psi(\psi_1) = 0.3, m^\Psi(\psi_2) = 0.3, m^\Psi(\psi_3) = 0.4$。该证据以更大的置信值支持类别 ψ_3，这与转换前置信值之间的关系是不相符的。

为了更好地表示信息之间的不确定关系，在构建证据转换模型时，辨识框架 Θ 中元素 θ 上的置信值不仅分配给单类，还分配给预期相关元素的集合，其中转换给复合类的置信值反映了异构证据转换中的不确定信息。这些不确定信息可以在以后的融合决策中利用信源之间的互补信息进行弥补，避免了识别任务一开始就错误分类的情况。当集合 A 中涉及的元素过多时，如果允许将 θ 上的置信值分配给 A 中所有的子集，那么转换过程中涉及的参数就会增加，训练过程中需要更多的训练数据。为了降低计算复杂度并放宽对先验知识的要求，将 $m(\theta)$ 的重新分配限制为集合 A 和集合 A 中的单类。

在例 3-2 中采用异构证据转换模型，将 $m^\Theta(\theta_1)$ 上的置信值转换到辨识框架 Ψ 上时，不仅会分配给类别 ψ_1 和 ψ_2，还会分配给复合类 $\{\psi_1, \psi_2\}$。因此，转换后的基本置信值可以表示为 $m^\Psi(\psi_1) = 0.1, m^\Psi(\psi_2) = 0.1, m^\Psi(\{\psi_1, \psi_2\}) = 0.4, m^\Psi(\psi_3) = 0.4$。$\psi_1$ 和 ψ_2 的置信下限和置信上限分别为 $[\text{Bel}(\psi_1), \text{Pl}(\psi_1)] = [\text{Bel}(\psi_2), \text{Pl}(\psi_2)] = [0.1, 0.5]$，且 $[\text{Bel}(\psi_3), \text{Pl}(\psi_3)] = [0.4, 0.4]$。这就意味着样本属于类别 ψ_1 或 ψ_2 的置信值比属于类别 ψ_3 的置信值大。显然，$m^\Psi(\{\psi_1, \psi_2\})$

这种复合类表达了不同辨识框架之间转换的不精确度（对转换关系中一部分知识的不确定性），而这种复合类所产生的不精确性问题可以在与其他分类器融合的过程中得到解决。

在多源信息融合过程中，每个信源都会受到不同程度的外界环境干扰，各信源所对应的属性空间也存在差异，这使不同信源在分类时具有不同的可靠度。因此，分类器通常在融合时被赋予不同的权重。在证据加权融合规则中，证据通常以相应的权重进行折扣，折扣后的置信值全部分配给全局未知类。同样，在异构证据转换过程中，允许将辨识框架 Θ 中 θ 上的置信值重新分配给全局未知类 Ψ。全局未知类 Ψ 上的置信值可用于控制融合过程中每个分类器的权重。折扣到未知类中的置信值越大，此分类器在融合中的权重（重要性）越小。

在构建异构证据转换模型时，辨识框架中各元素之间的具体转换关系是通过证据等价转换矩阵表示的。因此，确定证据等价转换矩阵中各元素之间的置信值转换比例（转换参数）非常重要。

考虑两个定义在不同辨识框架 $\Theta = \{\theta_1, \theta_2, \cdots, \theta_p\}$ 和 $\Psi = \{\psi_1, \psi_2, \cdots, \psi_q\}$ 中的证据 m^Θ、m^Ψ，将证据从辨识框架 Θ 映射到新的辨识框架的证据等价转换矩阵 $\boldsymbol{\Gamma}_{p \times (q+2)}$ 定义为

$$\boldsymbol{\Gamma}_{p \times (q+2)} = \begin{bmatrix} \gamma_{1,1} & \gamma_{1,2} & \cdots & \gamma_{1,q} & \gamma_{1,(q+1)} & \gamma_{1,(q+2)} \\ \gamma_{2,1} & \gamma_{2,2} & \cdots & \gamma_{2,q} & \gamma_{2,(q+1)} & \gamma_{2,(q+2)} \\ \vdots & \vdots & \ddots & \vdots & \vdots & \vdots \\ \gamma_{p,1} & \gamma_{p,2} & \cdots & \gamma_{p,q} & \gamma_{p,(q+1)} & \gamma_{p,(q+2)} \end{bmatrix} \tag{3-7}$$

满足以下约束：

$$\sum_{j=1}^{q+2} \gamma_{i,j} = 1 \tag{3-8}$$

在证据等价转换矩阵 $\boldsymbol{\Gamma}_{p \times (q+2)}$ 中，当且仅当类别 θ_i 与类别 ψ_j 相关，即 $\theta_i \cap \psi_j \neq \varnothing$ 时，矩阵元素 $\gamma_{i,j}(i=1,2,\cdots,p; j=1,2,\cdots,q)$ 才不为零；在其他情况下，各矩阵元素都为零。其中，$q+1$ 列的元素值的大小表示异构证据转换模型对不精确类的容忍度。例如，如果已知辨识框架 Θ 中类别 θ_i 与辨识框架 Ψ 上的类别 ψ_j 和 ψ_k 相关，那么元素 $\gamma_{i,j}$、$\gamma_{i,k}$ 和 $\gamma_{i,(q+1)}$ 不为零，其余 i 行的元素都为零。$\gamma_{i,(q+1)}$ 表示 θ_i 上的置信值分配给集合 $\{\psi_j, \psi_k\}$ 的比例。最后一列的元素 $\gamma_{i,(q+2)}$ 表示在融合过程中全局未知类的比例。为了使辨识框

架 Ψ 中转换后证据的置信值总和等于 1，约束式 (3-8) 规定每行中元素的总和必须为 1。

在证据等价转换矩阵中，只需要确定这些已知的不为零的参数，其他参数可以忽略。下一节将论述如何估计证据等价转换矩阵，并举例说明如何利用式 (3-7) 实现多辨识框架证据转换。

3.3.2 估计证据等价转换矩阵

为了实现多辨识框架证据的融合决策，将目标样本 y 在 n 个辨识框架 $\Theta_1, \Theta_2, \cdots, \Theta_N$ 下的分类结果分别用证据 $m^{\Theta_1}, m^{\Theta_2}, \cdots, m^{\Theta_N}$ 表示，利用训练集数据 $X = \{x_1, x_2, \cdots, x_K\}$ 将证据 $m^{\Theta_1}, m^{\Theta_2}, \cdots, m^{\Theta_N}$ 等价转换到辨识框架 Ψ 上 (Ψ 可以与辨识框架 $\Theta_1, \Theta_2, \cdots, \Theta_N$ 中的某一个框架相等)。

为了估计证据等价转换矩阵 $\boldsymbol{\Gamma}_{p \times (q+2)}$，实现将证据从辨识框架 Θ_n 转换到辨识框架 Ψ 中，定义证据 $m^{\Theta_n}(n = 1, 2, \cdots, N)$ 对应的辨识框架为 $\Theta_n = \{\theta_1, \theta_2, \cdots, \theta_p\}$，同时指定目标辨识框架为 $\Psi = \{\psi_1, \psi_2, \cdots, \psi_q\}$。对于每个元素 $\theta_i \in \Theta_n$，利用训练数据可以获得它在辨识框架 Ψ 中所对应的元素。如果在辨识框架 Θ_n 上属于类别 θ_i 的样本在辨识框架 Ψ 中属于类别 $\psi_j, \psi_{j+1}, \cdots, \psi_k$，那么认为元素 θ_i 在辨识框架 Ψ 中对应类别 $\psi_j, \psi_{j+1}, \cdots, \psi_k$，并将 θ_i 上的置信值分配给 $\psi_j, \psi_{j+1}, \cdots, \psi_k$ 中的每个单类，复合类集合 $\psi_j, \psi_{j+1}, \cdots, \psi_k$ 和全局未知类 Ψ 重新分配给单类 ψ_k 的置信值由下式计算。

$$m^{\Psi}(\psi_k) = \sum_{i=1}^{p} \gamma_{i,k} m^{\Theta}(\theta_i) \tag{3-9}$$

折扣到全局未知 Ψ 的置信值由下式给出。

$$m^{\Psi}(\Psi) = \sum_{i=1}^{p} \gamma_{i,(q+2)} m^{\Theta}(\theta_i) \tag{3-10}$$

对应不精确类 A 的置信值由下式定义。

$$m^{\Psi}(A) = \sum_{i=1}^{p} \delta_{\theta_i, A} \gamma_{i,(q+1)} m^{\Theta}(\theta_i), A \subset \Psi \tag{3-11}$$

式中,

$$\delta_{\theta_i,A} = \begin{cases} 1, & \theta_i \in A \\ 0, & 其他 \end{cases} \quad (3\text{-}12)$$

符号 $\in$ 表示元素 θ_i 与 $A \subset \Psi$ 中的单类相关联。换句话说,对于 A 中的每个单类,至少可以在辨识框架 Θ_n 中找到一个属于 θ_i 的样本与该单类相关联。同时,考虑类别为 θ_i 的样本在辨识框架 Ψ 中转换到复合类上的情形,而 A 就是这一复合类的集合。例如,类别为 θ_1 的样本在辨识框架 Ψ 下被标记为 ψ_1 和 ψ_2,而 $A = \{\psi_1, \psi_2\}$ 是这两个类的集合。

多个辨识框架 $\Theta_n(n=1,2,\cdots,N)$ 都可以利用相同的方法将其证据转换到辨识框架 Ψ 中,转换后以 $\boldsymbol{m}_n^{\Psi}(n=1,2,\cdots,N)$ 表示的证据可以在辨识框架 Ψ 上直接融合。用 $\boldsymbol{t}_k$ 矩阵表示训练样本 $\boldsymbol{x}_k$ 的类别真值,其中 $\boldsymbol{t}_k = [t_{k1}, t_{k2}, \cdots, t_k]$,当且仅当融合结果属于类别 ψ_j 时,t_k 才等于 1;其他情况下,t_k 等于 0。这样多分类器融合的结果能够尽可能接近目标的真实标签值 t,如下式所示。

$$\left\| \bigoplus_{n=1}^{N} \boldsymbol{m}_n^{\Psi} - t \right\| = \epsilon \quad (3\text{-}13)$$

式中,$\|\cdot\|$ 表示欧氏距离;ϵ 应该尽可能小;$\oplus$ 表示 DS 规则运算符。

这里使用已知真实标签的训练数据来学习这些转换参数 Γ,进而确定证据等价转换矩阵,转换后的基本置信值的融合结果与真实类别标签之间的误差之和应尽可能小。

$$\Gamma = \arg\min_{\Gamma} \sum_{k=1}^{K} \left\| \bigoplus_{n=1}^{N} \boldsymbol{m}_{n,k}^{\Theta} \boldsymbol{\Gamma}_n^{\mathrm{T}} - \boldsymbol{t}_k \right\| \quad (3\text{-}14)$$

式中;$\boldsymbol{m}_{n,k}^{\Theta}$ 是辨识框架 Θ_n 上的训练样本 $\boldsymbol{x}_k$ 的置信值;$\boldsymbol{\Gamma}_n^{\mathrm{T}}$ 是与辨识框架 Θ_n 对应的证据等价转换矩阵 $\boldsymbol{\Gamma}_n$ 的转置;$\boldsymbol{t}_k$ 是样本 $\boldsymbol{x}_k$ 的真实类别标签。通过最小化转换后的证据融合结果与期望值之间的误差来估计证据等价转换矩阵中的各参数是一个非线性最小优化问题。在估计证据等价转换矩阵的过程中,借助 MATLAB 软件中的 fmincon 函数来优化求解矩阵中的未知参数,进而获得最优的证据等价转换矩阵。

根据估计得到的证据等价转换矩阵可以将不同辨识框架的证据转换到统一的辨识框架中,利用 DS 规则对转换后的证据 $\boldsymbol{m}_n^{\Psi}(n=1,2,\cdots,N)$ 进行融合，做出最终的类别决策，融合规则如式 (3-15) 所示。

$$m(A) = m_1 \oplus m_2(A) = \begin{cases} \dfrac{\sum\limits_{B \cap C = A} m_1(B) m_2(C)}{1 - \mathcal{K}}, & \forall A \in 2^{\Omega}/\{\varnothing\} \\ 0, & A = \varnothing \end{cases} \quad (3\text{-}15)$$

式中，$\mathcal{K} = \sum\limits_{B,C \in 2^{\Omega} | B \cap C = \varnothing} m_1(B) m_2(C)$ 表示两个证据的冲突量测。

样本类别的最终决策利用式 (3-16) 确定。

$$\text{BetP}(\omega_s) = \sum_{X \in 2^{\Omega}, \omega_s \in X} \frac{1}{|X|} m(X) \quad (3\text{-}16)$$

式中，目标的最终类别属于最大的 $\text{BetP}(\cdot)$ 所对应的类别。下面用一个简单的例子介绍如何实现两个辨识框架之间的证据转换。

【例 3-3】考虑两个辨识框架 Θ 和 Ψ，将辨识框架 $\Theta = \{\theta_1, \theta_2\}$ 中的证据转换到辨识框架 $\Psi = \{\psi_1, \psi_2, \psi_3\}$ 中。假设根据训练集已知辨识框架 Θ 上的类别 θ_1 与辨识框架 Ψ 上的类别 ψ_1 和 ψ_2 相关，辨识框架 Θ 上的类别 θ_2 与辨识框架 Ψ 上的类别 ψ_2 和 ψ_3 相关，因此辨识框架 Θ 到辨识框架 Ψ 的证据等价转换矩阵可以定义为

$$\boldsymbol{\Gamma}_{2 \times 5} = \begin{bmatrix} \gamma_{1,1} & \gamma_{1,2} & 0 & \gamma_{1,4} & \gamma_{1,5} \\ 0 & \gamma_{2,2} & \gamma_{2,3} & \gamma_{2,4} & \gamma_{2,5} \end{bmatrix} \quad (3\text{-}17)$$

由于 θ_1 与 ψ_1 和 ψ_2 相关，θ_2 与 ψ_2 和 ψ_3 相关，因此有矩阵元素 $\gamma_{1,1}$、$\gamma_{1,2}$ 和 $\gamma_{2,2}$、$\gamma_{2,3}$ 为非零值。

非零元素 $\gamma_{i,j}(i \in \{1,2\}, j \in \{1,2,3\})$ 表示 θ_i 上的置信值分配到 ψ_j 的比例。$\gamma_{1,4}$ 表示 θ_1 上的置信值分配到复合类 $\{\psi_1, \psi_2\}$ 上的比例。$\gamma_{2,4}$ 表示 θ_2 上的置信值分配到复合类 $\{\psi_2, \psi_3\}$ 上的比例。$\gamma_{i,5}(i = 1, 2)$ 表示 θ_i 上的置信值分配给全局未知类的比例。

在确定了证据等价转换矩阵的结构后，利用训练集样本，根据式 (3-14) 优化目标函数来估计证据等价转换矩阵中的未知参数，得到证据等价转换矩阵如下。

$$\boldsymbol{\Gamma}_{2 \times 5} = \begin{bmatrix} 0.49 & 0.34 & 0 & 0.16 & 0.01 \\ 0 & 0.47 & 0.21 & 0.13 & 0.19 \end{bmatrix} \quad (3\text{-}18)$$

目标样本 $\boldsymbol{y}$ 在辨识框架 Θ 上的置信值为 $m^{\Theta}(\theta_1) = 0.68, m^{\Theta}(\theta_2) = 0.32$；在辨识框架 Ψ 上的置信值为 $m_1^{\Psi}(\psi_1) = 0.32, m_1^{\Psi}(\psi_2) = 0.43, m_1^{\Psi}(\psi_3) = $

0.25。利用得到的证据等价转换矩阵 $\boldsymbol{\Gamma}_{2\times 5}$ 可以对目标样本进行等价转换，得到转换后的证据为 $m_2^{\Psi}(\psi_1)=0.33, m_2^{\Psi}(\psi_2)=0.38, m_2^{\Psi}(\psi_3)=0.07, m_2^{\Psi}(\psi_1\cup\psi_2)=0.11, m_2^{\Psi}(\psi_2\cup\psi_3)=0.04, m_2^{\Psi}(\Psi)=0.07$。在统一的辨识框架 Ψ 下利用 DS 规则来对两个证据进行融合，得到的融合结果为 $m^{\Psi}(\psi_1)=0.38, m^{\Psi}(\psi_2)=0.55, m^{\Psi}(\psi_3)=0.07$。利用式 (3-16) 进行类别决策，得到目标样本 y 属于类别 ψ_2。

CCDF 方法的整体算法流程如图 3-1 所示。CCDF 方法的伪代码如算法 3-1 所示。

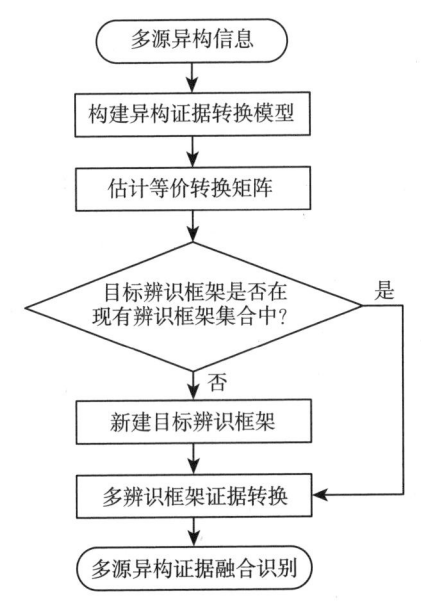

图 3-1　CCDF 方法的整体算法流程

算法 3-1　CCDF 方法的伪代码

input: 训练样本集合 $X=\{\boldsymbol{x}_1,\boldsymbol{x}_2,\cdots,\boldsymbol{x}_K\}$；基于多个辨识框架 $\Theta_1,\Theta_2,\cdots,\Theta_N$ 的分类器输出 $\boldsymbol{m}^{\Theta_1},\boldsymbol{m}^{\Theta_2},\cdots,\boldsymbol{m}^{\Theta_N}$，目标辨识框架 Ψ。

    step1: 根据式 (3-7) 构建异构证据转换模型。
    step2: 根据式 (3-9)～式 (3-11) 计算转换后的置信值 $m_n^{\Psi}(\cdot), n=1,2,\cdots,N$。
    step3: 利用式 (3-14) 估计证据等价转换矩阵。
    step4: 将多个分类器的输出转换到统一的辨识框架 Ψ 中。
    step5: 利用式 (3-15) 的 DS 规则融合转换后的证据。
output: 利用融合结果实现目标分类识别。

3.4 实验结果与分析

在本节中,为了评估多辨识框架下异构证据融合识别方法 CCDF 的分类性能,使用 SAR 图像数据和仿真雷达辐射源数据,以及多个公开 UCI 数据集进行实验验证。与此同时,将本章所提的 CCDF 方法和其他几种融合方法进行对比,以验证 CCDF 方法的有效性。

3.4.1 基础数据集

在实验过程中,将雷达辐射源数据及 Iris、Wine、Vowel 等常用的 12 个 UCI 数据集作为基础数据集对本章所提的 CCDF 方法进行仿真验证。现将这些基础数据集的来源、基本信息及相关处理方法介绍如下。

3.4.1.1 SAR 数据集

SAR 能够实现高分辨率的微波成像,具有全天时、全天候成像能力,因此成为军事目标侦察的一种重要手段。SAR 通过发射电磁脉冲和接收目标回波之间的时间差测定距离,其分辨率与脉冲宽度或脉冲持续时间有关,脉冲宽度越窄,分辨率越高。极化是电磁波的本质属性之一,电磁波的传播和散射都是矢量现象,而极化正是用来研究电磁波的这种矢量特征的。SAR 系统常用 4 种极化模式,分别是水平发射水平接收(Horizontal transmit/Horizontal receive,HH)、垂直发射垂直接收(Vertical transmit/Vertical receive,VV)、水平发射垂直接收(Horizontal transmit/Vertical receive,HV)、垂直发射水平接收(Vertical transmit/Horizontal receive,VH)。其中,HH、VV 为单极化模式,HV、VH 为双极化模式。电磁波的极化对目标的介电常数、取向和几何形状等比较敏感,采取极化测量有望提高 SAR 的目标识别能力。

本实验中的 SAR 图像来自上海交通大学高级传感技术中心开发的开放式 SAR 图像管理和处理平台 OpenSAR 中的 OpenSARShip 数据集。OpenSARShip 数据集包含 11346 幅图像,覆盖 5 个典型场景,包括上海港(中国)、深圳港(中国)、天津港(中国)、横滨港(日本)和新加坡港(新加坡),收集了 41 幅由 Sentinel-1 卫星拍摄的 SAR 图像。该数据集提供了两种模式的 SAR 图像:地距(Ground Range Detected,GRD)模式和单视复数(Single Look Complex,SLC)模式。由于 SLC 模式下的图像数量更多,故本次实验选取

SLC 模式下的 Cargo、Dredging、Fishing、Passenger、Tanker 及 Tug 6 个类别的舰船数据进行实验，如图 3-2～图 3-7 所示。

图 3-2　类别为 Cargo 的 SAR 舰船图像

图 3-3　类别为 Dredging 的 SAR 舰船图像

图 3-4　类别为 Fishing 的 SAR 舰船图像

图 3-5　类别为 Passenger 的 SAR 舰船图像

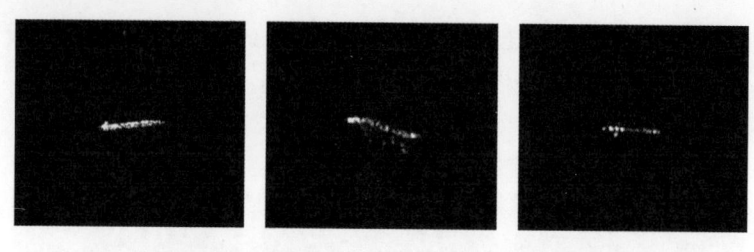

图 3-6 类别为 Tanker 的 SAR 舰船图像

图 3-7 类别为 Tug 的 SAR 舰船图像

选取 SLC 模式的数据进行实验，由于每幅图像都包含 VV 和 VH 两种极化模式，为了排除不同极化模式对实验的影响，只选取 VH 极化模式下的数据进行实验。图 3-8 给出了 SLC 模式下每幅图像的结构。

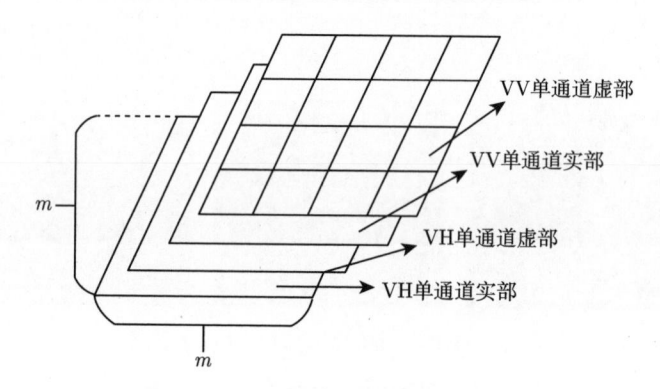

图 3-8 SLC 模式下每幅图像的结构

对雷达辐射源信号进行识别是雷达对抗侦察中的关键技术，现代雷达辐射源具有以下特点：采用有源相控阵技术，简化设计，减小体积，提高可靠性；发射方式控制灵活，可在确保探测能力的同时提高生存能力；可实现综合一体化，即多传感器信息融合，提高反对抗能力。这些显著优势使雷达辐射源识别技术在电子对抗侦察系统中得到广泛应用。因此，本节利用仿真雷达辐射源数据进行仿真实验。选取 100 个雷达辐射源数据。SAR 数据集提供了 3 个类别的雷达辐射源，分别为常规、线性调频、非线性调频。实验采用到达角、载频、脉宽、重频等 4 维特征进行雷达辐射源信号仿真。首先根据先验数据确定反映雷达特性的分布参数。然后利用分布参数确定雷达辐射源各维特征分布函数，从特征分布函数上采样，得到 600 个对应的仿真雷达辐射源数据。

3.4.1.2 UCI 数据集

从传统 UCI 数据库中选择 12 个常用的真实数据集，基本信息展示在表 3-1 中。将数据集的属性随机划分为多个集合，且工作于不同辨识框架下的不同分类器（支持向量机分类器、决策树分类器、朴素贝叶斯分类器）所使用的属性集合也不同，在不同的属性空间下训练分类器充分考虑了信源的不一致性。例如，一个由 5 个属性组成的数据集，这些属性被随机分为两个子集：一个具有 2 个属性，另一个具有 3 个属性。分别基于这两个子集学习两个基础分类器。

表 3-1 UCI 数据集的基本信息

数据集	类别/个	属性/个	样本数/个
Iris（Iri）	3	4	150
Wine（Win）	3	13	178
Vowel（Vow）	11	13	990
Satimage（Sat）	6	36	6435
Robotnavigation（Rob）	3	24	5456
Vehicle（Veh）	4	18	846
Vertebral（Ver）	3	7	310
Breast（Bre）	6	9	106
Glass（Gla）	6	9	214
MFCCs-Species（Spe）	10	22	7195
Winequality-red（Wqr）	6	11	1599
Thyroid（Thy）	3	5	215

3.4.2 相关分类方法

为了验证本章所提 CCDF 方法的有效性，将其与单值映射法等几种经典的分类方法进行对比。下面详细介绍这几种分类方法。

3.4.2.1 单值映射法

单值映射法（Single Mapping Method，SMM）只考虑概率在不同框架间的单类上传递的情形，而没有考虑不确定信息，即未考虑复合类和全局未知类的情况。使用 SMM 将概率从辨识框架 $\varTheta = \{\theta_1, \theta_2, \cdots, \theta_p\}$ 转换到辨识框架 $\varPsi = \{\psi_1, \psi_2, \cdots, \psi_q\}$ 上。如果元素 $\theta_i(i = 1, 2, \cdots, p)$ 在另一个辨识框架中与类别 $\psi_j, \psi_{j+1}, \cdots, \psi_k$ 相关,那么在 SMM 中元素 θ_i 上的概率将仅分配给 $\psi_j, \psi_{j+1}, \cdots, \psi_k$ 中的单类,而不允许将概率分配给辨识框架 $\varPsi$ 中任一个由多个类组成的复合类。在 SMM 中,辨识框架之间的证据等价转换矩阵也通过与本章所提的 CCDF 方法类似的方式最小化误差标准(融合结果与训练集真实标签之间的误差)来计算。

3.4.2.2 样本统计法

样本统计法(Sample Statistic Method,SSM)中多辨识框架之间的证据转换是通过单类元素之间的置信值重新分配进行的,因此该方法不考虑转换过程中的不确定性,也无法反映多辨识框架证据之间的不确定关系。在 SSM 中,证据等价转换矩阵是通过统计每个类别对应的样本个数来确定的。考虑用 SSM 将证据从辨识框架 $\varTheta = \{\theta_1, \theta_2, \cdots, \theta_p\}$ 转换到辨识框架 $\varPsi = \{\psi_1, \psi_2, \cdots, \psi_q\}$ 中。如果辨识框架 $\varTheta = \{\theta_1, \theta_2, \cdots, \theta_p\}$ 上的元素 $\theta_i(i = 1, 2, \cdots, p)$ 只与辨识框架 $\varPsi$ 中的元素 $\psi_j, \psi_{j+1}, \cdots, \psi_k$ 相关联,那么在 SSM 中,元素 θ_i 上的置信值被分配到类别 ψ_g 上的比例为 $\gamma_{ig} = |\psi_g|/(|\psi_j| + |\psi_{j+1}| + \cdots + |\psi_k|), g = j, j+1, \cdots, k$,其中 $|\psi_g|$ 是属于类别 ψ_g 的样本个数。

3.4.2.3 直接转换法

直接转换法(Direct Transformation Method,DTM)直接将一个辨识框架中元素的置信值重新分配给另一个辨识框架中与其相关元素的集合,不考虑单类之间的置信值分配。例如,对于辨识框架 $\varTheta$ 中的一个元素 $\theta_i(i = 1, 2, \cdots, p)$,在新的辨识框架 $\varPsi$ 中对应的元素为 $\psi_j, \psi_{j+1}, \cdots, \psi_k$。在 DTM 中,元素 θ_i 上的所有置信值都将分配给集合 $\{\psi_j, \psi_{j+1}, \cdots, \psi_k\}$,而不进行更细致的划分。

3.4.3 实验细节

在实际应用中,成像雷达观测目标轮廓形状,辐射源识别系统主要识别目标搭载的雷达型号。如果要识别目标类型,规范化的辨识框架元素应包含各种目标类型而非雷达型号。进行多辨识框架信息融合前要对信源统一做规范化处理,将各证据等价转换到统一辨识框架下,然后进行有效的融合决策。使用 OpenSARShip 舰船图像数据和仿真雷达辐射源数据得到舰船识别结果,然后进行多辨识框架信息融合，实现多源异构数据的融合识别。识别准确率和标准差作为本次实验的评价指标，识别准确率通过 k_r/K 计算，其中 k_r 为正确分类的样本个数，K 为所有待分类的样本总数。识别准确率反映了分类方法的精度；标准差反映了分类方法的鲁棒性。

3.4.3.1 模型训练

本实验利用 CNN 对 OpenSARship 舰船图像数据进行识别。网络的训练过程分为两个阶段。第一个阶段为前向传播阶段，即将数据从低层向高层传播的阶段。第二个阶段为反向传播阶段，即当前向传播得出的结果不能达到预期时，从高层向低层进行误差传播训练。CNN 训练过程如图 3-9 所示。

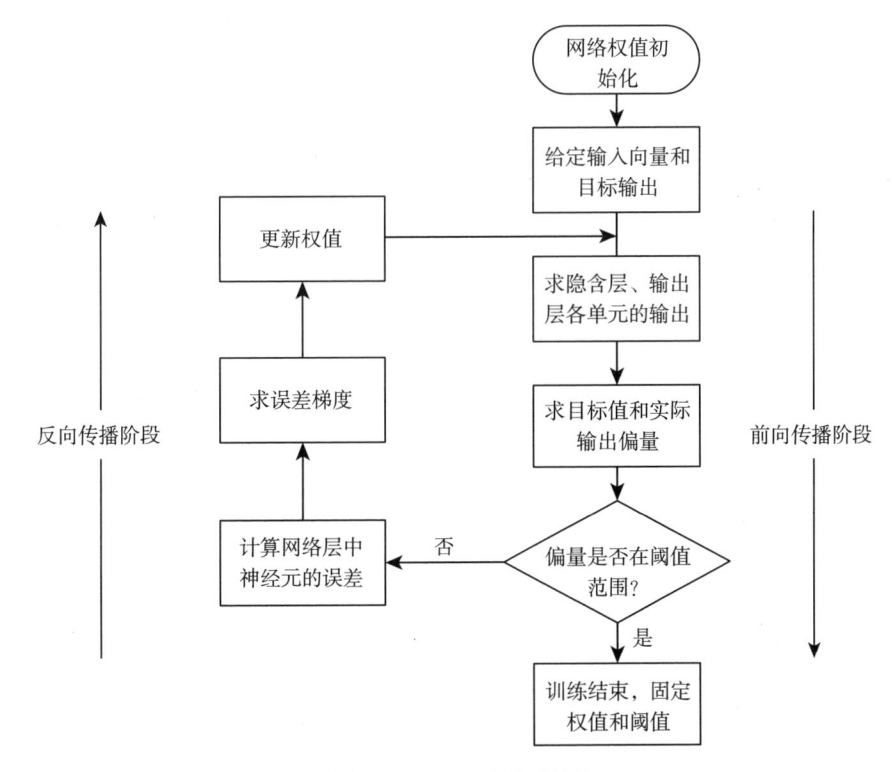

图 3-9　CNN 训练过程

CNN 的搭建结构如图 3-10 所示，CNN 由 10 层卷积层组成，卷积核的大小均为 3×3，激活函数为 ReLU。神经网络之所以能解决非线性问题，本质上是因为在激活函数中加入了非线性因素，弥补了线性模型的表达力，把"激活的神经元的特征"通过函数保留并映射到下一层。在激活函数的选择上，在随机梯度下降中，ReLU 函数相比 Sigmoid 函数和 Tanh 函数能够更快速地收敛，实现过程更加简单，可有效缓解梯度消失的问题。

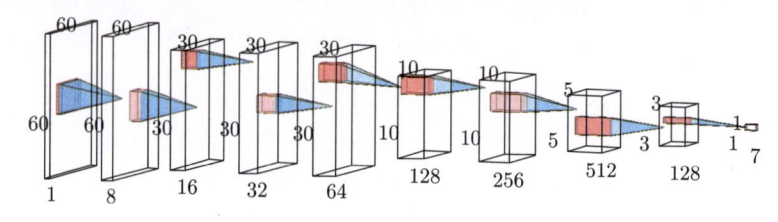

图 3-10　CNN 的搭建结构

将 SAR 舰船测试集中选取的 600 幅图像利用训练好的 CNN 进行识别，CNN 将输出各个样本的预测概率向量，概率向量的长度为 6，其中存放着对应样本属于各个类别的概率，对应的辨识框架表示为 $\Psi = \{\psi_1, \psi_2, \psi_3, \psi_4, \psi_5, \psi_6\}$，分别对应 Cargo、Dredging、Fishing、Passenger、Tanker 和 Tug 6 类舰船数据。

实验将 100 维已知标签的样本作为分类模型训练集，分别对支持向量机分类器、朴素贝叶斯分类器、k 近邻、随机森林分类器 4 种基础分类器进行训练。首先利用各分类器对 600 维采样得到的数据进行分类。然后利用 DS 规则对各分类器的分类结果进行融合决策。最后以融合决策结果所对应的目标类别作为目标样本的真实类别，得到仿真辐射源数据，它们被表示在辨识框架 $\Theta = \{\theta_1, \theta_2, \theta_3\}$ 中。

3.4.3.2　多辨识框架下异构证据融合识别

实验利用 SAR 图像数据的分类结果和仿真雷达辐射源数据的分类结果进行异构证据融合识别。在估计多辨识框架证据等价转换矩阵时，将 600 个数据集随机分成数量相等的两部分，其中 300 个数据集用来估计证据等价转换矩阵（训练集），另外 300 个数据集用来验证多辨识框架证据信息融合识别方法的准确性。

利用训练集信息，确定两个辨识框架之间存在如下关系：$m^{\Psi}\{\psi_1, \psi_2\} = m^{\Theta}(\theta_1); m^{\Psi}\{\psi_3, \psi_4\} = m^{\Theta}(\theta_2); m^{\Psi}\{\psi_5, \psi_6\} = m^{\Theta}(\theta_3)$，得到证据等价转换矩阵的基本框架如下。

$$\boldsymbol{\Gamma} = \begin{bmatrix} \gamma_{11} & \gamma_{12} & 0 & 0 & 0 & 0 & \gamma_{17} & \gamma_{18} \\ 0 & 0 & \gamma_{22} & \gamma_{23} & 0 & 0 & \gamma_{27} & \gamma_{28} \\ 0 & 0 & 0 & 0 & \gamma_{35} & \gamma_{36} & \gamma_{37} & \gamma_{38} \end{bmatrix} \quad (3\text{-}19)$$

式中，γ_{17} 表示辨识框架 Θ 中元素 θ_1 的置信值在辨识框架 Ψ 上分配到集合 ψ_1 和 ψ_2 中的比例；γ_{18} 表示辨识框架 Θ 中元素 θ_1 的置信值在辨识框架 Ψ 上分配到全局未知类中的比例，以此类推。

经过证据转换，两个证据转换到统一的辨识框架下，利用 DS 规则进行决策，可得到融合结果。

3.4.4 结果分析

3.4.4.1 SAR 数据集结果及分析

为了验证本章所提 CCDF 方法的有效性，即多辨识框架信息融合能够得到比单一信源更好的识别准确率，将 OpenSARShip 舰船图像数据识别结果和仿真雷达辐射源数据识别结果与 CCDF 方法的识别结果进行对比，得到各方法的识别准确率。简明起见，将 OpenSARShip 舰船数据 CNN 分类方法表示为 CNN，仿真雷达辐射源数据分类方法表示为 RSD。

观察表 3-2 可以发现，与 OpenSARShip 舰船图像数据识别准确率 0.891、仿真雷达辐射源数据识别准确率 0.7731 对比，本章所提的 CCDF 方法有着更高的准确率，为 0.9266，这是因为单一辨识框架信息由于存在外界环境复杂、干扰等情况，获得的信息往往不够精准、不够全面，以至于识别结果准确率不高，而多辨识框架信息融合决策通过构建多辨识框架信息转换模型，将不同辨识框架的信息转换到统一框架中，进而在统一框架下充分利用不同信源之间的互补信息，使用 DS 规则实现多辨识框架信息融合决策，达到了比单一信源更好的识别准确率。

表 3-2 CCDF 方法和单个信源的识别结果对比/%

CNN	RSD	CCDF
89.10	77.31	**92.66**

为了验证本章所提 CCDF 方法的准确率和鲁棒性，将其与其他分类方法（包括 SMM、SSM 和 DTM）在 OpenSARShip 舰船图像数据和仿真辐射源数据上进行对比实验，得到各融合方法的分类结果如表 3-3 所示。最大精度值以加粗字体显示。

表 3-3 中的 Cargo、Dredging、Fishing、Passenger、Tanker 和 Tug 为舰船数据的 6 个类别；OpenSARShip 表示整个数据集。表中展示了每类数据上各分类方法的准确率。仿真结果显示，在整个数据集上 CCDF 方法的识别准确率大于等于 0.9266，识别能力明显优于其他分类方法。对于大型疏导船、货

轮等典型舰船目标，CCDF 方法的识别准确率大于 0.98。同时，在类别 Cargo、Dredging、Fishing 上，CCDF 方法都能达到 4 种分类方法中最优的分类效果。这是因为相比于其他分类方法，CCDF 方法兼顾了错误风险与模糊度代价，实现了不同辨识框架信息的融合识别决策。在转换时，置信值只被允许分配给指定框架中与该类别相关的类别，在降低算法复杂度的同时避免过拟合。此外，为了更好地表示信息转换的不确定性，CCDF 方法还将置信值重新分配给多个类别的集合，考虑全局未知类来反映各信源的权重，因此实现了谨慎的置信值分配，并且相比其他融合方法有更好的表达不确定性的能力和鲁棒性。这也证明了在大多数情形下，CCDF 方法能够获得比其他融合方法更好的分类识别效果，具有一定的解决实际问题的能力。

表 3-3　各分类方法在 OpenSARShip 舰船图像数据与仿真辐射源数据上的分类结果/%

数据集	SMM	SSM	DTM	CCDF
Cargo	82.00	58.00	60.00	**84.00**
Dredging	98.00	100.00	100.00	**100.00**
Fishing	96.00	96.00	96.00	**98.00**
Passenger	100.00	100.00	100.00	100.00
Tanker	74.00	**82.00**	82.00	74.00
Tug	100.00	100.00	100.00	100.00
OpenSARShip	91.66	89.33	89.66	**92.66**

3.4.4.2　UCI 数据集结果及分析

在不同的基分类器下利用多组 UCI 数据进行仿真分析，验证 CCDF 方法的鲁棒性和分类能力，其中基础分类器的选择主要依赖各个分类器在实际应用中的分类表现。为了验证 CCDF 方法的分类能力，本实验选择了 3 种常用分类器作为基础分类器，分别是支持向量机分类器、决策树分类器和朴素贝叶斯分类器。

本实验采用 k 折交叉验证来进行分类性能评估，其中 k 是可调参数。选择简单的双重交叉验证，因为训练数据集和测试数据集很大，并且每个样本可以分别用于每一折的训练和测试。对于每一折，测试程序（由 MATLAB 开发）随机运行 10 次。

考虑工作在 N 个辨识框架 $\Theta_1, \Theta_2, \cdots, \Theta_N$ 下的 N 个分类器分类结果的决策层融合决策。在这一融合过程中，每个辨识框架 $\Theta_n = \{\theta_{n1}, \theta_{n2}, \cdots, \theta_{np}\}$ 都是基于原始类别集合 $\Omega = \{\omega_1, \omega_2, \cdots, \omega_c\}$ 组合而成的。例如，原始类别

集合为 $\Omega = \{\omega_1, \omega_2, \omega_3, \omega_4\}$，广义的辨识框架为 $\Theta_n = \{\theta_{n1}, \theta_{n2}, \theta_{n3}\}$，其中 $\theta_{n1} = \{\omega_1, \omega_2\}$，$\theta_{n2} = \omega_3$ 且 $\theta_{n3} = \omega_4$。也可以有 $\theta_{n1} = \{\omega_1, \omega_2\}$，$\theta_{n2} = \{\omega_2, \omega_3\}$ 且 $\theta_{n3} = \omega_4$。特别要注意的是，类别 θ_{n1} 和 θ_{n2} 中属于类别 ω_2 的样本可以不同。也就是说，属于类别 ω_2 的样本可以以不同的分配率分配给辨识框架 Θ 下的类别 θ_{n1} 和 θ_{n2}。

本节在两种情形下进行了实验。

情形 1：目标辨识框架 Ψ 与辨识框架 $\Theta_1, \Theta_2, \cdots, \Theta_N$ 中的一个辨识框架相等。

情形 2：目标辨识框架 Ψ 是一个新的辨识框架，不包含在 $\Theta_1, \Theta_2, \cdots, \Theta_N$ 中。

在情形 1 下，基于不同基础分类器的分类结果如表 3-4~ 表 3-6 所示。在情形 2 下，基于不同基础分类器的分类结果如表 3-7~ 表 3-9 所示。在表 3-4~ 表 3-9 中，n 为辨识框架的个数，对不同辨识框架个数的情形进行仿真验证，每个辨识框架对应一个分类器。分类准确率最大值以加粗字体显示。

从表 3-4~ 表 3-6 中可以看出，本章所提的 CCDF 方法在大多数情况下都能得到比其他分类方法更好的分类性能。这主要是因为引入的证据理论有效地表示了证据转换过程中的不确定性。在多辨识框架证据转换中，要建立来

表 3-4 情形 1 下基于支持向量机分类器的分类结果/%

数据集	n	SMM	SSM	DTM	CCDF
Iri	3	59.33±7.73	62.00±2.10	62.00±2.10	**78.00±1.29**
Win	3	82.35±6.40	82.13±7.88	82.92±7.79	**86.40±5.30**
Win	5	61.12±3.14	57.19±2.63	61.12±3.14	**78.31±3.43**
Vow5	3	50.71±3.35	47.68±6.41	50.44±3.43	**54.53±1.51**
Vow5	5	46.04±2.59	39.68±5.37	43.51±2.82	**49.91±3.04**
Sat	3	62.60±1.75	56.01±4.10	63.45±1.65	**63.70±1.64**
Rob	3	49.56±5.09	49.56±5.05	49.12±4.83	**55.26±3.83**
Veh	3	42.95±4.44	45.01±5.63	50.89±4.08	**52.08±4.03**
Veh	5	28.43±1.92	30.75±2.45	30.75±2.45	**50.99±2.02**
Ver	4	48.70±1.35	48.70±1.35	46.90±3.45	**61.22±0.34**
Ver	5	57.61±5.79	57.61±5.79	57.61±5.79	**60.06±4.59**
Bre4	3	53.33±10.93	48.46±9.92	56.92±12.66	**62.56±10.41**
Bre4	5	42.56±2.09	52.82±2.62	54.87±1.02	**60.25±2.13**
Gla	3	52.07±8.01	45.66±5.88	52.07±6.71	**53.39±6.89**
Gla5	5	55.34±9.01	34.25±3.03	53.36±10.74	**59.10±6.81**
Thy	3	76.75±6.22	74.62±3.78	**84.72±8.73**	80.18±7.63
Thy	5	70.09±2.18	69.81±2.27	70.09±2.18	**79.72±3.33**
Spe8	3	88.76±0.54	91.78±0.14	88.76±0.54	**94.88±0.17**
Wqr	3	51.33±2.56	48.98±0.22	48.98±1.92	**51.41±2.47**
Bre	3	52.26±4.08	46.79±5.61	52.83±1.77	**54.71±3.87**

表 3-5　情形 1 下基于决策树分类器的分类结果/%

数据集	n	SMM	SSM	DTM	CCDF
Iri	3	73.60±6.21	69.06±7.82	69.86±6.50	**75.73±6.96**
Win	3	81.23±4.76	79.77±4.36	78.87±4.45	**85.73±4.73**
Win	5	80.11±5.94	79.32±5.38	78.98±5.13	**84.38±5.46**
Vow5	3	71.73±5.11	71.91±4.83	71.86±5.10	**75.02±5.99**
Vow5	5	51.37±3.73	51.91±3.57	49.24±3.36	**54.06±5.89**
Sat	3	79.46±1.16	79.48±1.07	79.16±0.84	**80.72±0.86**
Rob	3	84.69±0.93	83.89±0.70	83.77±0.70	**87.00±0.87**
Veh	3	62.62±1.41	62.50±1.02	62.24±1.10	**63.49±2.88**
Veh	5	56.97±2.56	56.47±3.93	56.80±1.32	**60.37±1.26**
Ver	4	55.35±5.70	54.12±5.99	53.09±6.16	**59.16±5.97**
Ver	5	50.06±5.84	51.03±5.03	50.45±5.23	**55.16±5.91**
Bre4	3	73.07±7.47	73.33±6.96	73.07±9.30	**76.15±4.99**
Bre4	5	40.00±1.32	73.84±2.16	73.84±2.16	**77.43±1.35**
Gla	3	59.06±4.61	60.37±4.54	59.81±4.33	**61.40±4.13**
Gla5	5	60.39±1.46	59.90±2.84	60.39±2.81	**61.18±0.83**
Thy	3	**84.90±5.60**	85.09±4.48	84.44±4.59	84.81±6.05
Thy	5	83.61±5.05	81.48±4.93	77.87±5.17	**85.37±4.20**
Spe8	3	35.88±1.49	88.08±0.78	35.78±1.52	**92.79±0.79**
Wqr	3	50.62±0.77	50.01±0.66	50.50±0.69	**53.25±1.08**
Bre	3	64.71±0.91	63.39±1.82	63.77±1.48	**68.49±0.91**

表 3-6　情形 1 下基于朴素贝叶斯分类器的分类结果/%

数据集	n	SMM	SSM	DTM	CCDF
Iri	3	65.86±7.25	63.06±9.93	60.93±6.71	**76.93±8.05**
Win	3	84.81±3.12	83.35±4.21	82.46±4.31	**89.77±1.94**
Win	5	83.03±9.40	81.57±8.07	77.07±7.28	**87.75±4.38**
Vow5	3	75.86±0.84	69.82±1.12	74.57±4.06	**76.13±2.91**
Vow5	5	69.37±2.59	60.97±4.03	69.73±2.29	**71.02±4.13**
Sat	3	76.97±9.27	76.41±0.93	76.38±4.98	**86.34±1.52**
Rob	3	**51.90±6.35**	48.55±4.56	45.59±3.78	51.69±6.36
Veh	3	45.88±3.04	48.63±3.82	41.22±3.18	**52.03±2.09**
Veh	5	42.00±2.16	45.93±0.19	45.05±0.86	**48.55±1.01**
Ver	4	55.35±1.74	52.19±8.83	43.87±2.08	**59.16±4.10**
Ver	5	57.22±7.42	56.38±6.52	50.45±6.66	**61.70±5.04**
Bre4	3	67.69±7.17	66.67±5.53	66.41±6.45	**68.21±5.43**
Bre4	5	70.51±1.35	71.79±0.77	74.35±0.02	**78.46±1.32**
Gla	3	35.82±6.26	35.20±5.76	33.85±6.16	**39.04±7.70**
Gla5	5	35.42±5.83	35.04±4.81	37.10±7.45	**41.96±5.16**
Thy	3	85.18±2.43	85.37±2.88	82.96±3.30	**86.94±3.13**
Thy	5	81.20±5.60	77.31±3.91	77.68±6.30	**89.25±3.63**
Spe8	3	85.92±3.68	88.69±0.78	85.71±2.43	**90.73±1.05**
Wqr	3	47.89±0.16	48.13±0.48	45.81±0.15	**49.52±1.04**
Bre	3	62.45±6.37	61.50±4.80	59.24±5.77	**63.58±7.17**

表 3-7　情形 2 下基于支持向量机分类器的分类结果/%

数据集	n	SMM	SSM	DTM	CCDF
Iri	3	53.90±12.25	53.90±12.25	53.90±12.25	**62.00±7.00**
Win	3	63.70±6.61	63.70±6.61	61.34±3.84	**65.70±5.90**
Win	4	52.92±4.87	52.92±4.87	52.92±4.87	**65.59±5.95**
Vow5	3	47.60±5.47	49.77±5.71	38.97±4.34	**48.04±5.26**
Vow5	4	40.00±3.41	33.77±5.82	34.57±8.47	**45.06±4.66**
Sat	4	74.24±1.48	74.68±1.08	58.80±1.71	**75.32±1.08**
Rob	3	44.16±2.98	44.16±2.98	44.16±2.98	**60.56±3.40**
Veh	3	42.65±6.01	42.65±6.01	43.45±4.36	**50.82±3.99**
Veh	4	44.72±1.51	42.88±6.16	42.88±6.16	**53.87±3.28**
Ver	3	62.00±3.88	62.00±3.88	58.06±5.01	**66.77±6.24**
Ver	4	58.30±3.60	58.31±3.60	57.29±3.60	**58.70±4.42**
Bre4	3	41.79±7.64	41.79±7.63	41.79±7.64	**44.87±9.91**
Bre4	4	58.46±5.59	55.64±4.75	55.64±4.75	**61.28±9.85**
Gla	3	**43.69±2.07**	38.31±2.95	34.81±4.72	42.52±5.58
Gla5	4	48.91±3.17	44.55±7.30	45.34±4.66	**57.02±5.71**
Thy	3	73.05±3.44	73.05±3.44	70.74±2.66	**82.68±5.31**
Thy	4	68.79±3.52	68.79±3.52	68.79±3.52	**80.68±3.98**
Spe8	3	81.65±1.77	80.30±1.42	77.53±6.06	**83.03±2.37**
Wqr	3	53.81±2.50	57.62±0.32	53.53±0.11	**58.90±2.53**
Bre	3	**40.56±7.30**	38.67±14.97	39.90±9.63	36.79±5.86

表 3-8　情形 2 下基于决策树分类器的分类结果/%

数据集	n	SMM	SSM	DTM	CCDF
Iri	3	89.20±8.03	76.80±8.39	65.33±7.74	**89.60±7.43**
Win	3	76.85±8.29	75.50±8.82	69.10±7.17	**78.20±6.84**
Win	4	71.34±5.53	71.23±5.05	69.32±7.12	**72.80±5.21**
Vow5	3	64.00±3.12	63.82±4.44	62.88±5.38	**67.20±3.33**
Vow5	4	50.62±4.08	50.80±3.81	48.84±3.61	**55.51±4.27**
Sat	3	79.28±6.44	78.14±5.43	78.21±5.10	**79.80±4.40**
Rob	3	84.60±2.33	83.50±2.87	83.14±2.99	**86.08±2.15**
Veh	3	60.09±4.73	59.40±4.44	59.24±4.44	**61.82±4.56**
Veh	4	41.65±7.77	58.98±3.72	58.84±3.38	**60.54±3.49**
Ver	4	51.80±3.19	49.03±3.73	47.74±3.26	**55.74±5.88**
Ver	5	61.29±4.55	54.70±5.29	51.61±3.88	**64.00±5.27**
Bre4	3	67.43±4.99	63.43±3.79	66.82±1.67	**71.28±3.15**
Bre4	4	24.35±1.35	71.79±2.70	69.23±2.70	**74.61±0.81**
Gla	3	44.01±6.93	42.24±7.10	42.33±9.12	**45.04±6.77**
Gla5	4	51.30±7.16	48.59±5.23	50.18±8.17	**51.49±5.78**
Thy	3	**82.03±3.53**	81.94±3.24	80.18±4.51	81.94±3.53
Thy	4	83.61±2.96	83.33±3.17	78.88±3.45	**83.51±2.85**
Spe8	3	86.25±1.30	85.70±1.24	85.79±1.29	**88.81±0.64**
Wqr	3	49.53±1.44	**49.75±1.42**	49.51±1.46	49.29±2.83
Bre	3	41.88±5.24	40.49±3.18	41.32±4.66	**44.33±5.50**

表 3-9 情形 2 下基于朴素贝叶斯分类器的分类结果/%

数据集	n	SMM	SSM	DTM	CCDF
Iri	3	67.60±3.87	66.93±3.70	65.60±4.47	**67.60±3.87**
Win	3	76.96±8.23	74.38±8.27	62.92±9.37	**81.12±9.69**
Win	4	83.03±8.24	78.53±7.05	73.25±8.65	**85.05±6.20**
Vow5	3	54.08±0.81	59.64±2.71	40.93±1.17	**60.57±1.59**
Vow5	4	50.08±2.45	52.88±1.56	42.31±3.29	**52.88±1.95**
Sat	3	72.48±7.39	72.97±7.56	69.90±6.54	**73.67±2.05**
Rob	3	53.62±1.53	45.85±1.46	44.29±4.54	**55.20±2.60**
Veh	3	41.98±3.69	43.66±3.30	43.40±5.85	**49.29±2.65**
Veh	4	38.36±4.66	46.64±2.71	37.73±3.65	**49.26±2.11**
Ver	4	50.51±6.85	**55.93±5.43**	46.54±5.43	49.03±6.21
Ver	5	76.12±6.77	75.22±6.05	52.90±9.99	**76.12±6.67**
Bre4	3	48.20±7.33	45.64±3.58	48.97±3.06	**51.53±7.87**
Bre4	4	47.69±5.94	**52.3±6.53**	48.46±7.09	51.53±7.62
Gla	3	45.43±2.34	40.39±3.21	43.17±3.33	**48.20±3.54**
Gla5	4	39.48±4.96	41.82±5.80	40.37±6.22	**42.05±2.65**
Thy	3	78.33±7.45	68.33±5.12	71.48±5.53	**86.11±4.77**
Thy	4	79.07±7.63	73.88±6.20	76.01±5.17	**83.98±4.25**
Spe8	3	84.18±1.03	82.45±2.34	80.01±3.21	**87.74±1.45**
Wqr	3	40.43±1.64	40.35±1.52	40.45±1.86	**45.36±1.83**
Bre	3	**50.37±9.41**	47.16±4.44	47.16±4.44	49.43±9.48

自不同辨识框架的元素之间的精确映射关系可能非常困难。不确定类的加入可以适当地表达此类不确定性，体现对精确转换关系的部分未知，以减少证据转换中的错误风险。这种不确定信息可以在以后通过与其他分类器融合的方法进一步弱化。这里也考虑了将不确定信息以加权折扣的形式折扣到全局未知类，从而控制每个分类器在融合过程中的权重，因为不同分类器的分类性能往往有差异。对于分类性能较差的分类器，可以将更多的置信值折扣到全局未知类上，以减少该分类器对融合结果的不利影响，并改善分类识别性能。

SMM 和 SSM 仅考虑了在多辨识框架证据转换中将置信值转换到单类的情形，而复合类（多个类的集合）没有被考虑，因此两者无法表达不同辨识框架证据之间的不确定关系。在 DTM 中，将一个类的置信值直接分配给另一个辨识框架中与其关联的类别的集合。但是，这些相关联的类别元素在置信值重新分配过程中可能在新辨识框架的不同元素上占不同的比例。DTM 是一种简单甚至粗糙的分配转换方式，它无法揭示这些单类之间的差异。在 CCDF 方法中，不仅可以将元素的置信值重新分配给另一个辨识框架中与其关联的单个元素，还可以重新分配给这些元素的集合及全局未知类。因此，DTM 可以获得每个元素分配的精确置信值，并且相比其他方法可以更好地管理不精确性和无知性。这就是 CCDF 方法优于其他融合方法的原因。

3.5 本章小结

  针对多源信息辨识框架不一致问题，本章提出了一种多辨识框架下异构证据融合识别方法，即 CCDF 方法。为了实现多辨识框架信息融合识别，本章构建了异构证据转换模型，将多辨识框架下的证据转换到统一辨识框架下。为了降低计算复杂度，避免过拟合，在转换时，每类别的置信值只能分配给指定辨识框架中与该类别相关的元素，同时允许将置信值以一定的比例分配给复合类，以提高证据转换对不确定性的表达能力。另外，还允许将置信值分配给未知类，反映了信源的可靠度。信源可靠度越高，分配给未知类的置信值就越小。在此基础上，本章设计了证据等价转换矩阵以优化目标函数，通过最小化转换后的证据融合结果与期望值之间的误差来计算等价转换矩阵。然后将转换到指定辨识框架下的证据信息利用 DS 规则进行融合，并根据融合结果确定目标类别。利用 OpenSARShip 舰船图像数据和仿真雷达辐射源数据进行识别分类实验，实验结果表明 CCDF 方法能够有效实现多框架信息融合识别，其识别准确率明显高于单一信源的识别准确率。为了进一步评估 CCDF 方法的分类性能，在多组公开 UCI 数据集上对各种分类方法进行了实验。实验结果显示，CCDF 方法与其他分类方法相比具有更好的鲁棒性，并且识别准确率显著提高。

第 4 章
多源不完备数据融合分类

4.1 引言

在传统的多分类器证据融合中，一般认为各分类器输出的目标分类结果要表示在共同且完备的辨识框架下。然而，在实际分类应用中可能会出现一些不属于任何预定义训练集类别的异常（或未知）目标。当训练集中没有包含所有目标类别的样本时，如果直接使用传统的分类方法对目标进行分类，会造成异常目标全部被划分为已知类别，从而导致分类性能下降。目前，一些学者提出了相关的方法来解决该问题。Yoshihashi 等训练网络以进行联合分类和输入数据的重建，从而保留有用信息。这些信息可用于将未知类别与已知类别分离，并区分已知类别。Scherreik 等提出的开放集识别方法通过为分类器提供未知样本的拒绝选项来解决开放数据集下的相关问题。然而，现行的异常检测方法只能判断目标是否属于异常类别，而不能精确地识别其具体的类别，在实际应用中，被检测出的异常目标可能属于不同的类别。证据推理为表示和融合不确定信息提供了一个有效的理论框架，在融合过程中采用类别的幂集，能够合理地处理部分未知信息。

为了解决异常目标的检测分类问题，本章提出了一种不完备辨识框架下多分类器融合方法，即基于不完备辨识框架的分类器组合（Combination of Classifiers with Incomplete Frames of Discernment，为方便表述，以下简称 CCIF）方法。根据不同特征空间训练出来的分类器之间存在互补性，并且被一个分类器划分为异常类别的待识别目标可能在另一个分类器中被划分为已知类别。对不同的不完备辨识框架分类器的分类结果进行融合，可以实现精确分类异常目标具体类别的任务。首先，对于单个不完备辨识框架分类器，设计一种渐进式异常检测方法。综合利用无监督显著目标检测和有监督精细化目标分类提高异常目标检测分类的准确率。其次，由于不同特征空间训练的分类器具有不同的可靠度，通过优化训练集样本的分类结果与其真值的差值来评估权重。分类结果与真值的差值越小，分类器越可靠，其分类结果的权重越大；反之，分类结果的权重越小。最后，将加权融合结果转换成属于每个类别的置信值，将待识别目标划分到最大置信值所对应的类别中。

4.2 不完备数据目标分类

将测试集中的待识别目标划分为以下 4 种基本类型。

（1）已知的已知类别（Known Known Classes，KKC）：具有明确标注的训练样本的类别，甚至具有相应的附加信息，如语义信息或属性信息等。

（2）已知的未知类别（Known Unknown Classes，KUC）：标记为负类的样本，不一定要分为有意义的类别，如背景类别、通用类别等。

（3）未知的已知类别（Unknown Known Classes，UKC）：没有可用的训练样本的类别，但在训练过程中可获得可用的附加信息，如语义信息或属性信息。

（4）未知的未知类别（Unknown Unknown Classes，UUC）：在训练过程中没有任何先验信息的类别，并且没有获得附加信息，如语义信息或属性信息等。

传统的分类方法只考虑已知的已知类别，已知的未知类别使用异常检测方法进行分类。未知的已知类别和未知的未知类别的区别在于是否具有可用的附加信息。对于训练集的辨识框架是不完备的问题，本章关注的是未知的已知类别。当测试集中存在无先验信息的目标时，分类器需要具有相应的检测识别能力。研究者在一定的约束条件下，分别从判别式模型和生成式模型的角度对该问题进行了探索。根据建模方式不同，可以进一步将这些模型分为 4 个类别：从判别式模型的角度可分为基于传统机器学习的方法和基于深度神经网络的方法；从生成式模型的角度可分为基于实例生成的方法和基于非实例生成的方法。

传统的机器学习方法（如支持向量机、最近邻、稀疏表示等）要求训练集和测试集中包含的类别是一致的，但是对于不完备信息分类问题，该假设不再成立。为了使这些方法能解决该问题，研究者们在此基础上开展了许多相关研究。Scheirer 提出了 1-vs-Set 算法，该算法在建模过程中考虑了开放空间风险项，以解释超出训练集的辨识框架能够合理支持的特征空间。具体而言，在特征空间中添加一个超平面，该超平面与另一个由支持向量机获得的分离超平面之间是平行关系，从而在特征空间中产生了平板。出现在两个超平面之间的测试样本被标记为训练集中的已知类别，其他的被视为异常目标。Júnior 在传统的最近邻分类器的基础上提出了最近邻分类器的不完备数据集模式来处理不完备信息的相关问题。最近邻算法将阈值应用于两个最相似的类别。基于稀疏表示的分类器引起了很多研究者的关注，其通过在训练过程中寻求测试样本的最稀疏表示来识别正确的类别。

由于深度神经网络具有强大的学习表示能力，研究者基于其提出了许多方法来解决不完备信息问题。Bendale 和 Boult 用 OpenMax 层代替深度神经网络中的 SoftMax 层，并且提出将 OpenMax 模型作为解决不完备数据集深度网络问题的第一个方案。Prakhya 遵循 OpenMax 的技术路线研究不完备数据集分类。Shu 使用 1-vs-rest 的最终层代替 SoftMax 层，并提出了深度开放分类器模型。Kardan 和 Stanley 提出了竞争性超完备输出层神经网络，以规避深度神经网络在远离训练样本的区域中过度泛化的问题。

对抗性学习采用了生成式模型和判别式模型，其中生成式模型学习生成虚假样本，判别式模型判断输入样本是来自生成式模型生成的虚假样本还是来自数据集中的真实样本。一些研究者采取对抗性学习来解决不完备数据集问题。Ge 提出了生成式 OpenMax 算法，该算法可以对生成的异常类别提供显式的概率估计，使分类器能够根据已知类别和生成的未知类别的相关知识来定位决策余量。Neal 提出了一种新的数据集增强技术，该技术采用编码器–解码器生成对抗网络架构来生成接近已知类别但不属于任何已知类别的合成不完备数据集示例。

狄利克雷过程不过度依赖训练样本，可以随着样本的变化实现自适应地变化，使其自然地适应不完备信息。Geng 和 Chen 对分层 Dirichlet 流程（Hierarchical Dirichlet Process，HDP）进行了少许修改，使其能够解决不完备信息问题，并提出了基于集体决策的不完备信息数据集模型。该模型可以处理批量样本和单个样本，在训练阶段执行一个共同聚类过程以获得适当的参数。在测试过程中，使用具有未知组成或子类的高斯混合模型将每个具有已知类别的样本建模为一组模型，而将整个测试集作为一个集合或一批以相同的方式处理。然后将所有组都聚集在 HDP 框架下，可以获得代表相应类的一个或多个子类。因此，对于测试样本，将其标记为适当的已知类别或异常类别，具体取决于为其分配的子类是否与相应的已知类别相关联。

对不完备信息数据分类的相关研究虽然已经取得了很多显著的成果，但仍然存在一些问题。上文中提到的大多数方法仅对异常目标进行检测，而没有精确识别异常目标的具体类别。在异构特征迁移学习中，目标域的标注样本也存在先验信息缺乏甚至匮乏的问题。

4.3 CCIF 方法介绍

本节提出的 CCIF 方法利用不同特征空间训练出来的分类器存在的互补性，将不同不完备辨识框架下分类器的分类结果进行融合，实现精确分类异常目标。考虑有 n 个不完备辨识框架分类器 $C_1, C_2, \cdots, C_n$，目标根据其融合结果进行分类。不完备辨识框架分类器由 n 个不同的特征空间 $S_1, S_2, \cdots, S_n$ 组成的标注样本集 $\boldsymbol{Y}_1, \boldsymbol{Y}_2, \cdots, \boldsymbol{Y}_n$（其中，$\boldsymbol{Y}_i = \{\boldsymbol{y}_1, \boldsymbol{y}_2, \cdots, \boldsymbol{y}_g\}$，$g$ 为训练集中的样本个数）分别进行训练。

4.3.1 渐进式异常目标检测

假设 $\boldsymbol{X}_i = \{\boldsymbol{x}_1, \boldsymbol{x}_2, \cdots, \boldsymbol{x}_h\}$（$h$ 为测试集中的样本个数）为测试集，其中有一些异常目标被包含在 $\boldsymbol{X}_i$ 中。利用初始训练数据集 $\boldsymbol{Y}_i = \{\boldsymbol{y}_1, \boldsymbol{y}_2, \cdots, \boldsymbol{y}_g\}$ 训练的分类器 C_i 对目标进行划分，该分类器的辨识框架为 $\Omega_i = \{\omega_1, \omega_2, \cdots, \omega_s\}$。值得注意的是，对于每个类别 $\omega_l (l = 1, 2, \cdots, s)$，在 $\boldsymbol{Y}_i$ 中具有相应的标注样本。然而，异常目标的真实标签没有出现在分类器的辨识框架 Ω_i 中，并且没有异常类别的标注样本。对于分类器 C_i，潜在的异常类别被标注为 $\omega_a \triangleq \overline{\omega_1 \cup \omega_2 \cup \cdots \cup \omega_s}$。如果直接使用分类器 C_i 对测试数据集进行分类，则会导致异常目标全部被误分。因为这些待识别目标的真实标签没有包含在分类器 C_i 的辨识框架之中。因此，首先要检测出一部分显著的异常目标。

针对一个目标 $\boldsymbol{x}_o$，如果它属于分类器 C_i 辨识框架中所包含的某个类别，则应该靠近该类别的训练样本。如果它是异常目标，则会远离所有的标注样本。因此，可以通过基于目标到标注样本的距离的无监督方法来检测显著异常目标。当距离测量大于给定的阈值时，目标会被划分到异常类别中。显著异常目标检测示意如图 4-1 所示。图中的横坐标和纵坐标分别表示待识别目标的两个不同特征。在图 4-1（a）中，共有 3 个类别，● 和 ▲ 表示训练集的标注样本，★ 表示在分类器的辨识框架中没有训练信息的样本，即异常类别的样本。在图 4-1（b）中，圈出来的两颗 ★ 由于远离所有标注样本，可以被检测为显著异常样本,从而将其补充到训练集中。这种基于硬阈值的方法不能一直保证良好的检测性能,为了解决该问题,本节提出了一种新的渐进式异常目标检测方法。远离训练样本的待识别目标被视为异常目标,一旦它们被检测出来,就将其作为异常类别的样本添加到训练集中。然后利用拓展训练集学习一个新分类器,该新分类器的辨识框架中包含异常目标的类别,这意味着该分类器能够捕捉到异常目标的显著特征。其他目标利用这个训练好的分类器进行分类。将无监督异常目标的初步检测与有监督目标分类的改进方法相结合,能够显著提高目标分类的准确率。接下来将详细介绍渐进式异常目标检测方法。

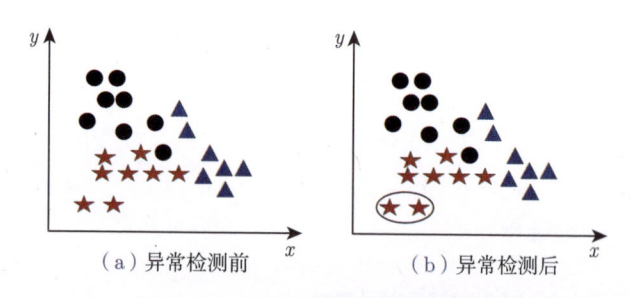

(a) 异常检测前　　　　　(b) 异常检测后

图 4-1　显著异常目标检测示意

一些显著异常目标可以利用 k 近邻算法被找到。首先寻找目标 $\bm{x}_o$ 关于训练集的每个类别 K 个近邻,然后计算目标 $\bm{x}_o$ 到关于类别 ω_l 的 K 个近邻的均值距离,表示为 $\bar{d}_{\omega_l}$。当训练集中存在 s 个类别时,可以得到 s 个均值距离 $\bar{d}_{\omega_1}, \bar{d}_{\omega_2}, \cdots, \bar{d}_{\omega_s}$。当目标 $\bm{x}_o$ 靠近训练集的某个类别时,意味着与其他类别相比,该目标属于这个类别的可能性更大。如果 $\bm{x}_o$ 到最近类别的近邻均值距离较大,则表明该目标可能属于异常类别。因此,s 个均值距离的最小值被用作目标到整个训练集的距离测量,即

$$d_{\bm{x}_o, \bm{Y}} = \min\{\bar{d}_{\omega_1}, \bar{d}_{\omega_2}, \cdots, \bar{d}_{\omega_s}\} \tag{4-1}$$

当 $d_{\bm{x}_o, \bm{Y}}$ 大于给定的阈值时,$\bm{x}_o$ 将会被考虑为一个显著异常目标。由于不同的类别具有不同的离散度,对训练集中的每个类别分别设置一个阈值。对于类别 ω_l,根据类内每个带标签的训练样本到其 K 个近邻的均值距离定义该类别的阈值 t_{ω_l}。t_{ω_l} 被定义为

$$t_{\omega_l} = \frac{\lambda}{KN_l} \sum_{p=1}^{N_l} \sum_{k=1}^{K} \|\bm{y}_p^l - \bm{y}_{pk}\|^2 \tag{4-2}$$

式中,λ 是一个超参数且为正数,它涉及训练集中阈值的计算,当 λ 的值较小

时，将得到一个较小的阈值，反之，则能得到一个较大的阈值；N_l 表示类别 ω_l 所包含的训练样本的个数；y_p^l 是类别 ω_l 的训练样本；y_{pk} 是 y_p^l 关于类别 ω_l 的 K 个近邻；$\|\cdot\|^2$ 表示经典的欧氏距离。通过定义阈值的方式处理数据分类中不同类别具有不同离散度的问题。由于不同类别拥有的训练样本个数是不同的，利用系数 $1/KN_l$ 可以对距离值进行归一化处理。

如果 $d_{\boldsymbol{x}_o, \boldsymbol{Y}} = \bar{d}_{\omega_l}$，意味着 $\bar{d}_{\omega_l}$ 是最小的均值距离，此时将 $d_{\boldsymbol{x}_o, \boldsymbol{Y}}$ 和阈值 t_{ω_l} 进行对比。如果 $d_{\boldsymbol{x}_o, \boldsymbol{Y}} > t_{\omega_l}$，则目标 $\boldsymbol{x}_o$ 将被划分到异常类别中；否则不能将 $\boldsymbol{x}_o$ 划分到异常类别或已知类别 ω_l。在这种情况下，$\boldsymbol{x}_o$ 的分类结果被考虑为总体未知，并且用一个空的置信值来表示分类结果。

采用与阈值相比的方法可以从待识别目标中检测出一部分显著异常目标，但是该方法不能检测出所有的异常目标。例如，处于类别之间交叉区域的样本点就难以用这种无监督的方法进行检测。为了避免这个问题和改善异常目标的检测率，本节提出了一种新的渐进式目标检测方法。

在分类器 C_i 的初始辨识框架中，异常类别的训练样本是缺失的。但是基于前面提出的硬阈值方法可以检测出一部分显著异常目标，并且将它们作为异常类别的训练样本添加到初始训练数据集中。利用拓展后的训练集训练新的分类器，拓展后的辨识框架中包含异常类别 ω_a。这个新的分类器能捕获异常类别的代表特征，新的分类器可以是任何一种常见的机器学习分类器（如随机森林分类器、决策树分类器和支持向量机分类器）。除了这些显著异常目标，其余待识别目标将利用拓展后的训练集学习过的分类器进行分类。利用这种方式，对于异常目标，不仅可以通过硬阈值的方法寻找，还可以利用有监督的方法进行检测。与此同时，待识别目标还能够通过训练好的分类器被合理地划分到一些具体的类别中，如 $\omega_1, \omega_2, \cdots, \omega_s$。有监督的方法能够计算目标 $\boldsymbol{x}_o$ 在分类器中的软输出 $[\mu(\omega_1), \mu(\omega_2), \cdots, \mu(\omega_s), \mu(\omega_a)]^\mathrm{T}$，可以用公式表示为

$$[\mu(\omega_1), \mu(\omega_2), \cdots, \mu(\omega_s), \mu(\omega_a)]^\mathrm{T} = f_{C_i}(\boldsymbol{x}_o) \tag{4-3}$$

接下来用一个例子来解释这种渐进式目标检测方法。

【例 4-1】假设测试集为 $\boldsymbol{X} = \{\boldsymbol{x}_1, \boldsymbol{x}_2, \cdots, \boldsymbol{x}_h\}$，训练集 $\boldsymbol{Y} = \{\boldsymbol{y}_1, \boldsymbol{y}_2, \cdots, \boldsymbol{y}_g\}$ 的辨识框架为 $\Omega = \{\omega_1, \omega_2, \omega_3\}$。在渐进式目标检测方法的第一步，根据待识别目标到其近邻的距离和硬阈值方法，在测试集 $\boldsymbol{X}$ 中挑选出一部分显著异常目标（如 $\boldsymbol{x}_1^a, \boldsymbol{x}_2^a, \cdots, \boldsymbol{x}_p^a$）。然后将这些显著异常目标添加到初始训练样本集中。拓展后的训练数据集为 $\widetilde{\boldsymbol{Y}} = \{\boldsymbol{y}_1, \boldsymbol{y}_2, \cdots, \boldsymbol{y}_g, \boldsymbol{x}_1^a, \boldsymbol{x}_2^a, \cdots, \boldsymbol{x}_p^a\}$，相应的

辨识框架也更新为 $\tilde{\Omega} = \{\omega_1, \omega_2, \omega_3, \omega_a \triangleq \overline{\omega_1 \cup \omega_2 \cup \omega_3}\}$。利用辨识框架为 $\tilde{\Omega}$ 的拓展训练数据集 $\tilde{Y}$ 学习一个新的分类器 $\tilde{C}$（如随机森林分类器）。之后，除了被挑选出来作为显著目标的样本，其余待识别目标将利用新分类器 $\tilde{C}$ 划分为不同的类别（如 ω_1、ω_2、ω_3、ω_a）。分类器通常会提供待识别目标属于每个类别的概率，这些概率被考虑为软输出。针对具有不同特征空间的不完备辨识框架分类器，将采用相似的方法进行异常目标检测。

综上所述，本节提出的渐进式异常目标检测方法流程如图 4-2 所示。

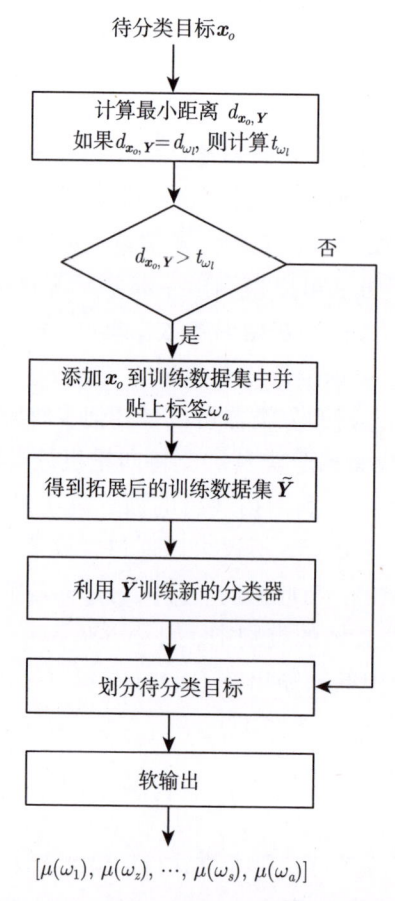

图 4-2 渐进式异常目标检测方法流程

在实际分类应用中，由单个不完备辨识框架分类器检测出来的异常目标可能包含多个类别。然而，识别出每个异常目标的具体类别是十分困难的。由于在不同特征空间训练了多个不完备辨识框架分类器，它们可以提供一些互补的信息。通过多个分类器的融合,这些异常目标的精细分类将得以实现。

4.3.2 多源证据加权融合分类

对于单个不完备辨识框架分类器,异常目标的具体类别是未知的。证据推理可以很好地表征未知信息和不确定信息,因此经常被应用到模式分类、信息融合等方面。在这里使用证据推理进行不完备辨识框架分类器的融合。

假设一个不完备辨识框架分类器 C_i 根据其训练集的特征空间 S_i,不能够识别所有目标(包含异常目标)的类别。例如,C_i 仅能够识别类别 ω_1 和类别 ω_2,因此异常目标会被划分到类别 $\overline{\omega_1 \cup \omega_2}$ 中。与此同时,假设另一个不完备辨识框架分类器 C_j 根据其训练集的特征空间 S_j 只能识别出类别 ω_1 和类别 ω_3。因此,对于分类器 C_j,异常目标会被划分到类别 $\overline{\omega_1 \cup \omega_3}$ 中。类别 ω_3 不能被分类器 C_i 准确地识别,却能被分类器 C_j 很好地识别。同理可得,类别 ω_2 不能被分类器 C_j 准确地识别,却能被分类器 C_i 很好地识别。因此,通过合适的方法融合这些具有互补知识的不完备辨识框架分类器,能够将包含异常目标的待分类样本准确地划分到具体的类别中。

不完备辨识框架分类器融合示意如图 4-3 所示。图中的货轮、军舰和游轮分别对应上述所说的类别 ω_1、ω_2 和 ω_3,并且一个分类器是光学图像分类器,另一个分类器为 SAR 图像分类器。红、绿、蓝色块分别代表货轮、军舰和邮轮。在图 4-3(a)中,光学图像分类器能够识别除游轮外的另两个类别,SAR 图像分类器能够识别除军舰外的另两个类别。由于这两个分类器存在一定的互补性,在图 4-3(b)中,经过分类器结果的融合,两个分类器都能够识别所有待识别目标的类别。图 4-3(b)证明了本章所提的 CCIF 方法能够检测识别出目标的所有类别,下面举例说明如何解决测试集中包含在任何一个分类器中都无先验信息的异常目标的分类问题。

(a)不完备辨识框架分类器融合前　　　　(b)不完备辨识框架分类器融合后

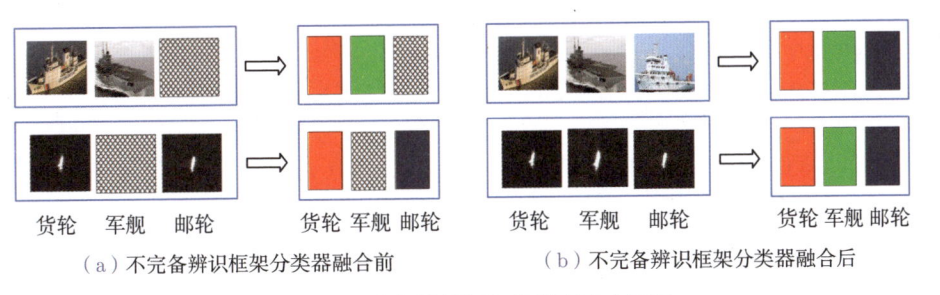

图 4-3　不完备辨识框架分类器融合示意

【例 4-2】 假设有 3 个目标 x_1、x_2、x_3，利用两个不完备辨识框架分类器 C_1、C_2 的融合结果进行目标分类。这两个分类器分别由两个不同的特征空间进行训练。分类器 C_1 的辨识框架为 $\Omega = \{\omega_1, \omega_2\}$，分类器 C_2 的辨识框架为 $\Omega = \{\omega_1, \omega_3\}$。3 个目标可能不属于 3 个类别中的任意一个，那么它们将被分类器 C_1 或 C_2 划分到类别 $\overline{\omega_1 \cup \omega_2}$ 或类别 $\overline{\omega_1 \cup \omega_3}$。

对于每个目标 x_v ($v = 1, 2, 3$)，根据分类器 C_1 和 C_2 的分类结果，可以得到一组证据 m_{v1} 和 m_{v2}。假设 3 个目标的 3 组证据如下所示。

对于目标 x_1，有

$$m_{11}(\omega_1) = 0.1, m_{11}(\omega_2) = 0.1, m_{11}(\overline{\omega_1 \cup \omega_2}) = 0.8$$

$$m_{12}(\omega_1) = 0.2, m_{12}(\omega_3) = 0.5, m_{12}(\overline{\omega_1 \cup \omega_3}) = 0.3$$

对于目标 x_2，有

$$m_{21}(\omega_1) = 0.2, m_{21}(\omega_2) = 0.7, m_{21}(\overline{\omega_1 \cup \omega_2}) = 0.1$$

$$m_{22}(\omega_1) = 0.3, m_{22}(\omega_3) = 0.1, m_{22}(\overline{\omega_1 \cup \omega_3}) = 0.6$$

对于目标 x_3，有

$$m_{31}(\omega_1) = 0.2, m_{31}(\omega_2) = 0.2, m_{31}(\overline{\omega_1 \cup \omega_2}) = 0.6$$

$$m_{32}(\omega_1) = 0.3, m_{32}(\omega_3) = 0.1, m_{32}(\overline{\omega_1 \cup \omega_3}) = 0.6$$

根据 DS 规则，对每组证据进行融合。需要注意 $\overline{\omega_1 \cup \omega_2} = \{\omega_3, \overline{\omega_1 \cup \omega_2 \cup \omega_3}\}$，并且 $\omega_3 \cap \overline{\omega_1 \cup \omega_2} = \omega_3$。同理可得，$\overline{\omega_1 \cup \omega_3} = \{\omega_2, \overline{\omega_1 \cup \omega_2 \cup \omega_3}\}$，并且 $\omega_2 \cap \overline{\omega_1 \cup \omega_3} = \omega_2$。除此之外，$\overline{\omega_1 \cup \omega_2} \cap \overline{\omega_1 \cup \omega_3} = \overline{\omega_1 \cup \omega_2 \cup \omega_3} = \omega_a$。异常类别 ω_a 表示不属于 3 个类别（如 ω_1、ω_2、ω_3）中的任何一个。如果被划分到 ω_a，目标会被认为是异常类别。

每个目标融合后的分类结果如下所示。

对于目标 x_1，有

$$m_1(\omega_1) = 0.029, m_1(\omega_2) = 0.043, m_1(\omega_3) = 0.580, m_1(\overline{\omega_1 \cup \omega_2 \cup \omega_3}) = 0.348$$

对于目标 x_2，有

$$m_2(\omega_1) = 0.110, m_2(\omega_2) = 0.764, m_2(\omega_3) = 0.016, m_2(\overline{\omega_1 \cup \omega_2 \cup \omega_3}) = 0.110$$

对于目标 x_3，有

$m_3(\omega_1)=0.100, m_3(\omega_2)=0.200, m_3(\omega_3)=0.100, m_3(\overline{\omega_1\cup\omega_2\cup\omega_3})=0.600$

在例 4-2 中，目标 x_1 根据分类器 C_1 的分类结果被划分为异常目标，然而它被分类器 C_2 划分到类别 ω_3 中。根据融合后的结果可以看到，目标 x_1 极可能被安排到类别 ω_3 中。目标 x_2 被分类器 C_1 以最大置信值安排到类别 ω_2 中，然而却被分类器 C_2 视为异常目标。根据融合后的结果，x_2 将被划分到类别 ω_2 中。这个简单的例子说明与单个不完备辨识框架分类器相比，基于证据理论的融合方法可以准确地识别出异常目标的具体类别。分类器 C_1 和 C_2 都把目标 x_3 视为异常目标。由于在这两个分类器中都没有获得关于 x_3 具体类别的知识，因此经过融合之后，它将被划分到异常类别 $\omega_a=\overline{\omega_1\cup\omega_2\cup\omega_3}$ 中。这意味着 x_3 不属于任何先验类别。这个例子展示了本章所提的方法可以处理测试数据集中包含的异常目标。

经过不同特征空间训练过的分类器具有不同的分类性能和可靠度，可靠度高的证据会对融合产生积极影响，所以在融合之前先要根据可靠度对每个证据进行加权，降低可靠度低的证据在融合过程中产生的负面影响，从而减小出现不符合实际的概率。其中，最常用的方法是 Shafer 提出的证据加权折扣方法。为了使分类器具备较好的表现性能，恰当地定义权重（折扣因子）是十分重要的。本章通过带真实标签的训练集寻找合适的权重。对于要进行融合的多个分类器，在训练数据集的辨识框架中存在一些公共类别。这些公共类别的训练样本可以用来估计最优权重。

假设有 n 组证据需要融合。带有最优权重 $\hat{\alpha}_1,\hat{\alpha}_2,\cdots,\hat{\alpha}_n$ 的证据 $^{\hat{\alpha}_1}m_1,{}^{\hat{\alpha}_2}m_2,\cdots,{}^{\hat{\alpha}_n}m_n$ 应该尽量靠近真值。因此，将目标函数定义为所有可用训练样本的融合结果与其真值之间的绝对误差和。分类器的最优权重向量 $\hat{\boldsymbol{\alpha}}=[\hat{\alpha}_1,\hat{\alpha}_2,\cdots,\hat{\alpha}_n]$ $(\hat{\alpha}_i\in[0,1],i=1,2,\cdots,n)$ 通过优化目标函数得到，具体如下所示。

$$\hat{\boldsymbol{\alpha}}=\arg\min_{\boldsymbol{\alpha}}\sum_{u=1}^{q}\left\|\mathop{\oplus}_{i=1}^{n}{}^{\hat{\alpha}_i}\boldsymbol{m}_{i,u}-\boldsymbol{m}_{t_u}\right\|^2 \tag{4-4}$$

式中，q 表示公共类别的训练样本的数目；$\boldsymbol{m}_{i,u}$ 表示训练样本 $\boldsymbol{y}_u$ 通过分类器 C_i 得到的证据；$\boldsymbol{m}_{t_u}=[\delta_1,\delta_2,\cdots,\delta_s]$ 表示带有真实标签 $L(\boldsymbol{y}_u)$ 的训练样本 $\boldsymbol{y}_u$ 的真值，当类别 $\omega_u=L(\boldsymbol{y}_u)$ 时，除了 $\delta_u=1$，其余值都等于 0；$\|\cdot\|^2$ 表示欧氏距离；$\oplus$ 表示 DS 规则运算符。计算目标函数的最小值是一个非线性问题。在 MATLAB 软件中，使用 fmincon 函数解决此问题。

使用权重向量 $\hat{\boldsymbol{\alpha}}$ 对不同分类器的分类结果进行折扣处理。$^{\hat{\alpha}_i}\boldsymbol{m}_i$ ($i=1,2,\cdots,n$) 表示使用折扣后的分类结果。将折扣后的分类结果用 DS 规则进行融合，可以得到

$$\boldsymbol{m} = \mathop{\oplus}\limits_{i=1}^{n} {}^{\hat{\alpha}_i}\boldsymbol{m}_i \tag{4-5}$$

每个目标根据融合后的分类结果进行类别分类。在证据理论中，基本置信值函数（分类结果）经常根据 Pignistic 转换规则 $\text{BetP}(\cdot)$ 转换 Pignistic 概率。Pignistic 转换规则如式 (4-6)所示。

$$\text{BetP}(\omega) = \sum_{\omega \in A} \frac{m(A)}{|A|}, \forall \omega \in \Omega \tag{4-6}$$

式中，$A \subseteq \Omega$，$|A|$ 表示 A 的势。目标将被划分到最大 $\text{BetP}(\cdot)$ 值相对应的类别。

综上所述，基于证据理论的分类器加权融合方法流程如图 4-4 所示。本章所提的 CCIF 方法的伪代码如算法 4-1 所示。

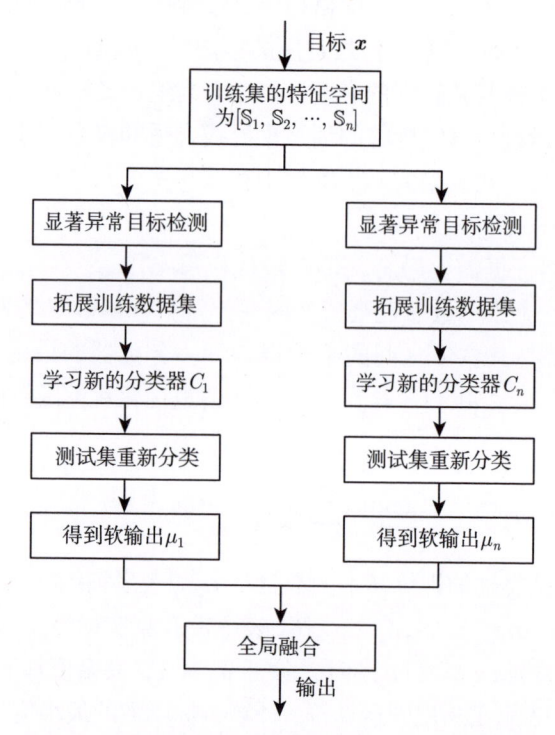

图 4-4 基于证据理论的分类器加权融合方法流程

算法 4-1　CCIF 方法的伪代码

input:
　　数据：待识别目标 $X=\{x_1,x_2,\cdots,x_h\}$；训练集 $Y=\{y_1,y_2,\cdots,y_g\}$。
　　参数：λ，控制阈值大小的系数；K，计算阈值时选取的近邻个数。

for $o=1\sim h$ 时，
　　step1: 利用式(4-2)和训练样本计算训练集中每个类别的阈值 t_{ω_l}。
　　step2: 计算目标 x_o 到训练集 Y 的最短距离 $d_{x_o,Y}$。
　　step3: 对比最短距离 $d_{x_o,Y}$ 与相应的阈值 t_{ω_l}，挑选显著异常目标。
　　step4: 添加显著异常目标到拓展训练集。
　　step5: 利用拓展后的训练集学习一个新的分类器。
　　step6: 根据式(4-3)，利用不同特征空间的训练集训练过的分类器对目标进行分类。
　　step7: 利用式(4-4)估计最优权重向量 $\hat{\alpha}$。
　　step8: 利用传统的证据折扣法对分类结果进行折扣计算。
　　step9: 利用式(4-5)对折扣后的分类结果进行融合。
　　step10: 利用式(4-6)将加权融合结果转换成 $\text{BetP}(\cdot)$，并进行类别划分。
end for
output: 待识别样本的具体分类结果。

4.4　实验结果与分析

为验证本章所提 CCIF 方法的有效性，在仿真雷达辐射源数据、公开的 OpenSARShip 数据集及 13 个常用的 UCI 数据集上进行实验。与此同时，将本章所提 CCIF 方法和其他相关融合方法进行对比，以验证 CCIF 方法的有效性。

4.4.1　基础数据集

在实验过程中，将仿真雷达辐射源数据、公开的 OpenSARShip 数据集及 13 个常用的 UCI 数据集作为基础数据集，对本章所提 CCIF 方法进行仿真验证。这些基础数据集的来源、基本信息及相关处理方法介绍如下。

4.4.1.1　仿真雷达辐射源数据

识别雷达辐射源信号是雷达对抗信息技术中的重要研究内容，也是雷达对抗侦察系统中的关键技术之一。识别雷达辐射源的水平代表了雷达对抗信息技术和雷达对抗侦察系统的先进程度。雷达辐射源的识别问题实际上就是一个模式识别问题,识别的特征主要是载频、脉宽、到达角、脉幅和重频。雷达辐射源识别的对象一般是对抗雷达的型号或工作模式,或者是其承载平台。承载雷达的平台可能是飞机、地空导弹或舰船。在本实验中,主要识别的是用以承载雷达的舰船平台。仿真雷达辐射源数据和 OpenSARShip 数据集配合使用,作为两个不同分类器的输入。

4.4.1.2 OpenSARShip 数据集

OpenSARShip 数据集的内容请参考 3.4.1 节,此处不再赘述。选取 Cargo、Tanker、Passenger、Tug、Dredging 及 Fishing 6 个类别的数据进行实验,各类别的 SAR 舰船图像分别如图 4-5 ~ 图 4-10 所示。

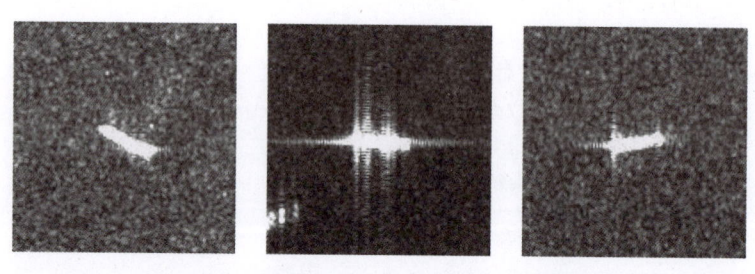

图 4-5 类别为 Cargo 的 SAR 舰船图像

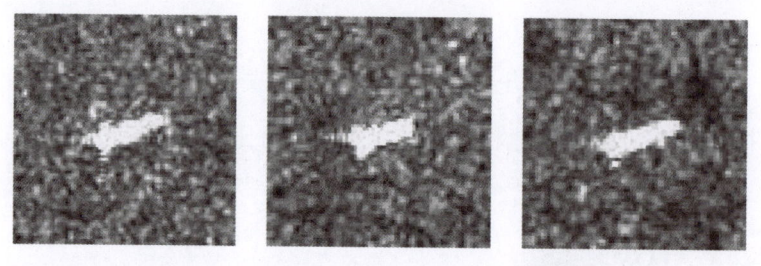

图 4-6 类别为 Tanker 的 SAR 舰船图像

图 4-7 类别为 Passenger 的 SAR 舰船图像

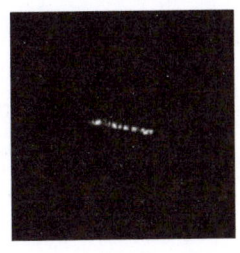

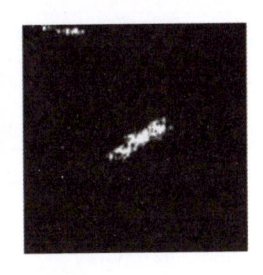

图 4-8 类别为 Tug 的 SAR 舰船图像

图 4-9 类别为 Dredging 的 SAR 舰船图像

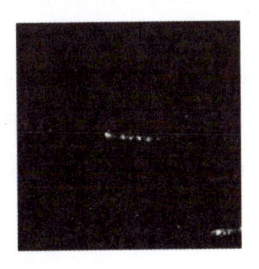

图 4-10 类别为 Fishing 的 SAR 舰船图像

4.4.1.3 UCI 数据集

UCI 数据库是加州大学欧文分校提出并建立的数据库。它通常被用于验证机器学习算法。该数据库包含许多标准数据集，每个标准数据集都具有属性值和对应的标签。针对这些标准数据集，只需要对其数据文件格式进行调整，不需要额外的数据预处理，因此具有极大的便利性。在 UCI 数据集中挑选 13 个常用的数据集来测试本章所提 CCIF 方法的有效性。表 4-1 展示了每个 UCI 数据集的基本信息。

由于公开的 OpenSARShip 数据集是图片格式的，而本章所提的 CCIF 方法的输入为特征矩阵，故需要进行数据预处理。在数据预处理阶段不加入类别标签，因此需要使用无监督方法进行处理。鉴于变分自编码的优良性能，可以采用此方法完成数据预处理。下面介绍数据预处理过程。

表 4-1 UCI 数据集的基本信息

数据集	类别/个	属性/个	样本数/个
Ukm	4	5	403
Vehicle（Veh）	4	18	846
Winequality-white（Wqw）	7	11	4898
Page-Blocks（PB）	5	10	5473
Yeast（Yea）	6	8	1384
Statlog（Sta）	6	36	4225
Knowledge（Kno）	4	5	258
Segment（Seg）	7	18	2310
Vowel（Vow）	6	3	871
MFCCSG（MFC）	8	22	4003
Satimage（Sat）	6	36	6435
Robotnavigation（Rob）	4	3	5456
MCFFSP（MCF）	8	22	4584

变分自编码是由 Kingma 和 Welling 于 2013 年提出的生成式模型。该模型结合了静态推理和深度模型，目的是通过一系列操作重构出最初的图像。变分自编码示意如图 4-11 所示。图中，x 是能够观测的数据。生成模型 $p_\theta(x|z)$ 是指 $z \to x$ 的过程。该过程从自编码器的角度来说，作用相当于解码器。识别模型 $q_\phi(z|x)$ 是指 $x \to z$ 的过程，作用相当于自编码器中的编码器。

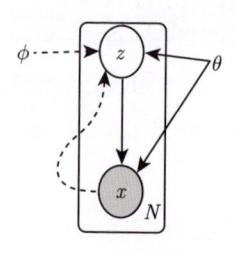

图 4-11 变分自编码示意

在数据预处理中，把 OpenSARShip 数据集作为变分自编码器的输入，经过均值方差计算模块、采样器和生成器等模块操作后产生生成样本。将生成样本与真实样本进行对比得到误差，将误差反馈给网络使其继续训练，直到误差达到所要求的值或迭代次数达到最大值后停止训练。能够重构输入样本的最低维度的特征矩阵就是所需要的结果。变分自编码数据预处理过程如图 4-12 所示。

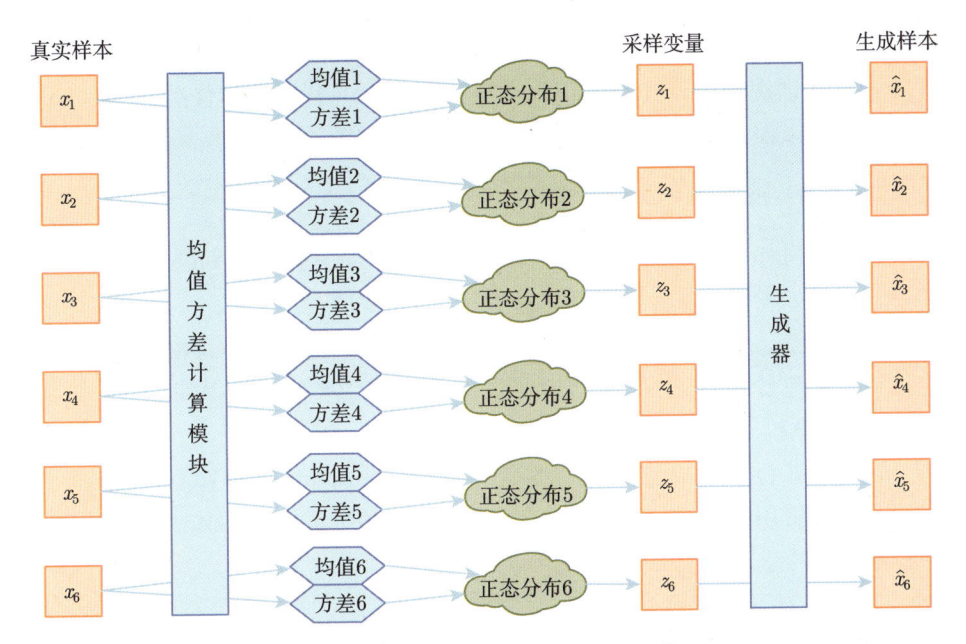

图 4-12　变分自编码数据预处理过程

4.4.2　相关融合方法

本章所提 CCIF 方法需要先根据目标到训练集的距离挑选出一部分显著异常目标，将它们补充到训练数据集中，利用拓展后的训练集学习新的分类器。不同的不完备辨识框架分类器具有互补性，将它们利用加权 DS 规则进行融合。为了验证本章所提 CCIF 方法的有效性，将其与其他几种融合方法进行对比。下面将详细介绍这几种融合方法。

4.4.2.1　硬阈值法

在硬阈值法（Hard Thresholding Method，HTM）中，每个类别的阈值计算方式和 CCIF 方法的阈值计算方式相同，当目标 $\boldsymbol{x}_o$ 到训练数据集 $\boldsymbol{Y}$ 的最短距离 $d_{\boldsymbol{x}_o,\boldsymbol{Y}}$ 大于给定的相应阈值 t_{ω_l} 时，$\boldsymbol{x}_o$ 将被考虑为异常目标。如果 $d_{\boldsymbol{x}_o,\boldsymbol{Y}}$ 小于 t_{ω_l}，$\boldsymbol{x}_o$ 会被划分到类别 ω_l 中。

4.4.2.2　单类支持向量机方法

在单类支持向量机（One-Class Support Vector Machine，OCSVM）方法中，计算一个二元函数，该二元函数捕获概率密度在输入空间的区域，即获得一个使大多数数据位于非零区域的函数。在 OCSVM 方法中，出现在训练集中的类别被视为正类,异常目标将被分到负类中,目标 x_o 被划分到正类中,意味着它在训练集中有先验知识,需要挑选出来并利用有监督的方法对其进行二次分类以识别具体的类别。

4.4.2.3 投票法

投票(Majority Vote,MV)法主要用于融合 HTM 和 OCSVM 方法的实验结果,如果目标 x_o 很有可能属于一个具体的类别(如 ω_i),该类别将得到完整的一票。当目标被划分到异常目标或负类(如 $\overline{\omega_i}$)时,由于异常目标或负类通常包含多个类别,所以除了 ω_i,所有其他类别都能得到完整的一票。目标 x_o 根据投票结果进行类别分类。

HTM 和 OCSVM 方法将与本章所提的渐进式异常目标检测方法进行对比,MV 法将用于融合 HTM 和 OCSVM 方法的分类结果,其结果将与多分类器融合方法进行对比。

4.4.3 实验细节

本实验使用 13 组 UCI 数据集、公开的 OpenSARShip 数据集和仿真雷达辐射源数据来评估 CCIF 方法的有效性。根据实际应用,选择基础分类器。在本实验中,选取随机森林分类器、决策树分类器和支持向量机分类器作为基础分类器。

k 折交叉验证经常用来评估分类性能,但是 k 是一个可以根据实验需求而改变的值。在本实验中,由于训练集和测试集都比较大,并且每一折都可以分别用作训练或测试,因此采取简单的 2 折交叉验证。针对每一折,随机运行 10 次。在实验过程中,把训练集的特征空间随机划分成几个不同的特征子空间。基础分类器(随机森林分类器、决策树分类器和支持向量机分类器)分别学习不同的特征子空间。例如,一个训练集拥有包含 7 个属性的特征空间,将其划分成两个特征子空间:一个特征子空间拥有 3 个属性,另一个特征子空间拥有 4 个属性。基础分类器分别学习这两个特征子空间。

在 13 组 UCI 数据集中,对于具有 4 个或 5 个类别的数据集(如 Ukm、Veh、PB),异常目标中只包含一个类别;对于具有 6 个或 7 个类别的数据集(如 Yea、Seg),异常目标中包含两个类别;对于具有 8 个类别的数据集(如 MCF),异常目标中包含 3 个类别。对于公开的 OpenSARShip 数据集和仿真雷达辐射源数据,异常目标中都只包含一个类别。当异常目标中包含一个或两个类别时,所有目标的具体类别通过融合后的分类结果都能被识别出来。当异常目标中包含 3 个类别时，两个具体的类别和一个异常类别将被识别出来。

本章所提 CCIF 方法包含两个超参数：近邻个数 K 和控制阈值大小的系数 λ。在利用式 (4-1) 计算目标到训练数据集的最短距离时，需要计算目标到每个类别的 K 个近邻的均值距离。在利用式 (4-2) 计算训练集中每个类别的阈值时，需要计算类别内每个样本的 K 个近邻的均值距离。无论是计算目标到训练集的最小距离还是计算阈值，都是计算其 K 个近邻的均值距离，所以分类结果对 K 值不敏感。在实验过程中，将测试和验证 K 值对分类结果的影响。式 (4-2) 涉及的系数 λ 被用作调节阈值的大小和控制目标被挑选为显著异常目标的数目。当 λ 值较小时，会产生一个较小的阈值，一些目标可能会被错误地划分到异常类别中。在这种情况下，利用包含误分到异常类别的样本的拓展训练集学习一个分类器，会导致分类效果差。当 λ 值较大时，会产生一个较大的阈值，如此就不能获得丰富的异常类别的样本去学习一个好的分类器。因此，要根据实际的应用对参数 λ 进行调节。当然，也可以根据实验结果定义一个合适的 λ 值。合适的 λ 值能使本章所提 CCIF 方法具备良好的检测性能。在实验部分，训练集的辨识框架中一个类别被视为异常类别，其余类别用于检测该异常类别，使用交叉验证技术估计 λ 值。为了更加清楚地展示本章所提 CCIF 方法的有效性，将重要性系数 λ 的默认值设置为固定值 1.2，近邻个数 K 的取值范围设置为 $2\sim10$。考虑加权融合 $I(I=2,3,4,5)$ 个不完备辨识框架分类器来进行目标分类识别，所得的分类结果如表 4-2 $\sim$ 表 4-6 所示，其中 n 表示数据集的类别数，分类准确率最大值以加粗字体显示。在表 4-2 中，对所有实验结果进行了详细的展示，其中 MV_{HTM}、MV_{OCSVM} 分别表示采用 HTM 方法和 OCSVM 方法的分类结果进行融合的 MV 法。每个不完备辨识框架分类器的分类结果和加权融合后的结果展示在表 4-4 $\sim$ 表 4-6 中。

在表 4-2 中，每个分类器的分类准确率是由 $R_i=N_i/T_i$ 定义的。其中，N_i 表示被准确划分到已知类别中和异常类别中的目标数目；T_i 表示待识别目标的总数目。表 4-3 展示了 OpenSARShip 数据集的异常检测结果和仿真雷达辐射源数据的异常检测结果。表 4-4 $\sim$ 表 4-6 展示了每个分类器中待识别目标的分类结果。被划分到已知类别中的样本的准确率表示为 R_{k_i}（i 为分类器的索引），异常类别的准确率表示为 R_{a_i}。根据 CCIF 方法进行融合后分类结果的准确率表示为 R_c。它们分别被定义为 $R_{k_i}=N_{k_i}/T_i$，$R_{a_i}=N_{a_i}/T_i$，$R_c=N_{c_i}/T_i$。其中，N_{k_i} 是由分类器 C_i 正确划分到已知类别中的目标数目；N_{a_i} 是目标被正确划分到异常类别中的个数；N_{c_i} 是根据加权融合后的结果目

表 4-2　UCI 数据集在 2 个不完备辨识框架分类器下的分类结果/%

分类器	数据集	n	HTM1	OCSVM1	HTM2	OCSVM2	MV_{HTM}	MV_{OCSVM}	CCIF
随机森林	Ukm	4	38.34 ± 0.81	30.80 ± 2.14	81.55 ± 0.61	56.57 ± 0.78	58.19 ± 1.11	37.06 ± 3.10	80.31 ± 1.03
	Veh	4	61.96 ± 0.74	43.32 ± 2.57	46.81 ± 0.37	43.20 ± 2.77	52.75 ± 1.05	49.19 ± 2.38	67.15 ± 0.46
	Wqw	7	42.32 ± 0.41	23.41 ± 0.59	46.70 ± 0.14	34.96 ± 0.69	47.37 ± 0.31	34.03 ± 0.61	54.85 ± 0.35
	PB	5	84.07 ± 0.25	20.46 ± 19.57	77.60 ± 0.59	38.23 ± 11.80	83.48 ± 0.23	43.89 ± 6.84	94.69 ± 0.09
	Yea	6	52.69 ± 0.31	47.72 ± 0.83	28.45 ± 0.83	30.97 ± 0.75	33.78 ± 1.80	40.59 ± 1.20	43.81 ± 0.35
	Sta	6	70.95 ± 0.19	72.22 ± 0.65	59.43 ± 2.56	74.08 ± 0.77	54.69 ± 1.48	68.65 ± 0.61	78.24 ± 0.37
	Kno	4	32.52 ± 1.83	31.48 ± 2.39	77.41 ± 1.00	59.06 ± 2.19	48.46 ± 1.66	37.42 ± 3.73	76.21 ± 0.78
	Seg	7	78.07 ± 0.38	24.34 ± 0.83	73.68 ± 0.46	62.23 ± 0.75	77.51 ± 0.24	32.66 ± 1.11	78.91 ± 0.80
	Vow	6	72.86 ± 2.14	58.09 ± 0.92	30.01 ± 2.33	42.94 ± 0.47	33.57 ± 5.62	42.00 ± 0.92	42.85 ± 0.75
	Sat	6	78.07 ± 0.21	70.47 ± 0.45	65.01 ± 1.33	70.90 ± 0.57	60.31 ± 1.08	66.19 ± 0.39	79.60 ± 0.87
	Rob	4	58.19 ± 1.98	49.70 ± 0.92	70.63 ± 4.00	45.89 ± 0.93	73.09 ± 1.66	47.92 ± 0.91	92.50 ± 0.58
决策树	Ukm	4	37.08 ± 1.23	30.85 ± 2.03	80.04 ± 1.27	56.72 ± 0.70	56.52 ± 0.31	37.16 ± 2.49	76.29 ± 1.24
	Veh	4	61.84 ± 1.09	43.51 ± 2.20	45.46 ± 0.21	42.99 ± 1.92	50.98 ± 0.98	48.18 ± 1.63	59.70 ± 0.50
	PB	5	84.21 ± 0.27	25.14 ± 19.00	77.90 ± 0.62	27.37 ± 15.62	83.53 ± 0.27	38.63 ± 14.77	88.63 ± 0.31
	Sta	6	69.78 ± 0.32	71.99 ± 0.43	60.13 ± 2.09	73.47 ± 0.75	55.14 ± 1.61	68.09 ± 0.53	73.66 ± 1.07
	Kno	4	33.26 ± 1.64	32.11 ± 3.16	83.40 ± 1.18	57.19 ± 3.27	50.55 ± 1.13	36.48 ± 3.30	77.32 ± 1.38
	Seg	7	78.36 ± 0.37	24.60 ± 0.84	73.83 ± 0.50	63.08 ± 0.66	77.33 ± 0.20	33.11 ± 0.85	76.28 ± 0.59
	Vow	6	72.72 ± 2.04	58.03 ± 0.86	30.49 ± 2.30	42.69 ± 1.31	33.44 ± 5.49	41.89 ± 0.76	42.46 ± 0.46
	Sat	6	73.66 ± 0.09	70.64 ± 0.32	65.48 ± 1.40	71.24 ± 0.68	60.74 ± 1.11	54.63 ± 0.84	75.67 ± 0.76
	Rob	4	58.07 ± 2.03	49.77 ± 0.71	70.78 ± 4.12	45.51 ± 0.90	72.92 ± 3.64	47.57 ± 0.99	86.35 ± 0.31
支持向量机	Ukm	4	37.66 ± 0.77	28.86 ± 2.03	82.27 ± 0.47	56.57 ± 0.81	58.11 ± 1.03	34.93 ± 2.00	75.74 ± 0.71
	Veh	4	60.52 ± 0.66	43.58 ± 2.61	44.89 ± 0.41	43.86 ± 1.70	51.88 ± 0.43	48.18 ± 1.63	61.11 ± 0.37
	Wqw	7	42.06 ± 0.71	23.31 ± 0.41	46.65 ± 0.13	35.19 ± 1.07	47.20 ± 0.39	34.39 ± 1.02	45.56 ± 0.10
	PB	5	84.11 ± 0.23	34.19 ± 16.33	77.50 ± 0.66	33.44 ± 15.07	83.22 ± 0.23	45.05 ± 6.01	88.85 ± 0.18
	Yea	6	53.00 ± 0.37	48.20 ± 0.63	29.27 ± 1.13	30.53 ± 1.06	35.15 ± 1.78	41.56 ± 0.66	42.99 ± 0.24
	Kno	4	32.66 ± 1.53	31.48 ± 3.57	78.53 ± 0.77	57.89 ± 2.77	47.13 ± 0.76	36.02 ± 3.26	71.09 ± 1.72
	Rob	4	58.25 ± 2.02	50.01 ± 0.66	70.73 ± 3.77	45.72 ± 0.80	73.09 ± 3.31	47.87 ± 0.84	76.40 ± 0.24

表 4-3　OpenSARShip 数据集和仿真雷达辐射源数据在 2 个不完备辨识框架分类器下的分类结果/%

分类器	极化方式	n	OpenSARShip 数据集		仿真雷达辐射源数据		融合方法	
			HTM1	OCSVM1	HTM2	OCSVM2	MV_{HTM}	MV_{OCSVM}	CCIF

分类器	极化方式	n	HTM1	OCSVM1	HTM2	OCSVM2	MV_{HTM}	MV_{OCSVM}	CCIF
随机森林	SLC-VH	6	54.74 ± 3.14	38.27 ± 2.84	81.28 ± 2.77	20.90 ± 0.81	70.38 ± 3.82	55.20 ± 1.44	82.18 ± 2.43
	SLC-VV	6	51.47 ± 3.69	35.90 ± 3.71	83.14 ± 1.76	21.47 ± 2.27	71.09 ± 3.12	51.97 ± 2.24	80.45 ± 6.64
	GDR-VH	6	49.73 ± 3.47	35.29 ± 2.81	78.81 ± 3.76	24.78 ± 3.06	66.10 ± 2.38	66.12 ± 0.98	81.86 ± 3.88
	GDR-VV	6	48.85 ± 2.46	34.61 ± 3.24	73.83 ± 9.49	25.19 ± 2.28	62.07 ± 6.61	65.43 ± 1.70	81.59 ± 2.60
决策树	SLC-VH	6	34.49 ± 2.11	36.73 ± 3.20	61.67 ± 3.24	21.15 ± 0.91	62.69 ± 3.02	55.43 ± 2.34	78.01 ± 5.07
	SLC-VV	6	30.58 ± 4.15	36.92 ± 3.24	61.60 ± 1.67	21.41 ± 1.52	60.83 ± 2.23	53.32 ± 2.86	76.73 ± 5.27
	GDR-VH	6	31.76 ± 2.92	36.30 ± 1.88	58.75 ± 3.63	24.37 ± 2.50	57.76 ± 2.48	66.21 ± 1.54	78.31 ± 3.99
	GDR-VV	6	29.05 ± 2.61	33.15 ± 2.21	59.69 ± 2.19	25.12 ± 2.55	56.37 ± 2.72	66.29 ± 1.83	80.54 ± 5.42
支持向量机	SLC-VH	6	41.15 ± 5.46	35.64 ± 4.26	69.94 ± 3.96	21.22 ± 1.85	67.76 ± 4.22	55.79 ± 1.61	56.86 ± 4.89
	SLC-VV	6	40.45 ± 4.01	35.13 ± 2.83	70.00 ± 3.97	20.83 ± 1.39	65.71 ± 3.65	53.32 ± 2.86	56.41 ± 1.38
	GDR-VH	6	48.14 ± 2.85	37.46 ± 2.46	80.03 ± 3.32	24.17 ± 1.72	65.93 ± 1.98	66.13 ± 1.78	74.71 ± 6.40
	GDR-VV	6	48.14 ± 2.29	33.39 ± 2.91	78.78 ± 5.59	24.20 ± 2.01	64.27 ± 3.78	65.71 ± 1.40	72.31 ± 7.81

标被正确划分到已知类别中和异常类别中的数目。分类结果由 10 次随机实验和近邻个数 K（取值范围为 $2 \sim 10$）的平均值和方差计算得到。由于 OCSVM 方法不受近邻个数 K 的影响，故该方法的方差是由 10 次随机实验计算得到的。由于公开的 OpenSARship 数据集包含的类别中样本数目太少，近邻个数 K 的取值为 2，故 OCSVM 方法的方差也是由 10 次随机实验计算得到的。

表 4-4 UCI 数据集在 3 个不完备辨识框架分类器下采用 CCIF 方法的分类结果/%

分类器	数据集	n	(R_{k_1}, R_{a_1})	(R_{k_2}, R_{a_2})	(R_{k_3}, R_{a_3})	R_c
随机森林	Veh	4	(52.48, 7.30)	(39.93, 11.98)	(48.52, 9.33)	67.16 ± 1.78
	Wqw	7	(34.03, 6.40)	(25.79, 9.27)	(40.92, 10.37)	52.72 ± 0.20
	PB	5	(81.94, 1.08)	(86.97, 1.04)	(76.36, 0.78)	92.51 ± 0.11
	Yea	6	(25.67, 7.43)	(16.83, 27.85)	(27.69, 1.76)	37.00 ± 0.44
	Sta	6	(27.89, 49.30)	(21.22, 66.83)	(27.17, 55.30)	69.61 ± 1.49
	Seg	7	(24.87, 54.31)	(31.21, 25.03)	(30.46, 43.98)	58.95 ± 2.07
	MFC	8	(63.96, 12.84)	(58.93, 15.87)	(61.84, 5.72)	71.24 ± 0.25
	MCF	8	(62.56, 16.23)	(49.89, 33.35)	(63.48, 13.30)	79.23 ± 0.15
决策树	Veh	4	(48.96, 6.69)	(38.34, 11.14)	(45.86, 9.81)	60.53 ± 0.70
	Wqw	7	(30.25, 5.16)	(23.04, 9.16)	(35.55, 4.75)	47.91 ± 0.48
	PB	5	(84.60, 0.93)	(88.01, 1.13)	(78.09, 0.64)	91.35 ± 0.27
	Yea	6	(26.22, 6.40)	(17.61, 30.76)	(25.57, 1.71)	36.36 ± 0.37
	Sta	6	(26.85, 48.28)	(20.98, 64.31)	(26.04, 52.49)	66.86 ± 0.85
	MFC	8	(61.32, 12.45)	(57.20, 15.22)	(57.95, 6.59)	69.46 ± 0.31
	Sat	6	(29.42, 47.88)	(24.55, 61.03)	(29.13, 50.52)	70.01 ± 0.32
	MCF	8	(61.74, 15.84)	(48.87, 32.75)	(61.24, 12.35)	75.95 ± 0.26
支持向量机	Veh	4	(47.30, 0.72)	(44.35, 3.03)	(57.65, 4.66)	63.95 ± 1.56
	Wqw	7	(34.28, 0.92)	(27.15, 0.01)	(36.02, 0.07)	45.62 ± 0.17
	PB	5	(81.56, 0.94)	**(89.18, 1.17)**	(75.63, 0.72)	86.84 ± 2.74
	Yea	6	(28.62, 3.22)	(19.05, 15.92)	(33.29, 0.23)	39.62 ± 0.21
	MFC	8	(71.38, 12.03)	(69.15, 13.92)	(71.22, 0.98)	75.73 ± 0.12
	MCF	8	(73.44, 15.49)	(58.12, 33.21)	(74.65, 10.94)	76.55 ± 0.26

表 4-5 UCI 数据集在 4 个不完备辨识框架分类器下采用 CCIF 方法的分类结果/%

分类器	数据集	n	(R_{k_1}, R_{a_1})	(R_{k_2}, R_{a_2})	(R_{k_3}, R_{a_3})	(R_{k_4}, R_{a_4})	R_c
随机森林	Veh	4	(45.67, 12.04)	(33.37, 19.89)	(38.60, 12.01)	(25.43, 18.15)	68.16 ± 0.35
	PB	5	(81.05, 1.06)	(84.87, 1.35)	(75.60, 0.59)	(80.32, 0.01)	92.88 ± 0.11
	Seg	7	(25.53, 54.59)	(32.03, 29.07)	(30.24, 43.60)	(34.05, 44.61)	62.93 ± 1.47
	MFC	8	(63.08, 12.75)	(58.33, 15.81)	(61.69, 8.18)	(53.57, 5.85)	79.12 ± 0.17
	Sat	6	(63.02, 16.05)	(49.65, 33.26)	(63.66, 12.48)	(45.80, 23.03)	70.57 ± 0.66
决策树	Veh	4	(48.80, 6.70)	(38.50, 11.57)	(42.71, 8.34)	(28.67, 11.76)	58.77 ± 0.89
	PB	5	(82.70, 1.05)	(85.44, 1.18)	(77.27, 0.59)	(81.20, 0.01)	90.78 ± 0.12
	Sta	6	(26.66, 48.72)	(21.16, 64.65)	(26.68, 54.59)	(20.86, 57.77)	66.92 ± 0.54
	Seg	7	(22.78, 54.28)	(30.98, 21.82)	(29.70, 44.36)	(33.67, 44.41)	59.37 ± 0.74

续表

分类器	数据集	n	(R_{k_1}, R_{a_1})	(R_{k_2}, R_{a_2})	(R_{k_3}, R_{a_3})	(R_{k_4}, R_{a_4})	R_c
决策树	MFC	8	(60.53, 12.43)	(56.37, 15.17)	(58.74, 7.92)	(49.97, 5.37)	**73.30 ± 0.13**
	Sat	6	(29.42, 47.10)	(24.81, 59.95)	(29.64, 52.19)	(24.46, 53.87)	**70.86 ± 0.53**
	MCF	8	(60.65, 15.71)	(47.85, 32.63)	(61.69, 11.94)	(44.00, 22.66)	**72.22 ± 0.99**
支持向量机	Veh	4	(51.57, 0.73)	(47.47, 0.76)	(18.38, 1.30)	(22.48, 0.98)	**55.22 ± 1.06**
	PB	5	(62.59, 2.05)	(40.86, 0.00)	(63.16, 1.03)	(40.23, 0.62)	**89.80 ± 0.01**
	MFC	8	(70.51, 11.17)	(50.88, 6.35)	(55.30, 0.33)	(48.68, 0.07)	**74.80 ± 0.35**

表 4-6 UCI 数据集在 5 个不完备辨识框架分类器下采用 CCIF 方法的分类结果/%

分类器	数据集	n	(R_{k_1}, R_{a_1})	(R_{k_2}, R_{a_2})	(R_{k_3}, R_{a_3})	(R_{k_4}, R_{a_4})	(R_{k_5}, R_{a_5})	R_c
随机森林	Veh	4	(50.29, 6.58)	(40.77, 15.60)	(45.32, 7.92)	(31.66, 10.03)	(34.41, 5.14)	**63.68 ± 1.16**
	PB	5	(75.15, 1.40)	(85.40, 0.06)	(72.87, 1.60)	(84.89, 0.06)	(77.79, 0.68)	**92.18 ± 0.14**
	Sta	6	(27.29, 50.40)	(20.95, 63.26)	(27.08, 54.74)	(21.16, 63.79)	(26.99, 48.23)	**77.17 ± 0.98**
	Seg	7	(21.98, 54.57)	(22.29, 11.79)	(29.64, 40.42)	(30.29, 45.37)	(32.59, 40.67)	**75.01 ± 0.30**
	MFC	8	(59.95, 10.15)	(56.92, 14.82)	(61.20, 11.41)	(57.25, 7.79)	(60.66, 3.84)	**83.03 ± 0.26**
	Sat	6	(29.83, 48.58)	(24.54, 59.13)	(29.36, 52.25)	(24.63, 60.62)	(29.79, 47.35)	**82.65 ± 0.70**
	MCF	8	(61.00, 14.19)	(46.78, 30.75)	(62.02, 15.20)	(48.12, 28.06)	(61.72, 11.91)	**88.60 ± 0.11**
决策树	Veh	4	(48.71, 6.86)	(40.32, 15.27)	(44.99, 8.25)	(30.00, 9.12)	(36.38, 3.97)	**59.94 ± 0.93**
	PB	5	(77.61, 1.19)	(86.06, 0.05)	(75.38, 1.44)	(85.35, 0.06)	(79.10, 0.55)	**91.32 ± 0.14**
	Sta	6	(26.60, 48.23)	(21.02, 60.95)	(26.69, 52.97)	(21.13, 61.98)	(26.41, 45.00)	**72.83 ± 1.52**
	Seg	7	(19.71, 54.21)	(19.24, 11.01)	(30.10, 40.26)	(30.30, 45.19)	(33.07, 40.31)	**61.62 ± 0.56**
	MFC	8	(58.21, 9.60)	(55.23, 14.24)	(59.79, 10.69)	(55.62, 7.37)	(57.23, 3.57)	**78.84 ± 0.20**
	Sat	6	(29.11, 48.15)	(24.38, 55.89)	(29.32, 51.76)	(24.63, 58.67)	(29.51, 44.87)	**75.49 ± 0.81**
	MCF	8	(60.63, 13.83)	(45.65, 29.47)	(61.23, 14.56)	(47.27, 25.74)	(60.45, 10.92)	**83.93 ± 0.39**
支持向量机	Veh	4	(47.32, 0.03)	**(55.98, 0.32)**	(43.70, 0.19)	(41.57, 0.01)	(43.86, 0.19)	47.12 ± 1.39
	PB	5	(64.69, 2.18)	(37.05, 0.62)	(64.80, 0.13)	(40.65, 0.00)	(63.28, 1.10)	**89.84 ± 0.02**
	Sta	6	(7.48, 61.14)	**(11.43, 67.33)**	(10.33, 60.49)	(11.48, 67.28)	(17.33, 58.85)	62.32 ± 2.57
	Seg	7	(0.33, 50.92)	(2.21, 46.14)	(3.41, 53.01)	(6.55, 51.39)	(27.30, 47.91)	**54.81 ± 1.19**
	MFC	8	(61.96, 5.08)	(51.10, 7.27)	(54.12, 0.12)	(51.92, 2.48)	(53.77, 0.14)	**72.51 ± 0.06**
	MCF	8	(69.59, 9.64)	(43.85, 29.58)	(42.51, 15.33)	(40.67, 33.09)	(51.67, 6.21)	**85.46 ± 0.05**

4.4.4 结果分析

由表 4-2～表 4-6 可以看出，在大多数情况下，与其他融合方法相比，本章所提 CCIF 方法能够获得最好的分类准确率。在 HTM 中，异常目标检测仅依赖待识别目标到训练集的最短距离与相应阈值的大小对比，并且如果最短距离小于阈值，则该目标将被划分到一个具体的类别中。HTM 不能很好地处理分类问题中的不确定信息。CCIF 方法与 OCSVM 方法相比具有更好的分类性能，这是因为显著异常目标被挑选和添加到训练集中，从而提高了分类准确率。在渐进式异常目标检测方法中，一部分显著异常目标被自动地添加到训练集中。利用拓展后的训练集学习一个新的分类器，该分类器能够捕获到异常类别的信息。距离训练数据集较近的目标可以通过训练好的分类器进行分类。因此，无论与 HTM 还是与 OCSVM 方法相比，CCIF 方法都能表现出良好的性能。

在异常类别识别步骤中，由单个不完备辨识框架分类器检测出来的异常目标的具体类别可以通过加权融合进行准确的识别。在 MCF 数据集中，异常目标中包含 3 个类别，其中一个类别没有出现在任何不完备辨识框架分类器的训练集中。因此，如果待识别目标被所有分类器划分为异常类别，那么在融合后其仍然会被划分为异常类别。如果一个目标被一些分类器划分为异常类别，但是在某个分类器中以极大的概率值被划分为一个具体的类别，那么根据融合后的结果，它可能被划分为具体的类别。由表 4-2 和表 4-3 可知，目标融合后的分类准确率要高于单个不完备辨识框架分类器的分类准确率。除此之外，加权融合结果的分类准确率还高于用 HTM 和 OCSVM 方法的分类结果进行融合的 MV 法。实验结果验证了基于证据理论的加权融合方法可以充分利用不同分类器之间的互补信息，并且利用分类器的最优权重能够提高分类准确率。由表 4-4 ～ 表 4-6 可以看出，加权融合后的分类准确率要高于单个不完备辨识框架分类器中已知类别的分类准确率。这说明被单个分类器视为异常类别的目标经过加权融合后能够被正确地划分到已知的具体类别中。

总体来说，本章所提 CCIF 方法能够获得最高的分类准确率，实验结果也验证了该方法的有效性。相比传统的融合方法，CCIF 方法不仅能够提高分类准确率，还能够识别出没有包含在训练集的辨识框架中的类别。CCIF 方法打破了传统融合方法要求训练集中必须包含测试集中的所有类别的限制，应用范围更加广泛。如果想进一步提高异常目标的检测准确率，可以在渐进式异常目标检测方法的显著异常目标挑选过程中，考虑用更加苛刻的约束条件来选择可靠度更高的异常目标，从而达到更高的检测准确率。

4.4.5　参数敏感性分析

渐进式异常目标检测方法包含两个超参数：近邻个数 K 和控制阈值大小的系数 λ。针对超参数 K，在 6 组 UCI 数据集和随机森林分类器的条件下测试 K 值的变化对分类准确率的影响，并在图 4-13 中进行记录。在图 4-13 中，横轴表示近邻个数 K，其值为 2 ～ 10；纵轴表示分类准确率。从图 4-13

中可以看出，不同 UCI 数据集的分类准确率都对 K 值的变化不敏感，即不同的 K 值得到的分类准确率差别很小。这是因为在计算目标到训练数据集的最短距离和训练集中每个类别的阈值时，计算的都是平均近邻距离，减弱了近邻个数的影响。针对超参数 λ，以随机森林分类器和支持向量机分类器为基本分类器，在 4 个 UCI 数据集条件下测试 λ 值的变化对实验结果的影响，并在图 4-14 中进行记录。在图 4-14 中，横轴表示超参数 λ，其值为 0.2～3，步长为 0.2；纵轴表示分类准确率。从图 4-14 中可以得知，随着 λ 值的增大，分类准确率会先升高再降低。这是因为 λ 值控制着阈值的大小，如果 λ 值较小，会导致阈值过小，部分样本将被误分为显著异常目标，利用拓展后的训练集学

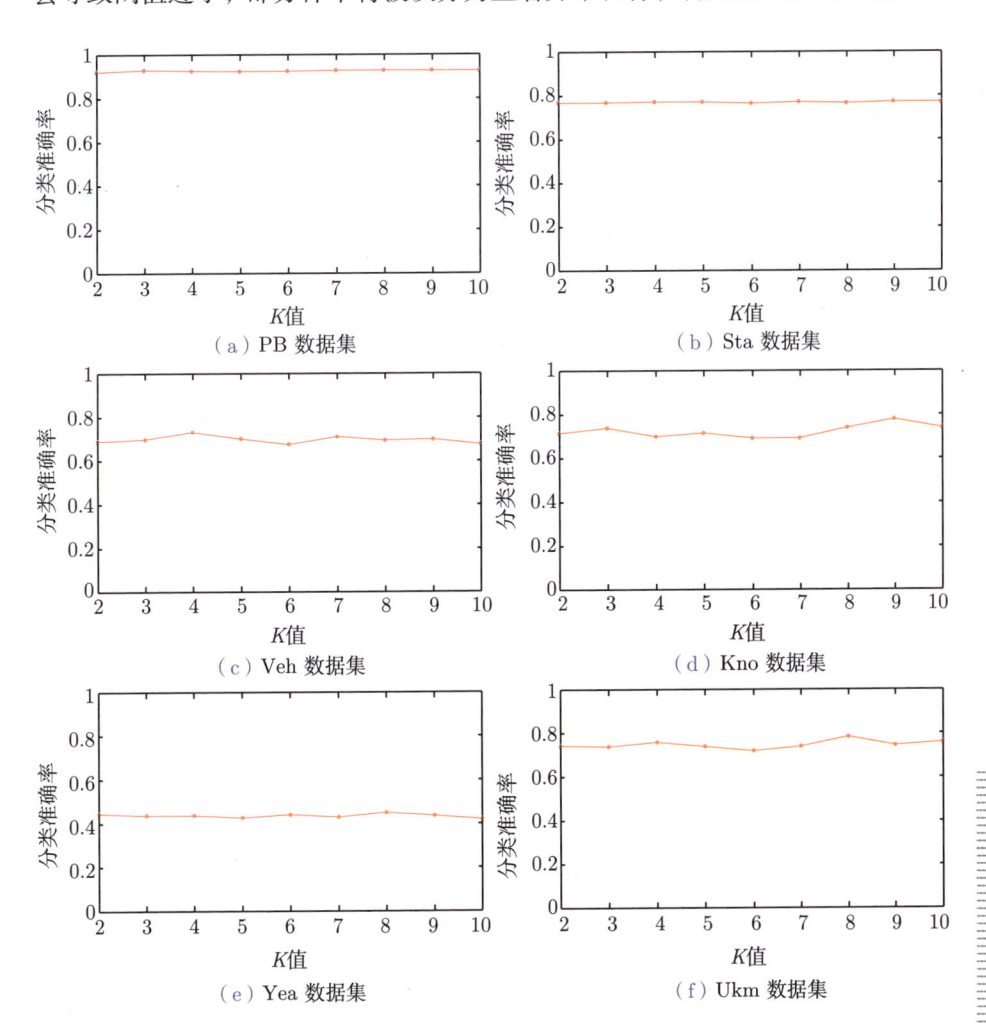

（a）PB 数据集

（b）Sta 数据集

（c）Veh 数据集

（d）Kno 数据集

（e）Yea 数据集

（f）Ukm 数据集

图 4-13　在 6 个 UCI 数据集和随机森林分类器条件下 K 值的变化对分类准确率的影响

(a) Ukm 数据集和随机森林分类器

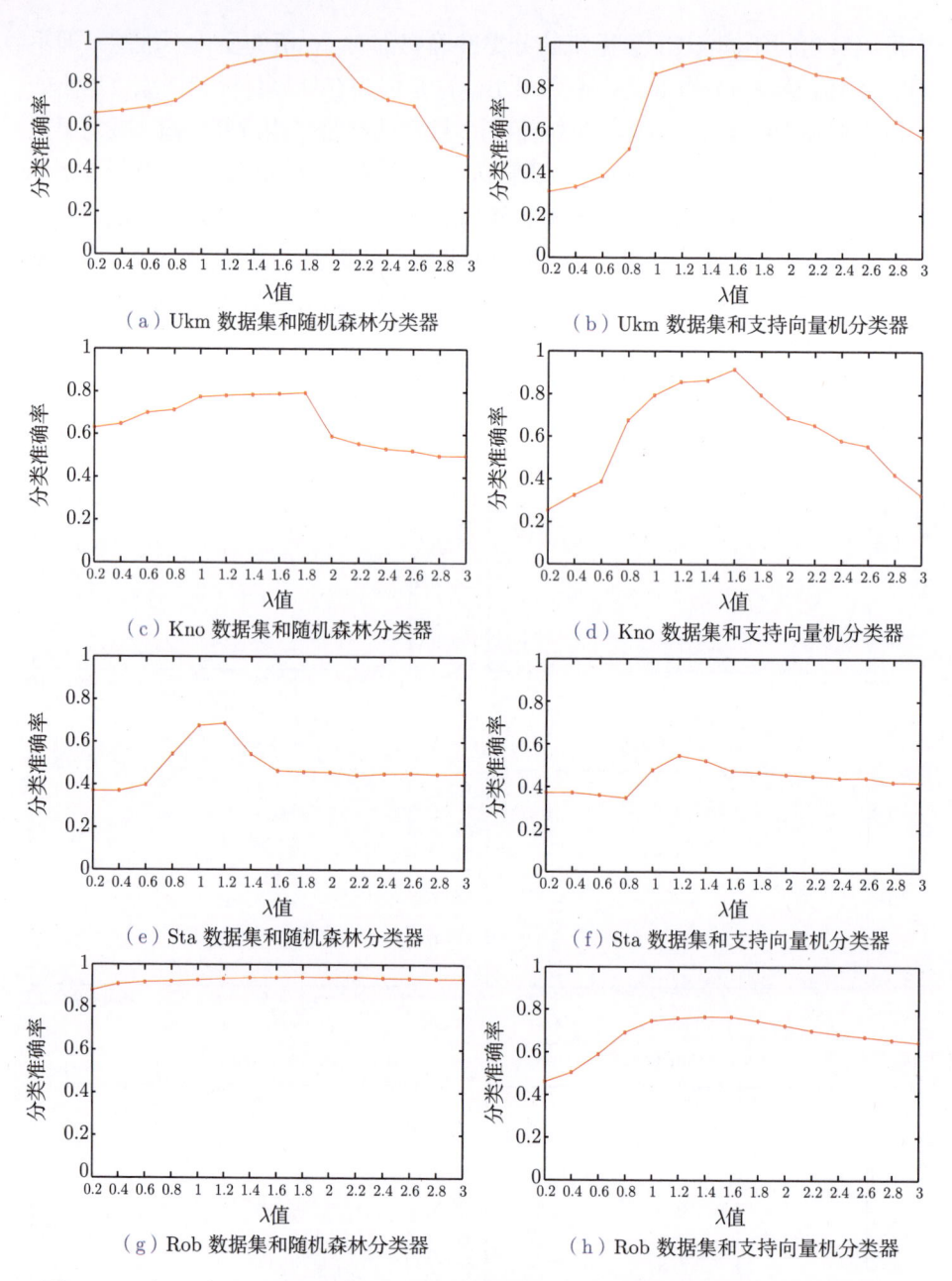

(b) Ukm 数据集和支持向量机分类器

(c) Kno 数据集和随机森林分类器

(d) Kno 数据集和支持向量机分类器

(e) Sta 数据集和随机森林分类器

(f) Sta 数据集和支持向量机分类器

(g) Rob 数据集和随机森林分类器

(h) Rob 数据集和支持向量机分类器

图 4-14 在 4 个 UCI 数据集和 2 个分类器条件下 λ 值的变化对分类准确率的影响

习的分类器可靠度低,会导致较低的分类准确率。如果 λ 值较大,对导致阈值较大,被挑选出的显著异常样本数目会减少。异常类别的信息太少同样不利于学习一个可靠的分类器，最终导致较低的分类准确率。一个合适的 λ 值能够实现好的分类性能。从图 4-14 中能够发现，不同的 UCI 数据集在 $\lambda \in [1, 1.5]$ 时能够达到较好的分类准确率。基于该实验结果，在本章的实验中，设置 $\lambda = 1.2$。

4.5 本章小结

针对异常目标的检测识别问题，本章提出了一种不完备辨识框架下多分类器融合方法，即 CCIF 方法。渐进式异常目标检测方法通过将无监督异常目标初步检测与有监督目标分类方法相结合，能够改善异常目标的检测准确率。不同的分类器之间存在一定的互补知识，因此通过融合分类结果可以识别异常目标的具体类别。不同特征空间学习的分类器具有不同的可靠度，因此在进行融合之前要对分类结果进行加权处理。通过优化误差准则能够获得最优分类器权重。本章利用 13 组 UCI 数据集和 3 个基本分类器（随机森林分类器、决策树分类器和支持向量机分类器）测试了 CCIF 方法的有效性。实验结果表明，CCIF 方法能够很好地识别特定类别的异常目标，并能够有效地提高分类准确率。

第 5 章
异质不确定数据多值映射迁移分类

5.1 引言

在目标分类识别任务中，一般通过大量带标签的标注样本学习分类器，进而对目标进行分类识别。然而，在实际应用中，由于时间、技术和成本等的限制，经常难以收集到充足的标注样本，这时直接利用少量的标注样本往往难以学习到一个性能良好的分类器。不过，某些情况下可以在源域获得较为丰富的标注样本。迁移学习通过将源域数据和目标域数据映射到共同的特征空间，利用源域标注样本信息辅助目标域学习一个可靠的分类模型，以提高目标域数据的分类准确率。根据源域数据和目标域数据所用的属性特征是否相同，迁移学习可被分为同构迁移学习和异构迁移学习。其中，异构迁移学习允许目标样本和训练样本采用不同的属性特征，应用范围更广，不过难度也更大。异构迁移学习要解决的核心问题是如何将异构特征迁移到相同的特征空间下。这时需要利用源域和目标域之间的一些样本对（同一样本在源域和目标域不同特征下的数据对）或不同特征空间下相同类别的样本作为先验知识，由此构建源域特征和目标域特征之间的映射关系。现有的异构迁移学习方法一般利用映射关系来学习一个迁移模型，通过该模型预测样本在其他特征空间的映射值。异构数据之间的属性特征一般差异很大，如某些样本在目标域特征（如 SAR 特征）上十分相似，但在源域特征（如光学特征）上差别很大。这就会导致样本数据在进行异构迁移时存在较大的不确定性，不利于目标的准确分类与识别。在异构特征迁移目标分类中，为了实现不同特征之间的映射，需要利用源域和目标域的一些关联信息来构建异构特征之间的映射关系。在实际应用中，这种映射关系有时可以通过源域和目标域上特征（属性）已知的样本对（对应样本）来预测与建立。然而，源域和目标域的特征不同，源域样本对和目标域样本对之间的映射关系具有一定的不确定性，这导致目标域样本数据在源域的映射值难以被准确地预测。现行基于样本对的迁移方法一般对样本在新特征空间预测单一的映射值，可称为单值迁移方法。单值迁移方法在分析处理这种异构特征映射的不确定性时具有较大的局限性，其映射值预测的可靠度不高。

针对异构特征迁移不确定性较大的问题，本章提出了一种异质不确定数据多值映射迁移分类方法，即基于证据推理的异质数据迁移分类（Evidence-based Heterogeneous Transfer Classification，EHTC）方法。在进行特征迁移时，设计多值映射策略，给待分类目标在源域预测一个映射范围，而非单一的映射值，该范围内的所有样本都被视为目标可能的映射值。如果这些可能的映射值十分相近，则利用其均值作为目标数据的映射值，并对该映射值进行分类，以此作为目标的分类结果。如果目标在源域特征空间可能的映射值差异较大，那么将这些可能的映射值按照相似性划分成多个子簇，每个子簇的均值被认为是可能的映射值，根据每个可能的映射值得到相应的目标分类结果，每个分类结果将根据各子簇样本数目被赋予不同的权重，进而利用证据推理对多个分类结果进行加权融合，以获得最终的类别决策。

5.2 EHTC 方法介绍

5.2.1 不确定数据多值映射预测

在异构特征迁移分类问题中，目标域的待分类数据和源域的标注样本分别位于不同的特征空间（如 SAR 特征空间和光学特征空间），这些特征空间反映了研究对象的不同特征（属性）。因此，目标域和源域中的数据是异构的。对于一个样本，它在目标域的属性值由向量 x 表示，在源域由向量 y 表示。x 和 y 称为样本对。y 是目标域样本 x 在源域的真实映射值（因为存在对应关系），反之亦然。可以利用目标域和源域的一些特征属性值已知的样本对构建异构特征空间的映射关系，并借助这种关系来预测目标在源域的映射值。不过这里仅知道样本对中数据的属性值，它们的类别标签依然是未知的，所以这属于较弱的先验知识。本节将介绍一种不确定数据多值映射预测方法。在该方法中，首先预测目标样本在源域特征空间可能的映射值的集合，获得目标的映射范围，然后根据映射范围内样本的离散度进一步预测单个或多个映射值。

5.2.1.1　源域映射范围预测

用 X^μ 表示一个待分类目标样本。源域有很多标注训练样本，用 $\tilde{Y} = \{\tilde{y}_1, \tilde{y}_2, \cdots, \tilde{y}_g\}$ 表示，这些训练样本可以被用来在源域学习一个分类器 C。两个特征空间的对应样本对以 x_i 和 y_i 的形式给出，其中 $i = 1, 2, \cdots, n$。因此，目标域和源域的对应样本集合可以分别表示为 $X = \{x_1, x_2, \cdots, x_n\}$ 和 $Y = \{y_1, y_2, \cdots, y_n\}$。这里需要注意的是，仅知道 x_i 和 y_i 是样本的属性值，它们分别表示不同的特征空间（对应目标域和源域），但其类别标签是未知的。由于目标域完全没有训练样本，属于无监督迁移，因此需要将目标 X^μ 迁移到源域中，利用源域训练知识 $\tilde{y}_1, \tilde{y}_2, \cdots, \tilde{y}_g$ 对其进行分类。为了实现 X^μ 从目标域特征空间到源域特征空间的特征迁移，首先要预测目标在源域的映射范围。

在异构空间进行特征迁移具有很大的不确定性，其结果往往不够准确。例如，SAR 图像通过纹理、粗糙度等特征反映地物，而光学图像通过光谱、颜色等特征描述物体。在 SAR 图像中特征表示很相似的像素在光学图像中可能差异很大，即属性值相差较大，这是由特征空间的异构性造成的。因此，很难建立一个统一的异构迁移模型，并通过该模型在源域给目标找到一个准确的映射。为了解决这一问题，给 X^μ 在源域预测一个映射范围，该映射范围内包含许多可能的映射值。对于之前给出的目标域和源域样本对，目标域对应样本 $X = \{x_1, x_2, \cdots, x_n\}$ 在源域的真实映射值（对应值）是已知的，即 $Y = \{y_1, y_2, \cdots, y_n\}$，所以可以根据这种已知的映射（对应）关系来建立目标域特征空间和源域特征空间的联系，从而预测映射范围。在目标域对应样本集合 X 中找到一些与 X^μ 属性相似、距离较近的样本，通过这种已知的映射关系，这些相似的样本在源域的对应值就构成了 X^μ 所有可能的映射值。

预测 X^μ 在源域的映射范围时，如果采用遍历方法在对应样本中寻找多个近邻，将提高计算复杂度，降低运算效率，所以这里采用聚类方法。目标域对应样本集合 X 被聚为多个聚类簇，属性接近的样本被分在同一个聚类簇内。目前已经有许多经典的聚类方法，如自组织映射（Self-Organizing Map, SOM）网络、k 均值等。当聚类簇数目较少时，SOM 网络和 k 均值的聚类性能较为接近。如果数据量较大，如遥感图像通常包含几百万甚至上千万像素，那么聚类簇数目通常较多，k 均值由于随机选取初始聚类中心，聚类结果不稳定，因此不适合聚类簇数目较多的情况。为了让一个聚类簇内的样本尽可能彼此相似，需要把样本集合 X 划分为很多类。SOM 网络通常适用于所需聚类簇数目较多的任务，因为它可以很好地保留输入数据原始的拓扑结构。因此，本节利用 SOM 网络对 X 进行聚类。SOM 网络结构如图 5-1 所示。

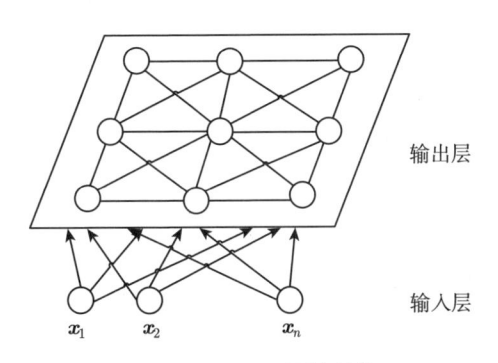

图 5-1 SOM 网络结构

SOM 网络是一种无监督神经网络，该网络由两层组成，分别是输入层和输出层（竞争层）。输入层节点按照权重与输出层中的输出神经元相连接。输出层是一个拓扑图，它定义了从输入空间到包含 $S = n_1 \times n_2$ 个节点的低维（通常为二维）网格的映射，即由高维空间向低维空间的映射。输出层中的每个节点对应一个聚类簇。通过使用一个近邻函数，SOM 网络能够保持输入数据在其原始特征空间的拓扑结构，这也是 SOM 网络最重要的属性。该网络训练的目的是为每个输出层节点（聚类簇）找到合适的权重向量。此过程可以描述为

$$W_i(t+1) = W_i(t) + \alpha(t, \text{dist})[x - W_i(t)] \tag{5-1}$$

式中，i 是神经元序号；学习率 $\alpha(t, \text{dist})$ 是训练时间和拓扑距离的函数；x 是训练样本；新的权重 $W_i(t+1)$ 通过上一步得到的权重 $W_i(t)$ 计算得到，这是一个迭代过程。权重在迭代过程中利用训练样本自适应地调整，通过前一步的权重得到新的权重，直到 SOM 网络找到最优权重为止。训练结束后，通过迭代过程获得的每个最佳权重向量都对应输入层的聚类中心。在 SOM 网络中，输入数据根据其属性值与聚类中心的距离被分到离它最近的一个聚类簇中。在实际应用中，SOM 网络中的聚类数目 S 是一个重要参数，后文将详细讨论 S 值的确定方法。

当对应样本 $X = \{x_1, x_2, \cdots, x_n\}$ 被 SOM 网络划分为若干聚类簇后，只

需要将 X^μ 与每个聚类中心进行比较,即可找到属性最相似的聚类中心。由于同一聚类簇内的样本通常具有相似的特征,因此该聚类簇内的样本 $X_c = \{x_{c_1}, x_{c_2}, \cdots, x_{c_K}\}$ 都作为 X^μ 的近邻样本。接下来根据样本对的映射关系,X_c 在源域对应相同位置上的样本 $Y_c = \{y_{c_1}, y_{c_2}, \cdots, y_{c_K}\}$ 都被当作 X^μ 的潜在映射值。借助从样本对中挖掘的映射信息,可以预测 X^μ 在源域的映射范围 Y_c,在 Y_c 中能够进一步预测目标的一个或多个映射值。下面详细介绍源域映射值 $\tilde{y}$ 的预测方法。

5.2.1.2 源域映射值预测

通过样本对的对应关系构建目标域和源域特征迁移的桥梁,并由此预测 X^μ 在源域的大致映射范围 $Y_c = \{y_{c_1}, y_{c_2}, \cdots, y_{c_K}\}$,$y_{cj}$ 和 x_{c_j} ($j = 1, 2, \cdots, c_K$) 分别是源域与目标域的对应样本。在目标域,由于 $x_{c_1}, x_{c_2}, \cdots, x_{c_K}$ 属于同一个聚类簇,所以这些样本距离很近,属性很相似。然而,当样本映射到源域后,它们的对应样本 $y_{c_1}, y_{c_2}, \cdots, y_{c_K}$ 不一定依然表征得很相似,这是目标域特征空间和源域特征空间的异构性造成的,即在一个特征空间属性值很接近的样本在另一个异构空间其属性值不一定很接近。图 5-2 可以清晰地说明该问题。

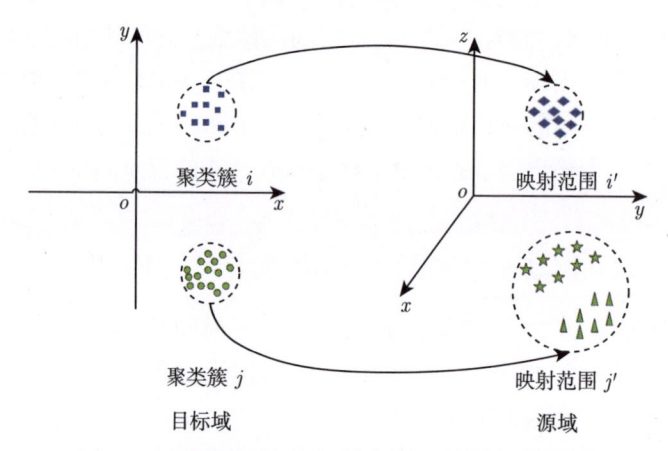

图 5-2 目标域特征空间与源域特征空间的异构性

从图 5-2 中可以清楚地看到,聚类簇 i 中的样本在目标域特征空间很相似,它们在源域的映射值也比较相似,这属于比较理想的情况。而聚类簇 j 中的样本在源域的映射值差异较大,表现得很离散,这意味着异构特征的转换是一个很不确定的过程,这是异构数据迁移中普遍存在的现象。用映射范围 Y_c

内样本分布的离散度来表征迁移的不确定性。标准差能很好地反映数据的离散度,它通过以下式子计算。

$$\begin{cases} \overline{\boldsymbol{y}}_c = \dfrac{1}{c_K} \sum_{j=1}^{c_K} \boldsymbol{y}_j \\ \delta_c = \sqrt{\dfrac{1}{c_K} \sum_{j=1}^{c_K} \|\boldsymbol{y}_j - \overline{\boldsymbol{y}}_c\|} \end{cases} \quad (5\text{-}2)$$

式中,$\overline{\boldsymbol{y}}_c$ 是映射范围 $\boldsymbol{Y}_c$ 内样本的平均值;δ_c 是标准差。

为了预测不确定性(离散度)的大小,在这里引入一个阈值 t,通过该阈值可以衡量各映射范围的离散度。因为对于不同的数据集,特征维度和属性值都不同,映射范围 $\boldsymbol{Y}_c(c=1,2,\cdots,S)$ 的离散程度也都不同,所以很难确定一个统一的阈值来衡量所有数据集的离散程度。因此,应针对不同的数据集设计不同的阈值。为了便于调整参数,定义阈值为 $t = \tau \delta_{\min}$。对于一个数据集,$\delta_{\min}$ 是通过 SOM 聚类得到的多个源域映射范围中,离散度最小的映射范围对应的标准差,即 $\delta_{\min} = \min\{\delta_1, \delta_2, \cdots, \delta_S\}$;$\tau$ 是一个大于 0 的参数,通过 τ 可以比较容易地调节阈值 t。参数 τ 确定以后,阈值 t 也就确定了。根据该阈值,可以进一步预测目标在源域的单个/多个映射值。如果标准差 δ_c 比阈值 t 小,则表明 $\boldsymbol{Y}_c$ 中样本的离散度较小,样本 $\boldsymbol{y}_{c_1}, \boldsymbol{y}_{c_2}, \cdots, \boldsymbol{y}_{c_K}$ 的值通常比较接近。在这种情况下,为简便起见,选取最有代表性的值来表示 $\boldsymbol{Y}_c$ 内的所有映射样本,即样本均值 $\overline{\boldsymbol{y}}_c$。由此目标样本 $\boldsymbol{x}^\mu$ 在源域的映射值可表示为 $\overline{\boldsymbol{y}}_c$,即 $\hat{\boldsymbol{y}} = \overline{\boldsymbol{y}}_c$。由于在源域通过大量训练样本学习了一个分类器 C,因此预测的映射值 $\hat{\boldsymbol{y}}$ 可以在源域中被分类,那么就得到了 $\boldsymbol{x}^\mu$ 的分类结果。然而,如果标准差 δ_c 比阈值 t 大,表明映射范围 $\boldsymbol{Y}_c$ 内所有可能的映射值 $\boldsymbol{y}_{c_1}, \boldsymbol{y}_{c_2}, \cdots, \boldsymbol{y}_{c_K}$ 之间差异较大,因而表现出较大的离散度。在这种情况下,目标样本 $\boldsymbol{x}^\mu$ 的特征从目标域到源域的迁移会存在较大的不确定性。这就导致很难预测一个合适的映射值,并且单一映射值很可能会导致 $\boldsymbol{x}^\mu$ 在源域被错误地表示,从而出现误分类。因为不同的映射值可能会得到不一样的分类结果,所以应该采取一种比较合理的做法:给 $\boldsymbol{x}^\mu$ 在映射范围 $\boldsymbol{Y}_c$ 内预测多个映射值,每个映射值都可以通过分类器 C 得到一个分类结果,然后综合多个分类结果做出最终的类别决策。这种多值映射的方法可以有效表征迁移的不确定性,提高特征转换的容错率。如果映射范围 $\boldsymbol{Y}_c = \{\boldsymbol{y}_{c_1}, \boldsymbol{y}_{c_2}, \cdots, \boldsymbol{y}_{c_K}\}$ 内的每个样本都直接作为 $\boldsymbol{x}^\mu$ 在源域的映射值,那么会给后续的分类任务带来较重的计算负担。同时,每个样本都会对应一个分类结果,这会大幅增加后续多分类结果融合决策的时间,从而进一步提高算法的复杂度。为了解决这一问题，可以采用一种映射范围再划分的策略，即对于样本离散度较大、标准差 δ_c 大于阈值 t 的映射范围，对其进行再聚类，将 Y_c 再次划分为多个小的子聚类簇。Y_c 是对应样本 Y 内的一个集合，是源域对应样本的一个子集，所以其中包含的元素个数一般要比 Y 中包含的元素个数少得多。因此，在再聚类过程中，采用较为简单且便于应用的 k 均值算法对映射范围进行再次划分。最终可以得到 K 个 Y_c 的子聚类簇，用 $Y_{c_i}(i=1,2,\cdots,K)$ 表示。

下面给出聚类数目 K 的选取方法。显然，如果 K 值过大，通常会使新得到的子聚类簇 $Y_{c_i}(i=1,2,\cdots,K)$ 的离散度较低，标准差较小。但如果聚类数目过多，也会增加后续融合处理过程中的证据（分类结果）个数，从而加重计算负担。如果 K 值过小，会使聚类数目较少，新产生的子聚类簇内的样本依然比较离散，无法准确地表示映射的不确定性。在实际应用中，根据之前设置的阈值，选择一个最小的 K，使这 K 个新得到的子聚类簇 $Y_{ci}(i=1,2,\cdots,K)$ 的标准差 δ_c 都比阈值 t 小，这样既不会因为 K 值取得过大而导致融合过程复杂，也不会因为 K 值取得过小而影响后续的分类准确率。K 值是根据设定的阈值自动迭代调整的，迭代终止的条件就是所有子聚类簇的标准差都小于阈值 t。得到最终的 K 个子聚类簇后，把每个子聚类簇的均值都作为 x^μ 在源域的可能映射值，即 K 个映射值可表示为 $\overline{y}_{c_i}(i=1,2,\cdots,K)$。源域映射值的预测过程表示为

$$\widehat{y} = \begin{cases} \overline{y}_c, & \delta_c \leqslant t \\ \{\overline{y}_{c_1}, \overline{y}_{c_2}, \cdots, \overline{y}_{c_K}\}, & \delta_c > t \end{cases} \tag{5-3}$$

由式 (5-3) 可以看到，只有当样本离散度较低时，才会得到一个映射值；当迁移不确定性较大、离散度较高时，会得到多个映射值。

在获得多个映射值的情况下，在融合处理之前需要考虑每个映射值的可靠度。每个映射值都是 x^μ 在源域的预测值，预测的可靠度不同，相应的权重就不一样，即权重反映了每个映射值的可靠度。因此，本节提出了一种新的基于样本密度的权重计算方法。为了得到各映射值的可靠度，考虑每个子聚类簇 $\overline{y}_{c_i}(i=1,2,\cdots,K)$ 所包含的样本个数，各子聚类簇中的样本个数反映了其样本在映射范围 Y_c 中的分布密度，密度较大说明映射值位于该子聚类簇的概率较大，用频率来描述这种概率。例如，包含 100 个样本的 Y_c 被划分为 3 个子聚类簇 Y_{c_1}、Y_{c_2} 和 Y_{c_3}，3 个子聚类簇中的样本个数分别为 70、20 和 10。子聚类簇 Y_{c_1} 中的样本出现频率最高，所占比例最大，因此 x^μ 的映射值很可能

在该子聚类簇中。Y_{c_i} 中的样本个数可表示为 $|Y_{c_i}|$，$|Y_{c_i}|$ 越大，则对应的映射值 $\overline{y}_{c_i}$ 的权重越大，各映射值 $\overline{y}_{c_i}(i = 1, 2, \cdots, K)$ 的权重可表示为

$$w_i = \frac{|Y_{c_i}|}{|\boldsymbol{Y}_c|} \tag{5-4}$$

式中，$|\boldsymbol{Y}_c|$ 是 $\boldsymbol{Y}_c$ 所包含的元素个数，可以看到各个权重的和为 1，即 $\sum_{i=1}^{K} w_i = 1$。

5.2.2 基于证据推理的迁移分类

5.2.1 节介绍了基于多值映射策略的目标样本迁移分类方法，为了预测目标待分类样本的类别，利用源域标注样本 $\{\overline{y}_1, \overline{y}_2, \cdots, \overline{y}_g\}$ 对目标进行分类。由式(5-3) 可以看到，根据特征迁移的不确定性，$\boldsymbol{x}^\mu$ 在源域可以有一个（不确定性较小）或多个（不确定性较大）映射值。如果只有一个映射值，用映射值 $\hat{\boldsymbol{y}}$ 表示，那么它可以直接被源域性能良好的分类器（如随机森林分类器、支持向量机分类器、贝叶斯分类器等）分类，映射值 $\hat{\boldsymbol{y}}$ 的分类结果就可以作为 $\boldsymbol{x}^\mu$ 的类别标签预测结果。如果有多个可能的映射值 $\hat{\boldsymbol{y}} = \{\overline{y}_{c_1}, \overline{y}_{c_2}, \cdots, \overline{y}_{c_K}\}$，这些可能的映射值将分别被分类。每个分类结果可以表示为软输出，即概率形式的输出，以概率向量 $\boldsymbol{P}_{c_1}, \boldsymbol{P}_{c_2}, \cdots, \boldsymbol{P}_{c_K}$ 的形式给出，其中 $\boldsymbol{P}_i = [p_i(\theta_1), p_i(\theta_2), \cdots, p_i(\theta_g)], i = 1, 2, \cdots, c_K$。概率向量中的元素 $p_i(\theta_j)$ 代表映射值 $\boldsymbol{y}_{c_1}$ 属于类别 θ_j 的概率。由式(5-4)可知，不同的映射值被赋予了不同的权重，它们对应的分类结果也被分配了相应的权重。接下来就要对这 K 个分类结果进行加权融合，以获得 $\boldsymbol{x}^\mu$ 的预测类别。

根据证据理论，每个分类结果都是一个证据，那么假设有 K 个证据 $\boldsymbol{m}_1, \boldsymbol{m}_2, \cdots, \boldsymbol{m}_K$。因为本章所提 EHTC 方法中待融合的证据个数 K 不一定为 2，所以融合结果可以由下式给出：对于 $A \neq \varnothing, B_i, C_i \in 2^\Theta$，有

$$m_{\mathrm{DS}}(A) = [\boldsymbol{m}_1 \oplus \boldsymbol{m}_2 \oplus \cdots \oplus \boldsymbol{m}_K](A) = \frac{\sum_{\bigcap_{i=1}^n B_i = A} \prod_{i=1}^K m_i(B_i)}{1 - \sum_{\bigcap_{i=1}^K C_i = \varnothing} \prod_{i=1}^K m_i(C_i)} \tag{5-5}$$

对每个证据都先进行折扣处理，然后将折扣处理后的分类结果 $^{w_i}\boldsymbol{m}_i$ $(i = 1, 2, \cdots, c_K)$ 根据式(5-5)中的 DS 规则融合如下。

$$m = {}^{w_1}m_1 \oplus {}^{w_2}m_2 \cdots \oplus {}^{w_{c_K}}m_{c_K} \tag{5-6}$$

目标待分类样本 x^μ 的预测类别标签可以由融合结果 m 得到。m 是一个新的基本置信值向量，目标 x^μ 将被分给置信值最大的元素对应的类别。

5.3 实验结果与分析

在本节中，为了评估 EHTC 方法的分类性能，使用两组不同的异构遥感数据和 11 组 UCI 数据集进行实验。与此同时，将 EHTC 方法和其他相关分类方法进行对比，以验证 EHTC 方法的有效性。

5.3.1 基础数据集

5.3.1.1 NDVI 和 SPOT 异构遥感数据集

如图 5-3(a) 所示，待分类 NDVI 图像大小为 280×256 像素，它是 1999 年 11 月在英国英格兰格洛斯特郡洪灾发生前获取的，由两个波段组成：红外波段和近红外波段。图 5-3(b) 是该 NDVI 图像的真值图。可以看出，它共包含 3 个类别：林地覆盖地表 C_1、水体覆盖地表 C_2 和植被覆盖地表 C_3。SPOT 图像是由 3 个波段合成的，它是 2000 年 10 月在格洛斯特郡采集的。本实验将有训练知识的 SPOT 图像作为源域，没有任何标注信息的 NDVI 图像作为目标域。

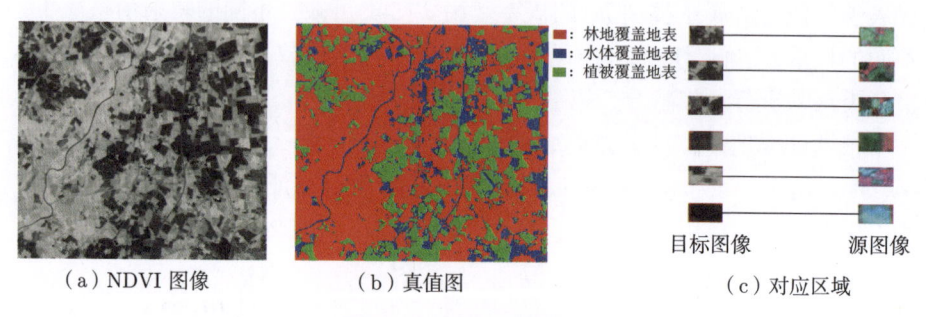

（a）NDVI 图像　　　（b）真值图　　　（c）对应区域

图 5-3　NDVI 图像

随机挑选 6 块对应区域，这些对应区域共包含 $N_p = 8367$ 个 SPOT 图像和 NDVI 图像的对应像素对，这些对应像素对反映了同一块区域的不同特性。6 块对应区域在图 5-3(c) 中标出。在某些实际应用中，对应像素对很容易在图像中获取，并被当作先验知识，从而建立源图像和目标图像的联系。训练数据是标注像素，在源图像中手动标出。在目标图像中没有标注像素，因此就没有训练知识。对于每个类别，在大小为 156×100 像素的 SPOT 源图像中进行标注。在每个类别中选择 200 个像素作为训练样本，因此总共可以得到 3×200＝600 个标注像素，如图 5-4 所示。图中的黄色框区域为训练样本，大小为 10×20 像素。该黄色框区域是手动选出来的，分别对应 3 个典型地物类别。因为目标图像中的像素没有类别标签，所以在实验中这些像素都属于测试数据（目标待分类数据）。根据之前提到的参数调节方法，SOM 网络输出层神经元数目设定为 $S = n_1 \times n_2 = 5 \times 6$，即在目标域对应样本聚类数目为 30 个。

图 5-4　源图像中心标注像素（黄色框区域）

5.3.1.2　UCI 数据集

在 UCI 数据集中选择 11 个数据集，基本信息如表 5-1 所示。为了构造异构特征空间，把每个数据集的属性分为两部分：目标域属性和源域属性。例如，如果一个数据集有 9 个属性，那么随机选取其中 5 个属性构成目标域属性，其余 4 个作为源域属性。把每个数据集的样本划分为 3 部分：对应样本对、源域训练样本和目标域待测样本。源域和目标域的属性个数（特征维度）分别用 N_S 和 N_T 表示。将 EHTC 方法和其他 4 种分类方法在每个数据集上进行测试，对目标域的无标注数据进行分类。

表 5-1　UCI 数据集的基本信息

数据集	类别/个	属性/个	样本数/个	N_S	N_T
Abalone	3	8	4177	5	3
Cmsc	2	18	540	10	8
Magic	2	10	19020	6	4
Page	5	10	5473	6	4
Seeds	3	7	210	4	3
Statlog	6	36	4225	16	20
Vehicle	4	18	846	10	8
Vertebral	3	6	310	4	2
Waveform	3	21	5000	9	12
Satimage	7	36	6435	20	16
Pima	2	8	768	5	3

5.3.2 相关分类方法

5.3.2.1 基于单值映射的异质数据迁移分类方法

在基于单值映射的异质数据迁移分类（Single Value Mapping-based Heterogeneous Transfer Classification，SVMHTC）方法中，给每个目标样本 x^μ 只预测一个映射值。当找到 x^μ 的最近邻聚类簇后，聚类簇在源域对应映射范围内的可能映射值均值直接作为 x^μ 在源域的映射值。通过与该分类方法进行对比，可以验证多值映射策略的有效性。

5.3.2.2 模糊 c 均值聚类方法

当目标域没有训练样本时，往往会首先选择无监督聚类的方法对数据进行分类，从而获得目标类别。模糊 c 均值聚类（Fuzzy c-Means，FCM）是一种被广泛使用的聚类方法。因此，在这里将该方法与 EHTC 方法进行对比，说明迁移分类的必要性。

5.3.2.3 利用对应样本分类方法

在利用对应样本分类（Classification Using Corresponding Samples，CUCS）方法中，首先在源域将对应样本分类，获得这些样本的标签，从而得到目标域对应样本的标签。目标域的这些标注对应样本可以作为训练知识来学习一个分类器，其他未标注待测样本可以在目标域直接分类。

5.3.2.4 利用主要映射值分类方法

为了进一步验证多分类结果加权 DS 融合方法的有效性，将利用主要映射值分类（Classification Using Major Mapping Value，CUMMV）方法作为对比方法。在 EHTC 方法中，当映射范围离散度较低时，x^μ 在源域只预测一个映射值，该映射值的分类结果就作为目标待分类样本的预测结果。而在多值映射的情况下，源域中每个子聚类簇的均值都是一个可能的映射值。每个映射值都对应一个权重。该权重通过该映射值对应子聚类簇的样本数目来计算，它反映了映射值的可靠度。在 CUMMV 方法中，选择权重最大（对应子聚类簇中所含样本数目最多）的映射值作为 x^μ 在源域的唯一预测值，该预测值又称主要映射值。该主要映射值在源域直接被分类，分类结果被用来预测目标样本类别。

5.3.3 结果分析

总体准确率（Overall Accuracy，OA）和 Kappa 系数（Kappa Coefficient，KC）在这里被作为评价分类性能的指标。OA 通过 n_a/N_d 来计算，其中 n_a 是被正确分类的样本个数，N_d 是目标域所有待分类样本的总个数。KC 是从混淆矩阵中得到的，它可以全面地衡量分类性能的好坏。

5.3.3.1 NDVI 和 SPOT 异构遥感数据迁移分类

本章所提 EHTC 方法与其他 4 种分类方法的实验结果如图 5-5 所示。表 5-2 展示了不同分类方法的统计结果，从表中能更清晰地看到不同分类方法性能的优劣。为了进一步验证 EHTC 方法的有效性，本实验设计了源域与目标域互换的环节。这要求迁移分类方法不仅在目标域 → 源域时适用，在源域 → 目标域也有效。也就是说，把 NDVI 图像当作源域，SPOT 图像当作目标域，其他参数设定保持不变，通过同样的方法在 NDVI 图像中手动选择训练样本，每个类别标注 200 个像素。在此情形下再次将 EHTC 方法与其他分类方法进行比较，统计结果如表 5-3 所示。

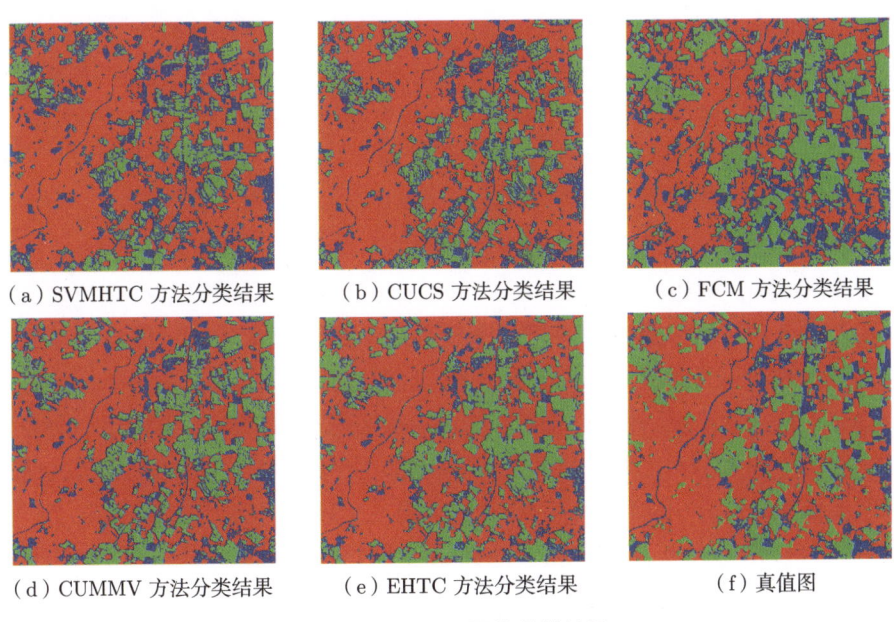

(a) SVMHTC 方法分类结果　　(b) CUCS 方法分类结果　　(c) FCM 方法分类结果

(d) CUMMV 方法分类结果　　(e) EHTC 方法分类结果　　(f) 真值图

图 5-5　NDVI 图像分类结果

表 5-2　NDVI 图像和 SPOT 图像统计结果（目标域 → 源域）

方法	SVMHTC	CUCS	FCM	CUMMV	EHTC
OA	81.97	84.20	70.05	85.01	**87.02**
KC	71.26	78.61	65.17	78.65	**80.73**

表 5-3　NDVI 图像和 SPOT 图像统计结果（源域 → 目标域）

方法	SVMHTC	CUCS	FCM	CUMMV	EHTC
OA	76.43	80.95	68.60	79.56	**82.39**
KC	66.08	74.51	61.99	72.15	**75.28**

从图 5-5 和表 5-2 中可以看到，相比其他 4 种分类方法，EHTC 方法的分类性能有显著提升。在所有实验中，无监督 FCM 聚类方法的结果是相对最差的，这是因为 SPOT 图像中的训练知识完全没有被利用到。另外，这与目标 NDVI 图像中不同类别像素特征的相似性也有关系。在 SPOT 图像中，根据地物的光谱特性，深绿色区域对应的是水体，浅绿色区域对应的是植被。而在 NDVI 图像中，黑色区域和深灰色区域分别对应植被与水体。相比源域图像，目标域图像中植被（C_3）和水体（C_2）这两个类别的属性值较为接近，很难在目标域直接将两者较好地区分开，因此对 NDVI 图像进行 FCM 聚类的准确率很低。对于对应像素对，虽然有很多像素能被正确地分类从而作为标注样本，但由于 SPOT 图像中分类器的训练误差，依然有部分样本被误分类。因此，在 NDVI 图像中会有部分带噪声的（被错误标注的）训练样本，它们会影响目标域分类器的训练，进而影响最终的分类结果。这就是 CUCS 方法准确率不高的原因。例如，从图 5-5(b) 中可以看到，与真值图相比，很多植被像素被错误地分到了水体类别中。CUMMV 方法将权重最大的映射值作为目标样本在源域的唯一预测值。尽管权重越大，映射值越可靠，但仅预测单一映射值会存在误差，无法反映由于 SPOT 图像特征空间和 NDVI 图像特征空间的异构性导致的迁移不确定性。有时候，这个单一预测值不会那么精确，而其他映射值往往能提供有用的信息，但这些映射值在 CUMMV 方法中被忽略了。统计结果也表明 CUMMV 方法的分类性能比 EHTC 方法差一些。在 SVMHTC 方法中，实验在源域也只预测单一映射值，这同样无法有效刻画特征空间的异构性带来的迁移不确定性。另外，源域的一些映射范围离散度很高，标准差 δ_c 大于阈值 t，所以直接用映射范围内所有样本的均值作为映射值会有很大的预测误差，从而提高迁移不确定性。

在 EHTC 方法中，多值映射策略可以有效降低迁移不确定性，得到多个可能的映射值后，根据各个可能的映射值的可靠度计算其权重，然后采用加权 DS 融合方法融合多映射值的分类结果，从而得到类别决策。因此，EHTC 方法既能有效利用 SPOT 图像中的标注样本，又能充分挖掘不同映射值提供的类别信息以降低不确定性，从而提高迁移分类性能。表 5-3 表明，在领域互换的情况下，EHTC 方法依然具有很好的分类性能。

5.3.3.2　UCI 数据集迁移分类

由表 5-4 中的分类结果可知，在不同的数据集上，EHTC 方法的分类准确率通常高于其他 4 种方法。在 CUCS 方法中，对应样本的标签由源域训练样本预测得到。然而，这些预测的标签并非都可靠，预测误差会造成目标域测试数据的分类准确率较低。SVMHTC 方法和 CUMMV 方法都是在源域只预测单一映射值，因此无法有效解决迁移不确定性问题。EHTC 方法要优于其他 4 种方法，这主要得益于它使用了多值映射策略和加权 DS 融合方法。

表 5-4　UCI 数据集分类准确率/%

数据集	FCM	CUCS	SVMHTC	CUMMV	EHTC
Abalone	48.33	50.30	47.26	49.61	**51.69**
Cmsc	76.52	89.81	85.00	83.15	**91.38**
Magic	63.66	70.04	68.76	**72.16**	71.97
Page	76.98	87.30	80.98	83.62	**89.95**
Seeds	77.62	**83.05**	78.57	79.46	82.38
Statlog	68.14	71.81	70.98	70.29	**76.00**
Vehicle	46.99	51.38	52.60	49.88	**54.02**
Vertebral	51.03	66.13	64.19	71.67	**80.00**
Waveform	61.42	73.84	65.90	62.73	**74.56**
Satimage	50.30	69.73	59.27	60.49	**70.15**
Pima	63.09	65.63	63.54	65.31	**67.06**

5.4　本章小结

针对异构特征迁移不确定性问题，本章提出了一种基于样本对的不确定数据多值映射迁移分类方法，即 EHTC 方法。为了表征迁移过程的不确定性，本章提出了一种多值映射策略，给目标在源域空间预测一个映射范围。如果该映射范围内样本标准差较小，则将这些样本的均值作为目标的映射值。对该映射值进行分类，获得目标的分类结果。如果映射范围内的样本标准差较大，则对映射范围再次聚类，取每个子聚类簇的均值作为目标的可能映射值。利用源域标注样本对多个可能映射值进行分类，得到目标的多个类别预测结果。不同分类结果对应的权重不同，本章采用了一种基于子聚类簇样本数目的权重计算方法。最后在证据推理框架下利用 DS 规则对多个分类结果进行聚类折扣融合，从而获得目标的类别决策。为了评估 EHTC 方法的分类性能，首先利用两组不同类型的异构遥感数据进行了地物分类实验。实验结果表明，EHTC 方法能够有效提高目标地物分类的准确性。之后又在多组 UCI 数据集上进行了实验，验证了 EHTC 方法的普适性。

第 6 章
异构数据双向迁移融合目标分类

6.1 引言

通过异构特征数据迁移学习对目标进行分类识别时，根据目标域和源域之间的关系可以实现异构特征数据转换。在一些情况下，异构特征空间中严格对应的样本对难以获得。不过，有时可以在目标域收集到少量标注样本，利用目标域和源域具有相同类别标签的样本也可以建立两个域之间的映射迁移关系，从而实现异构特征数据转换。现有方法一般都是利用所有类别的标注样本来学习一个目标域和源域统一的迁移模型（如迁移矩阵）。然而，在异构特征空间中，不同类别的目标数据分布差异较大，利用统一的迁移模型难以将所有样本都准确地映射到不同的特征空间中。另外，现行大部分基于标注样本的迁移方法都是单向迁移方法，即从源域迁移至目标域。由于异构特征的大差异特点，数据迁移存在较大的不确定性，而单向迁移方法难以充分利用目标域和源域的互补信息以减小迁移的不确定性。

针对这些问题，本章提出了一种基于标注样本的双向迁移融合目标分类方法，即双向迁移分类（Bi-Directional Transfer Classification，BDTC）方法。首先通过构建类内特征转换（迁移）矩阵将源域每类的标注样本分别迁移至目标域，从而在目标域利用新增的丰富的标注样本对目标数据进行分类。然后将目标数据利用 k 近邻算法映射到源域特征空间，这样就可以利用源域标注样本再获得一个目标的分类结果。最后将目标在源域和目标域分别获得的两个分类结果在证据理论框架下进行加权折扣融合，根据融合结果确定目标类别。这里设计了一种基于聚类分析的局部权重优化方法来估计每个分类结果的加权系数，从而获得最优的融合结果。BDTC 方法能够充分利用源域和目标域的互补知识来降低异构特征迁移的不确定性，进一步提高目标分类识别的准确率。

6.2 BDTC 方法介绍

目标域待分类样本和源域标注样本分别位于不同的特征空间，因此目标域和源域的数据特征是异构的。为了便于后文的阐述，这里首先给出一些符号说明。对于一个维数为 d_t 的目标域 $\mathcal{D}_t$，所有待分类数据用 $X_u = \{x_1, x_2, \cdots, x_m\}$ 表示，少量标注样本（如每个类别中只有 10 个标注样本）用 $\tilde{X}_l = \{\tilde{x}_1, \tilde{x}_2, \cdots, \tilde{x}_n\}$ 表示，其中 m、n 分别是目标域无标注样本和标注样本的数量。值得注意的是，标注样本个数 n 远远少于待分类样本个数 m，即 $n \ll m$。在维数为 d_s 的源域 $\mathcal{D}_s$（$d_s \neq d_t$），有大量的标注样本 $\tilde{Y}_l = \{\tilde{y}_1, \tilde{y}_2, \cdots, \tilde{y}_g\}$。目标域和源域所含样本类别相同，即目标域和源域具有共同的类别空间 $\mathcal{L} = \{1, 2, \cdots, c\}$。

6.2.1 异构数据双向迁移分类

目标域只有少量标注样本，在标注信息不足的情况下难以学习到一个性能良好的分类器，这会导致得到的分类器泛化能力较弱，不利于目标的准确分类识别。因此，利用相关源域较丰富的标注样本对目标域待分类样本进行分类。考虑到两个领域共享同一类别空间，可以通过目标域和源域的标注样本建立两个异构特征空间之间的特征转换关系。同时，目标域和源域的异构特征一般存在一定的互补性。以图像目标分类问题为例，在一些情况下，一幅待分类图像可以由两种不同类型的特征表示：手动提取的加速稳健特征（Speeded Up Robust Features，SURF）和深度卷积刺激特征-6（Deep Convolutional Activation Features-6，DeCAF6）特征。SURF 是根据人的经验手动提取的，而 DeCAF6 是通过一个有着明确目标函数的深层网络结构学习到的。这两种特征从不同的角度描述同一幅图像，它们往往能提供互补信息。因此，如果能综合利用不同特征空间提供的信息，那么目标的迁移分类准确率将进一步提高。

本章提出了一种双向迁移分类方法。首先，源域丰富的标注样本 $\tilde{Y}$ 被迁移到目标域，学习一个性能良好的分类器 C_T，从而在目标域得到一个分类结果。因为目标域和源域是由不同的特征空间构成的，所以它们通常能提供一些互补信息，这些信息有助于目标的准确分类识别。为了进一步提高分类准确率,把目标 x 的特征转换(迁移)到源域空间,利用源域的标注样本直接对目标进行分类,分别在目标域和源域得到目标的分类结果,对这两个结果进行融合处理可以获得目标 x 的类别决策。双向迁移能够充分利用目标域和源域提供的互补知识,从而提高目标迁移分类的准确率。下面将分步介绍该双向迁移分类方法。

6.2.1.1 基于迁移矩阵的目标域样本分类

由于目标域的标注样本不足,因此需要借助源域的训练样本来对目标域待分类样本进行分类。但是,目标域数据和源域数据的特征是异构的,因此在利用源域的训练样本来辅助目标域的分类任务之前,需要进行异构数据的迁移(异构特征转换)。在域自适应问题中,目标域和源域的样本共享同一个类别空间 $\mathcal{L}$,属于同一类别的样本分别表示在目标域空间和源域空间。换言之,在不同特征空间的样本因为拥有共同的标签而被联系了起来。可以根据这种联系建立异构特征转换关系。根据本章提出的方法,特征转换是通过全局特征转换矩阵 $W \in \mathbb{R}^{d_s \times d_t}$ 实现的。全局特征转换矩阵 W 可以作为数据特征从源空间向目标空间转换的桥梁。通过全局特征转换矩阵 W,源域的训练样本可以被迁移到目标域。下面介绍如何得到全局特征转换矩阵 W。

根据目标域和源域共有的标签信息,全局特征转换矩阵 W 可以通过优化一个目标函数得到。为了得到这个目标函数,需要考虑优化目标。一方面,对于来自源域的所有训练样本,将其迁移到目标域后,其分布应该与目标域标注样本尽可能相同;另一方面,学到的全局特征转换矩阵 W 应该能使属于同一个类别的样本尽可能相似。因此,基于这两个目标,根据源域标注样本 $\tilde{Y}_1 = \{\tilde{y}_1, \tilde{y}_2, \cdots, \tilde{y}_g\}$ 和少量目标域标注样本 $\tilde{X}_1 = \{\tilde{x}_1, \tilde{x}_2, \cdots, \tilde{x}_n\}$,目标函数通常可以由下式给出。

$$\min_{W} H(W) = \left\| W^{\mathrm{T}} \mu_s - \mu_t \right\|_2^2 + \sum_{l=1}^{c} \left\| W^{\mathrm{T}} \mu_{s,l} - \mu_{t,l} \right\|_2^2 \tag{6-1}$$

式中,$\mu_s = \dfrac{\sum_i \tilde{y}_i}{g}$、$\mu_t = \dfrac{\sum_i \tilde{x}_i}{n}$ 分别是源域和目标域所有标注样本的均值。同样,源域第 c 个类别的类均值可表示为 $\mu_{s,c} = \dfrac{\sum_{l=c} \tilde{y}_l}{g_c}$,对应目标域类别 c 的类均值为 $\mu_{t,c} = \dfrac{\sum_{l=c} \tilde{x}_l}{n_c}$。式(6-1)中的第一项是针对全体标注样本进行的优化,目

的是减少源域样本和目标域样本的边缘分布差异；第二项是针对每个类别内的样本进行的优化，目的是减少样本的条件分布差异。这个式子利用了 JDA 思想，使用全局特征转换矩阵将两个领域的数据迁移到同一个再生希尔伯特空间，而本章提出的方法是将源域标注样本迁移到目标域特征空间。式(6-1)试图通过优化目标函数学习一个全局特征转换矩阵，使该矩阵能够对源域标注样本 $\tilde{Y}_{\mathrm{l}}$ 中的每个样本都适用。但是，不同类别的样本往往分布差异较大，因此基于全局特征转换矩阵的目标函数优化难度较大。此外，在特征空间异构的情况下，要实现这个目标比较困难。因此，对于通过全局特征转换矩阵 W 进行的特征转换，其精度将因受到特征空间异构性的影响而不会很高。为此，本章提出了类内特征转换的方法。

对于由式(6-1)优化得到的全局特征转换矩阵 W，通过该矩阵在异构目标域表示源域标记样本 $\tilde{Y}_{\mathrm{l}}$ 的准确度不高。为了提高特征转换准确率，考虑为 $\tilde{Y}_{\mathrm{l}}$ 中每个类别内的所有样本学习一个类内特征转换矩阵 $W_i, i = 1, 2, \cdots, c$。对于属于同一个类别的所有样本，在同一特征空间下，它们的属性值（特征）大多比较接近。即对于源域内属于类别 c 的样本集合 $\tilde{Y}_1^c$，其中的样本应该具有相似的特征。这些样本迁移到目标域后，在目标特征空间对应的转换样本也应该有相似的特征。另外，这些属于类别 c 的源域迁移样本应该与目标域同样属于类别 c 的标注样本 $\{\tilde{x}_1^c, \tilde{x}_2^c, \cdots, \tilde{x}_{n_c}^c\}$ 具有相近的特征，因为这些样本都位于同一目标域特征空间，同一特征空间、同一类别的样本应该相距很近。由于目标域标注样本较少，为了使学习到的类内特征转换矩阵更加有效与可靠，设计目标函数时，在保持标注样本在源域特征空间的紧密结构的前提下，应尽可能保证异构数据分布的匹配性。基于新的优化目标，式(6-1)可改写为

$$\min_{\boldsymbol{W}_c} H_c(\boldsymbol{W}_c) = \left\| \boldsymbol{W}_c^{\mathrm{T}} \boldsymbol{\mu}_{\mathrm{s}}^c - \boldsymbol{\mu}_{\mathrm{t}}^c \right\|_2^2 + \sum_{i=1}^{g_c} \left\| \boldsymbol{W}_c^{\mathrm{T}} \tilde{\boldsymbol{y}}_i^c - \boldsymbol{\mu}_{\mathrm{t}}^c \right\|_2^2 \tag{6-2}$$

对于属于第 c 类的样本 $\{\tilde{\boldsymbol{y}}_1^c, \tilde{\boldsymbol{y}}_2^c, \cdots, \tilde{\boldsymbol{y}}_{g_c}^c\}$，其在源域空间的类均值为 $\boldsymbol{\mu}_{\mathrm{s}}^c = \dfrac{\sum_{i=1}^{g_c} \tilde{\boldsymbol{y}}_i^c}{g_c}$。同样，目标域空间的类均值可由 $\boldsymbol{\mu}_{\mathrm{t}}^c = \dfrac{\sum_{i=1}^{n_c} \tilde{\boldsymbol{x}}_i^c}{n_c}$ 算出。式(6-2)中的第一项拉近了同类样本均值之间的距离，即可以让属于同一类别但来自不同特征空间的样本在特征上表现得更加相似；第二项可以看作通过标准差表示的源域标注样本迁移到目标域后的离散度，其能够让原本在源域相距很近的样本迁移到目标域后依然保持紧密的分布，即保持原有的紧密的数据结构。第一项和第二项联合起来能同时满足异构特征空间之间特征的自适应和分布的匹配。

由式(6-2)优化得到的矩阵既能让源域样本在新的特征空间与对应目标域样本表现出相似的特征,又能在维持其在源域的紧密结构的前提下尽可能与目标域样本的分布相匹配。因此,类内特征迁移方法能有效减少样本负迁移的情况,提高特征自适应的精度。图 6-1 给出了类内特征迁移示意。

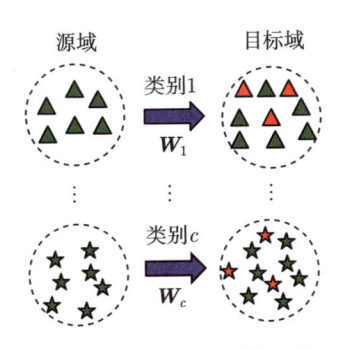

图 6-1 类内特征迁移示意

从式(6-2)中可以看到,优化目标是针对同一类别内的样本的,即通过类内特征转换矩阵 W_c,希望迁移到目标域的源域样本与目标域同类样本之间的分布差异和特征差异能够被尽可能缩小。类内特征转换矩阵与全局特征转换矩阵的大小相同,包含的未知参数数目也相同,都是 $d_s \times d_t$ 个,但是全局特征转换矩阵需要考虑所有的标注样本,其目标是适用于所有待迁移样本。对于属于不同类别的样本,其分布一般不同,这就增加了全局特征转换矩阵的优化难度。另外,待迁移样本与目标域样本是异构的,因此矩阵中的参数求解难度较大。而类内特征转换矩阵属于局部特征迁移,针对不同类别的样本可以得到不同的类内特征迁移模型。这种局部特征迁移方法能有效解决不同类别样本的分布差异问题,所以其迁移效果较好。

通过优化式(6-2)中的目标函数,可以得到每个类别的类内特征转换矩阵 $W_i, i = 1, 2, \cdots, c$,获得每个源域标记样本在目标域空间的特征表示,从而建立目标域和源域之间知识迁移的桥梁。下面介绍如何通过这种方法在目标域对待分类样本 $\hat{x}$ 进行分类。

因为目标域的标注样本很少,所以其只用来学习每个类别的类内特征转换矩阵,而无法利用有限的标注样本 $\tilde{X}_1 = \{\tilde{x}_1, \tilde{x}_2, \cdots, \tilde{x}_n\}$ 训练一个有效的分类器。在这种情况下,目标域的待分类样本 $\hat{x}$ 很可能被误分类。同时,源域有丰富的训练样本,这些训练样本虽然由于特征的异构性无法被直接用来训练目标域分类模型,却可以通过学得的类内特征转换矩阵 W_i 迁移到目标域,在目标域有效地训练一个分类器,进而辅助目标域的分类任务。根据 c 个类内

特征转换矩阵 $\boldsymbol{W}_i$，可以得到一个简单的线性变换函数 $f(\tilde{\boldsymbol{y}}) = \boldsymbol{W}^{\mathrm{T}} \cdot \tilde{\boldsymbol{y}}$，进而得到源域各个类别的标注样本在目标域对应的预测迁移样本。

$$\begin{cases} \hat{\boldsymbol{X}}_1^{\mathrm{t},1} = \boldsymbol{W}_1^{\mathrm{T}} \cdot \tilde{\boldsymbol{Y}}_1^1 \\ \hat{\boldsymbol{X}}_1^{\mathrm{t},2} = \boldsymbol{W}_2^{\mathrm{T}} \cdot \tilde{\boldsymbol{Y}}_1^2 \\ \quad \vdots \\ \hat{\boldsymbol{X}}_1^{\mathrm{t},c} = \boldsymbol{W}_c^{\mathrm{T}} \cdot \tilde{\boldsymbol{Y}}_1^c \end{cases} \tag{6-3}$$

通过式(6-3)，源域丰富的标注样本 $\tilde{\boldsymbol{Y}}_1 = \{\tilde{\boldsymbol{Y}}_1^1, \tilde{\boldsymbol{Y}}_1^2, \cdots, \tilde{\boldsymbol{Y}}_1^c\}$ 被迁移至目标域特征空间，用 $\hat{\boldsymbol{X}}_1^{\mathrm{t}} = \{\hat{\boldsymbol{X}}_1^{\mathrm{t},1}, \hat{\boldsymbol{X}}_1^{\mathrm{t},2}, \cdots, \hat{\boldsymbol{X}}_l^{\mathrm{t},c}\}$ 表示对应的目标域迁移样本。这些被扩充到目标域的样本 $\hat{\boldsymbol{X}}_1^{\mathrm{t}}$ 能被目标空间的异构特征很好地表示，同时其分布与相应的同类别的目标域标注样本相似。因此，联合目标域新增标注样本和原有标注样本 $\tilde{\boldsymbol{X}}_1$ 训练一个分类器 C_{t}。相比只用目标域少量标注样本训练的分类器，分类器 C_{t} 能更有效地对目标 $\boldsymbol{x}$ 进行分类，从而在目标域得到一个分类结果。在这一步，通过源域训练知识的迁移获得了一个性能得到提升的分类器，使用这个分类器可以在目标域得到目标 $\boldsymbol{x}$ 的分类结果。为了更充分地利用源域的标注样本，目标域的待分类样本 $\hat{\boldsymbol{x}}$ 将被迁移到源域，直接获得目标在源域特征空间的决策层互补信息（分类结果）。接下来将详细介绍样本从目标域向源域迁移的方法。

6.2.1.2 源域多值加权平均迁移分类

如上文所述，通过估计每个类别的类内特征转换矩阵 $\boldsymbol{W}_i$，源域的标注样本被迁移到了目标域，丰富了目标域的训练样本，解决了目标域训练样本不足的问题。在这个过程中同时建立了两个异构特征空间的对应关系（映射关系），通过挖掘这种映射关系，能够实现样本从目标域向源域的迁移（$\mathcal{D}_{\mathrm{t}} \to \mathcal{D}_{\mathrm{s}}$）。此外，尽管利用类内特征转换矩阵能将大部分源域训练样本准确地迁移到目标域，但由于异构数据迁移的不确定性，特征转换会存在误差，在迁移过程中也会损失一部分信息。因此，在目标域通过源域标注样本训练的分类器 C_{t} 的性能往往低于在源域直接学习的分类器 C_{s}。但源域分类器无法直接对目标域样本进行分类，因此在这一步将目标域未标注样本 $\boldsymbol{X}_{\mathrm{u}} = \{\boldsymbol{x}_1, \boldsymbol{x}_2, \cdots, \boldsymbol{x}_m\}$ 迁移到源域进行分类，目标域样本在源域的迁移预测值用 $\hat{\boldsymbol{Y}}_{\mathrm{u}}^{\mathrm{s}} = \{\hat{\boldsymbol{y}}_1^{\mathrm{s}}, \hat{\boldsymbol{y}}_2^{\mathrm{s}}, \cdots, \hat{\boldsymbol{y}}_m^{\mathrm{s}}\}$ 表示。

根据现有的异构特征域自适应方法，往往可以通过目标域和源域的标注样本（$\tilde{\boldsymbol{X}}_1$ 和 $\tilde{\boldsymbol{Y}}_1$）学习一个由目标空间到源空间的特征转换矩阵 $\boldsymbol{U}$，进而得到

一个映射函数 $\hat{y}^s = U^T \cdot x$。对于目标 x，通过该映射函数可以得到其在源域对应的迁移样本（预测值）$\hat{y}^s$。然而，由于特征空间的异构性，从目标空间到源空间的特征转换存在不确定性，这种通过转换模型进行样本迁移的方法无法有效解决迁移的不确定性问题。可以看到，基于映射模型可以在源域得到 x 的单一映射值 $\hat{x}^s$，但异构数据特征的差异性会导致这种单值映射方法具有不确定性。因此，本章提出一种基于 k 近邻的源域多映射值迁移分类方法。既然直接找到准确的源域迁移样本比较困难，那么考虑在源域为目标 x 预测多个映射值，通过多值映射加权平均获得目标在源域的迁移值。

为了获得目标的多个映射值，可以借助之前由标注样本建立的源域和目标域之间的联系。源域标注样本 $\{\tilde{y}_1, \tilde{y}_2, \cdots, \tilde{y}_g\}$ 通过类内特征转换矩阵 W_i 被迁移到目标域，其中每个样本都由目标域特征描述，即源域标注样本在目标特征空间可表示为 $\{\hat{x}_1^t, \hat{x}_2^t, \cdots, \hat{x}_g^t\}$。每个源域标注样本都能由一个目标域特征值组成的向量表示。也就是说，源域标注样本和它们的目标域迁移样本是一一对应的。这种对应关系可以由如下映射函数 $\Gamma(\cdot)$ 表示。

$$\Gamma(\cdot) : \tilde{y}_i \leftrightarrow W^T \cdot \tilde{y}_i = \hat{x}_i^t, i = 1, 2, \cdots, g \tag{6-4}$$

可以得到 g 个对应样本对 $\{(\hat{x}_1^t, \tilde{y}_1), (\hat{x}_2^t, \tilde{y}_2), \cdots, (\hat{x}_g^t, \tilde{y}_g)\}$，从而建立从目标域到源域的映射关系。借助这些样本对，利用 k 近邻方法获取 x 在源域的多个映射值。k 近邻作为一种经典的机器学习方法，已被广泛应用到分类和回归任务中。本节将利用 k 近邻方法寻找与 x 相似的样本。为了挖掘样本对提供的映射信息，根据属性（特征）的相似性，在目标域迁移样本 $\{\hat{x}_1^t, \hat{x}_2^t, \cdots, \hat{x}_g^t\}$ 中寻找 x 的 k 个近邻。将欧氏距离作为衡量属性相似度的标准，由下式表示。

$$d_i(x, \hat{x}_i^t) = \|x - \hat{x}_i^t\|_2 \tag{6-5}$$

相距最近的 k 个样本作为 x 在 $\{\hat{x}_1^t, \hat{x}_2^t, \cdots, \hat{x}_g^t\}$ 中的相似样本。在 $\{\hat{x}_1^t, \hat{x}_2^t, \cdots, \hat{x}_g^t\}$ 中，每个目标域样本的对应样本都被视为其在源域的可能映射值。通过样本对提供的这种映射关系，这 K 个近邻样本的对应样本 $\{\tilde{y}_1, \tilde{y}_2, \cdots, \tilde{y}_K\}$ 都被当作 x 在源域的 K 个可能的映射值，每个可能的映射值都有可能是 x 的迁移值。但是对于不同的可能的映射值，这种可能性的大小是不一样的，即 K 个映射值的可靠度不同。因此，考虑给每个可能的映射值分配一个权重，x 在源域的预测值将通过这 K 个带权重的样本计算得到。对于一个可能的映射值 $\tilde{y}_i$（对应目标域迁移样本 $\hat{y}_i$），它的权重 λ_i 与 x 和 $\hat{x}_i$ 之间的距离 d_i 有关。d_i 越小，x 和 $\hat{x}_i$ 的属性相似度越高。根据对应关系，x 和 $\hat{x}_i$ 越相似，源域 $\tilde{y}_i$ 的可靠度越高。因此，可以根据距离来计算权重 λ_i。

$$\lambda_i = \frac{\mathrm{e}^{-\tilde{d}_i}}{\sum\limits_{i=1}^{K} \mathrm{e}^{-\tilde{d}_i}} \tag{6-6}$$

式中，距离因子 $\tilde{d}_i$ 为

$$\tilde{d}_i = \frac{d_i}{\max(d_1, d_2, \cdots, d_K)} \tag{6-7}$$

算出可能的映射值的权重 $\lambda_i(i=1,2,\cdots,K)$ 之后，就可以通过加权平均得到 $\hat{x}$ 在源域的预测迁移值（估计迁移值）$\hat{y}^s$。

$$\hat{y}^s = \sum_{i=1}^{K} \lambda_i \tilde{y}_i \tag{6-8}$$

从式(6-8)中可以看到，预测迁移值 $\hat{y}^s$ 是通过融合 K 个被权重折扣后的可能的映射值得到的，即多个可能的映射值的加权平均。在 K 个近邻样本中，对于那些距离 x 相对较远的样本，它们的属性与目标不是很相似，因此它们的对应样本在源域作为可能的映射值的可靠度相对较低。同时可以看到，如果式(6-7)中 d_i 的值较大，那么由式(6-6)得到的权重 λ_i 会很小。因此，K 值不能取得过大，否则会有一些不相似的样本作为目标的近邻，这将影响迁移样本融合预测精度。但在 K 值较小的情况下，本章提出的方法对 K 值的选取是比较鲁棒的。这是因为在合适的范围内，找到的 K 个近邻都与目标样本 x 很相似。

得到目标在源域的预测迁移值 $\hat{y}^s$ 之后，利用源域训练的分类器 C_s 对预测迁移值 $\hat{y}^s$ 进行分类，从而充分利用源域的训练知识。将分类器的输出作为 x 在源域的类别预测结果，得到目标样本的第二个分类结果。通过迁移源域训练样本（$\mathcal{D}_s \to \mathcal{D}_t$）和目标域待分类样本（$\mathcal{D}_t \to \mathcal{D}_s$），分别得到 x 在目标域和源域的分类结果。为了更清晰地展示双向迁移分类的过程，图 6-2 给出了双向迁移分类算法的流程。由于异构数据单向迁移的分类结果不够全面，具有不确定性，因此利用 DS 规则对这两个分类结果进行加权融合处理，以进一步提高迁移分类的准确率。

6.2.2 多分类结果优化加权融合

在异构数据双向迁移分类过程中，目标域标注样本 $\tilde{X}_1 = \{\tilde{x}_1, \tilde{x}_2, \cdots, \tilde{x}_n\}$ 和源域训练样本 $\tilde{Y}_1 = \{\tilde{y}_1, \tilde{y}_2, \cdots, \tilde{y}_g\}$ 建立了异构特征空间的联系。通过这种

联系,样本在目标域和源域之间的迁移得以实现。目标域待分类样本 $\hat{x}$ 在双向迁移过程中分别得到了两个分类结果。在源域向目标域迁移($\mathcal{D}_s \to \mathcal{D}_t$)这一步,迁移对象是标注样本。源域丰富的训练知识被扩充到目标域,作为目标域训练样本来训练一个较为有效的分类器 C_t,从而得到了 $\hat{x}$ 在目标域特征空间的分类结果,记为 m_t。在目标域向源域迁移($\mathcal{D}_t \to \mathcal{D}_s$)这一步,迁移对象是无标注样本。通过 K 个近邻样本将目标域样本 x 映射到源域特征空间,然后充分利用源域的标注知识对预测迁移值 $\hat{y}^s$ 进行分类,从而得到源域提供的目标分类结果,记为 m_s。在这里,分类器 C_t 和 C_s 的输出都是软输出,即分类结果以概率向量的形式给出。向量 m_t 和 m_s 中每个元素的值都反映了 x 属于各个类别的可能性。相应地,对于标注样本,其真实标签是已知的,那么它的分类真值用向量 t_i 表示。在向量 t_i 中,对应样本真实标签位置的元素值为 1,其余位置的元素值都为 0。下面通过一个三分类任务来举例说明。对于属于类别 1、类别 2 和类别 3 的样本,它们的分类真值分别为 [1,0,0]、[0,1,0] 和 [0,0,1]。

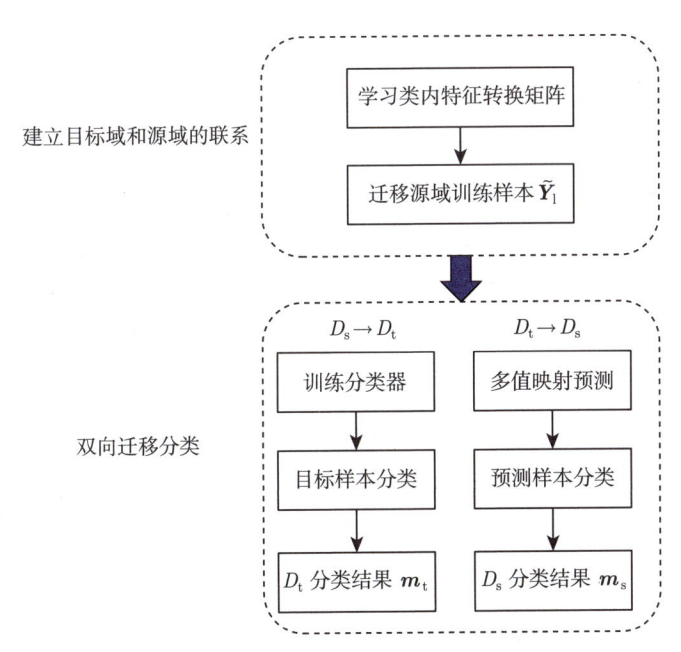

图 6-2 双向迁移分类算法流程

样本在源域和目标域之间的迁移是通过类内特征转换矩阵实现的。然而,由于特征的异构性,通过类内特征转换矩阵 $W_i(i=1,2,\cdots,c)$ 进行的特征转换存在不确定性,也就是说在两次迁移过程中存在误差。在源域向目标域迁移训练知识的过程中，迁移误差体现为训练样本的迁移误差。例如，属于类别1的源域训练样本被迁移至目标域后，在目标域特征空间，其属性表现得与其他类别的样本相似，而与类别1中的样本差别较大。这种少量的噪声标注数据会干扰分类器 C_t 的训练过程。在目标域向源域迁移目标样本的过程中，迁移误差体现为源域迁移样本的预测误差。对于某些样本，其在源域的预测值不是其真实迁移值。

为了解决上述问题，利用决策级信息融合方法对两个分类结果进行融合处理。迁移误差会导致两次单向迁移得到的分类结果具有不确定性，即分类信息属于不确定信息。证据理论作为一种重要的决策级融合方法，能有效处理不确定信息融合问题。因此，在证据理论框架下融合两个分类结果，既能综合利用目标域和源域提供的关于目标类别的信息，又能减小迁移的不确定性。

在异构的目标域特征空间和源域特征空间，能分别获得目标的分类结果 m_t 和 m_s，这两个分类结果可视为由异构信源提供的两个证据。在证据理论中，通常认为不同的证据应该有不同的可靠度，可以通过计算权重定量描述相应证据的可靠度。在证据出现冲突的情况下，如证据 A 支持目标属于类别 1，而证据 B 支持目标属于类别 2，如果直接将不同的证据进行融合，得到的结果往往不太合理。设计合适的权重能够使融合结果更加合理。权重能够显著调整证据在融合中的影响，可靠度低的证据的影响将被降低。由此可以看出，在证据融合中，证据的可靠度评估，即证据的权重计算，将起到十分重要的作用。

因为两个分类结果 m_t 和 m_s 是在不同特征空间得到的，所以它们应该被赋予不同的权重 α 和 β。权重值可以通过优化目标函数得到。此外，目标域本身就有少量标注样本，它们的真值是已知的。因此，这些带有类别标签的样本可以用来优化融合权重。权重反映了两个分类结果的可靠度，目标样本不同，在目标域和源域得到的分类结果的可靠度就不同。例如，样本 x_p 在目标域的分类结果相对更可靠一些，而样本 x_q 在源域可以得到一个更可靠的结果。x_p、x_q 应该分别对应两组不同的融合权重 (α_p, β_p) 和 (α_q, β_q)。在这种情况下，如果每个样本的分类结果都被同一组权重折扣，则会导致某些样本分类结果的可靠度被错误地估计，从而使这些样本的融合结果不合理，这显然不是我们希望看到的，因为融合的目的就是提升迁移分类性能。为了获得更合理的权重，可以从标注样本中提取局部知识，即

$$\begin{cases} {}^{w_i}m_i(A) = w_i p_i(A), A \in \Theta \\ {}^{w_i}m_i(\Theta) = 1 - w_i + w_i p_i(\Theta) \end{cases} \tag{6-9}$$

$$m_{\text{DS}}(A) = \boldsymbol{m}_1 \oplus \boldsymbol{m}_2(A) = \frac{\sum_{B \cap C = A} \boldsymbol{m}_1(B)\boldsymbol{m}_2(C)}{1 - \sum_{B \cap C = \varnothing} \boldsymbol{m}_1(B)\boldsymbol{m}_2(C)} \tag{6-10}$$

本章提出了基于聚类分析的局部权重优化方法以确保目标获得最优融合效果。通过对目标域标注样本进行聚类，可以提前优化得到每个聚类簇对应的融合权重，这多组权重可作为局部先验知识，待分类样本可以从中选择合适的权重。首先，用 SOM 聚类算法对样本进行聚类，因为其能较好地保持输入数据的拓扑结构。通过 SOM 聚类算法，将目标域标注样本 $\tilde{\boldsymbol{X}}_{\text{l}}$ 划分成 S 个聚类簇 $\{\tilde{\boldsymbol{X}}_{\text{l}_1}, \tilde{\boldsymbol{X}}_{\text{l}_2}, \cdots, \tilde{\boldsymbol{X}}_{\text{l}_S}\}$。在这里，聚类数目 S 的取值不应过大，因为目标域标注样本数目有限。在实际应用中，S 的取值与数据集的类别数 c 和目标域的标注样本数 n 有关。聚类的目的是将属性非常相似的样本划分到同一个聚类簇中。同一个聚类簇中的样本有着相似的属性值（特征），所以对于聚类簇 $\tilde{\boldsymbol{X}}_{\text{l}_S}$，可以通过聚类簇中的样本优化融合权重 (α_S, β_S)。通过本章提出的 BDTC 方法，聚类簇 $\tilde{\boldsymbol{X}}_{\text{l}_S}$ 中的每个样本分别在目标域和源域得到一个分类结果，两个分类结果由式(6-9)被权重 (α_S, β_S) 折扣之后，再通过 DS 规则得到融合后的结果。因为 $\tilde{\boldsymbol{X}}_{\text{l}_S}$ 中的样本都是标注样本，其分类的真实结果已知，期望的融合结果应该和样本的真实结果保持一致，所以优化的目标是使样本的分类结果与其对应真值的距离之和尽可能小。对聚类簇 $\tilde{\boldsymbol{X}}_{\text{l}_S}$，目标函数可表示为

$$\min_{\alpha_S, \beta_S} F_S(\alpha_S, \beta_S) = \sum_{j=1}^{|\tilde{\boldsymbol{X}}_{\text{l}_S}|} \left\| {}^{\alpha_S}\boldsymbol{m}_{j_t} \oplus {}^{\beta_S}\boldsymbol{m}_{j_s} - \boldsymbol{t}_j \right\|_2 \tag{6-11}$$

有如下限制条件。

$$\alpha_S, \beta_S \in [0,1]$$

式中，$\left|\tilde{\boldsymbol{X}}_{\text{l}_S}\right|$ 表示聚类 $\tilde{\boldsymbol{X}}_{\text{l}_S}$ 中的样本个数；$\oplus$ 表示 DS 规则；$\boldsymbol{m}_{j_t}$ 表示目标域特征空间的分类结果；$\boldsymbol{m}_{j_s}$ 表示源域特征空间的分类结果；$\boldsymbol{t}_j$ 表示真实结果。

使用 SOM 聚类算法可以得到 S 个聚类簇 $\{\tilde{\boldsymbol{X}}_{\text{l}_1}, \tilde{\boldsymbol{X}}_{\text{l}_2}, \cdots, \tilde{\boldsymbol{X}}_{\text{l}_S}\}$，每个聚类簇都可以通过优化上面的目标函数得到一组权重，于是可以得到 S 组融合权重 $\{(\alpha_1, \beta_1), (\alpha_2, \beta_2), \cdots, (\alpha_S, \beta_S)\}$。在提前算出 S 组权重后，为每个待分类样本选择一组合适的权重。对于目标 $\boldsymbol{x}$，计算它与 S 个聚类中心的距离，找到与其距离最近的聚类簇 $\tilde{\boldsymbol{X}}_{\text{l}_i}$。通常该聚类簇中样本的属性与 $\boldsymbol{x}$ 相似。同样的分类算法在相似的样本上会有相似的表现。因此，本章提出的 BDTC 方法在聚类簇 $\tilde{\boldsymbol{X}}_{\text{l}_i}$ 中的样本上得到的结果应该和在目标样本 $\boldsymbol{x}$ 上得到的结果相似。也就是说，通

过 $\tilde{X}_{1_i}$ 得到的权重 (α_i, β_i) 可以作为融合目标的分类结果 m_t 和 m_s 时的权重。通过式(6-9)对两个证据进行折扣处理，折扣后的分类结果可表示为 $\alpha_i m_t$ 和 $\beta_i m_s$。由于在 BDTC 方法中，证据个数 $n=2$，因此两个分类结果可直接通过式(6-10)所示的 DS 规则进行融合，如式(6-12)所示。根据融合结果，可以得到 x 的预测类别。优化加权融合目标分类的算法流程如图 6-3 所示。

$$m = {}^{\alpha_i}m_t \oplus {}^{\beta_i}m_s \tag{6-12}$$

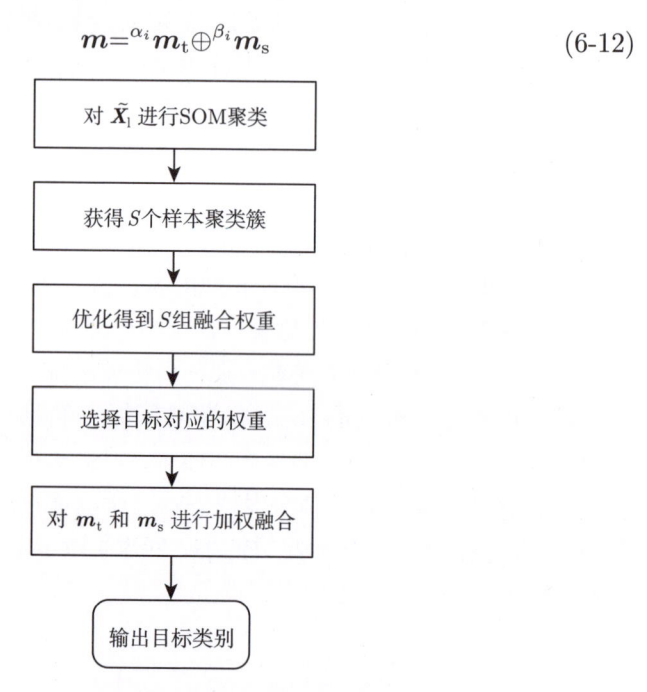

```
对 X̃₁ 进行SOM聚类
        ↓
获得 S 个样本聚类簇
        ↓
优化得到 S 组融合权重
        ↓
选择目标对应的权重
        ↓
对 mₜ 和 mₛ 进行加权融合
        ↓
输出目标类别
```

图 6-3　优化加权融合目标分类的算法流程

6.3　实验结果与分析

本实验使用 3 个被广泛应用的异构图像特征数据集来验证 BDTC 方法的性能，同时解决两种异构数据迁移分类问题：跨特征目标分类问题和文本–图像迁移分类问题。

6.3.1　基础数据集

6.3.1.1　Office+Caltech-256 数据集

Office 数据集中共包含 4652 幅图像。这些图像来自 3 个领域：Amazon（简称 A，其图像是从亚马逊官方网站上下载的）、Webcam（简称 W，其图像是通过一个网络照相机获取的低分辨率图像）和 DSLR（简称 D，其图像是通过一个 SLR 相机获取的高质量图像），因为 DSLR 中所含样本数量很少，所以本实验没有使用该领域的数据。Office 数据集中含有 31 个类别，如笔记本电脑、计算器、键盘等。Caltech-256 数据集是对 Office 数据集的拓展。它包含 1 个领域：Caltech（简称 C），有 30607 幅图像，每幅图像都是从网络上收集的。Caltech-256 数据集中共有 256 种物体类别。在本实验中，选择了 10 种 Office 数据集和 Caltech-256 数据集共有的类别：背包、自行车、耳机、计算器、笔记本电脑、键盘、显示屏、鼠标、投影仪和杯子。为了构建异构的特征空间，对于 Office+Caltech-256 数据集中的每幅图像，使用公开的 100 维经典词袋特征 SURF 和 4096 维深度特征 DeCAF6。一幅图像可以由两种不同的特征来描述，从而获得异构的目标域和源域。Office+Caltech-256 数据集中的部分样例图像如图 6-4 所示。

（a）Amazon 领域的样例图像　　（b）Caltech 领域的样例图像

（c）DSLR 领域的样例图像　　（d）Webcam 领域的样例图像

图 6-4　Office+Caltech-256 数据集中的部分样例图像

6.3.1.2　Handwritten digits 数据集

Handwritten digits 数据集是从 UCI 机器学习数据集中获取的手写图像数据集。它包含 2000 幅图像，每幅图像的内容都是手写的数字 0～9，所以共有 10 个类别，每个类别有 200 幅图像。在本实验中，3 种异构特征用来描述每幅图像：216 维的剖面相关特征（为方便表述，以下简称 Fac），47 维的 Zer-nike 矩特征（为方便表述，以下简称 Zer）和 6 维的形态特征（为方便表述，以下简称 Mor）。本实验利用这 3 种异构特征来验证 BDTC 方法的有效性。

6.3.1.3　NUS-WIDE&ImageNet 数据集

NUS-WIDE&ImageNet 数据集是目前最常用的文本–图像分类数据集之一。NUS-WIDE 数据集是新加坡国立大学研究团队从 Flickr 社交网站上采集的，包含 269648 幅图像及其对应的文本描述信息，其中有 81 个物体类别。选择图像的文本描述信息作为文本数据。ImageNet 数据集包含 320 万幅物体图像。利用 Chen 等对 NUS-WIDE&ImageNet 数据集进行数据预处理后的结果，得到 NUS-WIDE 文本数据的 64 维神经网络（Neural Network，NN）特征和 ImageNet 图像的 4096 维深度特征 DeCAF6，从而建立跨数据集的异构特征空间。为方便起见，本实验只利用 NUS-WIDE&ImageNet 数据集中的少量样本，并挑选 8 种共有类别进行实验。NUS-WIDE&ImageNet 数据集中的部分样例图像如图 6-5 所示。

（a）NUS-WIDE 数据集中的样例图像　　（b）ImageNet 数据集中的样例图像

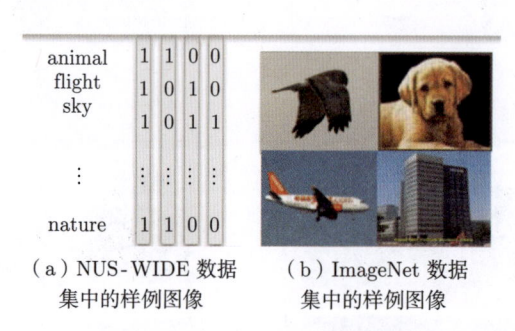

图 6-5　NUS-WIDE&ImageNet 数据集中的部分样例图像

可以看到，上述 3 个数据集的特征维数比较高，在高维空间直接对数据进行分类比较困难。此外，特征维数过高会增加转换矩阵学习过程中的计算复杂度。因此，需要将样本的高维特征映射到低维空间。本节使用 PCA 方法作为特征降维的方法。在 SURF、NN、DeCAF6、Fac 和 Zer 上进行 PCA 降维，保留 60% 的能量。

6.3.2 相关分类方法

为了验证本章所提 BDTC 方法的有效性，本实验使用了 6 种不同的分类方法进行对比分析。首先，把随机森林（Random Forest，RF）和朴素贝叶斯（Naive Bayes，NB）作为基准方法。利用目标域已知的少量标注样本来训练 RF 分类器和 NB 分类器，然后直接对目标域待分类样本进行分类。为了证明 BDTC 方法的有效性，把两次单向迁移分类分别作为两种对比方法，即基于训练样本迁移的目标域分类（Classification in target domain，CIT）和基于待分类样本迁移的源域分类（Classification in source domain，CIS）。为了证明局部权重优化方法的优越性，本实验还考虑了一般的权重求解方法，即利用全部目标域标注样本来优化得到用于所有待分类样本的整体权重（Global Weight，GW）。该方法在融合权重的计算上与 BDTC 方法不同，所以用 GWTC 表示该方法。另外，本实验还将 BDTC 方法与半监督异构特征增强（Semi-supervised Heterogeneous Feature Augmentation，SHFA）方法进行比较。SHFA 方法通过特征增强的手段将目标域和源域的样本迁移到同一特征子空间，同时利用目标域未标注样本来扩增训练样本，从而更有效地训练分类器。为了保证对比的公平性，本实验使用的 SHFA 方法的参数设置与相关文献的参数设置完全相同。

6.3.3 实验细节

Office+Caltech-256 数据集和 Handwritten digits 数据集中的每幅图像都由不同的异构特征描述，两者属于多特征数据集。因此，利用这两个数据集进行跨特征目标分类实验。对于每个数据集，为了验证实验结果的可靠性与稳定性，将每种分类方法重复运行 10 次，然后统计分类准确率的均值和标准差。把每个数据集分成两部分：训练数据和测试数据。在数据集 Amazon（为方便表述，以下简称 A）和 Caltech（为方便表述，以下简称 C）中，每个类别的样本个数为 82~100 个，从每个类别中随机选择 60 个样本（共 600 个）作为源域训练数据。在目标域，随机挑选 10 个样本作为每个类别的标注数据（共 100 个）。数据集 Webcam（为方便表述，以下简称 W）的样本数较少，每个类别有 21~43 个。目标域的每个类别被标注了 5 个样本（共 50 个），而源域的每个类别被标注了 20 个训练样本（共 200 个）。我们希望借助深度特征提供的信息，在传统手动提取的特征空间提高图像分类准确率，所以将 SURF 作为目标域，DeCAF6 作为源域。在 Office+Caltech-256 数据集上，设置近邻个数 K 为 8，聚类数目 S 为 14。表 6-1 和表 6-2 分别给出了在 RF 分类器和

NB 分类器下的分类结果，分类结果最优者以加粗字体显示。另外，同一种分类方法在交换源域和目标域的情况下应该同样有效。同时，深度特征虽然具有较好的数据表征能力，但手动提取的特征也能包含数据的有用信息，从而辅助深度特征空间的分类任务，有必要研究手动特征是否有助于提高深度特征空间的目标分类准确率。因此，再将 DeCAF6 当作目标域，将 SURF 当作源域，进一步评估各分类方法的有效性，分类结果如表 6-3 和表 6-4 所示，分类结果最优者以加粗字体显示。

表 6-1　Office+Caltech-256 数据集在 RF 分类器下的分类结果（%，$\mathcal{D}_s$: DeCAF6, $\mathcal{D}_t$: SURF）

$\mathcal{D}_s \to \mathcal{D}_t$	RF 分类器	CIT	CIS	SHFA	GWTC	BDTC
A→A	45.38±1.25	46.15±1.38	46.28±1.98	47.08±1.56	47.96±0.85	**50.58±0.28**
C→C	37.26±0.69	37.91±2.64	38.70±1.90	38.32±1.30	36.48±3.44	**39.73±0.30**
W→W	61.85±0.74	62.76±1.19	63.83±1.98	62.54±0.96	61.89±1.73	**65.02±1.16**

表 6-2　Office+Caltech-256 数据集在 NB 分类器下的分类结果（%，$\mathcal{D}_s$: DeCAF6, $\mathcal{D}_t$: SURF）

$\mathcal{D}_s \to \mathcal{D}_t$	NB 分类器	CIT	CIS	SHFA	GWTC	BDTC
A→A	45.03±0.35	45.37±0.84	46.48±1.45	47.08±1.56	48.93±1.09	**51.25±0.06**
C→C	37.13±0.79	37.95±0.97	37.62±0.75	**38.32±1.30**	36.13±0.65	38.17±0.26
W→W	61.47±0.88	61.89±0.16	64.19±1.22	62.54±0.96	63.71±1.40	**65.63±1.83**

表 6-3　Office+Caltech-256 数据集在 RF 分类器下的分类结果（%，$\mathcal{D}_s$: SURF, $\mathcal{D}_t$: DeCAF6）

$\mathcal{D}_s \to \mathcal{D}_t$	RF 分类器	CIT	CIS	SHFA	GWTC	BDTC
A→A	88.24±0.99	90.98±2.09	89.07±1.55	90.21±0.37	89.47±1.64	**91.26±1.95**
C→C	81.25±1.35	82.69±1.69	81.90±1.97	83.32±1.06	82.86±1.39	**83.61±3.35**
W→W	88.51±1.82	90.24±0.24	90.82±0.58	90.74±1.31	91.09±2.88	**96.35±0.76**

表 6-4　Office+Caltech-256 数据集在 NB 分类器下的分类结果（%，$\mathcal{D}_s$: SURF, $\mathcal{D}_t$: DeCAF6）

$\mathcal{D}_s \to \mathcal{D}_t$	NB 分类器	CIT	CIS	SHFA	GWTC	BDTC
A→A	88.95±1.90	91.23±1.33	92.43±0.59	90.21±0.37	93.09±0.76	**93.95±0.28**
C→C	81.73±0.23	82.50±0.77	82.79±1.08	83.32±1.06	83.91±0.34	**84.47±1.88**
W→W	88.02±0.39	89.75±1.62	90.73±0.64	90.74±1.31	92.11±3.69	**95.83±1.17**

对于 Handwritten digits 数据集，源域的每个类别有 100 个训练样本（共 1000 个）。在目标域随机选取 20 个样本作为每个类别的标注样本（共 200

个)。同样，交换目标域和源域以进一步测试各分类方法的性能。参数设置为 $K=8, S=20$。表 6-5 和表 6-6 分别给出了在 RF 分类器和 NB 分类器下的分类结果，分类结果最优者以加粗字体显示。在 NUS-WIDE&ImageNet 数据集上进行文本–图像分类实验，实验目标是通过 NUS-WIDE 文本数据提供的标签信息提高 ImageNet 数据集中的图像分类准确率。因此，将 ImageNet 数据集的 DeCAF6 作为目标域，NUS-WIDE 数据集的 NN 特征作为源域。在这里，同样统计各分类方法运行 10 次以后分类准确率的均值和标准差。NUS-WIDE 数据集中每个类别有 100 个样本，每类随机选择 50 个样本作为源域训练样本（共 400 个）。对于每个类别有 103 个样本的 ImageNet 数据集，每类随机挑选 10 个样本作为目标域标注样本（共 80 个）。在本实验中，K 值取 10，S 值取 16。因为本实验的目标是对图像进行分类，所以不需要交换目标域和源域。文本–图像分类结果如表 6-7 和表 6-8 所示。

表 6-5 Handwritten digits 数据集在 RF 分类器下的分类结果/%

$\mathcal{D}_s \to \mathcal{D}_t$	RF 分类器	CIT	CIS	SHFA	GWTC	BDTC
F→Z	72.94±0.84	74.66±1.50	75.38±2.09	75.53±1.66	74.83±1.08	**77.19±0.76**
Z→F	83.90±1.22	85.71±0.87	85.39±0.47	87.62±0.60	88.30±0.60	**89.35±0.72**
F→M	65.89±0.24	**68.93±1.09**	63.21±0.55	67.73±2.83	61.95±1.78	64.69±0.84
M→F	83.90±1.22	83.92±0.52	84.67±1.39	82.70±1.42	85.56±0.08	**88.26±1.16**
Z→M	65.89±0.24	66.43±0.95	66.84±0.81	**70.25±2.62**	68.36±3.17	68.81±1.75
M→Z	72.94±0.84	74.23±0.50	74.88±0.59	73.17±0.24	74.58±0.62	**76.16±1.73**

注：F、Z、M 均表示特征空间。

表 6-6 Handwritten digits 数据集在 NB 分类器下的分类结果/%

$\mathcal{D}_s \to \mathcal{D}_t$	NB 分类器	CIT	CIS	SHFA	GWTC	BDTC
F→Z	73.08±0.17	75.07±1.32	75.85±1.74	75.53±1.66	76.34±1.44	**77.56±0.84**
Z→F	83.77±0.16	86.36±0.57	87.19±1.22	87.62±0.60	85.91±0.53	**90.27±1.66**
F→M	65.60±1.72	66.58±0.79	65.46±0.13	67.73±2.83	66.87±0.29	**68.13±2.01**
M→F	83.77±0.16	83.85±1.46	84.23±2.40	82.70±1.42	83.79±1.36	**85.38±0.35**
Z→M	65.60±1.72	65.99±0.35	66.73±1.81	**70.25±2.62**	67.90±0.87	68.62±0.36
M→Z	73.08±0.17	74.77±2.60	74.32±0.69	73.17±0.24	75.06±0.41	**76.30±0.08**

注：F、Z、M 均表示特征空间。

表 6-7 NUS-WIDE&ImageNet 数据集在 RF 分类器下的分类结果/%

$\mathcal{D}_s \to \mathcal{D}_t$	RF 分类器	CIT	CIS	SHFA	GWTC	BDTC
NUS-WIDE→ImageNet	63.85±0.85	69.51±1.68	68.26±0.77	65.73±1.60	70.19±0.39	**71.33±1.23**

表 6-8　NUS-WIDE&ImageNet 数据集在 NB 分类器下的分类结果/%

$\mathcal{D}_s \to \mathcal{D}_t$	NB 分类器	CIT	CIS	SHFA	GWTC	BDTC
NUS-WIDE→ImageNet	63.78±0.70	69.39±0.49	68.82±1.27	65.73±1.60	69.26±0.60	**71.62±0.97**

6.3.4 结果分析

从统计结果中可以看到,在跨特征目标分类任务中,本章所提 BDTC 方法的分类性能总体上优于其他几种分类方法。CIT、CIS、SHFA、GWTC 和 BDTC 方法的分类准确率比两个基准方法 NB 分类器和 RF 分类器高,这是因为 NB 分类器和 RF 分类器的训练过程仅用到了目标域的少量标注样本,并没有利用源域提供的丰富的训练知识。在这种情况下,目标域待分类样本很难被有效地分类。这也证明了异构源域和目标域之间的知识迁移是必要的。相比基准方法,CIT 方法和 CIS 方法能提高分类准确率,因为在这两种方法中,分类器都得到了有效的训练。但在一些情况下,两者的分类性能不如 SHFA 方法。由于特征空间的异构性,在从源域到目标域的特征转换过程中存在迁移误差,即负迁移。例如,在源域属于类别 1 的样本迁移到目标域后,其属性值与类别 2 的样本较为相似。样本负迁移既会影响 CIT 方法中分类器 C_t 的训练,也会影响 CIS 方法中迁移样本的预测精度,因此限制了两次单向迁移分类准确率的进一步提高。SHFA 方法利用异构特征增强的方法进行样本迁移,得到了较好的分类结果。但是,样本通过 SHFA 方法的迁移模型在特征子空间只得到一个映射值,因此无法表征异构迁移的不确定性。如果能解决异构迁移的不确定性问题,那么 SHFA 方法的分类准确率可以进一步提高。在两次单向迁移分类过程中,目标域和源域分别提供了关于目标的类别信息。GWTC 方法将两种有用信息加以融合,能在一定程度上降低异构迁移的不确定性,所以它在一些数据集上的分类准确率要比 SHFA 方法高。然而,GWTC 方法在融合时考虑的是整体权重,并没有结合训练样本提供的局部信息考虑每个样本的权重。实验结果也表明,GWTC 方法的融合结果有时比不融合的方法(CIT 方法和 CIS 方法)差,这正是权重不合理造成的。本章所提 BDTC 方法使用了局部权重优化方法,利用训练样本得到多组融合权重,为每个待分类样本选择最合适的一组权重。把折扣后的分类结果利用 DS 规则进行融合,最终得到目标的类别预测。因此,本章所提 BDTC 方法能够有效地处理异构迁移的不确定性问题,显著提高分类准确率。同时可以看到，个别数据集由于特征异构程度很高，样本之间的分布差异较大。在这种情况下，证据的权重可能会计算得不合理。因此，未来需要考虑更加精细的证据可靠度评估方法，从而使融合结果更加准确。

表 6-7 和表 6-8 中的分类结果表明，在文本–图像分类任务中，本章所提 BDTC 方法可以实现最佳的分类准确率。在本实验中，样本被表示在异构的特征空间中，并来自不同类型的数据集。相比数据集内跨特征分类，数据集间迁移分类的特征异构性更大，导致异构迁移不确定性增大。其他几种分类方法均难以有效解决异构迁移不确定性问题，因此分类结果相对不理想。BDTC 方法则采用双向迁移策略和合理的权重计算方法，通过证据加权融合对异构迁移过程的不确定信息进行了较好的处理，从而显著提高了分类准确率。

6.3.5　参数敏感性分析

本章所提 BDTC 方法包含两个重要参数：近邻个数 K 和聚类数目 S。通过 Office+Caltech-256 数据集进一步分析参数调整对分类结果的影响。为了直观地展示参数变化与分类结果之间的关系，图 6-6 和图 6-7 分别给出了分类准确率随 K 值和 S 值的变化情况，其中基础分类器为 RF 分类器。从图 6-6 中可以看到，总体上分类结果对 K 的取值变化不太敏感。当 K 在 $[8, 12]$ 范围内时，通常可以得到比较高的分类准确率。由于特征空间的异构性，较小的 K 值会导致较大的迁移误差，因此分类准确率相对较低。但 K 值也不能取得过大，因为一些相距较远的近邻与目标样本差异较大，其对应的源域映射值可靠度很低，这会对迁移值的预测产生不好的影响。对于聚类数目 S，如前所述，其取值与数据集的类别数和目标域的标注样本数有关，因此 S 的取值在 1/2 类别数和 2 倍类别数之间。总体来看，在该取值范围内，S 值的变化对分类结果影响不大。当聚类数较少时，同一聚类簇内样本差异较大，所以分类结果较差。当 S 取值在 1 倍类别数和 2 倍类别数之间时，基本能得到较好的分类结果，这也是合理的，因为在该取值范围内相同聚类簇内的样本彼此相似，能更好地优化局部融合权重。对于 Office+Caltech-256 数据集，当 $K = 8, S = 14$ 时，分类性能达到最优。在实际应用中，最优的 K 值和 S 值可以通过训练样本进行交叉验证得到。由图 6-6 和图 6-7 可以看出，在一定的取值范围内，本章所提 BDTC 方法对参数 K 和 S 的调整是比较鲁棒的。

（a）Amazon 数据集(DeCAF6→SURF)

（b）Caltech-256 数据集(DeCAF6→SURF)

（c）Webcam 数据集(DeCAF6→SURF)

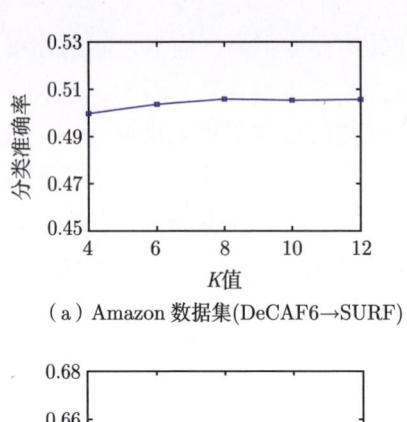

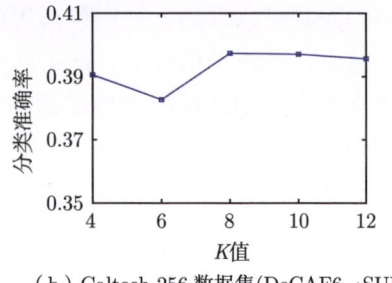

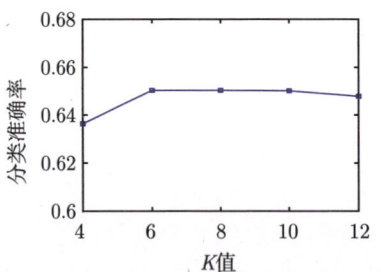

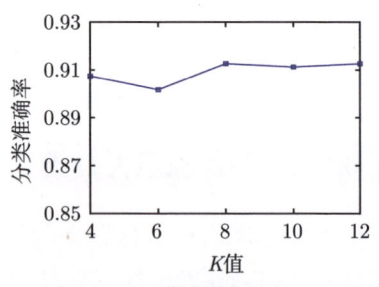

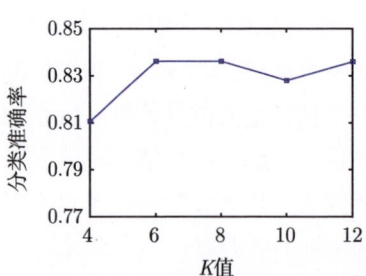

（d）Amazon 数据集(SURF→DeCAF6)

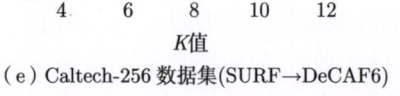

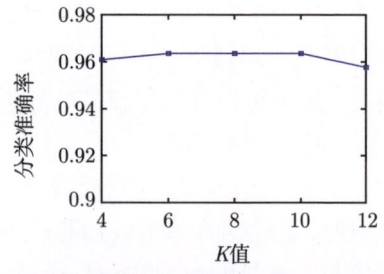

（e）Caltech-256 数据集(SURF→DeCAF6)

（f）Webcam 数据集(SURF→DeCAF6)

图 6-6　分类准确率随 K 值的变化情况

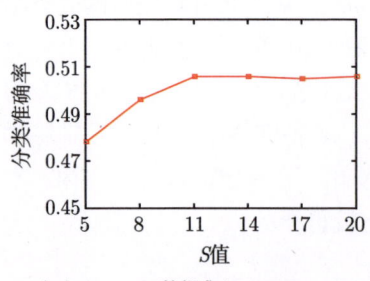

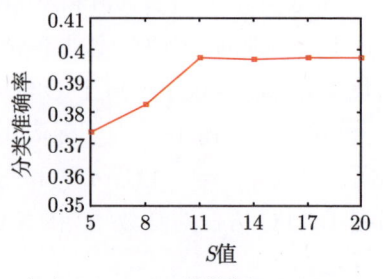

（a）Amazon 数据集(DeCAF6→SURF)

（b）Caltech-256 数据集(DeCAF6→SURF)

（c）Webcam 数据集(DeCAF6→SURF)

（d）Amazon 数据集(SURF→DeCAF6)

（e）Caltech-256 数据集(SURF→DeCAF6)

（f）Webcam 数据集(SURF→DeCAF6)

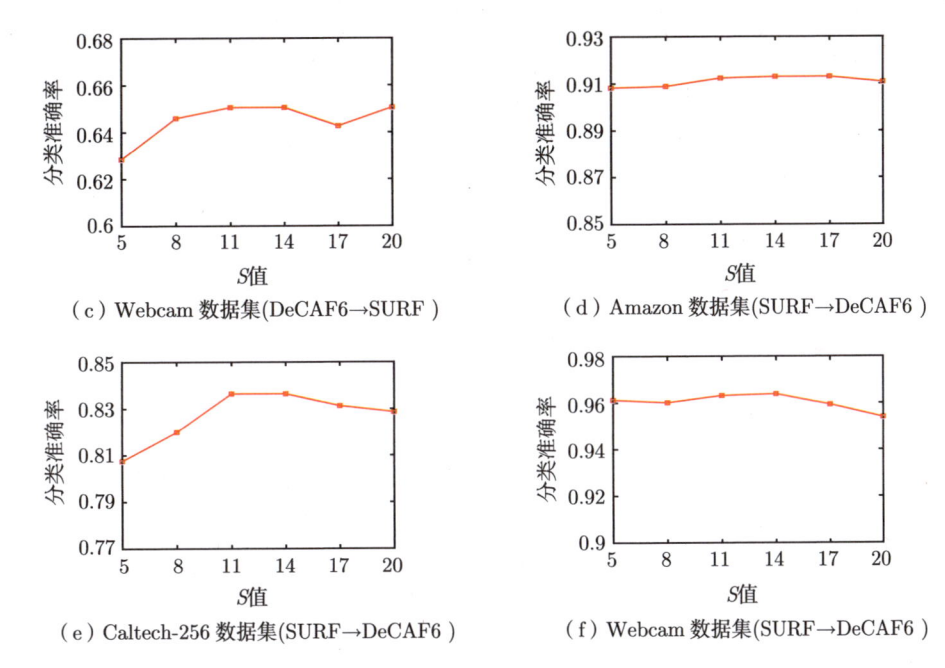

图 6-7　分类准确率随 S 值的变化情况

6.4　本章小结

  针对数据特征单向迁移分类中存在的不确定性问题，本章研究了一种基于标注样本的双向迁移融合目标分类方法，即 BDTC 方法。借助源域和目标域具有相同类别标签的标注样本估计出各类别的特征转换矩阵，通过特征转换矩阵将源域丰富的标注样本迁移到目标域，利用新增的标注样本对目标域样本进行分类。为了充分利用源域特征空间和目标域特征空间的互补信息，将目标域样本通过多值加权平均迁移策略映射到源域特征空间，利用源域的标注样本对目标域样本进行分类。根据 DS 规则将目标域和源域的两个分类结果进行加权融合，从而确定目标域样本的类别。本章设计了基于聚类分析的局部权重优化方法，从而确保目标域样本获得最优的加权融合结果。本章最后通过 3 个公开的图像目标异构特征数据集对 BDTC 方法与其他分类方法进行对比分析，分析结果表明 BDTC 方法能够进一步提高目标分类准确率。

第 7 章
多源异构数据分布式迁移融合分类

7.1 引言

在目标识别中，环境变化、传感器差异和干扰等因素导致以前采集的训练数据（源域数据）和当前采集的待识别数据（目标域数据）的分布出现差异，分类准确率下降。传统的分类方法一般认为标注数据与目标数据分布一致，因此可以直接使用标注数据对目标进行分类。在标注数据与目标数据分布不一致的情况下，如果直接使用传统的分类方法会造成分类准确率下降。迁移学习方法通过对源域数据和目标域数据进行处理，能降低标注数据与目标数据分布不一致带来的影响，提高目标分类准确率。目前很多迁移学习方法仅考虑一个源域，而在实际中往往能收集到多个源域的数据，如何有效利用存在于不同源域的互补知识成为一个研究难点。不同的源域能为待识别目标提供一定的知识以辅助分类识别，综合多个源域的互补信息将有效地提高分类识别准确率。现行分类方法大多从数据级对信息进行融合，在知识传递过程中，受到一些无用信息的影响且部分有用信息出现损失，导致迁移具有一定的不确定性，因此数据级的融合无法很好地对不确定性进行建模。

为了解决多源迁移分类问题从而提高目标分类准确率，本章提出了一种基于多源异构数据的分布式迁移融合分类（Combination of Transferable Classification，CTC）方法。利用每个源域数据集分别辅助目标域数据集进行迁移分类，这样能够充分利用每个源域有用的辅助分类信息。在多个源域辅助的情况下，每个目标可以获得多个分类结果，通过对这些分类结果进行有效融合，最终确定目标的类别。本章首先提出利用源域与目标域之间的分布差异来衡量信源的可靠度，通过对不同信源的可靠度进行评估估计折扣系数，再将不同源域辅助下的分类识别结果采用 DS 规则进行融合，得到融合结果。源域和目标域分布的差异性导致源域包含的有用知识有限，如果基于该融合结果对待识别目标进行硬决策，出现误识别的可能性较大。本章进一步提出信任分类模型，根据待识别目标的近邻信息将其划分为单类或复合类，尽可能将目标的分类识别错误率降到最低。

7.2 CTC 方法介绍

假设有 n 个源域 $\mathcal{D}_{s_i} = \{\mathcal{X}_{s_i}, P(\boldsymbol{X}_{s_i})\}(i=1,2,\cdots,n)$ 和一个目标域 $\mathcal{D}_t = \{\mathcal{X}_t, P(\boldsymbol{X}_t)\}$，源域数据和目标域数据可以分别记为 $D_{s_i} = \{(\boldsymbol{x}_p^{s_i}, y_p^{s_i})\}_{i=1}^{N_i}$ $(i=1,2,\cdots,n)$，$D_t = \{\boldsymbol{x}_q^t\}_{q=1}^{N_t}$。其中，$N_i$ 表示第 i 个源域中标注样本的数量，N_t 表示目标域中无标注样本的数量。源域和目标域中数据的特征空间相同，但数据的概率分布不一致，即 $\mathcal{X}_{s_1} = \mathcal{X}_{s_2} = \cdots = \mathcal{X}_{s_n} = \mathcal{X}_t$，$P(\boldsymbol{X}_{s_1}) \neq P(\boldsymbol{X}_{s_2}) \neq \cdots \neq P(\boldsymbol{X}_{s_n}) \neq P(\boldsymbol{X}_t)$。

基于特征的迁移方法通过学习映射矩阵，将源域数据和目标域数据转换到同一个低维度特征空间，在该特征空间下具有新特征表示的源域数据和目标域数据分布差异变小。根据新特征表示下的源域数据训练分类器，利用训练好的分类器对新特征表示下的目标域数据进行分类识别。当存在多个源域数据时，在不同源域数据的辅助下将得到目标域数据的多个分类结果，不同源域数据对目标域数据的辅助识别存在一定的互补知识，将多个分类结果有效地融合起来将显著提高迁移分类的准确率。由于不同源域和目标域之间的分布差异不同，即不同源域存在的有用信息是不一样的，所以在不同源域数据的辅助下得到的分类结果在融合时不能被同等看待，即它们的权重是不一样的。本节提出使用 CTC 方法来综合不同源域中的信息，并采用源域和目标域之间的分布差异对权重进行估计。

7.2.1 权重估计

在融合系统中，将源域数据看作信源，综合多个信源的信息将提升融合性能。源域和目标域之间不同的分布差异导致信源可靠度不同，当某个源域和目标域之间的分布差异很小时，表明该源域（针对目标域数据分类问题）包含的有用信息较多，得到的分类结果可靠度较高；反之，当某个源域和目标域之间的分布差异很大时，表明该源域包含的有用信息较少，对应的分类结果可靠度较低。因此，多个源域数据辅助下的分类结果的可靠度是不一样的，导致在融合时不能将这些信源同等看待，需要将可靠度考虑进来以降低其对融合的影响。基于上述分析，本节利用源域和目标域之间的分布差异来对可靠度进行评估。目前已经有很多准则可以用来计算数据分布的差异，如 KL 散度、Jensen-Shannon（JS）散度等，但是使用这些准则时需要确定数据的概率密度函数（Probability Density Function，PDF）。虽然知道源域和目标域之间的分布不一致，但是在实际中这个 PDF 是很难准确获得的。目前可以采用高斯混合模型（Gaussian Mixture Model，GMM）对 PDF 进行估计，然而针对高维度特征的数据，其估计难度很大且准确性不高。A-distance 作为一种不需要计算 PDF 的分布差异计算方法已经应用在实践中，其被定义为建立一个线性分类器来区分两个数据领域的分类损失。本节将利用不同源域和目标域之间的 A-distance 来估计信源的可靠度。

利用 A-distance 度量源域和目标域之间的分布差异时，首先需要为源域和目标域中的数据分别添加领域标签，该标签不是真实的类别标签，仅用来表示数据来自源域或目标域。例如，为源域数据添加领域标签 0，为目标域数据添加领域标签 1。此时再将源域数据和目标域数据合并成一个混合数据集，从该数据集中随机拿出一个样本，如果领域标签为 0，表明该样本来自源域；如果领域标签为 1，表明该样本来自目标域。然后基于这些带有领域标签的数据训练一个线性分类器，利用该分类器对混合数据集中的样本进行分类，判断样本是来自源域还是来自目标域。如果分类损失较大，表明源域和目标域的数据很难区分开，即两个领域之间的分布差异较小；如果分类损失较小，表明源域和目标域的数据很容易区分开，即两个领域之间的分布差异较大。

假设存在 n 个源域 $\mathcal{D}_{s_i}(i=1,2,\cdots,n)$（有标签）和一个目标域 $\mathcal{D}_t$（无标签），n 个源域中的样本记为 $D_{s_i} = \{(\boldsymbol{x}_p^{s_i}, y_p^{s_i})\}_{p=1}^{N_i}(i=1,2,\cdots,n)$，目标域中的样本记为 $D_t = \{\boldsymbol{x}_q^t\}_{q=1}^{N_t}$。用 A-distance 计算分布距离，首先为源域和目标域中的样本添加领域标签，即区分样本来自源域还是目标域，添加领域标签之后的样本表示为 $\tilde{D}_{s_i} = \{(\boldsymbol{x}_p^{s_i}, \tilde{y}_p^{s_i})\}_{p=1}^{N_i}(i=1,2,\cdots,n)$，$\tilde{D}_t = \{(\boldsymbol{x}_q^t, \tilde{y}_q^t)\}_{q=1}^{N_t}$，其中 $\{\tilde{y}_p^{s_i}\}_{p=1}^{N_i} = 0$ 表示样本来自源域，$\{\tilde{y}_q^t\}_{q=1}^{N_i} = 1$ 表示样本来自目标域。为了计算每个源域和目标域的分布距离，将添加领域标签之后的第 i 个源域和目标域合并记为 $\tilde{D}_{s_it} = \tilde{D}_{s_i} \cup \tilde{D}_t, i=1,2,\cdots,n$。针对合并后的数据训练分类器，得到分类损失为

$$\tilde{e}_i(C) = \frac{1}{N_i + N_t} \sum_{j=1}^{N_i+N_t} |C(\boldsymbol{x}_j) - \tilde{y}_j| \qquad (7\text{-}1)$$

式中，$(\boldsymbol{x}_j, \tilde{y}_j)$ 表示合并数据集中的某个样本，C 表示分类器，并且 $C(\boldsymbol{x}_j) \in \{0,1\}$。分类损失反映了是否容易区分这些样本来自源域还是目标域。分类损失越小表示越好区分，第 i 个源域和目标域的分布差异也越大；反之亦然。通过分类损失得到匹配之前的分布距离为

$$\tilde{d}_{\mathrm{s}_i\mathrm{t}}(D_{\mathrm{s}_i}, D_\mathrm{t}) = 2\left(1 - 2\tilde{e}_i(C)\right) \tag{7-2}$$

该分布距离反映了第 i 个源域和目标域匹配之前的分布差异，目前主要采用匹配分布的方法解决分布不一致问题，通过学习一个转换矩阵将源域和目标域的样本在保留大部分信息的前提下转换到另一个空间（降维操作），该转换矩阵的求解是迁移学习中研究的热点问题。转换到新的空间之后，源域和目标域的样本分布差异就变小了，这时可以使用传统的机器学习方法进行分类识别。转换之后源域和目标域的样本分布虽然相似，但并不满足独立同分布条件，此时的分布差异依然会影响分类的可靠性，存在第 i 个源域和目标域匹配之前的分布距离大于第 j 个源域和目标域匹配之前的分布距离，匹配之后却相反的情况。为了更合理地度量分布距离，考虑将匹配之前和匹配之后的距离结合起来。

假设传统的迁移学习匹配第 i 个源域和目标域，则转换后的样本可以表示为

$$\begin{cases} \hat{\boldsymbol{x}}_p^{\mathrm{s}_i} = A_i \cdot \boldsymbol{x}_p^{\mathrm{s}_i}, & p = 1, 2, \cdots, N_i, i = 1, 2, \cdots, n \\ \hat{\boldsymbol{x}}_q^{\mathrm{t}_i} = A_i \cdot \boldsymbol{x}_q^{\mathrm{t}}, & q = 1, 2, \cdots, N_\mathrm{t}, i = 1, 2, \cdots, n \end{cases}$$

则可以将转换后的源域和目标域的样本分别记为 $\hat{D}_{\mathrm{s}_i} = \left\{\left(\hat{\boldsymbol{x}}_p^{\mathrm{s}_i}, \tilde{y}_p^{\mathrm{s}_i}\right)\right\}_{p=1}^{N_i}$ $(i = 1, 2, \cdots, n)$，$\hat{D}_\mathrm{t} = \left\{\left(\hat{\boldsymbol{x}}_q^\mathrm{t}, \tilde{y}_q^\mathrm{t}\right)\right\}_{q=1}^{N_\mathrm{t}}$，合并匹配之后第 i 个源域和目标域的样本，得到 $\hat{D}_{\mathrm{s}_i,\mathrm{t}} = \hat{D}_{\mathrm{s}_i} \cup \hat{D}_\mathrm{t}, (i = 1, 2, \cdots, n)$。针对该数据集得到分类器的分类损失为

$$\hat{e}_i(C) = \frac{1}{N_i + N_\mathrm{t}} \sum_{j=1}^{N_i + N_\mathrm{t}} |C(\hat{\boldsymbol{x}}_j) - \tilde{y}_j|$$

式中，$(\boldsymbol{x}_j, \tilde{y}_j)$ 表示合并数据集中的某个样本，C 表示分类器，并且 $C(\boldsymbol{x}_j) \in \{0,1\}$。匹配之后的分布距离为

$$\hat{d}_{\mathrm{s}_i\mathrm{t}}(D_{\mathrm{s}_i}, D_\mathrm{t}) = 2\left(1 - 2\hat{e}_i(C)\right) \tag{7-3}$$

源域和目标域在匹配之前的 A-distance 值反映了源域包含信息量的大小。该值越小，源域包含的有用信息越多；该值越大，源域包含的有用信息越

少。在采用经典的域自适应技术进行匹配后,新特征表示下的源域和目标域之间的 A-distance 值变小,但是可能会出现匹配前源域 D_{s_1} 和目标域 D_t 的 A-distance 值比源域 D_{s_2} 和目标域 D_t 的 A-distance 值大,而在新特征表示下却相反的情况。新特征表示下的源域数据将直接影响分类结果,此时只使用匹配之前的 A-distance 值来估计信源的可靠度是不合理的。因此,应利用匹配之前和匹配之后 A-distance 的几何均值来计算可靠度的大小,可以得到

$$d_{s_i t} = \sqrt{\tilde{d}_{s_i t}(D_{s_i}, D_t) \hat{d}_{s_i t}(D_{s_i}, D_t)} \tag{7-4}$$

由于 $\tilde{d}_{s_i t}$ 和 $\hat{d}_{s_i t}$ 的取值范围都是 [0 2],因此它们的几何均值的取值范围也是 [0 2]。如果第 i 个源域由式(7-4)计算得到的几何均值比其他源域的几何均值大,则表明该源域的辅助效果比其他源域的辅助效果低,相应地,在该源域辅助下得到的分类结果可靠低;反之,则得到的分类结果可靠度高。总体来说,A-distance 的几何均值越大,信源的可靠度越低;A-distance 的几何均值越小,信源的可靠度越高。信源可靠度与 A-distance 的几何均值呈负相关。根据分布距离,权重可以估计为

$$\beta_i = \frac{\bar{\beta}_i}{\max(\bar{\beta}_1, \bar{\beta}_2, \cdots, \bar{\beta}_n)}, i = 1, 2, \cdots, n \tag{7-5}$$

式中,$\bar{\beta}_i = \mathrm{e}^{-d_{s_i t}}, i = 1, 2, \cdots, n$。

估计出在不同源域辅助下得到的分类结果的权重后,将分类的软输出当作基本置信值 m,再利用该权重进行折扣处理,得到折扣后的基本置信值为

$$\begin{cases} \beta_i m(A) = \beta_i m(A), A \subseteq \Omega, A \neq \Omega \\ \beta_i m(\Omega) = 1 - \beta_i + \beta_i m(\Omega) \end{cases}, i = 1, 2, \cdots, n \tag{7-6}$$

可以发现,每个类别的基本置信值在权重的作用下都成比例地折扣到完全未知类 Ω 上,一个较小的权重将导致完全未知类上的基本置信值较大。当 $\beta_i = 1$ 时,表明该信源完全可靠,每个类别的基本置信值在折扣前和折扣后完全一样;当 $\beta_i = 0$ 时,表明该信源完全不可靠,每个类别的基本置信值都折扣到完全未知类 Ω 上,在融合时该基本置信值将扮演中立的角色,即对融合结果不产生影响。针对折扣后的证据,采用经典的 DS 规则可以得到

$$m = {}^{\beta_1}m \oplus {}^{\beta_2}m \oplus \cdots \oplus {}^{\beta_n}m \tag{7-7}$$

最后根据融合后的基本置信值进行分类。

7.2.2 谨慎决策

在目标识别中，利用多源信息进行决策时，把目标分给单类可能导致非常高的错误率，如果能把一些难以区分的样本分给复合类（若干单类的并集，即目标属于这些单类中的某一个，但是无法准确地确定是哪一个），将降低分类错误率。在很多实际应用中，尤其是在国防安全相关领域，决策者宁可得到不精确（复合类）的识别结果，也不愿意冒较大的风险得到精确（单类）的但可能错误的识别结果，因为错误的决策结果可能导致无法挽回的灾难性后果。对于那些难以区分的目标，可以通过增加其他更可靠的信源来辅助识别。增加的这些信源往往成本昂贵或耗时长（代价大），如果一开始就对所有的目标都增加信源，将产生非常大的代价，因此只针对那些难以区分的目标增加信源。

目前有很多决策规则能将目标划分成多个类别的集合（复合类），其中最大期望效能（Maximum Expected Utility，MEU）理论被广泛应用于具有不确定性的决策环境。基于最大期望效能理论的方法都是在确定效能矩阵的基础上设计相关规则的，然而在实际应用中效能矩阵的具体数值在没有专家知识（先验信息）的前提下是很难确定的。因此，本节提出一种备用的不需要确定效能矩阵的谨慎决策规则，即基于近邻的信任分类方法。它不仅能将目标划分成单类，还能将那些难以区分的目标划分成复合类。在进行多源信息决策时，将太多的目标划分成复合类，即将某些可以正确识别的目标划分成复合类，将导致不精确率高；将目标全部划分成精确的单类又可能导致错误率高。不精确率太高将导致所有的待识别目标几乎无法被准确地识别，错误率太高将导致在现有信息下很多难以识别的目标被错分类，从而造成严重的后果。高不精确率和高错误率的分类结果都是不合理的，所以需要平衡不精确率和错误率来得到合理的决策。为了平衡两者，首先需要对谨慎决策结果的好坏进行度量，本节提出一个统一的决策效能值计算准则来平衡不精确率和错误率，即

$$\mathcal{B}_i(A\mid \boldsymbol{x}_i) = \left(\frac{|A\cap\omega|}{|A\cup\omega|}\right)^\alpha, i=1,2,\cdots,N_\mathrm{t} \tag{7-8}$$

式中，ω 表示样本 $\boldsymbol{x}_i$ 的真实标签（单类）；A 表示对样本 $\boldsymbol{x}_i$ 的决策结果（单类或复合类）；$\mathcal{B}_i(A\mid \boldsymbol{x}_i)$ 表示将样本 $\boldsymbol{x}_i$ 识别为 A 时获得的收益值。当识别结果正确，即 $A=\omega$ 时，收益值 $\mathcal{B}_i(A\mid \boldsymbol{x}_i)=1$；当识别结果错误，即 $A\cap\omega=\varnothing$ 时，收益值 $\mathcal{B}_i(A\mid \boldsymbol{x}_i)=0$；当识别结果不精确，即 $A\cap\omega\neq\varnothing, |A|\geqslant 2$ 时，收益值 $\mathcal{B}_i(A\mid \boldsymbol{x}_i)=|A|^{-\alpha}$。参数 α 作为惩罚系数，用来控制将目标划分成

复合类时获得的收益值，$|A|$ 表示不精确程度，$|A|$ 值越大，不精确程度越高。由于将目标分给复合类不是正确的分类，所以其收益值小于 1，但是这比将目标划分为复合类中的某个单类更可靠，所以其收益值应该大于 $|A|^{-1}$。由分析可知，将目标分给复合类时，$\mathcal{B}_i(A \mid \boldsymbol{x}_i) \in (|A|^{-1}, 1)$，则参数 $\alpha \in (0,1)$。该参数在应用中可以根据实际需求进行调节。当分类错误的代价不大、需要精确的分类结果时，则将 α 值设置得大一些，这样将目标划分为复合类时收益值就小；当分类错误代价大时，则将 α 值设置得小一些，这样将目标划分为复合类时收益值就大。

在实际应用中，难以区分的目标通常在两个类别之间很难被准确识别，所以在做谨慎决策时将考虑两种情形的划分：仅包含一个类别的单类和包含两个类别的复合类。计算目标样本的近邻在两种情形下的综合效能值，通过比较将近邻划分成单类和复合类时获得的综合效能值，将目标样本识别成对应的单类或复合类。如果目标样本的 K 个近邻在第一种情形下获得的综合效能值大于在第二种情形下获得的综合效能值，表明将近邻划分为精确的单类比划分为模糊的复合类具有更好的性能。换句话说，如果目标样本的近邻能被划分为精确的单类且不容易分错，则说明该目标容易被区分，所以直接将目标样本划分为 Pignistic 概率值最大的那个类别。如果目标样本的 K 个近邻在第二种情形下获得的综合效能值大于在第一种情形下获得的综合效能值，表明将近邻划分为模糊的复合类比划分为精确的单类具有更好的性能，即近邻样本不容易被准确地区分，则该目标应该也很难区分，所以将其划分为 Pignistic 概率最大的两个类别的集合是合理的，这样可以减小出错的风险。

具体来说，在对目标样本的类别进行决策时，可以找到其在训练集中的 K 个近邻（基于概率的距离），这 K 个近邻是有真实标签的。由于近邻样本在类别上接近，目标样本的 K 个近邻为其提供了重要的先验信息，所以通过这 K 个近邻判断目标样本属于单类还是复合类。通常情况下，目标在两个类别中难以被区分，所以考虑复合类只包含两个单类的情况。将目标样本 $\boldsymbol{x}_j^t$ 分类输出的概率记为 $P(\boldsymbol{\omega} \mid \boldsymbol{x}_j^t)(j=1,2,\cdots,J)$，训练集中的训练样本分类后得到对应的类别概率，基于概率的距离找到目标样本 $\boldsymbol{x}_j^t$ 在训练集中的 K 个近邻，近邻的概率输出记为 $P_j(\boldsymbol{\omega} \mid \boldsymbol{x}_k^s)(k=1,2,\cdots,K)$，则最终决策方式如下。

$$f_C(\boldsymbol{x}_k^t) = \begin{cases} \omega_a, \overline{\mathcal{B}}_k(\omega_a \mid \boldsymbol{x}_k^t) \geqslant \overline{\mathcal{B}}_k(\omega_a \cup \omega_b \mid \boldsymbol{x}_k^t) \\ \omega_a \cup \omega_b, \overline{\mathcal{B}}_k(\omega_a \mid \boldsymbol{x}_k^t) < \overline{\mathcal{B}}_k(\omega_a \cup \omega_b \mid \boldsymbol{x}_k^t) \end{cases} \tag{7-9}$$

式中，

$$\begin{cases} \overline{\mathcal{B}}_k\left(\omega_a \mid \boldsymbol{x}_k^{\mathrm{t}}\right) = \sum_{j=1}^{K} \mathrm{e}^{-d_{kj}} \mathcal{B}\left(\omega_a \mid \boldsymbol{x}_j^{\mathrm{s}}\right) \\ \overline{\mathcal{B}}_k\left(\omega_a \cup \omega_b \mid \boldsymbol{x}_k^{\mathrm{t}}\right) = \sum_{j=1}^{K} \mathrm{e}^{-d_{kj}} \mathcal{B}\left(\omega_a \cup \omega_b \mid \boldsymbol{x}_j^{\mathrm{s}}\right) \end{cases} \quad (7\text{-}10)$$

$$d_{kj} = \left\| P\left(\boldsymbol{\omega} \mid \boldsymbol{x}_j^{\mathrm{t}}\right) - P_j\left(\boldsymbol{\omega} \mid \boldsymbol{x}_k^{\mathrm{s}}\right) \right\| \quad (7\text{-}11)$$

式中，$f_C\left(\boldsymbol{x}_k^{\mathrm{t}}\right)$ 表示对目标的决策结果；ω_a 和 ω_b 表示目标最有可能属于的两个类别，即分类器输出概率值最大的两个类别；$\mathcal{B}\left(\omega_a \mid \boldsymbol{x}_j^{\mathrm{s}}\right)$ 表示将目标样本的第 j 个近邻识别为 ω_a 时获得的收益值；$\mathcal{B}\left(\omega_a \cup \omega_b \mid \boldsymbol{x}_j^{\mathrm{s}}\right)$ 表示将目标样本的第 j 个近邻识别为 $\omega_a \cup \omega_b$ 时获得的收益值；d_{kj} 表示第 k 个目标样本和第 j 个近邻之间概率输出的欧氏距离；$\mathrm{e}^{-d_{kj}}$ 用来对近邻的收益值进行加权，距离越近，则权重越小，该近邻对决策的影响越小，距离越远，则权重越大，该近邻对决策的影响越大，加权处理可以降低分类结果对 K 值的敏感性。最后通过比较两种决策情形下 K 个近邻的加权收益值判断目标属于单类还是复合类。

本章所提 CTC 方法包含两个超参数：用来计算目标近邻综合效能值的近邻个数 K 和用来控制效能值大小的参数 α。在将目标划分为精确的单类或模糊的复合类时，需要计算目标 K 个近邻的综合效能值。距离越远的近邻在计算综合效能值时发挥的作用越小；距离越近的近邻在计算综合效能值时发挥的作用越大。由于考虑了距离信息，所以分类结果将对 K 值不敏感，会在实验中对其进行测试和验证。在计算将样本划分为单类或复合类所获得的效能值时，需要根据实际的应用场景对参数 $\alpha \in [0,1]$ 进行设置。如果错误风险太大，即将目标分错会产生很大的代价，此时不精确的（复合类）分类结果比精确的（单类）但可能错误的分类结果要好，所以可以将参数 α 设置为较大的值。在决策时，复合类获得的效能值较大，将导致只有那些很容易区分的目标被划分为精确的单类，剩下的都将被划分为复合类，目标的错误识别率将显著降低。如果错误风险小且需要得到较精确的分类结果，可以将 α 设置为较小的值，在决策时，复合类获得的效能值较小，将导致只有那些很难区分的目标被划分为不精确的复合类，剩下的都将被划分为精确的单类。因此，参数 α 的选择需要和实际的需求相适应，可以根据专家知识确定该参数的值。

7.3 实验结果与分析

为验证本章所提 CTC 方法的有效性，将其在经典的跨领域图像分类识别数据集上进行实验，并将其与其他几种相关的多源信息融合分类方法进行对比。

7.3.1 基础数据集

1. Office-31 数据集

Office-31 数据集包含 3 个不同的领域，分别是 Amazon（简称 A，包含 2817 幅在线电商图像）、DSLR（简称 D，包含 498 幅单反相机拍摄的高精度图像）、Webcam（简称 W，包含 795 幅网络摄像头拍摄的低精度图像），共有 31 个类别的 4110 幅图像。从中随机选取两个不同的领域分别作为源域和目标域，可以得到 $3 \times 2 = 6$ 种不同的跨领域分类识别任务：D→A，W→A，A→D，W→D，A→W，D→W。

2. Office+Caltech-10 数据集

Office+Caltech-10 数据集包含 4 个不同的领域，其中 3 个领域（A、D 和 W）来自 Office-31 数据集，另一个领域 Caltech（简称 C）来自 Caltech-256 数据集。将两个数据集中公共的 10 类样本提取出来组成 Office+Caltech-10 数据集，新组成的数据集中 A、C、D、W 4 个领域分别包含 958 幅、1123 幅、157 幅和 295 幅图像。可以得到 $4 \times 3 = 12$ 种不同的跨领域分类识别任务：C→A，D→A，W→A，⋯，A→W，C→W，D→W。

3. PIE 数据集

PIE 数据集取自 CMU 人脸识别数据集中的 5 个领域，一共包含 68 个不同人物的 9922 幅不同的人脸图像，不同的领域代表不同的人脸朝向，每个领域的图像都拍摄于不同的光照、表情和曝光率等条件下。这 5 个领域为 PIE1（PIE C05，人脸朝左）、PIE2（PIE C07，人脸朝上）、PIE3（PIE C09，人脸朝下）、PIE4（PIE C27，人脸朝前）、PIE5（PIE C29，人脸朝右）分别包含 3332 幅、1629 幅、1632 幅、3329 幅和 1632 幅人脸图像。可以得到 $5 \times 4 = 20$ 种不同的跨领域分类识别任务：PIE2→PIE1，PIE3→PIE1，PIE4→PIE1，PIE5→PIE1，⋯，PIE1→PIE5，PIE2→PIE5，PIE3→PIE5，PIE4→PIE5。

4. VLSC 数据集

VLSC 数据集由来自 VOC2007（简称 V）、LabelMe（简称 L）、SUN09（简称 S）和 Caltech-256（简称 C）4 个不同数据集中的样本组成，包含 4 个领域中 5 种共同类别（鸟、猫、椅子、狗、人）的 10729 幅图像。这 4 个数据集分别包含 3376 幅、2656 幅、3282 幅、1415 幅图像。可以得到 $4 \times 3 = 12$ 种不同的跨领域分类识别任务：L→V, S→V, C→V, …, V→C, L→C, S→C。

7.3.2 相关分类方法

1. GFK 方法

GFK 方法将数据嵌入格拉曼流形中，并在它们之间构建测地线的转换，其集成了多个子空间来学习新的特征表示，这些特征表示对域内的变化具有鲁棒性。

2. CORAL 方法

CORAL 方法通过对齐源域和目标域的二阶统计特征学的特征变化最小化分布差异。

3. TCA 方法

TCA 方法通过最小化源域和目标域样本集之间的最大均值差异匹配源域与目标域的分布差异，匹配之后所有样本都得到新的特征表示，此时样本集合之间的分布差异变小，可以使用传统的机器学习方法进行分类识别。

4. JDA 方法

JDA 方法在匹配源域和目标域的分布差异时，将边缘概率分布和条件概率分布均考虑进去。其采用一种类似期望极大迭代的方法来预测目标样本的伪标签，再根据该标签估计边缘概率分布，多轮迭代之后学习到更加鲁棒的新特征表示，基于源域和目标域的新特征表示训练模型，最后进行分类识别。

5. 迁移联合匹配方法

迁移联合匹配（Transfer Joint Matching, TJM）方法在学习新特征表示的过程中，重用源域和目标域中相似的样本，将基于特征的迁移策略和基于样本的迁移策略相结合，得到更好的特征表示和分类结果。

6. 平衡分布自适应方法

平衡分布自适应（Balanced Distribution Adaptation, BDA）方法在匹配源域和目标域的分布差异时，通过增加一个平衡系数衡量数据的边缘概率分布和条件概率分布的重要性差异，通过调节该平衡系数学习到鲁棒的新特征表示。

7. 加权平衡分布自适应方法

加权平衡分布自适应（Weighted Balanced Distribution Adaptation, WBDA）方法在 BDA 方法的基础上进一步考虑了在迁移学习中的类别不平衡问题，在最小化源域和目标域的分布差异的目标函数中增加一个类别权重，以降低甚至消除类别不平衡带来的负面影响。

8. MV 方法

MV 方法的计算公式为

$$l = \sum_{n=1}^{N} l_n$$

9. WMV 方法

WMV 方法的计算公式为

$$l = \sum_{n=1}^{N} w_n l_n$$

10. AF 方法

AF 方法的计算公式为

$$p = \frac{1}{N} \sum_{n=1}^{N} p_n$$

11. WAF 方法

WAF 方法的计算公式为

$$p = \sum_{n=1}^{N} w_n p_n$$

12. DS 规则

DS 规则的计算公式为

$$m = m_1 \oplus m_2 \oplus \cdots \oplus m_N$$

7.3.3 实验细节

为了验证本章所提 CTC 方法的有效性，随机挑选基础数据集中的一个领域作为目标域，剩下的作为源域，建立不同的多源域迁移分类任务，并将 CTC 方法与以下几种相关分类方法进行对比。

1. k 近邻方法

k 近邻方法将源域的数据直接当作训练样本，利用传统的机器学习方法训练分类模型，将目标域的数据当作测试样本直接进行分类识别。

2. GFK/CORAL/TCA/JDA/TJM/BDA/WBDA 方法

采用不同的域自适应技术学习到源域样本和目标域样本的新特征表示，利用源域样本在新特征表示下的知识建立分类识别模型，对目标域样本在新的特征表示下进行分类识别。

3. TCA/JDA/TJM/BDA/WBDA+CMSDD[①]方法

直接将多个源域数据当作一个源域数据，利用不同的域自适应技术对源域和目标域进行分布匹配，再根据匹配后的数据训练模型并分类。

4. TCA/JDA/TJM/BDA/WBDA+MV/WMV/AF/WAF/DS 方法

将多个源域数据辅助目标域样本的分类结果通过 MV 方法、WMV 方法、AF 方法、WAF 方法和 DS 规则进行综合，根据融合结果得到相应的分类结果。

5. TCA/JDA/TJM/BDA/WBDA+AFC/WAFC/DSC[②]方法

将多个源域数据辅助目标域样本的分类结果通过 AF 方法、WAF 方法和 DS 规则进行综合，然后根据融合结果采用谨慎决策技术将样本划分成精确的单类或模糊的复合类。

---

① CMSDD 全称为 Combine Multiple Source Domain Data，译为综合多源域数据。
② AFC 全称为 Average Fusion with Cautious Making，译为谨慎决策的平均融合方法；WAFC 全称为 Weighted Average Fusion with Cautious Making，译为谨慎决策的加权平均融合方法；DSC 全称为 Dempster's Ruler with Cautious Making，译为谨慎决策的 DS 规则。

6. TCA/JDA/TJM/BDA/WBDA+WDS

将多个源域数据辅助目标域样本的分类结果通过加权融合规则进行综合，以不同源域和目标域的数据分布差异计算相对折扣系数，最后将融合结果利用 BetP(·) 转化成 Pignistic 概率，再从概率视角进行决策。

7. TCA/JDA/TJM/BDA/WBDA+WDSC[①]

将多个源域数据辅助目标域样本的分类结果通过加权 DS 规则进行综合，再利用谨慎决策技术根据融合结果将样本划分为精确的单类或模糊的复合类。

实验中用到的域自适应技术包含许多超参数，为了更加清晰地展现本章所提方法的有效性，将这些超参数的默认值设定为基准算法文献中选择的固定值，具体为：对所有域自适应技术均选用线性核；迭代次数确定为 10；正则化参数确定为 1。最优 K 值的选取不是本实验所考虑的内容，在实验中发现当 $K=5$ 时，域自适应技术能取得较好的效果，所以将 K 值设定为 5。在实验中，将控制效能值大小的系数 α 设定为 0.6。实验结果如表 7-1 ～ 表 7-11 所示，表中的平均效能值（均值 ± 方差）下方添加了下画线，最大分类准确率和最大平均效能值以加粗字体显示。

7.3.4 结果分析

由实验结果可以看出，针对跨领域图像识别任务，采用传统的机器学习方法识别准确率很低，这是因为不同领域的数据其概率分布是不一致的，分布差异越大，分类识别性能越差。同理，在海洋目标识别或雷达目标识别领域，当以往收集的训练数据和当前待识别的数据之间分布差异较大时，如果直接使用传统的机器学习方法进行分类识别，其准确率将非常低。在战略预警中，如果训练数据和测试数据的分布出现漂移导致敌方军舰被识别成民用船只或友军军舰，将产生无法挽回的灾难性后果。在采用经典的域自适应技术之后，目标识别准确率明显提高，这表明学习源域数据和目标域数据的新特征表示对于缩小它们之间的分布差异很有效。由实验结果可知，当源域和目标域之间的差异较大时（如 C→A，D→A，W→A），采用域自适应技术虽然能提高识别准确率，但还不够高，在很多场景下无法满足任务需求。在每组实验中，多

---

① WDSC 全称为 Weighted Dempster's Ruler with Cautious Making，译为谨慎决策的加权 DS 规则。

个源域辅助目标域进行分类识别的准确率存在一定的差异，这是由源域与目标域的分布差异程度不同造成的。MV 方法、AF 方法的识别准确率介于单个源域辅助识别准确率的上下界之间，这是因为 MV 方法和 AF 方法将多个源域的辅助效果同等看待进行融合。在实际应用中，由于分布差异程度，辅助效果也不同，即权重不同，这进一步验证了分布差异程度的不同会影响识别准确率。WMV 方法虽然考虑了权重，但是其在融合时忽略了每个类别上的概率信息，导致识别准确率没有最相似的那个源域的识别准确率高。WAF 方法在融合时考虑了权重和概率信息得到的识别准确率在许多情形下比领域一致性最高的那个源域得到的识别准确率高，但是其未考虑在不同源域辅助下进行识别时存在的不确定性，所以在某些情形下识别准确率并没有提高。DS 规则是一种乘性融合策略，在实际应用中经常能获得比加性融合策略更好的性能，由于直接进行 DS 融合没有考虑不同源域辅助下的效果差异，因此其得到的识别准确率并没有提高。

本章所提 CTC 方法在融合之前利用不同源域和目标域之间分布的差异程度对可靠度进行评估，根据可靠度计算相对权重，然后对在不同源域的辅助下得到的分类结果进行折扣处理，将不同类别的置信值折扣到完全未知类上。该处理能很好地对不确定性进行表示，所以 WDS 方法能获得最高的识别准确率。从表 7-1～表 7-11 中可以发现，在某些极端情形下，基于 WDS 方法的多源迁移融合识别准确率相比单个源域的识别准确率并没有提高，这是因为某些一致性较低的源域数据对目标域中样本的分类识别辅助效果不好，给融合带来了负面影响。虽然通过折扣操作能降低一致性较低的源域数据在融合中的重要程度，从而降低其对融合的负面影响，但是折扣并不能完全消除该影响，所以在某些极端情况下会出现融合效果不佳的情况。不过从整体上看，相对于其他相关的分类方法和单源域迁移识别，基于 WDS 方法的多源迁移融合识别基本能取得最高的识别准确率。本实验验证了本章所提方法的有效性。在海洋目标识别或雷达目标识别中，多个时间段的数据分别辅助当前时间段目标的识别，根据分布的差异程度估计权重，再利用 WDS 方法综合多个时间段数据中的知识，可以提高海洋目标识别或雷达目标识别的准确率。从表 7-1～表 7-11 中可以发现，本章所提 CTC 方法得到的平均效能值比采用传统的硬决策方法高，这是因为源域中的有用信息是有限的，在现有的信息下无法被准确识别的目标将被划分为模糊的复合类。而复合类的效能值大于错误的识别结果。虽然某些可以被正确识别的目标在信任分类方法下会被识别为复合类，但是由于复合类的效能值大于 0.5，所以综合起来，那些在硬决策方法下会被

表 7-1 Office+Caltech-10 数据集在做联合分布自适应后基于不同分类方法的分类结果/%

$\mathcal{D}_s \to \mathcal{D}_t$	KNN	GFK	CORAL	JDA	CMSDD	JDA+CTC-MV	JDA+CTC-WMV	JDA+CTC-AF	JDA+CTC-WAF	JDA+AFC	JDA+CTC-AFC	JDA+CTC-DS	JDA+CTC-DSC	JDA+CTC-WDS	JDA+CTC-WDSC
C→A	22.76	41.02	20.15	45.93	41.78	40.08	45.30	44.15	46.66	45.28±0.08		44.15	46.21±0.03	46.76	49.48±0.05
D→A	26.62	32.05	30.69	32.67											
W→A	22.65	31.84	26.20	39.77											
A→C	24.04	40.25	23.06	41.05	44.61	37.76	40.69	42.56	44.52	43.21±0.02		43.37	44.01±0.02	45.75	46.60±0.04
D→C	26.09	30.10	32.06	29.12											
W→C	18.08	30.72	25.73	31.97											
A→D	23.57	36.61	30.75	42.04	73.85	58.60	73.25	77.71	80.25	77.73±0.17		74.52	77.12±0.04	80.25	82.57±0.05
C→D	24.84	41.40	26.75	49.68											
W→D	44.59	77.90	73.25	79.62											
A→W	27.12	40.00	26.10	38.64	62.71	52.24	68.47	61.69	66.10	62.38±0.83		62.03	63.91±0.10	70.51	72.57±0.12
C→W	26.10	40.68	19.66	46.10											
D→W	43.73	64.41	63.56	68.81											
均值	27.52	40.25	33.16	45.45	55.74	47.17	56.92	56.53	59.38	57.15		56.01	57.60	60.84	62.59

表 7-2 Office+Caltech-10 数据集在做证移成分分析后基于不同分类方法的分类结果/%

$\mathcal{D}_s \to \mathcal{D}_t$	KNN	GFK	CORAL	TCA	CMSDD	TCA+CTC-MV	TCA+CTC-WMV	TCA+CTC-AF	TCA+CTC-WAF	TCA+CTC-AFC	TCA+CTC-DS	TCA+CTC-DSC	TCA+CTC-WDS	TCA+CTC-WDSC
C→A	22.76	41.02	20.15	47.91	46.35	33.51	41.23	36.95	40.92	40.75±0.27	38.00	39.15±0.03	45.20	48.72±0.12
D→A	26.62	32.05	30.69	20.88										
W→A	22.65	31.84	26.20	33.30										
A→C	24.04	40.25	23.06	41.41										
D→C	26.09	30.10	32.06	27.16	43.19	37.13	40.61	41.23	42.83	43.60±0.72	42.65	43.33±0.01	43.46	45.89±0.03
W→C	18.08	30.72	25.73	31.79										
A→D	23.57	36.61	30.75	36.94										
C→D	24.84	41.40	26.75	49.68	70.06	59.87	73.89	77.07	80.89	77.18±1.84	73.89	75.44±0.14	79.62	82.96±0.31
W→D	44.59	77.90	73.25	81.53										
A→W	27.12	40.00	26.10	40.00										
C→W	26.10	40.68	19.66	45.08	57.29	52.88	64.41	63.39	65.76	64.29±0.97	61.69	64.40±0.06	72.20	74.26±0.18
D→W	43.73	64.41	63.56	67.46										
均值	27.52	40.25	33.16	43.57	54.22	45.84	55.04	54.66	57.60	56.55	54.06	55.42	60.21	62.75

表 7-3　Office+Caltech-10 数据集在做证移联合匹配后基于不同分类方法的分类结果/%

$\mathcal{D}_s \to \mathcal{D}_t$	KNN	GFK	CORAL	TJM	CMSDD	TJM+CTC-MV	TJM+CTC-WMV	TJM+CTC-AF	TJM+CTC-WAF	TJM+CTC-AFC	TJM+CTC-DS	TJM+CTC-DSC	TJM+CTC-WDS	TJM+CTC-WDSC
C→A	22.76	41.02	20.15	46.55										
D→A	26.62	32.05	30.69	29.33	47.29	37.06	42.69	42.69	45.62	44.90±0.07	42.07	43.51±0.05	48.12	51.09±0.02
W→A	22.65	31.84	26.20	35.49										
A→C	24.04	40.25	23.06	42.21										
D→C	26.09	30.10	32.06	30.10	44.08	37.85	41.50	43.01	44.97	43.50±0.52	44.43	44.66±0.01	45.59	47.02±0.01
W→C	18.08	30.72	25.73	31.88										
A→D	23.57	36.61	30.75	40.76										
C→D	24.84	41.40	26.75	48.41	72.61	64.97	75.16	76.43	77.71	77.52±0.11	75.16	75.83±0.12	81.53	83.92±0.42
W→D	44.59	77.90	73.25	80.25										
A→W	27.12	40.00	26.10	39.66										
C→W	26.10	40.68	19.66	49.49	63.39	54.58	65.42	63.72	68.14	66.15±0.58	61.69	65.34±0.15	71.53	74.19±0.02
D→W	43.73	64.41	63.56	67.80										
均值	27.52	40.25	33.16	45.16	58.84	48.62	56.19	56.46	59.11	58.16	55.84	57.02	61.62	64.13

表 7-4 Office+Caltech-10 数据集在做平衡分布自适应后基于不同分类方法的分类结果/%

$\mathcal{D}_s \to \mathcal{D}_t$	KNN	GFK	CORAL	BDA	CMSDD	BDA+CTC-MV	BDA+CTC-WMV	BDA+CTC-AF	BDA+CTC-WAF	BDA+CTC-AFC	BDA+CTC-DS	BDA+CTC-DSC	BDA+CTC-WDS	BDA+CTC-WDSC
C→A	22.76	41.02	20.15	47.60										
D→A	26.62	32.05	30.69	33.72	48.02	40.40	46.24	43.74	44.26	45.81±0.17	42.80	43.96±0.07	48.64	50.19±0.03
W→A	22.64	31.84	26.20	38.83										
A→C	24.04	40.25	23.06	41.23										
D→C	26.09	30.10	32.06	32.68	40.46	37.85	41.14	38.56	41.05	39.68±0.62	39.63	39.73±0.01	42.92	44.81±0.03
W→C	18.08	30.72	25.73	30.81										
A→D	23.57	36.61	30.75	40.76										
C→D	24.84	41.40	26.75	54.14	71.34	61.15	75.80	73.89	80.25	75.42±1.22	75.16	75.75±0.07	82.17	83.50±0.20
W→D	44.59	77.90	73.25	83.44										
A→W	27.12	40.00	26.10	40.00										
C→W	26.10	40.68	19.66	49.83	63.73	56.27	71.53	66.10	73.90	66.86±0.24	63.39	64.94±0.10	75.25	75.69±0.21
D→W	43.73	64.41	63.56	74.58										
均值	27.52	40.25	33.16	47.30	55.89	48.92	58.68	55.57	59.87	56.94	55.25	55.92	62.25	63.57

表 7-5 Office+Caltech-10 数据集在做加权平衡分布自适应后基于不同分类方法的分类结果/%

$\mathcal{D}_s \to \mathcal{D}_t$	KNN	GFK	CORAL	W-BDA	CMSDD	W-BDA+CTC-MV	W-BDA+CTC-WMV	W-BDA+CTC-AF	W-BDA+CTC-WAF	W-BDA+CTC-AFC	W-BDA+CTC-DS	W-BDA+CTC-DSC	W-BDA+CTC-WDS	W-BDA+CTC-WDSC
C→A	22.76	41.02	20.15	48.23										
D→A	26.62	32.05	30.69	32.88		39.77	46.24	41.54	44.26	45.06±0.16	41.02	42.37±0.05	48.54	50.26±0.06
W→A	22.65	31.84	26.20	38.20										
A→C	24.04	40.25	23.06	41.67										
D→C	26.09	30.10	32.06	33.48	43.63	38.02	41.14	40.07	41.05	40.96±0.03	40.61	41.19±0.02	44.52	45.40±0.03
W→C	18.08	30.72	25.73	30.10										
A→D	23.57	36.61	30.75	38.22										
C→D	24.84	41.40	26.75	53.50	71.34	59.24	75.80	75.16	80.25	75.77±0.37	75.16	75.69±0.09	79.62	83.50±0.55
W→D	44.59	77.90	73.25	82.80										
A→W	27.12	40.00	26.10	42.37										
C→W	26.10	40.68	19.66	40.34	58.64	51.86	71.53	67.46	73.90	67.27±0.90	66.10	67.15±0.02	75.59	75.65±0.08
D→W	43.73	64.41	63.56	74.24										
均值	27.52	40.25	33.16	46.33	55.46	47.22	58.68	56.05	59.86	57.13	55.72	55.99	62.38	63.61

148

表 7-6　PIE 数据集在做联合分布自适应后基于不同分类方法的分类结果 /%

$\mathcal{D}_s \to \mathcal{D}_t$	KNN	GFK	CORAL	JDA	CMSDD	JDA+CTC-MV	JDA+CTC-WMV	JDA+CTC-AF	JDA+CTC-WAF	JDA+CTC-AFC	JDA+CTC-DS	JDA+CTC-DSC	JDA+CTC-WDS	JDA+CTC-WDSC
PIE2→PIE1	31.43	47.35	42.96	34.90										
PIE3→PIE1	30.61	33.57	47.24	51.53	65.92	61.43	65.85	70.51	70.61	71.83±0.02	68.47	68.64±0.02	70.92	71.23±0.02
PIE4→PIE1	51.02	47.14	62.04	69.08										
PIE5→PIE1	27.35	30.31	41.12	37.55										
PIE1→PIE2	10.00	38.54	34.17	44.37										
PIE3→PIE2	45.00	52.08	56.67	45.83	70.42	60.00	69.79	72.92	75.00	72.77±0.08	68.75	69.05±0.00	76.25	76.26±0.02
PIE4→PIE2	64.17	73.75	73.54	71.88										
PIE5→PIE2	36.67	30.42	35.00	34.79										
PIE1→PIE3	16.04	41.46	37.71	45.83										
PIE2→PIE3	50.00	64.58	60.83	47.71	80.00	69.58	77.29	77.71	78.96	78.35±0.16	77.71	77.81±0.02	81.46	81.60±0.01
PIE4→PIE3	73.96	70.72	75.42	78.54										
PIE5→PIE3	38.33	34.58	45.21	33.75										
PIE1→PIE4	14.08	42.04	20.10	63.57										
PIE2→PIE4	45.51	64.39	61.53	62.45	77.04	76.43	78.08	73.27	74.49	78.94±0.02	77.96	78.18±0.01	78.78	78.73±0.01
PIE3→PIE4	44.08	46.02	61.73	64.69										
PIE5→PIE4	34.49	36.53	43.27	44.18										
PIE1→PIE5	8.75	30.21	20.42	36.88										
PIE2→PIE5	27.92	35.83	34.17	30.83	55.42	53.75	51.88	60.42	61.04	60.52±0.05	59.79	60.51±0.01	59.79	60.24±0.01
PIE3→PIE5	27.92	32.29	42.08	39.58										
PIE4→PIE5	36.67	41.88	53.96	54.79										
均值	35.70	44.68	47.49	49.64	69.76	64.24	68.58	72.97	72.02	73.28	70.54	70.84	73.44	73.61

表 7-7 PIE 数据集在做迁移成分分析后基于不同分类方法的分类结果/%

$\mathcal{D}_s \to \mathcal{D}_t$	KNN	GFK	CORAL	TCA	CMSDD	TCA+CTC-MV	TCA+CTC-WMV	TCA+CTC-AF	TCA+CTC-WAF	TCA+CTC-AFC	TCA+CTC-DS	TCA+CTC-DSC	TCA+CTC-WDS	TCA+CTC-WDSC
PIE2→PIE1	31.43	47.35	42.96	39.69										
PIE3→PIE1	30.61	33.57	47.24	49.90	66.43	64.29	69.59	71.43	71.33	72.21±0.01	70.00	70.31±0.01	72.65	72.76±0.01
PIE4→PIE1	51.02	47.14	62.04	68.06										
PIE5→PIE1	27.35	30.31	41.12	37.65										
PIE1→PIE2	10.00	38.54	34.17	44.79										
PIE3→PIE2	45.00	52.08	56.67	47.71	73.54	67.08	77.50	79.17	80.83	77.38±0.11	76.04	76.03±0.00	81.67	81.69±0.04
PIE4→PIE2	64.17	73.75	73.54	76.67										
PIE5→PIE2	36.63	30.42	35.00	42.08										
PIE1→PIE3	16.04	41.46	37.71	49.58										
PIE2→PIE3	50.00	64.58	60.83	52.50	81.67	72.50	79.58	80.42	81.87	79.97±0.04	77.71	78.03±0.02	83.33	83.64±0.03
PIE4→PIE3	73.96	70.72	75.42	80.00										
PIE5→PIE3	38.33	34.58	45.21	37.71										
PIE1→PIE4	14.08	42.04	20.10	57.35										
PIE2→PIE4	45.51	64.39	61.53	64.08	77.86	74.69	75.41	81.43	81.73	81.36±0.01	79.18	79.16±0.00	74.80	75.12±0.01
PIE3→PIE4	44.08	46.02	61.73	65.92										
PIE5→PIE4	34.49	36.53	43.27	45.00										
PIE1→PIE5	8.75	30.21	20.42	33.54										
PIE2→PIE5	27.92	35.83	34.17	35.21	54.58	51.67	59.58	59.58	59.58	59.68±0.04	59.38	59.27±0.00	60.83	60.83±0.01
PIE3→PIE5	27.92	32.29	42.08	43.33										
PIE4→PIE5	36.67	41.88	53.96	58.13										
均值	35.70	44.68	47.49	51.45	70.82	66.05	72.41	74.41	75.07	74.12	72.46	72.56	74.66	74.81

表 7-8 PIE 数据集在做迁移联合匹配后基于不同分类方法的分类结果 /%

$\mathcal{D}_s \to \mathcal{D}_t$	KNN	GFK	CORAL	TJM	CMSDD	TJM+CTC-MV	TJM+CTC-WMV	TJM+CTC-AF	TJM+CTC-WAF	TJM+CTC-AFC	TJM+CTC-DS	TJM+CTC-DSC	TJM+CTC-WDS	TJM+CTC-WDSC
PIE2→PIE1	31.43	47.35	42.96	49.90	73.75	65.31	72.86	76.33	76.43	75.82±0.09	73.98	74.21±0.01	76.53	76.87±0.010
PIE3→PIE1	30.61	33.57	47.24	49.69										
PIE4→PIE1	51.02	47.14	62.04	74.80										
PIE5→PIE1	27.35	30.31	41.12	39.49										
PIE1→PIE2	10.00	38.54	34.17	59.79	85.62	76.67	85.42	88.96	88.96	86.86±0.09	83.96	84.08±0.01	90.00	90.11±0.01
PIE3→PIE2	45.00	52.08	56.67	52.08										
PIE4→PIE2	64.17	73.75	73.54	87.50										
PIE5→PIE2	36.67	30.42	35.00	31.25										
PIE1→PIE3	16.04	41.46	37.71	59.17	85.83	80.63	84.17	84.58	85.00	84.20±0.05	83.33	83.47±0.01	86.88	86.90±0.01
PIE2→PIE3	50.00	64.58	60.83	67.29										
PIE4→PIE3	73.96	70.72	75.42	86.04										
PIE5→PIE3	38.33	34.58	45.21	46.67										
PIE1→PIE4	14.08	42.04	20.10	74.39	82.74	83.37	85.10	84.53	84.80	85.29±0.12	85.82	85.89±0.01	85.92	86.81±0.01
PIE2→PIE4	45.51	64.39	61.53	78.16										
PIE3→PIE4	44.08	46.02	61.73	66.22										
PIE5→PIE4	34.49	36.53	43.27	51.73										
PIE1→PIE5	8.75	30.21	20.42	50.42	60.42	66.25	65.21	69.37	69.58	70.88±0.05	70.21	70.47±0.01	64.79	65.41±0.00
PIE2→PIE5	27.92	35.83	34.17	42.17										
PIE3→PIE5	27.92	32.29	42.08	52.71										
PIE4→PIE5	36.67	41.88	53.96	64.17										
均值	35.70	44.68	47.49	59.21	77.67	74.45	78.55	81.32	80.95	81.01	79.46	79.62	80.82	81.22

表 7-9 PIE 数据集在平衡分布自适应后基于不同分类方法的分类结果 /%

$\mathcal{D}_s \to \mathcal{D}_t$	KNN	GFK	CORAL	BDA	CMSDD	BDA+CTC-MV	BDA+CTC-WMV	BDA+CTC-AF	BDA+CTC-WAF	BDA+CTC-AFC	BDA+CTC-DS	BDA+CTC-DSC	BDA+CTC-WDS	BDA+CTC-WDSC
PIE2→PIE1	31.43	47.35	42.96	40.10										
PIE3→PIE1	30.61	33.57	47.24	48.88	70.51	64.29	63.57	70.71	70.51	70.64±0.04	70.20	70.19±0.01	71.33	71.39±0.01
PIE4→PIE1	51.02	47.14	62.04	69.49										
PIE5→PIE1	27.35	30.31	41.12	39.59										
PIE1→PIE2	10.00	38.54	34.17	44.37										
PIE3→PIE2	45.00	52.08	56.67	43.96	73.58	57.50	70.00	70.21	71.25	70.30±0.06	67.71	68.33±0.01	74.17	74.69±0.03
PIE4→PIE2	64.17	73.75	73.54	73.33										
PIE5→PIE2	36.63	30.42	35.00	26.04										
PIE1→PIE3	16.04	41.46	37.71	47.08										
PIE2→PIE3	50.00	64.58	60.83	49.79	80.63	69.37	78.33	79.17	80.21	78.20±0.11	76.25	76.19±0.01	82.29	82.53±0.04
PIE4→PIE3	73.96	70.52	75.42	78.75										
PIE5→PIE3	38.33	34.58	45.21	37.92										
PIE1→PIE4	14.08	42.04	20.10	60.51										
PIE2→PIE4	45.51	64.39	61.53	65.31	77.35	73.67	77.35	82.35	82.86	82.37±0.05	79.08	79.22±0.01	79.29	79.96±0.01
PIE3→PIE4	44.08	46.02	61.73	62.45										
PIE5→PIE4	34.49	36.53	43.27	41.02										
PIE1→PIE5	8.75	30.21	20.42	36.46										
PIE2→PIE5	27.92	35.83	34.17	25.62	57.08	52.71	56.04	61.67	62.50	59.63±0.23	59.79	59.90±0.01	61.88	62.38±0.02
PIE3→PIE5	27.92	32.29	42.08	38.96										
PIE4→PIE5	36.67	41.88	53.96	54.58										
均值	35.70	44.68	47.49	48.96	71.83	63.51	69.06	72.82	73.47	72.23	70.61	70.77	73.79	74.19

第 7 章 多源异构数据分布式迁移融合分类

表 7-10 Office-31 数据集在做迁移成分分析后基于不同分类方法的分类结果/%

$\mathcal{D}_s \to \mathcal{D}_t$	KNN	GFK	CORAL	TCA	CMSDD	TCA+CTC-MV	TCA+CTC-WMV	TCA+CTC-AF	TCA+CTC-WAF	TCA+CTC-AFC	TCA+CTC-DS	TCA+CTC-DSC	TCA+CTC-WDS	TCA+CTC-WDSC
D→A	21.36	24.76	25.97	19.78	37.99	28.16	31.89	32.77	38.59	36.15±1.09	31.31	32.41±0.38	39.44	41.27±0.15
W→A	25.85	36.04	38.96	38.35										
A→D	33.77	24.07	25.97	37.66	57.53	42.21	58.44	56.42	57.79	60.43±0.10	57.14	60.11±0.06	61.04	63.26±0.45
W→D	52.60	57.14	39.42	59.74										
A→W	40.85	33.62	35.32	46.81	64.47	44.68	59.57	65.11	66.81	67.91±1.02	64.26	67.01±0.08	67.66	69.03±0.05
D→W	46.38	39.15	33.89	62.98										
均值	36.80	35.80	33.26	44.22	59.99	38.35	49.97	51.43	54.40	54.83	50.90	53.18	56.05	57.85

表 7-11 VLSC 数据集在做迁移成分分析后基于不同分类方法的分类结果/%

$\mathcal{D}_s \to \mathcal{D}_t$	KNN	GFK	CORAL	TCA	CMSDD	TCA+CTC-MV	TCA+CTC-WMV	TCA+CTC-AF	TCA+CTC-WAF	TCA+CTC-AFC	TCA+CTC-DS	TCA+CTC-DSC	TCA+CTC-WDS	TCA+CTC-WDSC
L→V	24.42	40.42	35.07	48.29										
S→V	27.64	45.91	37.44	57.06	65.08	58.69	63.60	64.78	66.67	64.87±0.06	63.75	65.04±0.04	65.68	65.82±0.28
C→V	54.09	47.55	52.01	48.14										
V→L	50.28	47.83	50.47	55.58										
S→L	27.64	44.05	39.70	50.66	54.63	52.17	53.69	56.71	54.81	59.92±0.47	52.74	55.20±0.17	56.71	59.69±0.31
C→L	54.09	25.14	51.80	34.78										
V→S	54.53	50.50	51.80	59.28										
L→S	29.21	32.66	34.53	37.41	56.69	45.61	53.24	49.50	56.40	53.92±0.21	49.64	50.74±0.15	59.71	61.76±0.14
C→S	42.01	21.51	42.16	29.64										
V→C	51.46	74.41	63.84	79.83										
L→C	16.83	27.26	22.25	59.25	80.84	77.47	78.58	77.89	80.53	74.26±0.26	75.38	74.83±0.10	81.22	81.00±0.07
S→C	21.56	34.24	32.28	64.81										
均值	37.81	40.96	38.46	52.06	64.31	58.49	62.28	62.22	64.60	63.25	60.38	61.45	65.83	67.05

错误识别和被正确识别的目标在谨慎决策方法下被划分为复合类，在实际中风险最小，平均效能值最大。可见，本章所提 CTC 方法能有效地降低识别错误率，在实践中能发挥重要的作用。从表 7-1 ~ 表 7-11 中还可以看出，平均效能值在不同的 K 值下方差很小，表明本章所提方法对 K 值不敏感，这主要是因为在计算待识别目标多个近邻的综合效能值时考虑了距离，距离越远，在计算综合效能值时的重要性越低，距离越近，在计算综合效能值时 K 值的重要性越高。实验结果表明，本章所提 CTC 方法非常鲁棒，K 值的选取对分类识别性能的影响很小，具有很好的应用价值。

7.4 本章小结

本章提出了一种多源域信息迁移融合信任分类方法，即 CTC 方法，通过融合多个源域辅助下的分类结果并结合信任分类技术提升分类性能。该方法首先采用域自适应技术分别对多个源域和目标域中数据的分布进行对齐，然后得到目标域中待识别数据的分类结果。根据源域和目标域之间的分布差异估计折扣系数，再采用 DS 规则进行加权融合。虽然融合多个源域中的互补信息能提高识别准确率，但是目标域中的有些数据很难被准确地区分。为了在现有融合结果下得出尽可能好的分类识别结果，本章采用一种谨慎决策的方法，即根据待识别目标 K 个近邻的信息对其进行划分，允许将目标划分给若干可能类别的集合，以降低错误风险，使目标分类的综合效能值最大化。本章在多个数据集上测试了该方法的性能，测试结果表明该方法能显著提高识别准确率。

第 8 章
多特征融合SAR目标检测

8.1 引言

在利用星载 SAR 对舰船目标尤其是非合作目标进行探测监控时，往往难以获得带类别标注的训练样本。由于星载 SAR 覆盖面积广，目标物位置分布稀疏，仅依靠人工视觉标注舰船数据费时费力，人为判别目标物容易受到海杂波等因素的干扰，舰船目标的标注十分困难。因此，星载 SAR 舰船目标检测常常面临没有标注样本的情况。随着人工智能技术的发展，深度学习在图像目标检测中得到广泛应用。然而，基于深度学习的全监督目标检测方法（如 Faster R-CNN[①]、YOLO-V3）需要大量准确的实例标注。当前大多数无监督目标检测方法通过从视频中挖掘前后帧与帧图像之间的差异获取目标位置信息，而星载 SAR 通常以单景图像探测为主，所以这类方法不适用于舰船目标检测。基于 SAR 图像极化特性的方法依据舰船目标物和海洋散射机制的不同进行目标检测，但对数据要求较为严格。在基于 SAR 统计特性的舰船目标检测方法中，基于恒虚警率（Constant False Alarm Rate，CFAR）的检测方法的应用最广泛。该方法需要使用检测单元遍历像素点，检测速度较慢，并且容易产生虚警。基于深度学习的检测器检测速度快，能够提取并利用图像的结构特征，但需要大量实例标注。

为了在无标注数据中检测舰船目标，本章提出了基于 SAR 图像统计特性和结构特性融合的无监督 SAR 舰船目标检测（Unsupervised SAR Ship Object Detection，USOD）方法。首先根据 SAR 图像的统计特性建立伽马分

[①] Faster R-CNN 的英文全称为 Faster Region based Convolutional Neural Network，即更快的区域卷积神经网络。

布统计模型。然后利用像素点估计伽马分布参数,求出分割阈值,对 SAR 图像进行恒虚检测,得到高虚警的像素点检测结果。接着利用检测框内的差值均值求得检测框置信度。再利用知识蒸馏的思想,用软标签训练来扩大杂波与目标物之间的类间差距。最后根据检测网络优化得到的结果,将目标区域设置成保护区,进一步降低估计伽马分布模型参数时非噪声样本的数量,逐步优化 CFAR 检测器性能。在"哨兵一号"SAR 图像舰船检测数据集上进行的大量实验表明,USOD 方法在性能上优于传统检测方法,能够提高检测正确率,降低虚警率,从而提高检测效率。

8.2 USOD 方法介绍

本节将详细介绍 USOD 方法。首先通过统计无标注的遥感图像像素频次数据,选择与该数据相匹配的统计分布模型。然后设定虚警率,利用 CFAR 检测器对图像进行检测,得到用来训练 Faster R-CNN 的标签。USOD 借鉴知识蒸馏方法,以 CFAR 检测器代替教师(Teacher)网络,以 Faster R-CNN 检测器代替学生(Student)网络,并通过 Teacher 网络所提供的软标签进行指导训练。Faster R-CNN 检测器可以滤除 CFAR 检测器检测结果中部分形态结构与目标物差异较大的杂波虚警,判断目标物之间的相似性。为了优化伽马分布参数估计,在进行最大似然估计时,对任何一个检测点来说,训练样本不再局限于邻域周围的信息,而是在全局范围内找到与其相似度较高的目标周围像素点。通过结构特性结果优化估计样本,增加样本估计数量,提高伽马分布参数估计的准确性,进而循环优化检测结果。在本章所提方法的框架中,关键点在于 SAR 图像统计特性与结构特性的融合,因此本节的研究重点在于 CFAR 检测器和 Faster R-CNN 检测器之间的信息交互,如图 8-1所示。

8.2.1 海杂波统计分布模型选择

从统计学的角度出发,可以将 SAR 图像统计模型按照模型起源分为两大类:基于相干斑先验假设的统计模型和基于实验数据的经验分布模型。基于相干斑先验假设的统计模型,研究人员建立了相干斑服从瑞利分布统计模型、强度服从负指数分布统计模型等。对于高分辨率 SAR 图像,除了相干斑,还存在大量的纹理信息,因此,研究人员又建立了 K 分布统计模型、皮尔逊系分布统计模型等。基于实验数据的经验分布模型通过对真实 SAR 图像数据进行统计建模实验而验证获得,相关分布主要包括对数正态分布、伽马分布、韦伯分布、Fisher 分布等。不同类型的 SAR 数据符合不同的统计分布，为了找到与本节实验数据相匹配的统计分布模型，需要利用实验数据对多种分布进行参数拟合，找到拟合度最高的分布，作为本节的基本统计分布模型。

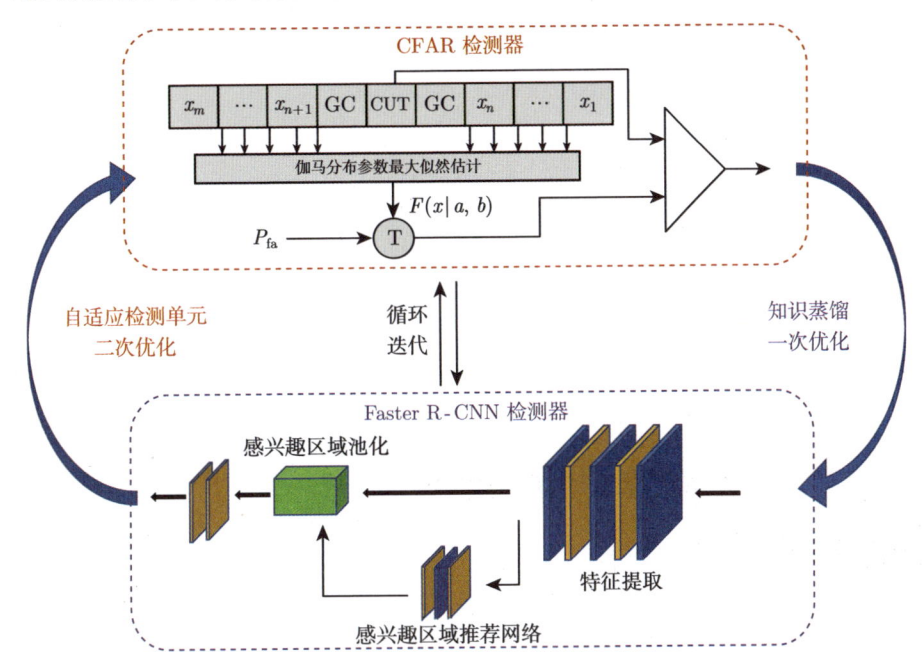

图 8-1　CFAR 检测器和 Faster R-CNN 检测器之间的信息交互

海杂波统计分布拟合如图 8-2 所示，图中的绿色条形图为本节实验数据统计分布的灰度直方图，各曲线为各个分布拟合的结果。拟合完成后，计算样本与拟合分布之间的偏差，其计算公式为

$$\text{Bias} = \frac{1}{n}\sum_{i=1}^{n}[y_i - f(x_i)]^2, n = 256, x_i = \frac{i}{256} \tag{8-1}$$

式中，f 表示拟合的统计分布概率密度函数；x_i 表示样本采样点；y_i 表示该样本采样点出现频次所占的比例。不同分布的拟合与样本偏差如表 8-1 所示。通过数据与分布之间的偏差计算可以知道，拟合伽马分布与本节实验数据统计分布之间的偏差最小。同样，由图 8-2 可以看出，伽马分布与本节实验数据统计分布最匹配，因此在本节实验中，以伽马分布作为 CFAR 方法的基本统计分布模型。

表 8-1　不同分布的拟合与样本偏差

分布	伽马分布	瑞利分布	对数正态分布	韦伯分布
平均偏差	0.1636	0.4947	1.5000	0.4467

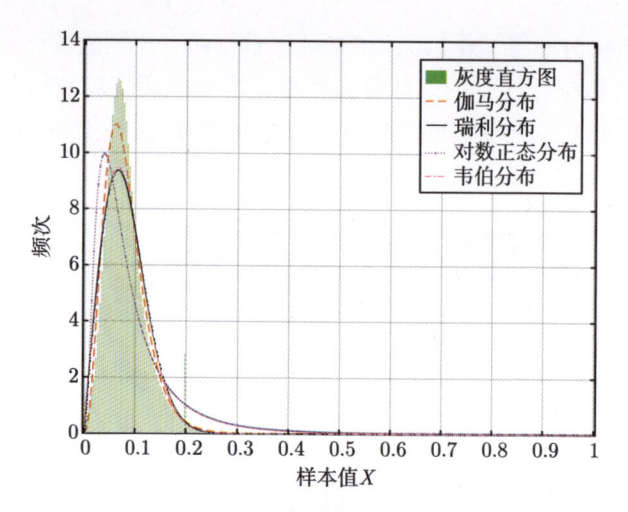

图 8-2 海杂波统计分布拟合

8.2.2 CFAR 检测软标签生成

通过数据统计分布匹配，选择双参数伽马分布作为支撑 CFAR 检测器的数学模型。在本节中，围绕伽马分布与 CFAR 检测器生成实例软标签。首先利用样本对伽马分布参数进行估计，然后介绍 CFAR 检测器的工作原理和训练区可形变 CFAR，最后介绍从统计检测到结构检测的转变。

8.2.2.1 伽马分布参数估计

伽马分布概率密度函数为

$$f(x|\alpha,\lambda) = \frac{1}{\Gamma(\alpha)} \lambda^\alpha x^{\alpha-1} e^{-\lambda x} \tag{8-2}$$

式中，α、λ 分别代表伽马分布的形状参数与尺度参数，本节使用最大似然估计（Maximum Likelihood Estimation，MLE）方法估计这两个参数，构造其极大似然函数为

$$L(\alpha,\lambda) = \prod_{i=1}^{n} e^{\ln[f(x_i|\alpha,\lambda)]} = e^{\sum_{i=1}^{n} \ln[f(x_i|\alpha,\lambda)]} \tag{8-3}$$

为求极大似然估计，将极大似然函数简化为

$$L(\alpha,\lambda) = \sum_{i=1}^{n} \ln[f(x_i|\alpha,\lambda)]$$

$$= \sum_{i=1}^{n}[-\ln(\Gamma(\alpha)) + \alpha\ln(\lambda) + (\alpha-1)\ln(x_i) - \lambda x_i]$$

$$= -n\ln(\Gamma(\alpha)) + n\alpha\ln(\lambda) + (\alpha-1)\sum_{i=1}^{n}\ln(x_i) - \lambda\sum_{i=1}^{n}x_i \quad (8\text{-}4)$$

令对于估计参数的偏导函数等于 0，可以得到

$$(\hat{\alpha},\hat{\lambda})_{\text{MLE}}\text{solves}:\begin{cases}\dfrac{\partial L(\alpha,\lambda)}{\partial \alpha} = -n\dfrac{\Gamma'(\alpha)}{\Gamma(\alpha)} + n\ln(\lambda) + \sum_{i=1}^{n}\ln(x_i) = 0\\ \dfrac{\partial L(\alpha,\lambda)}{\partial \lambda} = \dfrac{\alpha}{n} - \sum_{i=1}^{n}x_i = 0\end{cases} \quad (8\text{-}5)$$

经求解方程组(8-5)，可以得到估计参数 $\hat{\alpha}$ 和 $\hat{\lambda}$ 的关系式为

$$\hat{\lambda} = \hat{\alpha}\dfrac{n}{\sum_{i=1}^{n}x_i} = \dfrac{\hat{\alpha}}{\overline{X}} \quad (8\text{-}6)$$

将式(8-6) 代入方程组(8-5) 中的第一个式子，可得

$$\dfrac{\partial L(\alpha,\hat{\lambda})}{\partial \alpha} = -n\dfrac{\Gamma'(\alpha)}{\Gamma(\alpha)} + n\ln(\hat{\lambda}) + \sum_{i=1}^{n}\ln(x_i) = 0 \quad (8\text{-}7)$$

$$\Rightarrow \psi(\alpha) = \dfrac{\Gamma'(\alpha)}{\Gamma(\alpha)} - \ln(\alpha) + \ln(\overline{X}) - \dfrac{1}{n}\sum_{i=1}^{n}\ln(x_i) \quad (8\text{-}8)$$

令函数 $\psi(\alpha)$ 为 0，可以通过代入具体数值求解式 (8-8)。

8.2.2.2　CFAR 检测器的工作原理和训练区可形变 CFAR

CFAR 检测器的工作原理主要基于假设检验。如图 8-3（a）所示，在检测中将 SAR 图像像素点（信号）$x(t)$ 看作二维坐标上的一组信号数据，判断收集的信号中是否存在目标信号，可以给出如下两种假设。

$$\begin{cases}H_0: x(t) = s(t) + n(t)\\ H_1: x(t) = n(t)\end{cases} \quad (8\text{-}9)$$

原假设 H_0 表示信号 $x(t)$ 中既存在目标信号 $s(t)$，又存在噪声信号 $n(t)$。备选假设 H_1 表示信号 $x(t)$ 中仅存在噪声信号 $n(t)$。在一定的显著性水平下，

通过样本分布计算接受域或拒绝域,从而判断在该显著性水平下是否接受原假设。如果接受,则表示检出目标;反之则表示信号为背景信息。

CFAR 检测器的检测单元如图 8-3(b)所示,该检测单元主要分为 3 个区域:测试区域、保护区域和训练区域。从图中可以看出,测试区域、保护区域和训练区域由内向外依次排开,测试区域表示的是测试点的信号,通常只包含一个像素点。保护区域和训练区域的大小可以根据需求设定,保护区域的作用是将训练区域和测试区域隔开。恒虚警检测数学统计模型是根据杂波建立的,通常认为,测试点周围的像素点可能与测试点具有相关性。例如,测试点为目标信号,其周围的像素点很可能是某种信号,需要避免这些信号参与到参数估计当中。因此,在对杂波统计进行参数估计时,应去除保护区域和测试区域的数据,仅使用训练区域的数据。

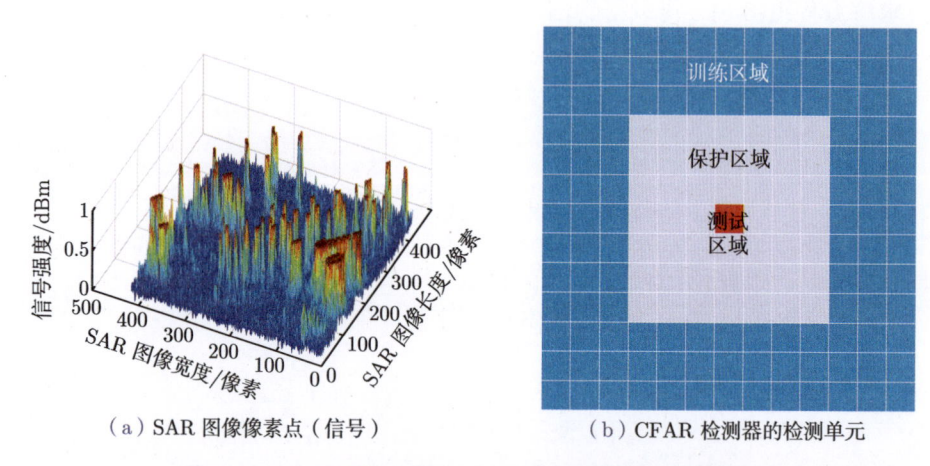

(a)SAR 图像像素点(信号)

(b)CFAR 检测器的检测单元

图 8-3　SAR 图像像素点与 CFAR 检测器的检测单元

在检测过程中,检测单元以滑动窗口的形式遍历每个像素点,窗口的每次滑动都可以获得一组训练区域数据、保护区域数据和测试区域数据。利用训练区域数据估计伽马分布的两个参数,获得当前窗口内杂波分布模型的概率密度函数。在一定的显著性水平下,计算拒绝域,得到用于区分前景和背景的分割阈值。通过比较检测点和分割阈值,选择接受原假设或备选假设。在整个过程中,统计分布模型的估计主要取决于训练区域包含什么样本。而在传统的 CFAR 检测方法中,保护区域和训练区域的大小是固定的,估计参数的样本仅通过检测点周围的像素点。在这种设定下,在进行参数估计时,所选取的样本可能会混入目标信号,造成伽马分布参数的估计不够准确,从而影响前景与背景分割阈值的大小。

为了提高统计分布模型估计结果的准确性，可以从两个方面来考虑：一是寻找与实验数据更匹配的数学模型，这一点在 8.2.1 节中已经完成；二是获取更多具有代表性的样本来完成参数估计，这是本节的核心内容之一。由伯努利大数定律

$$\lim_{n \to \infty} P\left\{\left|\frac{n_A}{n} - p\right| < \varepsilon\right\} = 1 \tag{8-10}$$

可知，用于统计分布参数估计的随机样本数量 n 越多，统计样本出现频次与事件发生概率越接近，估计的统计分布参数越准确，估计分布也越接近真实分布。因此，在训练区域可形变 CFAR 检测中，用于估计 SAR 图像局部杂波统计分布的样本不再局限于周围邻域像素点，与检测点统计分布相似的样本均可以纳入计算以提高样本容量，进而使统计分布模型更接近真实分布。为了获得更多与某一检测点周围统计分布相似的杂波样本，引入 SAR 图像的结构特性，通过判别像素块与像素块之间的结构相似度，为优化统计分布参数估计提供更多样本。SAR 图像的结构特性提取主要依靠 Faster R-CNN 来完成，这一点将在下一节介绍。

在获得大量杂波样本之后，利用最大似然估计得到伽马分布的两个参数 α 和 λ。局部杂波分布模型参数估计完成之后，将估计参数代入统计分布模型中，可以得到概率密度函数为

$$f(x|\hat{\alpha}, \hat{\lambda}) = \frac{1}{\Gamma(\hat{\alpha})} \lambda^{\hat{\alpha}} x^{\hat{\alpha}-1} e^{-\hat{\lambda} x} \tag{8-11}$$

在给定图像恒虚警率 P_{fa}（假设检验显著性水平）的情况下，计算分割阈值 T（接受域或拒绝域），其计算公式为

$$\begin{aligned} cP_{\text{fa}} &= 1 - \int_0^T \frac{1}{\Gamma(\hat{\alpha})} \lambda^{\hat{\alpha}} x^{\hat{\alpha}-1} e^{-\hat{\lambda} x} \mathrm{d}x \\ &= 1 - F(T) \end{aligned} \tag{8-12}$$

式中，$F(\cdot)$ 表示概率分布函数，通过概率分布函数可求得显著性水平下对应的分割阈值。某一检测点的统计分布如图 8-4 所示，图 8-4（a）中的蓝色条形图为训练区域像素频次统计（归一化）；红色曲线为拟合伽马分布概率密度函数；红色竖线表示检测单元分割阈值 T，其右侧与概率密度函数围成的面积等于 P_{fa}。图 8-4（b）为拟合伽马概率分布函数，用于求分割阈值 T。

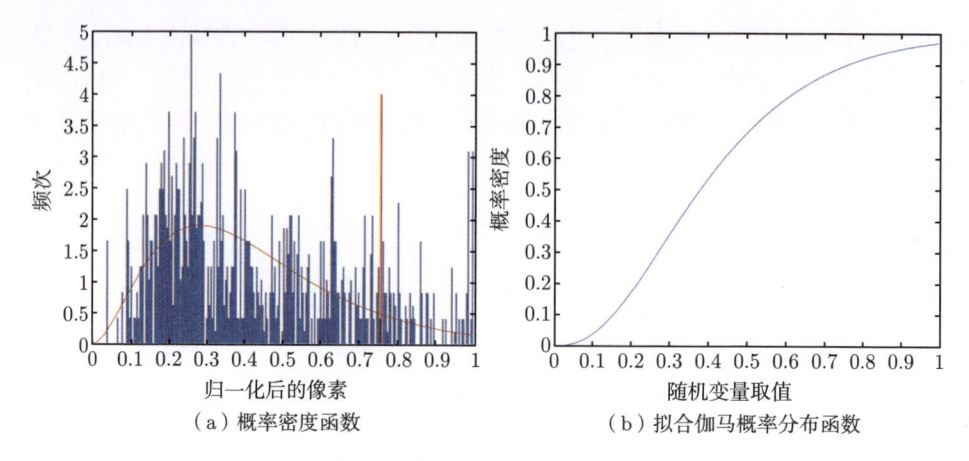

图 8-4 某一检测点的统计分布

获得分割阈值后,可以对假设进行判断。当 $T > \text{Test}$(假设检验的阈值)时,拒绝原假设 H_0,认为没有检测到目标信号;当 $T < \text{Test}$ 时,接受原假设 H_0,表示检测到目标信号。

8.2.2.3 从统计检测到结构检测的转变

CFAR 检测器将 SAR 图像舰船目标的检测过程当作离散信号的检测过程,检测单元为对单个像素点的检测,在一定程度上忽略了 SAR 图像的结构特性。因此,CFAR 检测器对 SAR 图像舰船目标的检测结果为像素二值分割图,对于同一目标物整体由哪些像素点构成,需要人为判定。而基于深度网络训练的检测器能够提取到与目标图像结构相关的特征,其对图像目标检测的结果通常以目标边界框的形式标定,对目标实例的整体结构性具有比较明确的定义。但是,这类检测器需要实例标注来指导训练,因此有必要建立从统计检测转变到结构检测的桥梁,通过统计检测为结构检测提供一些指导信息。

如前文所述,判断某个像素点是否为目标物像素点的依据是该像素点 Test 与分割阈值 T 之间的差值,因此利用两者之间的差值可以表示某个像素点属于目标物像素点的可能性,差值越大,代表某个像素点属于目标物像素点的可能性越大。为了方便计算,利用 Sigmoid 函数将该差值归一化至 $0 \sim 1$,归一化函数为

$$s(x) = \frac{1}{1+\mathrm{e}^{-ax}}, x = \text{Test} - T \tag{8-13}$$

式中,a 表示归一化参数,用以调整归一化过程中像素点的类内差距和类间差距。

获取的目标边界框如图 8-5 所示。其中,图 8-5(a)为某一场景的 SAR

图像；图 8-5（b）为分割阈值图，表示对这一场景下所有像素点对应阈的可视化；图 8-5（c）为像素点置信度图，表示 SAR 图像和阈值图做差后利用式（8-13）进行归一化得到的结果，由图可以看出，目标物所处位置置信度相对较高，呈现出高亮的形态；图 8-5（d）为分割图，表示 CFAR 检测结果，从该结果中可以看出，除了目标物被检出，无论是海面还是陆地，都有大量的杂波被检出，杂波与目标物在数学统计分布上相似，但在形态结构上存在差异；图 8-5（e）、(f) 分别为边界框和边界框置信度图。

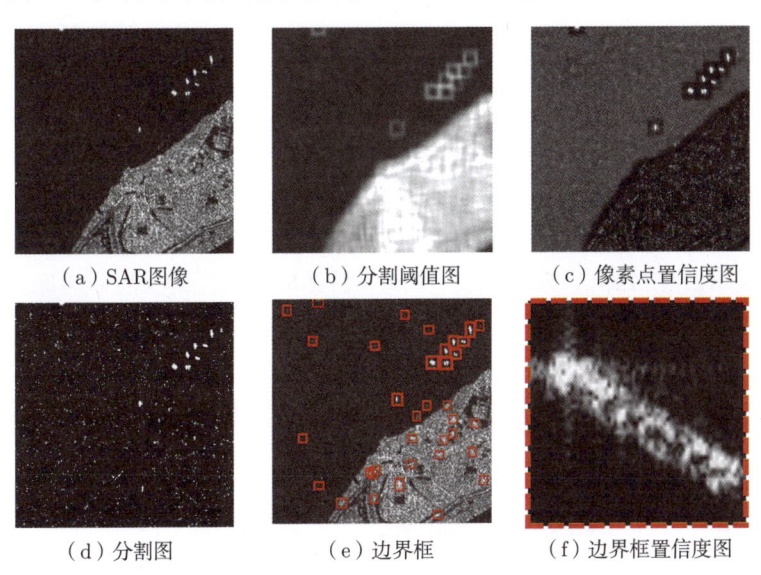

（a）SAR图像　　　（b）分割阈值图　　　（c）像素点置信度图

（d）分割图　　　（e）边界框　　　（f）边界框置信度图

图 8-5　目标边界框

为获取可用于训练 Faster R-CNN 的边界框，需要改进 CFAR，完成从二值分割图到目标框的转化，这个过程属于像素级到目标级的融合，难点在于如何将散点像素划分到同一实例中。在本章所提 USOD 方法中，将二值分割图内的连通域边界作为目标框。在海域中，除了少量停泊在港湾的舰船，绝大部分在海面行驶的舰船目标物之间间隔较远，因此在 SAR 图像中，不同目标物像素点交叠的情况不多。依靠连通域划分的区域能够包含目标物的大部分像素点，同时滤除连通域中较小的区域。然而，在 CFAR 检测过程中，可能会出现同一目标物的分割图不属于同一连通域的情况，因此将所有连通域外接矩形框的大小以一定的比例进行放大，可以保证目标物尽可能处于边界框内。此外，图像恒虚警率 P_{fa} 的大小也与连通域的大小有关，恒虚警率高，则检测为目标的像素点越大，连通域的面积也越大，所以在参数的设定上，不能选择太小的恒虚警率。

为了在边界框上体现目标物之间的差异，需要计算每个目标物的置信度。由于在 CFAR 检测中只能获得单点像素的置信度，因此在从统计检测到结构检测转变的过程中涉及像素级到目标级的融合。本章基于边界框和像素点的置信度，对边界框内的像素点置信度进行融合，得到边界框置信度。根据边界框的大小，通过目标框内所有的像素点计算边界框的整体置信度。通过计算置信度，获得目标物与虚警背景物在统计上的差距。

8.2.2.4 自适应检测单元

CFAR 检测器检测单元的改进如图 8-6所示。在 CFAR 检测器中，检测单元以滑动窗口的形式遍历每个像素点，在这个过程中，由于没有任何先验知识的介入，当检测单元靠近目标物边缘时，检测单元的保护区域不能将目标信号保护起来，造成在训练区域混入大量目标信号。在利用训练区域像素点估计杂波分布模型时，会造成伽马分布参数估计不准确，混入的目标信号会拉高阈值，造成测试点目标信号漏检，从而导致目标屏蔽效应的发生。对此，网络检测器可以为检测点提供更精确的保护区域，将目标信号保护起来。从图中可以看出，在改善后的检测单元的训练区域，杂波样本受到的干扰更小，因此在利用最大似然估计进行统计分布估计时，参数估计更加准确。

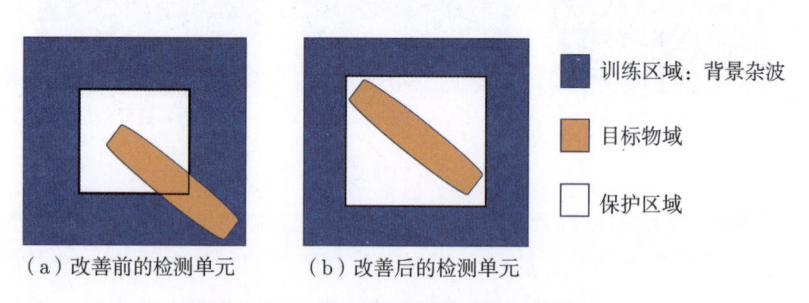

（a）改善前的检测单元　　（b）改善后的检测单元

图 8-6　CFAR 检测器检测单元的改进

8.2.3　无监督舰船检测网络构建

通过 CFAR 检测器获得像素点置信度和边界框置信度。经过这些后处理，可以实现 SAR 图像舰船目标检测从统计检测到结构检测的简单转换，实现目标检测从像素级到目标级的跨越。但仅通过像素连通域检测目标整体结构显然是不够的。虽然目标整体结构在 CFAR 检测器中被检出，但从图像结构特性（如形状）来看，边界框所包含的内容存在很大的差异。深度卷积神经网络在训练过程中通过卷积下采样可以获得比较高级的结构特征。为此，本节利用通过统计特性得到的边界框训练 Faster R-CNN 目标检测模型，并利用深度卷积神经网络在提取图像结构上的优势，向 CFAR 检测结果提供优化反馈，以降低 CFAR 检测结果的虚警率，同时经过循环迭代训练，获得鲁棒性较好、虚警率较低、实时性较好的深度网络检测模型。

知识蒸馏模型由 Teacher 网络和 Student 网络构成，Teacher 网络部分通常相对复杂，参数量比较大，而 Student 网络参数量较小。在训练过程中，以标签训练 Teacher 网络，以 Teacher 网络的输出指导训练 Student 网络。利用 Teacher 网络的输出得到的软标签在一定程度上能够体现类内差距，因此利用 Teacher 网络的输出训练得到的 Student 网络同样具备较强的泛化性能。本节用 CFAR 检测器替代 Teacher 网络，以 Faster R-CNN 检测器替代 Student 网络，利用 CFAR 检测器得到边界框和边界框置信度，训练 Faster R-CNN 检测器，通过进一步扩大杂波与目标之间的置信度差距降低虚警率，提高检测性能。

8.2.3.1 Faster R-CNN RPN 知识蒸馏

在 Faster R-CNN 结构中，区域生成网络（Region Proposal Network，RPN）的作用是为第二阶段的训练提供候选区域。Faster R-CNN RPN 训练如图 8-7 所示。在 RPN 中，特征提取网络经过卷积，可以得到两类输出，一类是代表目标框置信度的逻辑值，另一类是分别代表目标框位置和大小的输出。

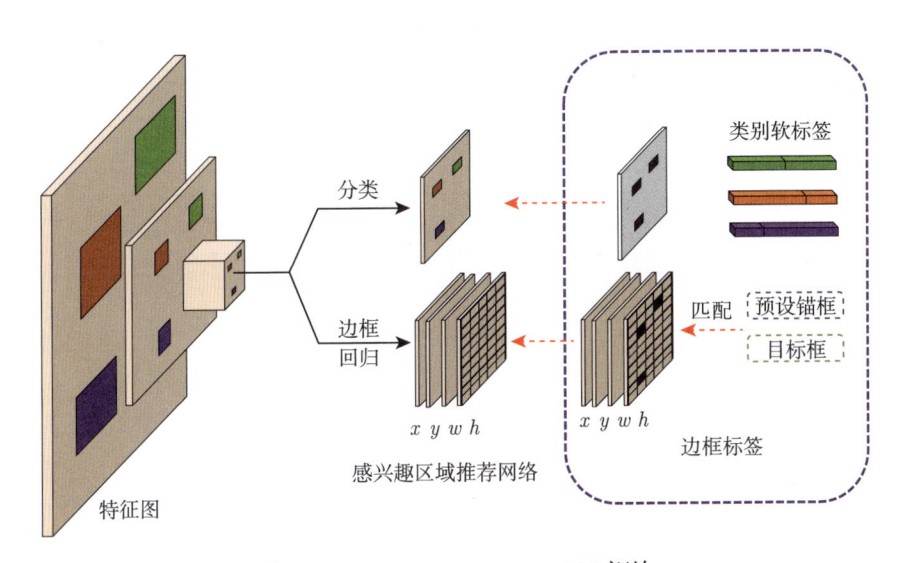

图 8-7 Faster R-CNN RPN 训练

注：图中的 x、y 代表边界框的中心；w、h 分别代表边界框的宽度和高度。

RPN 在知识蒸馏训练过程中，边界框回归部分与后文的式（8-15）相同，采用平滑 L_1 损失函数计算反向传播参数。候选边界框置信度在训练过程中采用软标签进行指导。

RPN 候选边界框普通标签、软标签及损失权重如图 8-8 所示。在软标签中，正样本标签由匹配对应的边界框代替，负样本标签由 0 代替（因为 CFAR 为高虚警率，为了降低虚警率，将背景处目标置信度设置为 0）。在原始特征金字塔网络（Feature Pyramid Network，FPN）中，置信度的部分损失值由二分类交叉熵损失函数得到。在 RPN 训练过程中，软标签以权重的形式加入二分类交叉熵损失函数中，可以得到损失函数

$$f_1(\hat{y}) = -\frac{1}{N} \sum_{j}^{N} w_j [y_j \log(\hat{y}_j) + (1-y_j) \log(1-\hat{y}_j)], \hat{y} \in [\epsilon, 1-\epsilon] \quad (8\text{-}14)$$

式中，y_j、$\hat{y}_j$ 分别表示 RPN 候选边界框普通标签和 RPN 对置信度的预测值；w_j 表示每个标签对应的损失权重。边界框回归损失通过平滑 L_1 损失函数计算，即

$$\text{smooth}L_1(T, P^*) = \begin{cases} 0.5(T-P^*)^2, |T-P^*| < 1 \\ |T-P^*| - 0.5, \text{其他} \end{cases} \quad (8\text{-}15)$$

式中，T、P^* 分别表示边界框大小和 RPN 候选边界框大小的预测值。RPN 损失可以表示为

$$L_{\text{RPN}} = f_1 + \text{smooth}L_1(T, P^*) \quad (8\text{-}16)$$

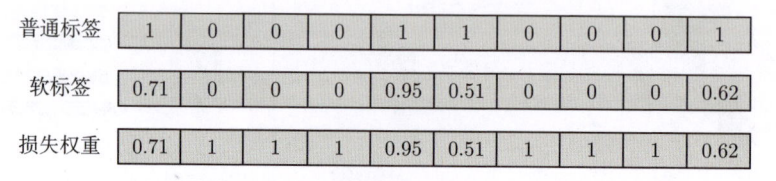

普通标签	1	0	0	0	1	1	0	0	0	1
软标签	0.71	0	0	0	0.95	0.51	0	0	0	0.62
损失权重	0.71	1	1	1	0.95	0.51	1	1	1	0.62

图 8-8 RPN 候选边界框普通标签、软标签及损失权重

8.2.3.2 Faster R-CNN 检测头知识蒸馏

Faster R-CNN 检测头逻辑值输出与 RPN 不同，推荐区域经过感兴趣区域池化后，将每个区域统一为大小相同的特征图，然后利用全连接进行分类，其最后的输出经 Softmax 函数处理后，得到每个类别对应的概率值。在对检测头进行知识蒸馏训练时，将 CFAR 检测部分得到的边界框置信度编码为与

One-hot 标签对应的软标签，取代 One-hot 标签指导训练。Faster R-CNN 分类标签如图 8-9 所示。在损失函数上，用 KL 散度代替多分类交叉熵损失函数，其损失计算公式为

$$f_1(\hat{y}) = -\frac{1}{N}\sum_i^N y_i(\log y_i - \hat{y}_i) \tag{8-17}$$

式中，$\hat{y}_i$ 表示检测头对分类概率的预测输出；y_i 表示分类概率软标签。

One-hot标签	负	1	0	0	1	1	1	0
	正	0	1	1	0	0	0	1
软标签	负	1	0.05	0.49	1	1	1	0.38
	正	0	0.95	0.51	0	0	0	0.62

图 8-9　Faster R-CNN 分类标签

图 8-10 为 Faster R-CNN 检测头训练，但图中仅展示了分类部分的训练结构，对于边框回归部分，与 RPN 相同，采用平滑 L_1 损失函数来计算。检测头总损失的计算公式为

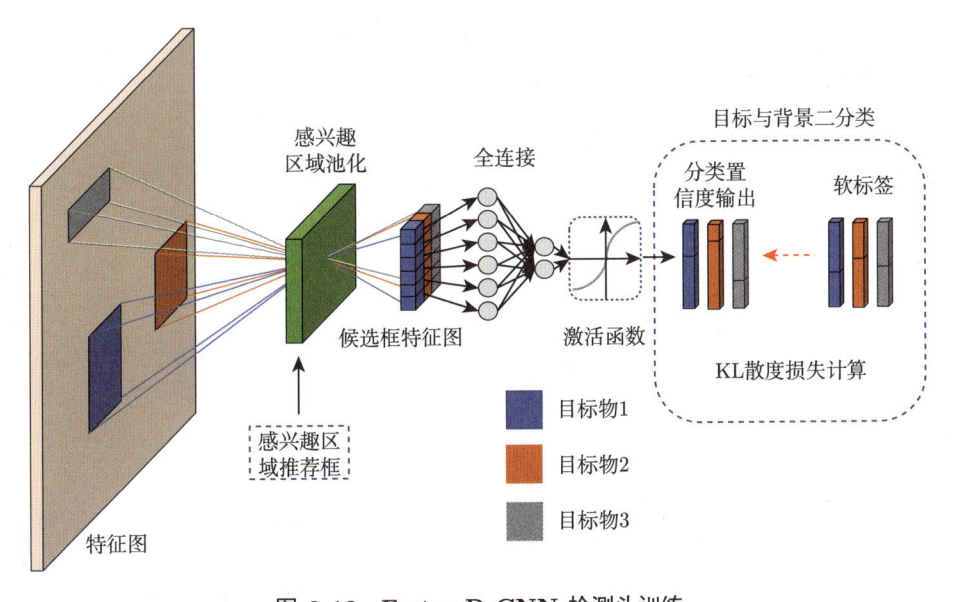

图 8-10　Faster R-CNN 检测头训练

$$L_{\text{ROIHead}} = f_1 + \text{smooth}L_1(T, T^*) \tag{8-18}$$

式中，$\text{smooth} L_1(T, T^*)$ 表示目标框与预测框之间的损失。

网络总损失 L 为 RPN 损失与 Faster R-CNN 检测头损失之和，计算公式为

$$L = L_{\text{ROIHead}} + L_{\text{RPN}} \tag{8-19}$$

8.3 实验结果与分析

为了评估 Faster R-CNN 的分类性能，使用部分 SAR 图像舰船检测数据集进行实验验证。与此同时，将本章所提方法（USOD 方法）和其他无监督检测方法进行对比，以验证本章所提方法的有效性。

8.3.1 基础数据集

首先，对数据集进行简要介绍。其次，在"哨兵一号" SAR 图像舰船检测数据集上对本章所提方法进行测试，并与其他无监督检测方法进行比较，以验证本章所提 USOD 方法在舰船目标检测上的优越性。本节实验所使用的数据集为"哨兵一号"SAR 图像舰船检测数据集将大场景图像切割成大小为 416×416 像素的图像进行计算。图 8-11 展示了河道、近岸、岛屿、远洋 4 种场景下的 SAR 图像数据。

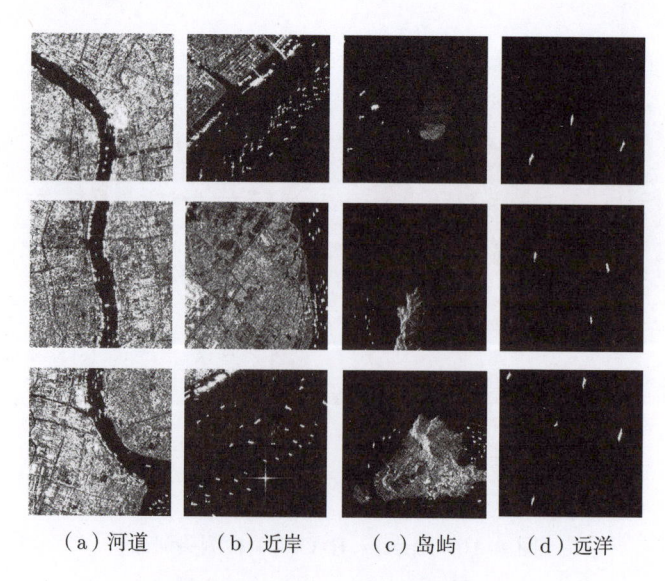

(a) 河道　　(b) 近岸　　(c) 岛屿　　(d) 远洋

图 8-11　部分 SAR 图像数据

8.3.2 实验细节

本章所提 USOD 方法以 Faster R-CNN 为基准，检测结果为目标级检测。由于本节实验所对比的分类方法均为统计检测领域的方法，均为像素级检测，检测框根据像素连通域外包框得到，无法得到与目标级检测统一的检测框置信度，也无法完成准确率与召回率关系曲线的绘制，因此不能进行平均准确率或平均准确率均值的计算。本节实验所使用数据标注为真值（Ground-Truth）目标边界框，因此也不能使用像素级检测的品质因数（Figure of Merit，FOM）指标。综上所述，本次实验采用目标级检测的 FOM 作为评价指标，其中 FOM 的计算公式为

$$\text{FOM} = \frac{N_{\text{dt}}}{N_{\text{gt}} + N_{\text{fa}}} \tag{8-20}$$

式中，N_{dt} 表示检测到的正确目标个数，一般认为，当检测框与真值的交并比（Intersection of Union，IOU）大于 0.5 时，表示检测正确；N_{gt} 表示数据集中包含的目标个数；N_{fa} 表示检测为虚警的目标个数，一般认为，当检测框与真值的 IOU 小于 0.5 时，表示检测为虚警。在实验中，由于物体位置与大小缺乏监督信息，仅依靠像素连通域外包框获得，与目标真实边界框存在很大的差距，因此设定 IOU 分别为 0.3 和 0.4 来参与评价。从式（8-20）中可以看出，N_{gt} 的值固定，如果检测器性能好，应该具有较高的查全率和检测率。也就是说，检测正确的目标数越多，N_{dt} 与 N_{gt} 越接近；虚警目标越少，N_{fa} 与 0 越接近，检测性能越好。

8.3.3 结果分析

本章所提 USOD 方法对检测器性能的提升主要基于两个方面。一是利用知识蒸馏模型，以 CFAR 检测器代替 Teacher 网络，以 Faster R-CNN 检测器代替 Student 网络，通过软标签训练的方式扩大虚警杂波与舰船目标物之间的差距。二是利用自适应检测单元对杂波分布模型参数进行估计，通过 Faster R-CNN 训练得到的检测模型，在一定程度上可以获取图像结构信息，在降低虚警的同时获得更准确的检测框，以该检测框作为 CFAR 检测器检测单元的保护区域，可以减少杂波样本内的目标样本，重新对杂波分布模型参数进行估计，使参数估计更加准确，从而使两种检测器通过迭代达到相互优化的目的。本节将通过大量的消融实验说明本章所提 USOD 方法的有效性。

8.3.3.1 知识蒸馏模型消融

为了验证使用知识蒸馏模型能够扩大虚警杂波与目标物之间的差距，设计了两组实验进行对比。一组在得到 CFAR 检测器对 SAR 图像的舰船目标检测结果之后，不对边界框置信度做计算，直接用普通标签对网络进行训练。另一组对 CFAR 检测器的检测结果进行边界框置信度计算，将其当作软标签，对网络进行训练测试。

8.3.3.2 自适应检测单元消融

为了验证自适应检测单元有助于提升检测器性能，同样设计了两组实验进行对比。一组在得到 Faster R-CNN 检测器的检测结果之后，对 CFAR 检测器进行第二次迭代时，用 Faster R-CNN 检测框代替单元的保护区域，防止目标物像素参与参数估计。另一组不对 CFAR 检测器重新进行迭代，在对 Faster R-CNN 检测器进行训练时，每次迭代的监督信息都基于 CFAR 检测器第一次的检测结果获得。

表 8-2～ 表 8-4分别展示了检测器预测的目标框与真实目标框的 IOU 大于 0.5、0.4、0.3 情况下的检测器性能，检测性能最优者以加粗字体显示。注意，表中的软标签与普通标签并不是真实标注，而是通过 CFAR 检测器得到的伪标注。表中的"反馈"和"无反馈"分别指 CFAR 检测器在迭代过程中使用与未使用 Faster R-CNN 检测框作为自适应检测单元。

表 8-2　不同模块下的检测器性能（IOU>0.5）

模块组合	目标个数	检测正确个数	虚警个数	FOM
软标签 + 反馈	1054	586	739	**0.3268**
普通标签 + 反馈	1054	618	2287	0.1850
软标签 + 无反馈	1054	526	1487	0.2070
普通标签 + 无反馈	1054	567	3257	0.1315

表 8-3　不同模块下的检测器性能（IOU>0.4）

模块组合	目标个数	检测正确个数	虚警个数	FOM
软标签 + 反馈	1054	791	534	**0.4981**
普通标签 + 反馈	1054	835	2070	0.2673
软标签 + 无反馈	1054	759	1254	0.3289
普通标签 + 无反馈	1054	792	3032	0.1938

表 8-4 不同模块下的检测器性能 （IOU>0.3）

模块组合	目标个数	检测正确个数	虚警个数	FOM
软标签 + 反馈	1054	880	445	**0.5871**
普通标签 + 反馈	1054	950	1955	0.3157
软标签 + 无反馈	1054	887	1126	0.4069
普通标签 + 无反馈	1054	929	2895	0.2352

对比表 8-2～表 8-4 中"软标签 + 无反馈""普通标签 + 无反馈"两组数据，可以看到在同等无反馈条件下，使用软标签训练得到的 FOM 均高于使用普通标签训练得到的 FOM；在目标物检测正确的个数上，使用普通标签训练的检测器高于使用软标签训练的检测器。但是，在损失相对较少的检测正确个数的前提下，在目标物虚警个数上，使用软标签训练的检测器可以大幅降低虚警个数。对比"软标签 + 反馈""普通标签 + 反馈"两组数据，同样可以得到上述结论。因此，两组实验证明，利用 CFAR 检测器提供的软标签训练 Faster R-CNN 检测器可以扩大目标物与虚警杂波之间的差距。在以不可避免地损失少量目标物的前提下，使用该方法能够有效抑制虚警现象。

对比表 8-2～表 8-4 中"软标签 + 反馈""软标签 + 无反馈"两组数据，可以发现，在检测正确个数不变或略微有所提升的前提下，增加反馈后的网络同样能够大幅降低虚警目标个数。综合评价指标 FOM 也有较大的提升。对比"普通标签 + 反馈""普通标签 + 无反馈"两组数据，同样可以得到上述结论。两组实验证明，利用 Faster R-CNN 检测框代替 CFAR 检测单元，减少杂波分布模型估计中的目标样本数量，实现检测单元大小自适应，对于提升检测器性能是有效的。

8.3.3.3 检测方法性能评估

接下来将本章所提 USOD 方法与其他无监督检测方法进行比较，以说明前者在无监督 SAR 舰船目标检测任务中的优越性。在无监督舰船目标检测中，绝大部分检测方法为基于极化特性或统计特性的方法，本章采用的数据为单极化 SAR 图像，恒虚检测模块采用的检测方法为统计分布下的 CFAR 检测。对比方法有 CFAR-Gamma、CA-CFAR、GOCA-CFAR 和 SOCA-CFAR，设置恒虚警率 $P_{\text{fa}} = 0.04$。

表 8-5～表 8-7 为各检测方法的检测性能比较，其中检测性能最优者以加粗字体显示。由表可知，本章所提 USOD 方法在"哨兵一号" SAR 图像舰船

检测数据集上表现出了良好的性能。从目标检测正确个数来看，IOU 值越大，USOD 方法的检测正确个数相对于其他无监督检测方法越好；从目标虚警个数来看，USOD 方法下目标物虚警个数最少；从综合评价指标 FOM 来看，USOD 方法在该指标上也是最高的。相比其他无监督检测方法，USOD 方法在性能上有了很大的提升，能够降低虚警目标个数。此外，在检测器检测速度上，由于 USOD 方法依靠卷积网络前向传播完成检测，其他无监督检测方法基于滑窗的手段，所以 USOD 方法在检测速度上要远远快于其他无监督检测方法。

表 8-5 各检测方法的检测性能比较（IOU>0.5）

对比方法	检测正确个数	虚警个数	FOM	检测时间/（秒/张）
CFAR-Gamma	474	6936	0.0593242	108.2088
CA-CFAR	374	1278	0.1603774	1.2457
GOCA-CFAR	269	1192	0.1197685	1.4667
SOCA-CFAR	481	1712	0.1738973	1.2600
USOD	**586**	**739**	**0.3268265**	**0.1208**

表 8-6 各检测方法的检测性能比较（IOU>0.4）

对比方法	检测正确个数	虚警个数	FOM	检测时间/（秒/张）
CFAR-Gamma	773	6637	0.1005071	108.2088
CA-CFAR	616	1036	0.2947368	1.2457
GOCA-CFAR	512	949	0.2556166	1.4667
SOCA-CFAR	691	1502	0.2703443	1.2600
USOD	**791**	**534**	**0.4981108**	**0.1208**

表 8-7 各检测方法的检测性能比较（IOU>0.3）

对比方法	检测正确个数	虚警个数	FOM	检测时间/（秒/张）
CFAR-Gamma	**981**	6429	0.1310972	108.2088
CA-CFAR	778	874	0.403527	1.2457
GOCA-CFAR	692	769	0.3795941	1.4667
SOCA-CFAR	849	1344	0.354045	1.2600
USOD	880	**445**	**0.587058**	**0.1208**

8.4 本章小结

本章针对数据源只包含无标注样本的情形，提出了基于 SAR 图像统计特性和结构特性融合的无监督 SAR 舰船目标检测方法，即 USOD 方法。该方法以统计分布为驱动，通过恒虚检测获得大量虚警边界框，通过像素级到目标级的融合计算，得到边界框软标签，以 Faster R-CNN 检测器为基础训练框架，构建知识蒸馏训练模型。通过训练该模型，优化 CFAR 检测器的检测结果，同时以网络训练优化的结果为指导，选择下一步迭代时用于估计伽马分布参数的样本，从而实现两种检测器之间的相互优化。当迭代条件满足整体虚警率小于一定值时，获得经过多次迭代训练的网络检测模型。在"哨兵一号" SAR 图像舰船检测数据集上进行的大量实验表明，本章所提 USOD 方法在检测速度和检测性能上都优于绝大多数无监督检测方法。

第 9 章
异质遥感图像无监督变化检测

9.1 引言

  遥感图像变化检测是地球观测的重要技术手段之一，在环境调查、城市发展研究、土地利用监测、灾害评估等方面有广泛的应用，其核心是通过联合分析不同时间的两张或两张以上地理场景图像探测和识别地球表面发生的变化。无监督变化检测技术由于能够在不依赖人工处理和真值的情况下有效探测和识别变化区域而变得越来越重要。有很多研究致力于实现遥感图像变化检测，而且新的变化检测方法不断出现。但是目前绝大多数变化检测方法都是针对同质图像展开的。与同质图像相比，异质遥感图像的变化检测要难得多，因为相同的目标在不同的异质图像中其特性会表现出较大的差异。目前也有研究人员做了一些异质遥感图像变化检测工作。然而，其所使用的变化检测方法的性能依赖提取的特征，忽略了图像的整体空间关系。此外，这些变化检测方法没有提供一个解决方案的框架。

  针对异质遥感图像的变化检测，本章提出一种基于图像翻译的异质遥感图像无监督变化检测（Unsupervised Change Detection，USCD）方法。首先将一个图像翻译成另一个图像的像素空间，从而将问题转移到同质图像的变化检测上，然后通过减法计算从同质图像中提取差异图像，最后利用其他技术从差异图像上检测变化。这样可以将同质图像的变化检测技术与基于异质图像的任务统一起来，其中一个核心问题是如何实现图像的同质化。给定在不同日期拍摄的异质图像 X 和 Y，假设 X 代表事件前 SAR 图像，Y 代表事件后光学图像。循环生成对抗网络（CycleGAN）首先使用给定的一对图像（X 和

$\mathcal{Y}$）学习映射关系，并将 X 从其原始特征空间（SAR 特征空间）翻译到另一个特征空间（光学特征空间）。翻译后的图像命名为 Y'，代表（可能的）事件前光学图像。这样做可以生成翻译后的事件前光学图像 Y' 和事件后光学图像 Y 之间的差异图像 $\mathcal{D}$。然后，$\mathcal{D}$ 被分为变化部分和未变化部分，利用 k 均值技术从这两部分中选择一些显著变化和未变化的像素对。使用这些像素对学习一个二元分类器，其他未被选择的像素对将被这个分类器分类，得到最终的变化检测结果。

9.2　USCD 方法介绍

本节试图为检测异质遥感图像的变化提供一个通用的指导，使同质图像的变化检测技术与基于异质图像的任务相一致。在这一背景下，本节提出了基于图像翻译的 USCD 方法。该方法的总体流程如图 9-1 所示。

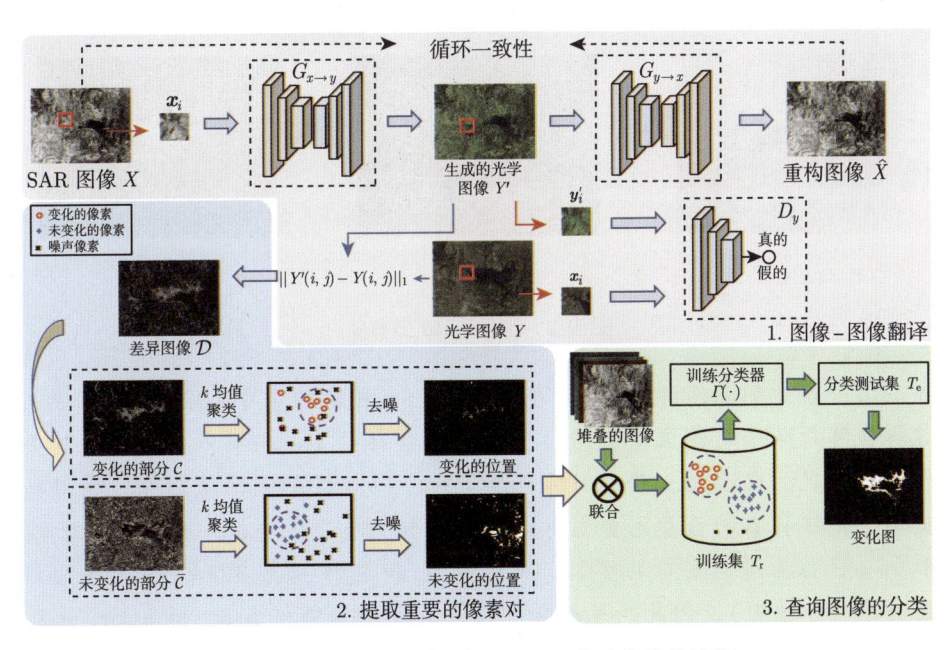

图 9-1　基于图像翻译的 USCD 方法的总体流程

9.2.1　图像–图像翻译

与传统的图像–图像翻译不同，CycleGAN 不需要成对的图像来训练网络映射 G。换句话说，只需要在 $\mathcal{X}$ 域和 $\mathcal{Y}$ 域分别收集一些样本即可。训练网络所需的额外/非给定图像有时很难获得或需要付出巨大的代价才能获得。为了解决这个问题，本节将介绍自采样无监督学习。其核心是训练一个比给定图像小得多的网络映射 G，用它来实现子图像的翻译。通过这种方式，可以直接在给定的事件前 SAR 图像 X 和事件后光学图像 Y 中分别收集训练样本（子图像）。然后利用学习到的映射网络将 SAR 图像 X 从其原始特征空间（SAR 特征空间）翻译到另一个特征空间（光学特征空间）。下面用一个直观的例子来简述这个过程。

【例 9-1】给定 Sardinia 数据集，如图 9-2 所示。其中 SAR 图像 X 和光学图像 Y 捕获了撒丁岛（意大利）的湖泊变化情况。现在有以下信息：SAR 图像 X 是由 Landsat-5 卫星拍摄的，于 1995 年 9 月获取；光学图像 Y 是 1996 年 7 月由谷歌地球（Google Earth）软件拍摄的。两者分别如图 9-2（a）和图 9-2（b）所示。两幅图像的尺寸都是 327×239 像素。图 9-2（c）则描述了通过实地调查获得的地面真实图像。图像-图像翻译可以分为两个步骤。

（a）1995 年获得的 SAR 图像 X （b）1996 年获得的光学图像 Y （c）地面真实图像

图 9-2 Sardinia 数据集

第一步是训练网络映射 G，它要小于给定图像的尺寸（327×239 像素）。这样做可以从给定图像（X 和 Y）中收集训练样本。网络映射的大小取决于具体情况。在这里，考虑训练一个 128×128 像素的网络映射 G，因为我们希望训练样本的数量不要太少，而且样本之间存在差异。基于上述原则，取 $\alpha=8$ 作为滑动窗口的步长，然后从 X 和 Y 中收集 128×128 像素的训练样本（子图像）。因此，可以分别收集 390 个训练样本 $\boldsymbol{x}_i$ 和 $\boldsymbol{y}_i$，$\boldsymbol{x}_i \in X$，$\boldsymbol{y}_i \in Y$，$i=1,2,\cdots,390$。

第二步是将 SAR 图像 X 翻译成光学图像 Y'。在获得这些训练样本（$\boldsymbol{x}_i$ 和 $\boldsymbol{y}_i$）后，可以训练网络映射 $G_{\mathcal{X}\to\mathcal{Y}}$（$G_{\mathcal{Y}\to\mathcal{X}}$），然后用它来将疑问图像 X 从 $\mathcal{X}$ 域中翻译成分布在 $\mathcal{Y}$ 域中的（可能的）事件前光学图像 Y'。这一步的核心是将疑问图像 X 切割成几个大小相同（128×128 像素）的子图像，称为 $\boldsymbol{x}_\ell$，然后将翻译后的子图像拼接起来，称为 $\boldsymbol{y}'_\ell$，以生成新图像 Y'。翻译过程

可以定义为

$$\boldsymbol{y}'_\ell = G_{\mathcal{X} \to \mathcal{Y}}(\boldsymbol{x}_\ell) \tag{9-1}$$

式中，$\mathcal{Y}$ 域的 $\boldsymbol{y}'_\ell$ 代表 $\boldsymbol{x}_\ell$ 的映射图像，$G_{\mathcal{X} \to \mathcal{Y}}$ 是从 $\mathcal{X}$ 域到 $\mathcal{Y}$ 域的网络映射。对于图 9-2（a）中大小为 327×239 像素的 SAR 图像 X，取 $\alpha = 128$ 作为滑动窗口的步长，然后收集 6 个子图像，尺寸为 128×128 像素。也就是说，可以得到 6 个翻译后的子图像 $\boldsymbol{y}'_\ell, \ell = 1, 2, \cdots, 6$。通过在 $\mathcal{Y}$ 域拼接这些子图像 $\boldsymbol{y}'_\ell$，得到 X 的映射图像 Y'。在这个过程中，中值滤波被用来在子图像的交界处进行平滑处理。因此，可以得到生成的事件前光学图像 Y'，并通过与事件后光学图像 Y 的比较生成差异图像。在这种情况下，图像在转换后不会改变地面物体。例如，如果在事件前图像中存在一些地面物体，但在事件后图像中没有，那么由 CycleGAN 生成的事件前图像将包含这些地面物体。图 9-3 展示了图像–图像翻译的工作流程。

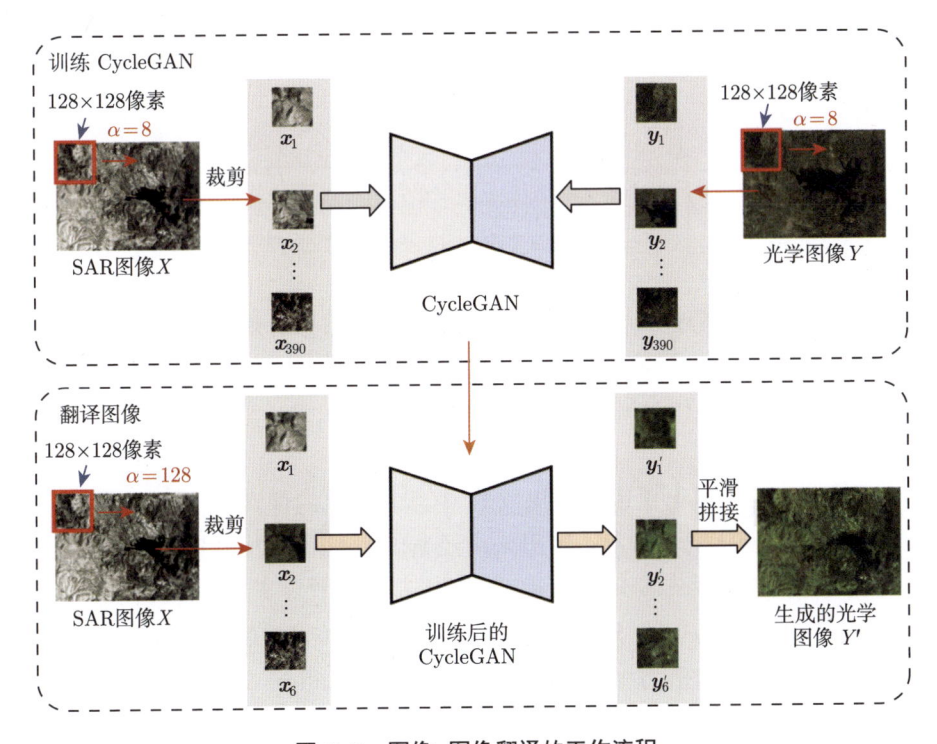

图 9-3　图像–图像翻译的工作流程

9.2.2 提取显著变化/未变化的像素对

Y' 和 Y 在同一个域 $\mathcal{Y}$ 中,它们分别代表事件发生前和事件发生后的光学图像,通过计算 Y' 和 Y 之间的像素距离,可以得到差异图像 $\mathcal{D}$,计算公式为

$$\mathcal{D}(i,j) = |Y'(i,j) - Y(i,j)| \tag{9-2}$$

式中,$\mathcal{D}$ 代表差异图像,其被视为两个输入图像之间的像素差;$|\cdot|$ 是绝对值运算符号。光学图像的每个像素包含 3 个通道的值,像素差是 3 个对应通道之间的绝对值差异的平均值。因此,差异图像 $\mathcal{D}$ 中的值都是正值,较大的值意味着对应的像素更明显。

差异图像 $\mathcal{D}$ 可以用来初步判断变化/未变化区域,但是它不能作为最终的分类结果,原因是 Y' 和 Y 的成像机制不同,Y' 的质量与生成网络的可靠性有关。因此,差异图像 $\mathcal{D}$ 中可能存在一些噪声。为了提取显著变化/未变化的像素对,可以通过一个阈值将差异图像 $\mathcal{D}$ 分为变化的和未变化的两部分,定义如下。

$$\begin{cases} \mathcal{C} = \{\mathcal{D}(i,j) | \mathcal{D}(i,j) > \phi\}, \mathcal{C} \subseteq \mathcal{D} \\ \overline{\mathcal{C}} = \{\mathcal{D}(i,j) | \mathcal{D}(i,j) \leqslant \phi\}, \overline{\mathcal{C}} \subseteq \mathcal{D} \end{cases} \tag{9-3}$$

式中,$\mathcal{C}$ 是变化部分的差异值集合;$\overline{\mathcal{C}}$ 是未变化部分的差异值集合。ϕ 作为阈值控制属于 $\mathcal{C}$ 和 $\overline{\mathcal{C}}$ 的元素数量,即 $\mathcal{C} \cap \overline{\mathcal{C}} = \varnothing$ 且 $\mathcal{C} \cup \overline{\mathcal{C}} = \mathcal{D}$。例如,对于 $\phi = 100$,$\mathcal{D}(i,j) = 150$ 将被分配到集合 $\mathcal{C}$,而 $\mathcal{D}(i,j) = 50$ 将被分配到集合 $\overline{\mathcal{C}}$。

基于以上分析,可以进一步提取 $\mathcal{C}$ 中显著变化的像素对,同时对称地提取 $\overline{\mathcal{C}}$ 中显著未变化的像素对。这里采用经典的 k 均值方法来执行二元分类任务,以提取 $\mathcal{C}$ 中显著未变化的像素对为例,提取过程定义如下。

(1)初始化中心矩阵 $\boldsymbol{S}^* = \{v_1, v_2\}$,取 $k = 2$(聚类的数量)。

(2)采用 k 均值方法对集合 $\mathcal{C}$ 进行聚类,得到真正的聚类中心 v_1 和 v_2。

(3)计算样本到聚类中心 v_1 的距离,并选择一些相距较近的样本作为显著未变化的样本(像素)。

(4)根据这些被选中的样本提取显著未变化的像素对。

这样做可以对称地提取集合 $\mathcal{C}$ 中显著变化的像素对，但需要从远离 0 分布的集群中选择。由于异质遥感图像的变化范围往往很大，孤立的变化/未变化的像素点一般不会出现。在这种情况下，在获得显著变化的像素点位置后，可以根据邻居信息进一步过滤，以获得非孤立的显著变化/未变化的像素点。本节采取二次滤波的方法。

9.2.3 图像分类

根据获得的显著变化/未变化的像素对，可以从 SAR 图像 X 和光学图像 Y 中快速提取相应的像素。因此，异质数据变化检测被转化为经典的二元分类问题。在这种情况下，核心元素包含 3 个：训练集 T_r、测试集 T_e 和基本分类器 $\Gamma(\cdot)$。这里，假设训练集 $T_r = \{t_1, t_2, \cdots, t_n\}$ 由 SAR 图像 X 和光学图像 Y 堆叠而成的显著变化/未变化的像素对组成，即 T_r 包含两种信息：显著变化和未变化的训练样本 $t_i, i = 1, \cdots, n$。t_i 是由同一位置的像素值组成的四维向量。测试集 $T_e = \{t'_1, t'_2, \cdots, t'_{n'}\}$ 由其他像素对（在 X 和 Y 中要检测的未知像素）组成，$n + n' = N$，其中 N 是给定图像的行数和列数的乘积。疑问样本 $t'_{i'}$ 在 T_e 中的分类结果由以下公式给出。

$$P_{i'} = \Gamma(t'_{i'} \in T_e | T_r), i' = 1, 2, \cdots, n' \tag{9-4}$$

式中，$\Gamma(\cdot)$ 是所选择的分类器；$P_{i'}$ 是疑问样本 $t'_{i'}$ 的分类结果。$P_{i'}$ 的输出形式与所选择的分类器有关。本节选择 RF 分类器，因为它通常具有良好的分类性能、卓越的稳定性和良好的抗噪性。当然，用户也可以选择其他基本分类器，如 NB 分类器和 KNN 分类器。

可以看到，基本分类器是利用从差异图像中选出的显著变化和未变化的像素对来学习的，其他未被选中的像素对对基本分类器的学习没有影响。然后，该基本分类器被直接用于将像素对的原始值划分为变化或未变化的类别。这样做可以减小差异图像中的噪声影响。因此，本章所提 USCD 方法的最终变化检测结果对差异图像来说是相对稳定的。

查询图像的分类流程如图 9-4 所示。本章所提 USCD 方法的伪代码如算法 9-1 所示。

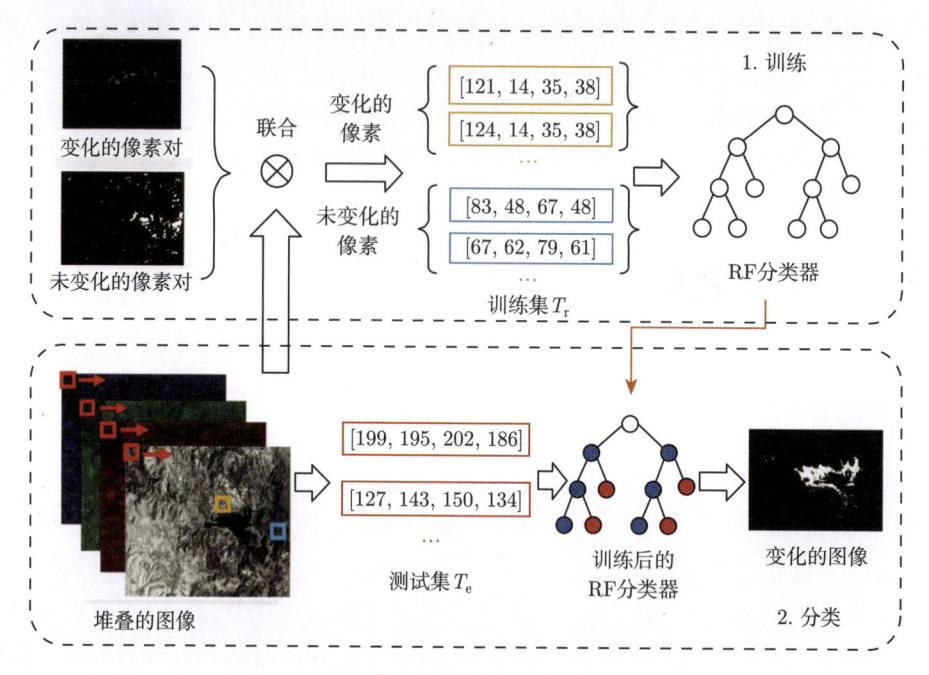

图 9-4 查询图像的分类流程

算法 9-1 USCD 方法的伪代码

input: 异质图像 X 和 Y；选择的分类器 $\Gamma(\cdot)$；给定的参数 ϕ。

 step1: 用滑动窗口和步长 α 收集 $\boldsymbol{x}_i$ 与 $\boldsymbol{y}_i$；

 step2: 训练网络映射 $G_{\mathcal{X}\to\mathcal{Y}}(G_{\mathcal{Y}\to\mathcal{X}})$。

 step3: 用式（9-1）获得生成的图像 Y'。

 step4: 用式（9-2）计算差异图像 $\mathcal{D}$，用式（9-3）将其分为变化的部分 $\mathcal{C}$ 和未变化的部分 $\bar{\mathcal{C}}$。

 step5: 用 k 均值方法提取显著变化/未变化的像素对。

 step6: 使用给定的 X 和 Y 获得训练集 T_r。

 step7: 用式（9-4）对测试集 T_e 进行分类。

 step8: 输出每个像素对的类别标签。

output: 变化图。

选择参数的指导原则为：在实际应用中，选定的显著变化的样本数量 n_1 和选定的显著未变化的样本数量 n_2 对变化检测的结果都很重要。一般来说，如果 n_1 和 n_2 的值太小，所选的像素对不足以学习一个有效的分类器，而这个分类器是用来处理其他像素对的。如果 n_1 和 n_2 的值太大，会带来一些噪声，这对分

类器的学习和检测结果是有害的。在实际应用中，n_1 和 n_2 的值应该接近，以避免不平衡现象。基于上述原则，根据明显变化的聚类与明显未变化的聚类中的样本数量来选择 n_1 和 n_2 的值，称为 N_1 和 N_2。这两个聚类分别由 k 均值方法产生。对于给定的异质数据，变化的区域通常小于未变化的区域。因此，建议在大多数情况下将 $n_1 = 0.2N_1$ 和 $n_2 = 0.1N_2$ 作为默认值。例如，N_1 对应于聚类中心 v_1 的集群中的样本数。理论上，差异图像的像素变化范围是 0~255，但在图像转换过程中会产生噪声，$\mathcal{D}$ 中的大多数元素不会集中在两端。因此，参数 ϕ 的值不能太小，否则可能导致部分噪声被分配到集合 $\mathcal{C}$ 中；ϕ 的值也不能太大，否则可能导致显著变化的样本数量不足。这里推荐将 $\phi \in [105, 135]$ 和 $\phi = 125$ 作为默认值。

9.3 实验结果与分析

本节将评估 USCD 方法的有效性，并研究参数 ϕ、α 和滑动窗口的大小可能对该方法性能产生的影响。同时，将 USCD 方法与现有的一些分类方法进行比较，以证明其优越性。

9.3.1 基础数据集

在实验验证中，使用 4 个数据集来证明本章所提 USCD 方法的有效性。

1. Gloucester 数据集

图 9-5 为 Gloucester 数据集，其中包含一对异构图像，具体为一幅 ERS 图像和一幅 SPOT 图像，两者大小相同，均为 1318×2359 像素。图 9-5（a）为 ERS 图像，拍摄于 1999 年 10 月英国格洛斯特郡。图 9-5（b）为 SPOT 图像，于 2000 年在同一位置获得，其由 3 个光谱波段组成，反映了洪水灾害后的痕迹。图 9-5（c）为地面真值图，是利用专家知识和先验信息进行人工标注生成的。

2. 曙光村数据集

图 9-6 为曙光村数据集，它由一幅 SAR 图像和一幅 RGB 光学图像组成，记录了中国山东省东营市曙光村的城市发展情况。图 9-6（a）为 SAR 图像，由 Radarsat-2 卫星拍摄于 2008 年 6 月。图 9-6（b）为 RGB 光学图像，拍摄于 2013 年 9 月，图像来源为谷歌地图。两幅图像的大小都是 264×472 像素。图 9-6（c）为地面真值图，是利用先验信息进行人工标注生成的。

3. Sardinia 数据集

Sardinia 数据集如图 9.7 所示。该数据集由一幅 TM 图像和一幅光学图像组成，分别如图 9.7（a）和图 9.7（b）所示。其中，TM 图像由 Landsat-5 卫星拍摄于 1995 年 9 月，光学图像由谷歌地球拍摄于 1996 年 7 月。这两幅图像记录了意大利撒丁岛湖泊的演变过程。两者的大小都是 412×300 像素。图 9.7（c）为地面真值图，是通过实地调查描绘的地面真实变化情况。

4. 武汉数据集

图 9-8 为武汉数据集，它由一幅 SAR 图像和一幅 RGB 光学图像组成，记录了中国武汉市的城市变化。9-8（a）为 SAR 图像，由 Radarsat-2 卫星拍摄于 2008 年 6 月。图 9-8（b）为 RGB 光学图像，拍摄于 2011 年 11 月，图像来源为谷歌地图。两幅图像的大小相同，都是 300×300 像素。图 9-8（c）为地面真值图，是通过实地考察得到的。

（a）1999年获得的 ERS 图像　　（b）2000 年获得的 SPOT 图像　　（c）地面真值图

图 9-5　Gloucester 数据集

（a）2008 年获得的 SAR 图像　　（b）2013 年获得的 RGB 光学图像　　（c）地面真值图

图 9-6　曙光村数据集

(a) 1995 年获得的 TM 图像　　(b) 1996 年获得的光学图像　　(c) 地面真值图

图 9-7　Sardinia 数据集

(a) 2008 年获得的 SAR 图像　　(b) 2011 年获得的 RGB 光学图像　　(c) 地面真值图

图 9-8　武汉数据集

9.3.2　相关分类方法

基于异构图像的变化检测是近几十年来的研究热点。本节将本章所提 USCD 方法与后分类比较（Postclassification Comparison，PCC）方法、迭代重加权–多变量变化检测（Iterative Reweighted-Multivariate Alteration Detection，IR-MAD）方法、迭代耦合字典学习（Iterative Coupled Dictionary Learning，ICDL）方法和对称卷积耦合网络（Symmetric Convolutional Coupling Network，SCCN）方法进行比较。其中，PCC 方法首先将异构图像独立分为若干类，然后比较区域或像素的类别来识别变化，其性能主要依赖分类器。IR-MAD 方法是一种针对双时相图像的分类方法，能够有效地捕捉像素的变化信息。其通过迭代重新分配权值，变化较小的观测值将被分配较大的权值。ICDL 方法和 SCCN 方法都将一对异构图像转换到公共领域，然后直接对两幅图像进行比较，得到差异图像。与这几种分类方法不同的是，本章所提 USCD 方法将图像在像素空间从一个领域转换到另一个领域。这样做可以将检测异质图像变化的问题转化为检测同质图像变化的问题。在实验中，对上述几种分类方法的所有参数都使用默认值。

为了准确评价本章所提 USCD 方法的有效性,将变化检测结果描述为二值图像,其中白色像素表示变化区域,黑色像素表示未变化区域。为了得到结果的定量分析,采用如下评价指标:假阴性(False Negative, FN)、假阳性(False Positive, FP)、综合误差(Overall Error, OE)、总体准确率(OA)、Kappa 系数(KC)等。FN 表示参考图像中真正发生变化但被错误地分类到未变化区域的像素数。相比之下,FP 代表没有发生变化但被错误地划分到变化区域的像素数。OE 可以用 FN + FP 计算,OA 可以用下式计算。

$$\mathrm{OA} = \frac{\mathrm{TP} + \mathrm{TN}}{\mathrm{TP} + \mathrm{TN} + \mathrm{FP} + \mathrm{FN}} \tag{9-5}$$

式中,TN 表示正确分类到未变化区域的像素数;TP 表示正确分类到变化区域的像素数;OA 表示结果的总体准确率。然而,当样本数量不平衡时,OA 很难准确地反映出不同分类方法的性能。因此,KC 常被用作变化检测的另一个基本指标,其定义为

$$\mathrm{KC} = \frac{\mathrm{OA} - \mathrm{PRE}}{1 - \mathrm{PRE}} \tag{9-6}$$

式中,

$$\mathrm{PRE} = \frac{(\mathrm{TP} + \mathrm{FP}) \times (\mathrm{TP} + \mathrm{FN})}{(\mathrm{TP} + \mathrm{TN} + \mathrm{FP} + \mathrm{FN})^2} + \frac{(\mathrm{FN} + \mathrm{TN}) \times (\mathrm{FP} + \mathrm{TN})}{(\mathrm{TP} + \mathrm{TN} + \mathrm{FP} + \mathrm{FN})} \tag{9-7}$$

KC 能更好地反映变化检测的结果,KC 值越高,分类效果越好。

9.3.3 结果分析

9.3.3.1 Gloucester 数据集实验结果

图 9-9为不同分类方法在 Gloucester 数据集上得到的变化图。PCC 方法是一种简单的变化检测方法,其检测精度很大程度上依赖分类器的性能。PCC方法得到的变化图如图 9-9(a)~(b)所示,由于错误分类结果不断累积,变化图中存在大量的错误变化区域。IR-MAD 方法得到的变化图如图 9-9(c)~(d)所示,其结果优于 PCC 方法。但是 IR-MAD 方法不能很好地分离各种变化,导致检测结果具有很大的噪声。ICDL 方法得到的变化图如图 9-9(e)~(f)所示,其将一对异构图像转换到共享的高维空间,而 Gloucester 数据集中的 SPOT 图像的 3 个波段非常复杂,因此 ICDL 方法学习的稀疏表

第 9 章　异质遥感图像无监督变化检测

示不能很好地进行变化检测。SCCN 方法得到的变化图如图 9-9（g）～（h）所示，其通过比较共享空间中的两个特征图得到差异图像。SCCN 方法在训练过程中存在大量的特征图，每个特征图的误差可能会不断累积，从而导致错误的分类结果。在本实验中，使用本章所提 USCD 方法，首先对图 9-5（b）中的 SPOT 图像进行灰度化，以防止复杂纹理对网络产生负面影响。设置滑动窗口的步长，分别从图 9-5（a）和图 9-5（b）中得到大小为 128×128 像素的训练样本 2376 个。使用经过训练的 CycleGAN 可以得到转换后的灰度光学图像，如图 9-10（a）所示。这样做很容易生成差异图像 $\mathcal{D}$，如图 9-10（b）所示。然后根据差异图像提取出显著变化/未变化的样本（像素对）来训练 RF 分类器，该分类器具有良好的稳定性和较快的训练速度。表 9-1 展示了不同分类方法在 Gloucester 数据集上的实验结果，其中最优结果以加粗字体显示。本章所提 USCD 方法生成的变化图如图 9-10（c）所示，可以看出该分类方法明显比其他分类方法具有更好的表现，同时更接近图 9-10（d）所示的基准图。这主要得益于其所生成图像的高质量和谨慎的变化/未变化样本选择策略。

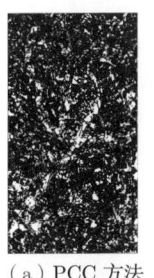

（a）PCC 方法生成的差异图像　（b）PCC 方法生成的二值变化图　（c）IR-MAD 方法生成的差异图像　（d）IR-MAD 方法生成的二值变化图

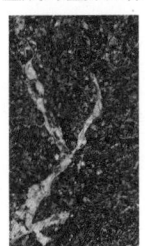

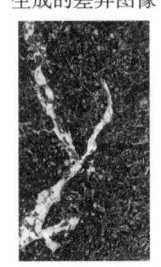

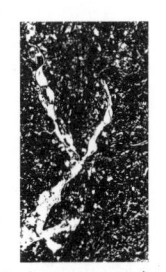

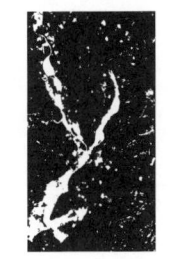

（e）ICDL 方法生成的差异图像　（f）ICDL 方法生成的二值变化图　（g）SCCN 方法生成的差异图像　（h）SCCN 方法生成的二值变化图

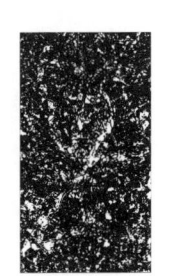

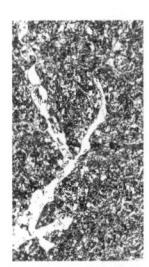

图 9-9　不同分类方法在 Gloucester 数据集上得到的变化图

(a) 生成的灰度光学图像

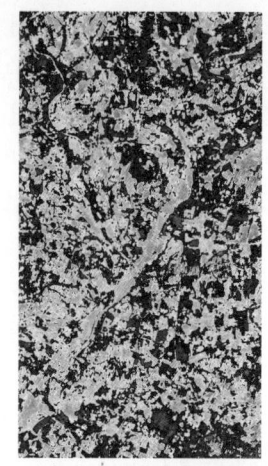

(b) USCD 方法生成的差异图像 $\mathcal{D}$

(c) USCD 方法生成的变化图

(d) 基准图

图 9-10 本章所提出 USCD 方法在 Gloucester 数据集上得到的变化图

表 9-1 不同分类方法在 Gloucester 数据集上的实验结果

分类方法	FP	FN	OE	OA	KC
PCC	467266	235380	702646	0.7740	0.1519
IR-MAD	419995	76877	496872	0.8402	0.4560
ICDL	123700	45350	169050	0.9456	0.7871
SCCN	124392	85332	209724	0.9325	0.6923
USCD	**39213**	**11734**	**50947**	**0.9836**	**0.9243**

9.3.3.2 曙光村数据集实验结果

图 9-11 为不同分类方法在曙光村数据集上得到的变化图。由于 SAR 图像无法被准确地分类，PCC 方法只能检测到部分变化区域，如图 9-11（a）~（b）所示。与其他数据集不同的是，曙光村数据集包含了更多的地形，包括河流、建筑、道路和农田，这使 IR-MAD 方法和 ICDL 方法对一些像素进行了错误的分类，IR-MAD 方法和 ICDL 方法得到的变化图分别如图 9-11（c）~（d）和图 9-11（e）~（f）所示。SCCN 方法得到的变化图如图 9-11（g）~（h）所示。由于一些建筑与农田区域相似，SCCN 方法生成的差异图像中忽略了部分建筑物，导致变化图中漏检率较高。

（a）PCC 方法生成的差异图像　（b）PCC 方法生成的二值变化图　（c）IR-MAD 方法生成的差异图像　（d）IR-MAD 方法生成的二值变化图

（e）ICDL 方法生成的差异图像　（f）ICDL 方法生成的二值变化图　（g）SCCN 方法生成的差异图像　（h）SCCN 方法生成的二值变化图

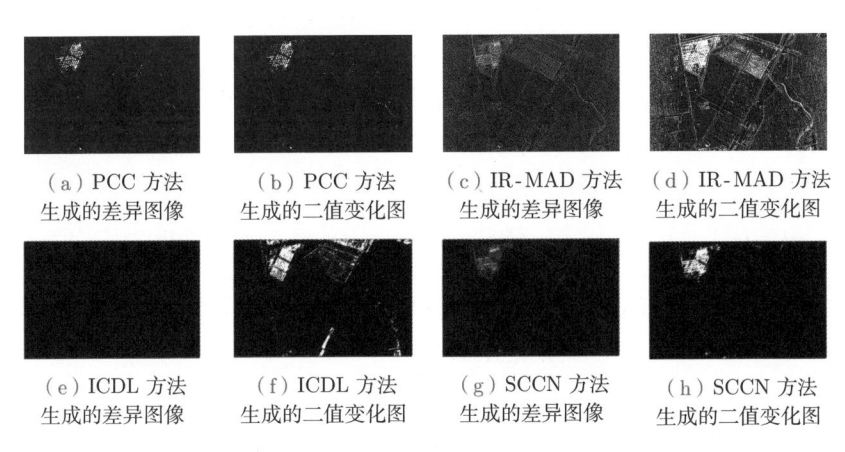

图 9-11　不同分类方法在曙光村数据集上得到的变化图

与其他数据集相比，曙光村数据集具有更高的分辨率。为了更准确地表达所生成图像的细节，设 $\alpha = 10$ 为滑动窗口的步长，然后将两幅图像分成多个大小为 256×256 像素的子图像。因此，由 CycleGAN 生成的光学图像如图 9-12（a）所示。将平移后的子图像拼接成与原始图像大小相同的图像，生成差异图像 $\mathcal{D}$，如图 9-12(b) 所示。虽然生成的图像细节部分不同于真正的图像，如各块之间有一些差异和蓝色噪声条纹，但不影响最终的检测结果，最终生成的变化图如图 9-12（c）所示。图 9-12（d）为基准图。表 9-2 展示了不同分类方法在曙光村数据集上的实验结果，其中最优结果以加粗字体显示。可以看出，SCCN 方法的 FN 值比其他方法要低，因为其生成的差异图像很好地表达了变化区域。

(a) 生成的光学图像　　　　(b) USCD 方法生成的差异图像 $\mathcal{D}$

(c) USCD 方法生成的变化图　　　　(d) 基准图

图 9-12　本章所提 USCD 方法在曙光村数据集上得到的变化图

表 9-2　不同分类方法在曙光村数据集上的实验结果

分类方法	FP	FN	OE	OA	KC
PCC	4501	17546	22047	0.9596	0.2682
IR-MAD	49872	8258	58130	0.9222	0.3412
ICDL	16705	10293	26998	0.9506	0.4438
SCCN	5101	**7800**	12901	0.9764	0.6789
USCD	**3031**	9159	**12190**	**0.9777**	**0.7483**

9.3.3.3　Sardinia 数据集实验结果

图 9-13 为不同分类方法在 Sardinia 数据集上得到的变化图。该数据集是由不同波段的卫星在崎岖的山区捕获的。山体高度的变化使图像的颜色不同，从而导致 PCC 方法的分类性能较差，如图 9-13（a）～（b）所示。由于该数据集的特征非常简单，IR-MAD 方法、ICDL 方法和 SCCN 方法得到的差异图像中的变化区域都表现出高对比度。但是 IR-MAD 方法和 SCCN 方法都错误地检测到了湖的中心，分别如图 9-13（c）～（d）和图 9-13（g）～（h）所示。IR-MAD 方法得到的差异图像受整体特征的影响，而 SCCN 方法得到的差异图像受固定参数的约束以决定像素的变化状态。ICDL 方法通过选取重构误差小的样本替代重构误差大的训练样本，保持了训练样本的纯净程度。这样做可以得到比其他分类方法更好的结果，如图 9-13（e）～（f）所示。

本章所提 USCD 方法在 Sardinia 数据集上的实验结果如图 9-14 所示。由于生成的 RGB 光学图像和原始光学图像在整体结构上相互对应，因此湖中心没有被错误地分类。表 9-3 显示了不同分类方法在 Sardinia 数据集上的实验结果，其中最优结果以加粗字体显示。由表可见，与其他分类方法相比，本章所提 USCD 方法的 FP 值和 FN 值较低，OA 值和 KC 值较高。

第 9 章　异质遥感图像无监督变化检测

（a）PCC 方法生成的差异图像 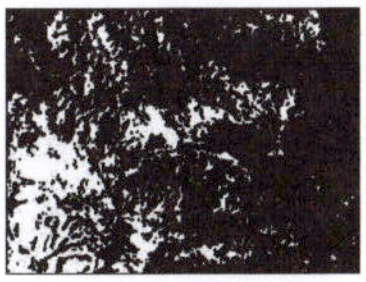　　（b）PCC 方法生成的二值变化图　　（c）IR-MAD 方法生成的差异图像　　（d）IR-MAD 方法生成的二值变化图

（e）ICDL 方法生成的差异图像 　　（f）ICDL 方法生成的二值变化图 　　（g）SCCN 方法生成的差异图像 　　（h）SCCN 方法生成的二值变化图

图 9-13　不同分类方法在 Sardinia 数据集上得到的变化图

（a）生成的RGB光学图像 　　（b）USCD 方法生成的差异图像 $\mathcal{D}$

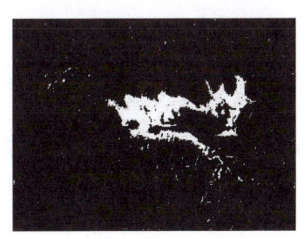

（c）USCD 方法生成的变化图 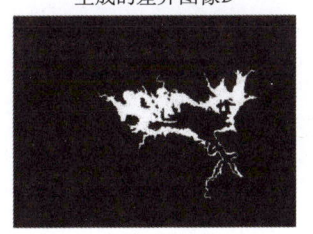　　（d）基准图

图 9-14　本章所提 USCD 方法在 Sardinia 数据集上得到的变化图

表 9-3　不同分类方法在 Sardinia 数据集上的实验结果

分类方法	FP	FN	OE	OA	KC
PCC	12774	2524	15298	0.8043	0.1207
IR-MAD	5776	2380	8156	0.9340	0.5283
ICDL	2230	1621	3851	0.9688	0.7406
SCCN	2595	2123	4718	0.9618	0.6796
USCD	**1115**	**741**	**1856**	**0.9763**	**0.7773**

9.3.3.4 武汉数据集实验结果

图 9-15 为不同分类方法在武汉数据集上得到的变化图，反映了武汉市的变化。与其他数据集相比，武汉数据集中的事件前图像和事件后图像更加复杂，其中包含了多个地面目标变化。在这种情况下，传统 PCC 方法和 IR-MAD 方法几乎无法检测到变化区域，并且噪声较大，分别如图 9-15（a）～（b）和图 9-15（c）～（d）所示。由图 9-15（e）～（f）可以看出，ICDL 方法几乎突出了主要的变化区域，不过两条未变化的道路有一段被错误地检测为变化的道路，如图中的左下角和中间部分所示。然而，ICDL 方法也受到许多噪声的影响。相比之下，SCCN 方法的噪声最小，但没有完全突出变化区域，如图 9-15（g）～（h）所示。因此，这 4 种方法在武汉数据集上可能无法达到预期的效果。

(a) PCC 方法生成的差异图像　(b) PCC 方法生成的二值变化图　(c) IR-MAD 方法生成的差异图像　(d) IR-MAD 方法生成的二值变化图

(e) ICDL 方法生成的差异图像　(f) ICDL 方法生成的二值变化图　(g) SCCN 方法生成的差异图像　(h) SCCN 方法生成的二值变化图

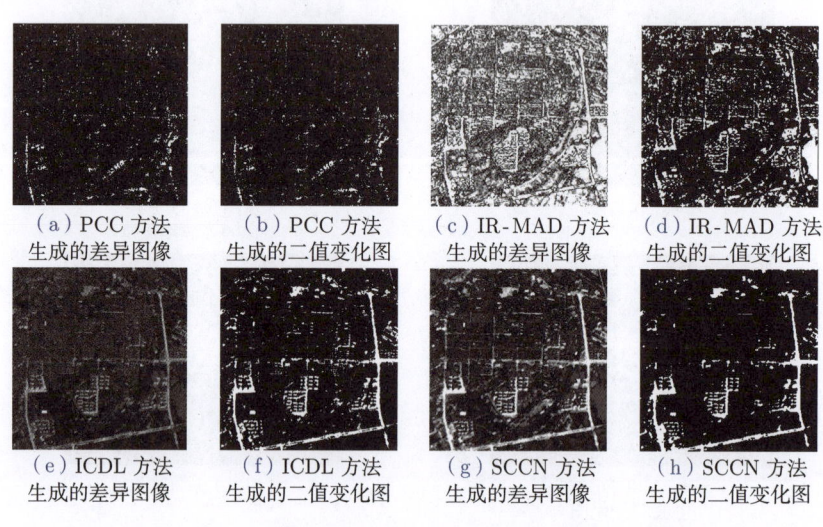

图 9-15　不同分类方法在武汉数据集上得到的变化图

在本实验中，USCD 方法首先灰度化图 9-8（b）中的 RGB 光学图像，以防止复杂纹理对网络产生负面影响。为了获得相对充足合理的训练样本，分别从图 9-8(a) 和图 9-8(b) 中得到 900 个大小为 64×64 像素的训练样本。在这种情况下，可以将图像分为 25 个子图像，大小为 64×64 像素。因此，可以使用经过训练的网络将图 9-8（a）中的 SAR 图像转换为事件前光学图像，如图 9-16（a）所示。这样就很容易生成差异图像 $\mathcal{D}$，如图 9-16(b) 所示。在初始差异图像中有很多噪声。在对显著变化/未变化像素进行二值分类后，仍然可以得到很好的变化图，如图 9-16（c）所示。图 9-16（d）为基准图。实验结果表明本章所提 USCD 方法对初始差异图像具有良好的鲁棒性，也证明了显著变化/未变化像素提取方法的合理性和有效性。表 9-4 显示了不同分类方法在武汉数据集上的实验结果，其中最优结果以加粗字体显示。由表可知，USCD 方法的 FP 值和 FN 值较低，OA 值和 KC 值较高，优于其他分类方法。

(a) 生成的灰度光学图像

(b) USCD 方法生成的差异图像 $\mathcal{D}$

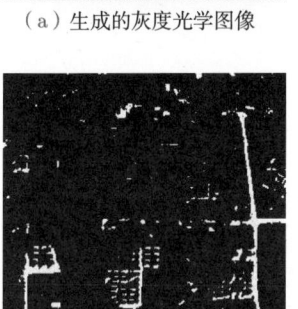

(c) USCD 方法生成的变化图

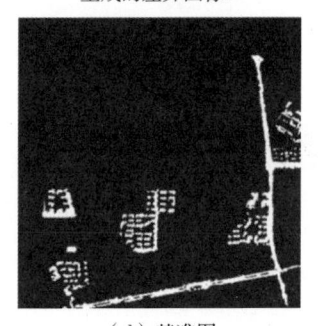

(d) 基准图

图 9-16　本章所提的 USCD 方法在武汉数据集上得到的变化图

表 9-4　不同分类方法在武汉数据集上的实验结果

分类方法	FP	FN	OE	OA	KC
PCC	2365	4075	6440	0.9284	0.1682
IR-MAD	13891	1876	15767	0.8248	0.1636
ICDL	6124	221	6345	0.9295	0.5231
SCCN	4537	**101**	4638	0.9485	0.6126
USCD	**1652**	879	**2531**	**0.9719**	**0.7074**

本节在 Gloucester 数据集和武汉数据集上验证了本章所提 USCD 方法在使用不同分类器情况下的有效性，实验结果如表 9-5 和表 9-6 所示。由表可知，不同分类器在 Gloucester 数据集和武汉数据集上的性能是不同的，用户可以根据应用场景选择合适的分类器。一般情况下，RF 分类器具有良好的性能且较为稳定。因此，这里使用 RF 分类器。

表 9-5　不同分类器在 Gloucester 数据集上的实验结果

分类器	FP	FN	OE	OA	KC
RF	39213	11734	50947	0.9836	0.9243
DT	55583	42272	97855	0.9685	0.8522
GNB	4309	37556	41865	0.9865	0.9332
KNN	195861	39957	235818	0.9242	0.6940
GB	63675	47800	111475	0.9641	0.8321

注：GNB 为高斯朴素贝叶斯（Gaussian Naive Bayes）分类器；GB 为梯度提升（Gradient Boosting）分类器。

表 9-6　不同分类器在武汉数据集上的实验结果

分类器	FP	FN	OE	OA	KC
RF	1652	879	2531	0.9719	0.7074
DT	2591	1454	4045	0.9551	0.5495
GNB	4553	135	4688	0.8479	0.6079
KNN	2241	836	3077	0.9658	0.6664
GB	2519	1591	4110	0.9543	0.5324

9.3.4　参数敏感性分析

如上所述，像素值在不同数据集中的分布是不同的，从而影响变化图的分布。换句话说，参数 ϕ 可能会影响显著变化/未变化的训练样本的数量，从而导致不同的结果。因此，本节对 ϕ 进行敏感性分析。图 9-17（a）和 9-17（b）显示了 ϕ 从 105 到 135 对 OA 值和 KC 值的影响，不同颜色的线分别对应 4 个数据集。结果表明，本章所提 USCD 方法对参数 ϕ 在一定范围内的变化（$\phi \in [105, 135]$）具有很好的鲁棒性。如果 ϕ 值太小，会将大量的噪声误认为是

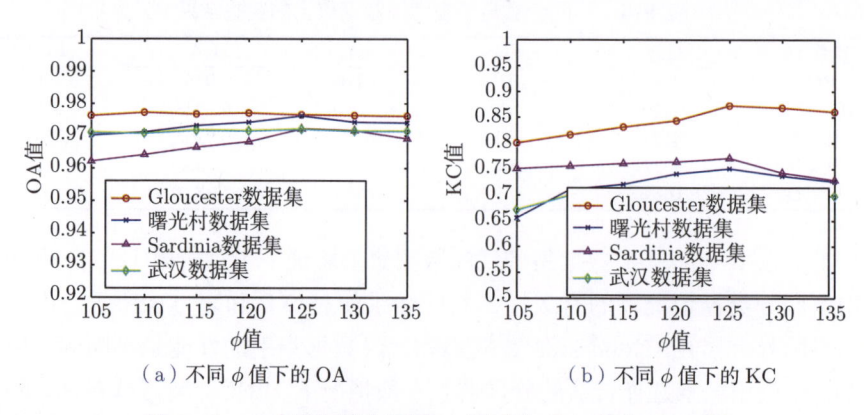

（a）不同 ϕ 值下的 OA

（b）不同 ϕ 值下的 KC

图 9-17　4 个数据集在不同 ϕ 值下的 OA 值和 KC 值

变化的样本，从而导致 FP 值较高；如果 ϕ 值太大，则有些变化的样本无法被观察到，从而导致 FN 值较高。因此，建议将 $\phi \in [105, 135]$ 和 $\phi = 125$ 作为折中方案。

另外，为了在图像平移过程中获得相对充足合理的训练样本，需要根据实际情况手动设置滑动窗口的大小和步长。为此，本节分析了 Gloucester 数据集上的相关参数。首先考虑在 $\alpha = 34$，滑动窗口大小分别为 128×128 像素、192×192 像素和 256×256 像素 3 种不同情况下本章所提 USCD 方法的表现。表 9-7 显示了 SAR 图像/光学训练图像的数量、翻译后的子图像数量及不同评价指标的统计结果。然后取步长 $\alpha = 17$、34 和 51，滑动窗口大小为 256×256 像素。同样，表 9-7 显示了不同 α 值下的实验结果。由表 9-7 和表 9-8 可以发现，本章所提 USCD 方法对滑动窗口大小和步长具有鲁棒性。也就是说，只要能够收集到足够的训练样本，就可以获得良好的变化检测结果。在这种情况下，可以根据实际情况手动设置合理的滑动窗口大小和步长。

表 9-7　USCD 方法在不同滑动窗口大小的 Gloucester 数据集上的实验结果

滑动窗口大小/像素	SAR 图像/光学训练图像数量/幅	翻译的子图像数量/幅	FP	FN	OE	OA	KC
128×128	2376	209	39213	11734	50947	0.9836	0.9243
192×192	2173	91	64071	11689	75760	0.9756	0.8905
256×256	1984	60	28435	28978	57413	0.9815	0.9119

表 9-8　USCD 方法在不同步长 α 的 Gloucester 数据集上的实验结果

步长 α	SAR 图像/光学训练图像数量/幅	翻译的子图像数量/幅	FP	FN	OE	OA	KC
17	7812	60	28015	34809	62824	0.9798	0.9028
34	1984	60	28435	28978	57413	0.9815	0.9119
51	882	60	7441	51002	58443	0.9812	0.9055

9.4　本章小结

本章试图为异质遥感图像变化检测提供一种广义的指导，并提出了 USCD 方法。在 USCD 方法中，首先利用 CycleGAN 技术将事件前 SAR 图像转换为事件前光学图像，然后得到差异图像。得到差异图像后，利用 k 均值进一步提取显著变化/未变化像素对。在这种情况下，在给定一对图像的基础上进一步提取出可靠的显著变化/未变化的训练样本。最后，使用 RF 分类器对整个数据集进行二分类，检测异质图像的变化区域。实验结果表明，与其他相关分类方法相比，USCD 方法能有效提高分类精度。本章还讨论了 USCD 方法对参数的鲁棒性。实验结果证明 USCD 方法具有广阔的应用前景。在未来的工作中，我们将尝试利用新的技术提高所生成图像的质量，以实现更好的异构遥感图像变化检测性能。

第 10 章
渐进式多光谱遥感图像变化检测

10.1 引言

在多光谱遥感图像变化检测中，有时很难获得地物变化/未变化的标注信息。在先验知识匮乏的情况下，无监督遥感图像变化检测方法比监督遥感图像变化检测方法更具优势。当没有带标注的训练样本时，经常根据差异图像来检测目标的变化情况。在复杂的场景下，目标的变化情况难以被准确地检测。一些方法通过引入非线性成分克服这一不足。例如，Zhang 等利用基于不相似度的判别式深度度量学习，定量调整两个 CNN 输出层的判别式距离，并驱动一对变化和未变化样本的高级特征进行学习；Saha 等利用一个辅助分类器生成对抗网络，提取多时相图像中变化像素的超向量，最后对超向量进行分类，以识别变化的像素。然而，在实际应用中，大量带标注的训练样本较难获取，特别是高精度的像素级样本。

针对带标注的训练样本难以获取的问题，本章提出了一种基于非线性 CNN 的渐进式无监督变化检测（CNN based Progressive Unsupervised Change Detection, CPCD）方法。在先验知识匮乏的情况下，利用显著性样本生成神经网络的训练样本进行目标变化检测。首先，对事件前图像和事件后图像采用对数比运算符生成差异图像 X_d，然后利用模糊 c 均值方法对 X_d 进行聚类，将其分为变化类、未变化类与难以分辨的不确定类。其次，以变化类与未变化类的像素点为中心，在原图上生成 $h \times h$ 的图像块。为了缓解深度网络训练中的小样本问题，采取基于辐射/混合的方法生成部分虚拟样本，然后将真实样本与虚拟样本混合作为训练样本。最后，根据训练样本固定 CNN 参数，将难以分辨的不确定类输入 CNN,利用 CNN 充分挖掘像素间的空间特征和领域信息,从而更好地学习图像的层次特征,得到更精确的分类结果。

10.2　CPCD 方法介绍

CPCD 方法的总体流程如图 10-1 所示。

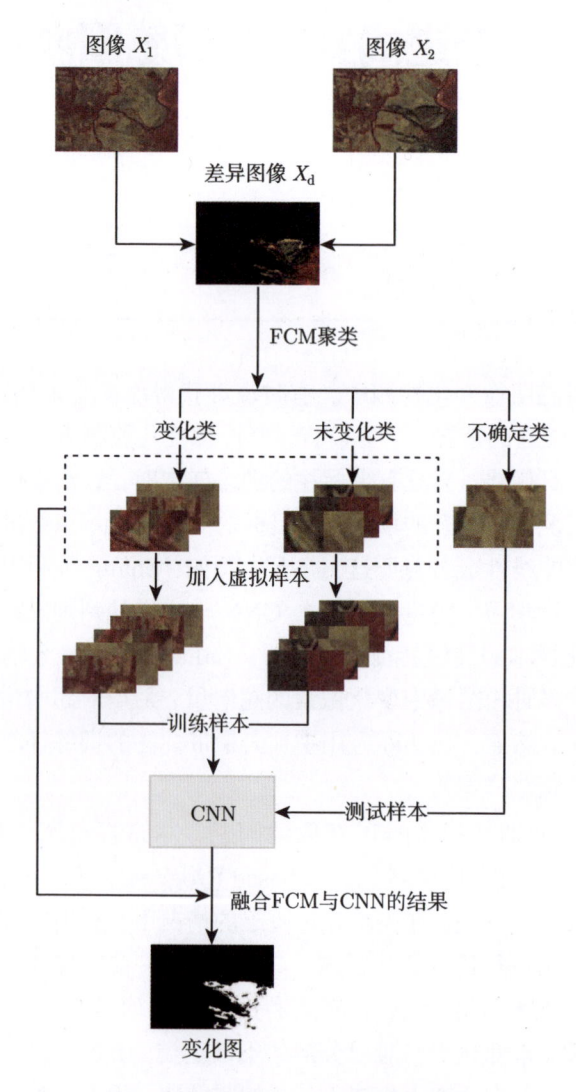

图 10-1　CPCD 方法的总体流程

10.2.1 基于辐射/混合方法的训练样本扩充

在本方法中，首先利用对数比（Log-Ratio，LR）运算符对事件前与事件后的多光谱图像对生成差异图像 X_d。X_d 由式 $X_d = |\log(X_2/X_1)|$ 计算，使用 LR 是因为它可以将乘性噪声转化为加性噪声，相比于乘性噪声，加性噪声不依赖图像本身的强度，对算法的影响更小，因此可以有效减小背景中未变化类的负面影响，并且在未变化区域明显较小的情况下表现出更优异的性能。在多光谱遥感图像变化检测方法中，很多方法的分类结果基于差异图像的生成，分类结果的准确性主要取决于两幅遥感图像在不同时间的差异图像的质量和分类器的准确性。如果目标背景中噪声较多，则会影响差异图像的分类结果。大多数方法仅对差异图像进行一次聚类或分类就得到最终结果，这可能导致差异图像中存在许多被错误检测的像素点，进而导致误差的积累。得到 X_d 后，利用模糊 c 均值方法对 X_d 进行聚类，将 X_d 中所有的像素点分为 3 类：变化类 C_c、未变化类 C_u 和两类概率值相差不大的不确定类 C_m。其中，属于 C_c 类的像素点发生变化的概率较大，属于 C_u 类的像素点未发生变化的概率较大，属于 C_m 的像素点根据概率值难以判断其是否发生变化，所以需要利用 CNN 进行进一步的精细化判断。

选择以一部分 C_c 类和一部分 C_u 类中的像素点为中心点生成的训练样本。具体来说，从原始多光谱遥感图像中提取以 C_c 类和 C_u 类中的像素点为中心的图像块。记 S_i^1 为图像 X_1 中以像素点 i 为中心点的图像块，S_i^2 为图像 X_2 中以像素点 i 为中心点的图像块。每个图像块的大小为 $h \times h$，将两个图像块 S_i^1 和 S_i^2 按序进行上下拼接，形成新图像块 S_i，S_i 的大小为 $2h \times h$。至此，得到样本图像 $S_i, i = 1, 2, \cdots, N$。其中，N 为 C_c 类 和 C_u 类中像素点个数较小的值。本实验中将图像块大小 h 设为 28。在图像处理任务中，为了使 CNN 获得更好的学习能力与泛化性能，通常需要大量的样本对网络进行训练。然而，在遥感图像变化检测问题中通常只有两幅遥感图像，使构造的训练样本数量不足以训练高性能的 CNN。为了解决这个问题，可以生成虚拟样本来丰富训练样本。生成虚拟样本的方法有很多，其中基于辐射混合的方法简单而有效。基于辐射方法的虚拟样本通过模拟成像过程创建虚拟样本。通过对训练样本 x_i 乘随机因子并加入随机噪声，得到新的虚拟样本 S_v。

$$S_v = \alpha_i x_i + \beta v \tag{10-1}$$

式中，α_i 为随季节或大气而改变的光扰动；β 为高斯随机噪声 v 的权重，它可能是由相邻像素点的相互作用和仪器误差引起的。

基于混合方法的虚拟样本通过在给定的相同类别样本中以适当的比例进行线性映射，构造出虚拟样本。在多光谱遥感图像中，相同波段的光谱特征变化范围是有限的，因此使用线性映射构造的虚拟样本仍属于基于混合方法的虚拟样本。基于混合方法的虚拟样本构造方法为

$$S_\mathrm{v} = \frac{\alpha_i S_i + \alpha_j S_j}{\alpha_i + \alpha_j} + \beta v \tag{10-2}$$

式中，S_i 和 S_j 分别为从同一类别数据集中采样的不同训练样本，即用于参与训练、生成拟合数据的训练样本；β 为高斯随机噪声 v 的权重。生成虚拟训练样本后，将真实样本 S 和虚拟样本 S_v 混合并进行随机排序，然后将两者在图像的通道维度相连接，形成两个通道的图像。取训练样本总数的 70% 作为最终的训练样本对 CNN 进行训练，经过多次迭代训练得到完成训练的网络。余下的 30% 作为 CNN 的测试样本进行交叉验证。

10.2.2　基于 CNN 的不确定样本精细化分类

在 CNN 结构中，图像块作为输入数据，极大地简化了多光谱遥感图像的变化检测过程，且其独特的结构使其能充分利用多光谱遥感图像不同波段下的像素空间特征和邻域信息来学习图像的深层次特征。本节以多光谱遥感图像生成的图像块作为样本对 CNN 进行训练，进而利用完成训练的 CNN 模型对图像中的未训练像素点进行变化检测。本实验用于多光谱遥感图像变化检测的渐进式神经网络架构如图 10-2 所示。该网络的基本组成可概括为 $\{I_1, C_1, P_1, C_2, P_2, C_3, P_3, F_1\}$。其中，$I_1$ 为多光谱图像；C_1、C_2 和 C_3 分别代表 3 个卷积层，其卷积核的大小为 3×3，卷积核的数目分别为 16、32、64，3 个卷积层均采用 ReLU 函数以提高网络的非线性程度；P_1、P_2 和 P_3 为连接在卷积层之后的 3 个最大池化层，对卷积层输出的特征图进行降维，从而提取其中的显著特征，过滤器的大小均为 2×2。在网络的卷积层之后，本节设计了一个全连接层 F_1，用于将卷积层提取的特征映射到类别空间，使网络输出每个像素点的二值向量，从而判断该像素点的变化情况。该全连接层的输入维度、输出维度分别为 576 和 2，使用 Softmax 函数将全连接层的输出映射为离散的二值序列。本实验将网络的输出分类预测值与 FCM 的预分类结果相融合，得到最终的变化检测二值图像 $X_{i,j}$。

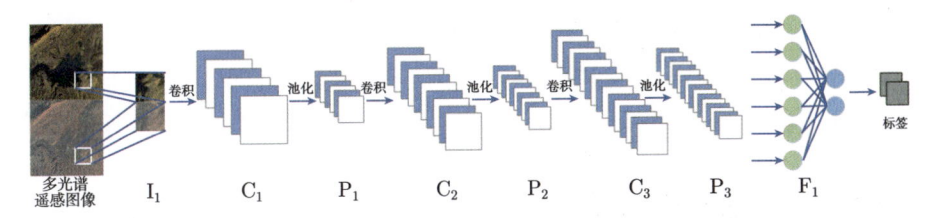

图 10-2　用于多光谱遥感图像变化检测的渐进式神经网络架构

10.2.3　基于 CPCD 方法的变化图生成

在实际应用中，如果遥感图像中的一个像素点受到某事件的严重影响，则该像素点的邻域像素点很可能也受到该事件的影响从而发生变化。故当某一像素点经检测被分为变化类，其周围大多数像素点被分为未变化类时，这个像素点极有可能是被错误分类的点，是一个噪声像素点。对变化图使用滤波可有效减少孤立的噪声像素点。在常用的滤波方法中，双边滤波的非线性程度较强，其通过图像中像素点的空间邻近度与像素点相似度判断一个像素点是否为噪声像素点。具体体现在滤波时，双边滤波同时考虑了像素通道强度之间的相似程度，因此其不仅可以滤除图像中的噪声、平滑图像，还可以保留一定的边缘信息。双边滤波由两个高斯滤波组成：计算邻近度 [见式 (10-3)] 和计算相似度 [见式 (10-4)]。输入图像 X 在两组高斯滤波的同时作用下，得到变化图像 X_{BF}，如式 (10-5)所示。双边滤波使用两组高斯滤波优化各个权值，并将图像 X 与优化后的权值 f_1、f_2 利用式 (10-5) 进行卷积运算，从而能较好地保留检测结果的边缘信息。

$$f_1 = \exp(-\frac{(x_i - x_c)^2 + (y_i - y_c)^2}{2\sigma^2}) \tag{10-3}$$

$$f_2 = \exp(-\frac{(\text{gray}(x_i, y_i) - \text{gray}(x_c, y_c))^2}{2\sigma^2}) \tag{10-4}$$

$$X_{\text{BF}} = f_1 * f_2 * X \tag{10-5}$$

式中，(x_i, y_i) 为当前像素点位置；(x_c, y_c) 为中心像素点位置；$\text{gray}(x_i, y_i)$ 为当前像素点灰度值；$\text{gray}(x_c, y_c)$ 为中心像素点灰度值；σ 为高斯函数的标准差。

10.3　实验结果与分析

为验证本章所提 CPCD 方法的有效性，在 Denver、Texas、Australia、Chile 4 个数据集上进行实验。与此同时，利用 Padron-Hidalgo 提出的非线性库克距离核化版本来处理遥感图像的变化检测问题，以更好地识别非线性特征关系与异常值。由于直接核化涉及大量计算工作，在这里使用线性核函数、随机傅里叶特征和 Nystrom 近似计算库克距离的变化检测结果并进行对比。

10.3.1 基础数据集

Denver 数据集（见图 10-3）中的图像由 Quickbird 遥感卫星拍摄，其真值图来自美国丹佛（Denver）地区政府委员会提供的建筑屋面图特征。该地区经历了较大程度的城市化项目工程。Texas 数据集（见图 10-4）由 4 个不同的传感器获得的美国得克萨斯州巴斯多普县的观测图像组成，其中事件前图像来自 Landsat-5 卫星，事件后图像由 Landsat-5 卫星、EO-1 卫星和 Landsat-8 卫星拍摄的图像组成。引起该数据集中地面场景变化的原因是得克萨斯州历史上最具破坏性的一场野火。Australia 数据集（见图 10-5）显示了 2017 年澳大利亚由气旋"黛比"引起的洪水、飓风等造成的地面景观的变化图像。Chile 数据集（见图 10-6）显示了智利湖区的衰退对比图。其中第一幅图像是由 Landsat-8 卫星拍摄的，显示了该湖区的历史最高水位；第二张照片是干旱期后由 Landsat-8 卫星拍摄的。图 10-3～图 10-6 中的 t_1 表示第一次采集时间；t_2 表示第二次采集时间；真值图由当地真实的陆地信息和专家知识得到。表 10-1 给出了上述 4 个数据集的基本信息。

(a) 未变化的图像(t_1)　(b) 变化的图像(t_2)　(c) 真值图

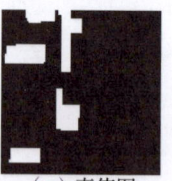

图 10-3　Denver 数据集

(a) 未变化的图像(t_1)　(b) 变化的图像(t_2)　(c) 真值图

图 10-4　Texas 数据集

(a) 未变化的图像(t_1)　　(b) 变化的图像(t_2)　　(c) 真值图

图 10-5　Australia 数据集

(a) 未变化的图像(t_1)　　(b) 变化的图像(t_2)　　(c) 真值图

图 10-6　Chile 数据集

表 10-1　4 个数据集的基本信息

数据集	传感器	大小	波段	分辨率
Denver	Quickbird	101 × 101 像素	4	0.6～2.4m
Texas	Cross-Sensor	301 × 201 像素	7	30m
Australia	Sentinel-2	201 × 501 像素	12	10～60m
Chile	Landsat-8	201 × 251 像素	11	30m

10.3.2　评估标准

混淆矩阵（见表 10-2）常用于衡量分类器分类结果的精确度。分类总正确率（Percentage Correct Classification，PCC）可以评判分类器的性能优劣，具体计算公式如式 (10-6)～式(10-11) 所示，其中 N_g 表示地面真值图的总像素个数。除此之外，PCC 还被广泛用于评判二值分类器的分类性能。

表 10-2　混淆矩阵

预测	实际	
	阳性	阴性
阳性	真阳性（TP）	假阳性（FP）
阴性	假阴性（FN）	真阴性（TN）

ROC 表示接收者操作特性曲线（Receiver Operating Curve），曲线上的任意一点均代表系统对某一激励的反应程度。当测试集中正负样本的分布发生

变化时，ROC 一般可维持原有水平不变。在实际应用中，数据集内部类别不平衡的情况（正负样本之间数量相差巨大）经常发生。ROC 的曲率越小，表示预测结果越准确，其具体计算公式如式 (10-6) 和式 (10-9) 所示。

曲线下面积（Area Under Curve，AUC）表示 ROC 与横轴之间的面积。相较于 ROC，AUC 作为一个数值，其在直观评判分类准确率上更加简洁明了。AUC 值越大，分类准确率越高，评判指标如下。

（1）AUC = 1：通常不存在此情况。

（2）0.5< AUC < 1：分类器的分类准确率优于随机预测准确率。若分类器的分类阈值设置得合理，则具有一定的预测价值。

（3）AUC ⩽ 0.5：模型的预测价值可以忽略。分类器的 AUC 值越大，其分类准确率越高。

真阳性率的计算公式为

$$\text{TPR} = \frac{\text{TP}}{\text{TP} + \text{FN}} \times 100\% \tag{10-6}$$

真阴性率的计算公式为

$$\text{TNR} = \frac{\text{TN}}{\text{FP} + \text{TN}} \times 100\% \tag{10-7}$$

假阴性率的计算公式为

$$\text{FNR} = \frac{\text{FN}}{\text{TP} + \text{FN}} \times 100\% \tag{10-8}$$

假阳性率的计算公式为

$$\text{FPR} = \frac{\text{FP}}{\text{FP} + \text{TN}} \times 100\% \tag{10-9}$$

综合误差的计算公式为

$$\text{OE} = \text{FP} + \text{FN} \tag{10-10}$$

分类总正确率的计算公式为

$$\text{PCC} = \frac{N_g - \text{OE}}{N_g} \times 100\% \tag{10-11}$$

10.3.3 结果分析

本节选取了 10.3.2 节中的几种评估标准作为评判指标,并在 5 次实验结果中取平均值作为最终结果,以避免系统噪声等对实验结果的影响。同时,本节优化了对比实验中不同方法的超参数,并将不同方法的 ROC 和 AUC 进行了对比分析。在下文的分析中,基于线性库克距离的方法记为 L-Cook 方法,基于非线性随机库克距离的方法记为 R-Cook 方法,基于非线性 Nystrom 库克距离的方法记为 N-Cook 方法,只利用 FCM 的方法记为 FCM 方法,基于 CNN 的渐进式方法记为 CPCD 方法。

10.3.3.1 Denver 数据集实验结果及分析

图 10-7 直观地展示了 5 种不同方法在 Denver 数据集上的实验结果。从图中可以明显看出,L-Cook 方法、R-Cook 方法、N-Cook 方法和 FCM 方法的实验结果图中的右下角都存在大量的 FP 点,尤其是 L-Cook 方法的实验结果图中的 TP 点分散度很大,没有明显具体的边界,这是因为变化区域的像素点呈非线性关系,如果仅用线性关系来度量相似度,会导致检测精度降低。从视觉评估来看,只有 CPCD 方法的实验结果较好地检测出了真值图

(a) L-Cook 方法的实验结果(AUC=0.81)

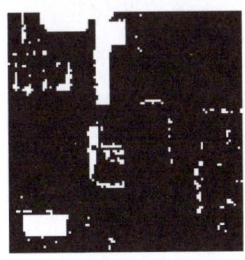

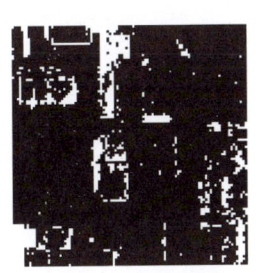

(b) R-Cook 方法的实验结果(AUC=0.83)

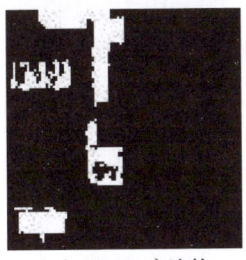

(c) N-Cook 方法的实验结果(AUC=0.94)

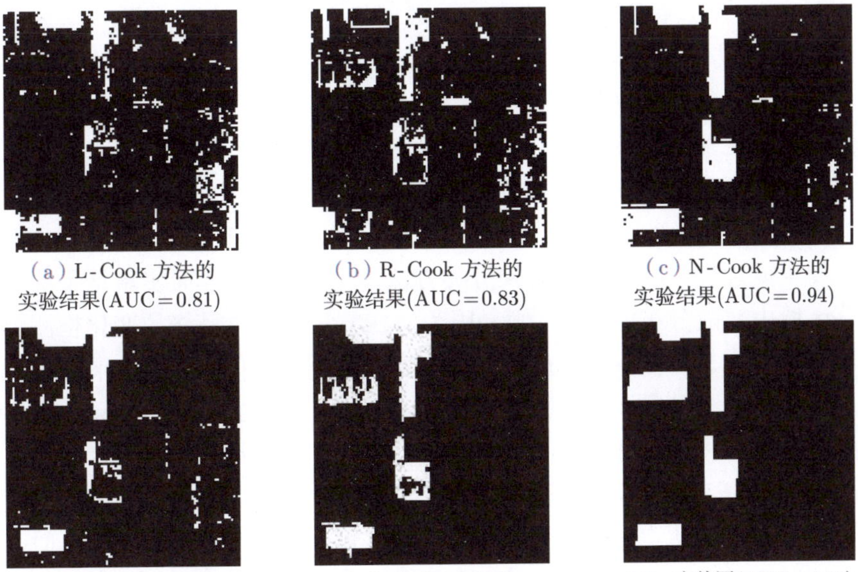

(d) FCM 方法的实验结果(AUC=0.90)

(e) CPCD 方法的实验结果(AUC=0.96)

(f) 真值图(AUC=1.00)

图 10-7 不同方法在 Denver 数据集上的实验结果

中 4 处变化的规则区域,且与真值图最接近。从数值对比来看,CPCD 方法的 AUC 为 0.96,因此其检测精度最高。表 10-3 以数字的形式对不同方法在 Denver 数据集上的实验结果从误检、漏检和准确率等方面进行了分析,其中最优结果以加粗字体显示。因为 CPCD 方法的 FP 点和 FN 点数量都远少于其他几种方法,同时该方法 OE 点的数量比 N-Cook 方法和 FCM 方法均减少了 300 多个,故其无论是在综合评判 PCC 上(98.02%)还是在 KC(87.92%)上都取得了最优检测结果。综合视觉评估与数值对比,本章所提 CDCP 方法在 Denver 数据集上相比其他方法取得了最优的检测精度。

表 10-3 不同方法在 Denever 数据集上的检测性能

方法	FP 点/个	FN 点/个	OE 点/个	PCC/%	KC/%
L-Cook	723	676	1399	86.29	33.96
R-Cook	688	641	1329	86.97	37.27
N-Cook	362	315	677	93.36	68.04
FCM	227	399	626	93.86	67.90
CPCD	**118**	**188**	**306**	**98.02**	**87.92**

10.3.3.2 Texas 数据集实验结果及分析

图 10-8 为 5 种不同方法在 Texas 数据集上的实验结果,其中 L-Cook 方法、R-Cook 方法和 N-Cook 方法的检测结果存在大量 FP 点,这一现象在实验结果图中的左侧区域尤为明显。经过分析,本节认为导致 FP 点集中在图像中某一区域的原因为:在生成差异图像的过程中,FP 点的灰度信息与真实变化像素点的灰度信息相近,因此分类器错误地将这些像素点标注为变化像素点,进而导致后续的分类方法无法准确地判断 FP 点与 TP 点,即差异图像生成过程中的误差会对预分类方法产生负面影响。而实验结果图中下部分区域中零散分布的 FP 点则是因为对比方法均未对最终的变化检测结果图像进行滤波,而 CPCD 方法利用中值滤波能有效去除实验结果图中的奇异点,从而减少分散型 FP 点。表 10-4 展示了 5 种方法在 Texas 数据集上的检测性能,其中最优结果以加粗字体显示。从表中可以看出,L-Cook 方法、R-Cook 方法和 N-Cook 方法的 FP 点远多于 FCM 方法和 CPCD 方法。CPCD 方法的 FN 点略多于 FCM 方法,这可能是因为在训练 CNN 时,变化类的训练样本占总体样本的比例较小,但在综合评判指标 PCC 和 KC 上,CPCD 方法在 Texas 数据集上的实验结果略优于 N-Cook 方法和 FCM 方法,且 AUC 最大。

第 10 章 渐进式多光谱遥感图像变化检测

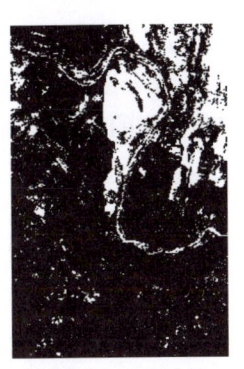

(a) L-Cook 方法的实验结果(AUC=0.72)

(b) R-Cook 方法的实验结果(AUC=0.74)

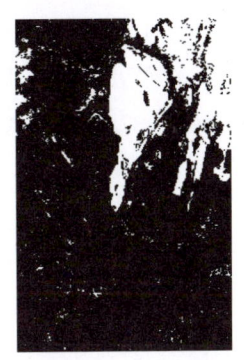

(c) N-Cook 方法的实验结果(AUC=0.86)

(d) FCM 方法的实验结果(AUC=0.81)

(e) CPCD 方法的实验结果(AUC=0.87)

(f) 真值图(AUC=1.00)

图 10-8　不同方法在 Texas 数据集上的实验结果

表 10-4　不同方法在 Texas 数据集上的检测性能

方法	FP 点/个	FN 点/个	OE 点/个	PCC/%	KC/%
L-Cook	3833	3555	7388	87.79	61.51
R-Cook	3483	3205	6688	88.95	65.15
N-Cook	1949	1671	3620	94.02	81.14
FCM	**780**	2870	3650	93.97	79.44
CPCD	956	**1531**	**2487**	**96.21**	**86.68**

10.3.3.3　Australia 数据集实验结果及分析

图 10-9 为不同方法在 Australia 数据集上的实验结果，其中图 10-9（a）～（c）分别为 L-Cook 方法、R-Cook 方法和 N-Cook 方法的实验结果。横向对比这 3 种基于库克距离的方法可以得知，N-Cook 方法的实验结果在视觉上与真值图较为接近，但该方法实验结果图中的左下角有大量误检的 FP 点。比较

表 10-5 中 FP 点和 FN 点的数量可以得知，CPCD 方法的错误值与 3 种基于库克距离的方法的错误值相差一个数量级，CPCD 方法的综合误差（OE）仅为 N-Cook 方法的 18.9%。由于误检点数量骤减，CPCD 方法的检测准确率大幅提高。观察图 10-9（d）～（e）可以发现，在 FP 点数量相差不大的情况下，相较于 FCM 方法，CPCD 方法在实验结果图中左上角区域检测到的 TP 点更多，并且其实验结果图边缘的平滑性明显优于其他几种方法。但是上述 5 种方法均难以检测出图中右上部分细微的河道变化区域，可能是在数据集上进行变化检测时所选取的波段组合结果导致了这种固有误差，从而无法较好地检测出真实变化的像素点。综合表 10-5 的 PCC（97.98%）和 KC（94.41%）及图 10-9 可以得知，CPCD 方法在 Australia 数据集上的实验结果明显优于其他 4 种方法。

（a）L-Cook 方法的实验结果(AUC=0.38)

（b）R-Cook 方法的实验结果(AUC=0.56)

（c）N-Cook 方法的实验结果(AUC=0.74)

（d）FCM 方法的实验结果(AUC=0.75)

（e）CPCD 方法的实验结果(AUC=0.93)

（f）真值图(AUC=1.00)

图 10-9　不同方法在 Australia 数据集上的实验结果

表 10-5　不同方法在 Australia 数据集上的检测性能

方法	FP 点/个	FN 点/个	OE 点/个	PCC/%	KC/%
L-Cook	17434	17318	34752	65.49	23.04
R-Cook	11693	11577	23270	76.89	48.47
N-Cook	6655	6539	13194	86.90	70.78
FCM	**337**	8866	9203	90.86	78.28
CPCD	549	**1946**	**2495**	**97.98**	**94.41**

10.3.3.4　Chile 数据集实验结果及分析

图 10-10 为 5 种方法在 Chile 数据集上的实验结果。由图可知，这 5 种方法对水位下降区域的内边缘像素都做了错误的预测，除 FCM 方法将湖内区域全部错误地检测为变化类外，其他 4 种方法对湖内区域的 TP 点检测的数量较少，这直接导致了总误差数量增大，从而导致检测精度下降。

第 10 章 渐进式多光谱遥感图像变化检测

从图 10-10（e）中可以清楚地看到检测出的白色环形（发生变化的像素点）面积仅为真值图面积的一半左右。并且由于 Chile 数据集的像素标记不完善，因此不同方法在该数据集上的 KC 值普遍略低于在前 3 组数据集上的检测结果。然而，由表 10-6（表中的最优结果以加粗字体显示）可知，在数据集标注信息匮乏的影响下，基于库克距离的 3 种方法和 FCM 方法的检测结果都较差，但 CPCD 方法在综合评判指标 KC 上仍能得到较好的检测结果，这是因为该方法采用了分级渐进式变化检测策略，通过对隶属度矩阵概率值分布平均的不确定类进行精细化分类，有效避免了其他 4 种方法仅检测一次造成的不精确的检测结果。实验结果表明，与 FCM 方法相比，CPCD 方法的 FP 点数量减少了 3000 多个，因此认为 CPCD 方法能有效减少湖中心区域的 FP 点数量。

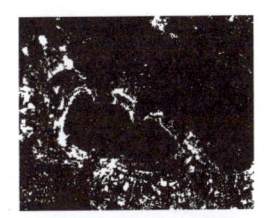

（a）L-Cook 方法的实验结果(AUC=0.66)
（b）R-Cook 方法的实验结果(AUC=0.68)
（c）N-Cook 方法的实验结果(AUC=0.70)
（d）FCM 方法的实验结果(AUC=0.83)
（e）CPCD 方法的实验结果(AUC=0.89)
（f）真值图(AUC=1.00)

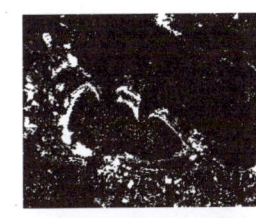

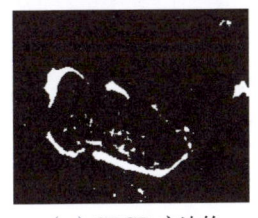

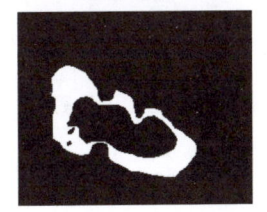

图 10-10　不同方法在 Chile 数据集上的实验结果

表 10-6　不同方法在 Chile 数据集上的检测性能

方法	FP 点/个	FN 点/个	OE 点/个	PCC/%	KC/%
L-Cook	4159	4063	8222	83.70	16.14
R-Cook	3798	3702	7500	85.13	23.51
N-Cook	3799	3703	7502	85.13	23.48
FCM	4315	**1736**	6051	88.01	48.50
CPCD	**1324**	3851	**5175**	**89.27**	**78.67**

10.3.3.5 4组数据集下的 ROC 对比

图 10-11（a）～（d）分别针对每组数据集绘制了上述 5 种方法的检测结果与真值的 ROC，以便简洁明了地显示出不同数据集/方法下的检测精度差异。曲线中越靠近（0，1）的点对应的方法分类性能越好，如果曲线经过（0，1）点，意味着对应的方法能将所有的样本都正确地分类。图 10-11（a）中 CPCD 方法的 ROC 与其他方法的 ROC 没有交点，且 AUC 最大，这说明该方法的效果最好。在图 10-11（b）～（c）中，CPCD 方法的 ROC 分别与 N-Cook 方法和 FCM 方法的 ROC 有交点，但 CPCD 方法的 AUC 最大，因此可以认为 CPCD 方法的分类效果相对较好。在图 10-11（d）中，FCM 方法的 AUC 与 CPCD 方法的 AUC 相差不大，且两条曲线存在明显的交点。对于不同的阈值，FCM 方法和 CPCD 方法各有优劣。在 4 组数据集的验证过程中可以发现，基于线性库克距离的方法的 ROC 精度最差。这进一步证明了在变化检测中仅使用线性关系来衡量两幅图像之间的关系是不够全面和详细的，也从原理上解释了本章所提 CPCD 方法能够取得较高精度的合理性。

（a）不同方法在 Denver 数据集下的ROC

（b）不同方法在 Texas 数据集下的ROC

（c）不同方法在 Australia 数据集下的ROC

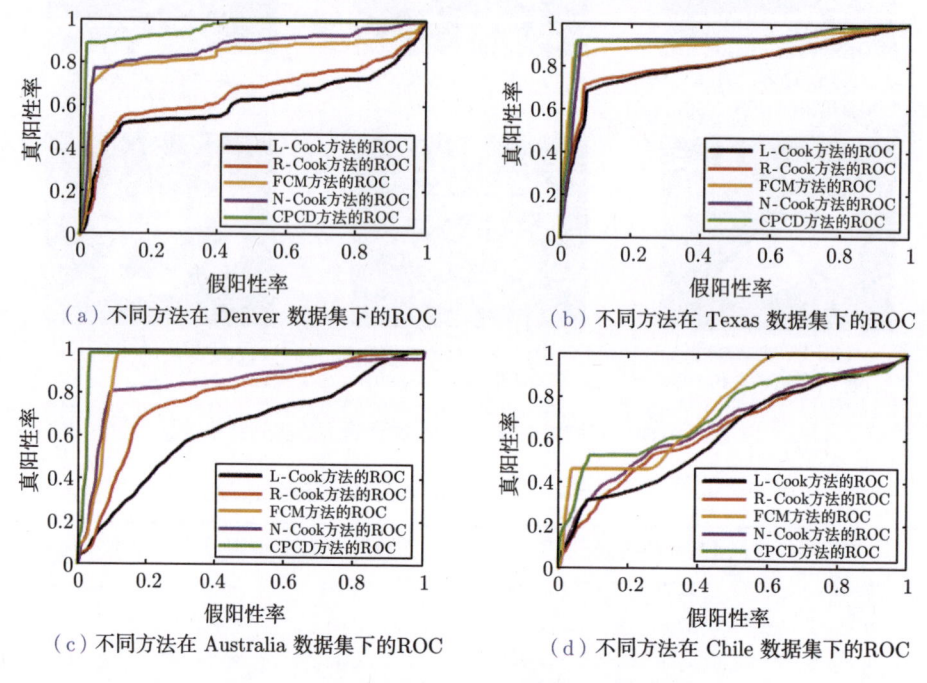

（d）不同方法在 Chile 数据集下的ROC

图 10-11 不同方法在 4 组数据集下的 ROC

10.3.3.6 虚拟样本对实验结果的影响

为了进一步验证加入虚拟样本能缓解神经网络训练中的小样本问题,本节将 4 组数据集实验结果的 KC 值绘制成柱状图,如图 10-12 所示。从图中可以明显看到,加入虚拟样本后,CPCD 方法在各数据集下的检测性能均有了较大提升,其中在 Australia 数据集下的 KC 值提高得最多,为 7.8 个百分点。

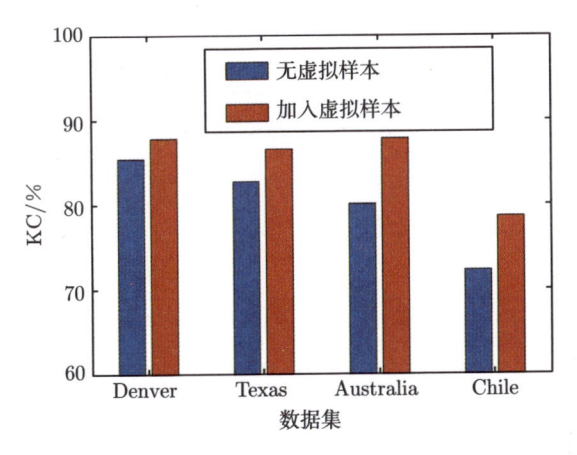

图 10-12 虚拟样本对实验结果的影响

10.3.3.7 双边滤波消融实验

为进一步验证双边滤波对最终实验结果的影响,本节针对 4 组数据集进行双边滤波消融实验,结果如表 10-7 所示。使用双边滤波后,在 FN 点和 FP 点的数量都减少的情况下,4 组数据集的 KC 值都有所提高,其中 Denver 数据集的 KC 值提高得最多,为 15.7 个百分点,Australia 数据集的 KC 值提高得最少,为 1.05 个百分点。这可能是由于 Australia 数据集的 KC 值精度较高,在此基础上难以有较明显的提高。

表 10-7 双边滤波消融实验

数据集	双边滤波	FP 点/个	FN 点/个	OE 点/个	PCC/%	KC/%
Denver	N	538	128	666	93.47	72.22
	Y	118	188	306	97.13	87.92
Texas	N	1280	1695	2975	95.08	84.15
	Y	956	1531	2487	96.21	86.68
Australia	N	562	2393	2955	97.06	93.36
	Y	549	1946	2495	97.98	94.41
Chile	N	1452	4002	5454	87.46	74.36
	Y	1324	3851	5175	89.27	78.67

注:N 代表否;Y 代表是。

10.3.4 参数敏感性分析

在本实验中，学习速率（Learning Rate，LR）是影响 CNN 训练的一个超参数，如果 LR 值设置得太大，可能导致网络无法学习到最优值；如果 LR 值设置得太小，则会导致网络的收敛速度过慢。本节调整了 LR 值，使网络以一个较大的 LR 值在训练前期训练数据，加快其收敛速度，并使网络在训练后期的寻优速度减慢，从而更好地找到网络的最优解。在本实验中，采用 Adam 对网络进行后向梯度优化，设置了 4 个不同的 LR 初始值：0.01、0.001、0.0001 和 0.00001，进行了 4 组对比实验，在测试样本上观察实验结果并进行对比分析。本实验选取衰减率为 0.9，LR 值为 10^{-3}。具体结果如图 10-13 所示。

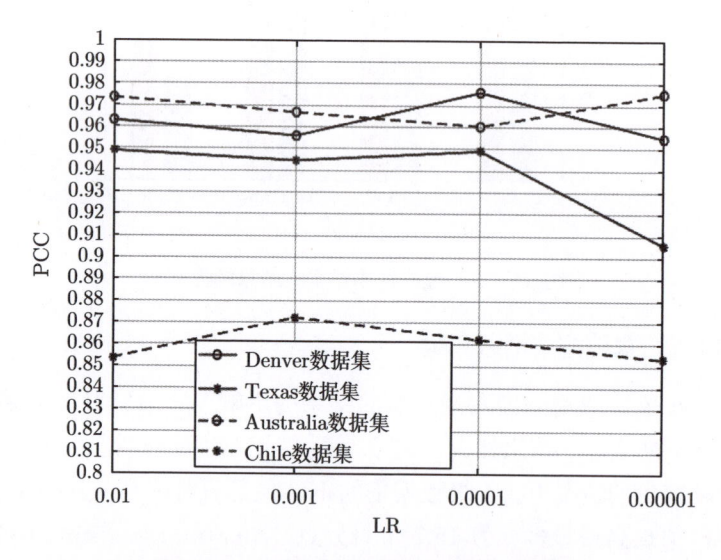

图 10-13 不同 LR 值对 PCC 的影响

10.4 本章小结

在多光谱遥感图像变化检测方法中，很多方法的分类结果取决于差异图像的质量，如果目标背景中噪声较多，会影响差异图像的分类结果。大多数方法仅对差异图像进行一次聚类或分类就得到最终结果，导致可能存在很多被错误检测的点，进而导致误差的积累。变化区域内的像素对呈非线性关系，如果用线性关系度量其相似度，可能导致检测精度较低。针对这两个问题，本章提出了 CPCD 方法。该方法通过提取差异图像中显著变化/未变化像素点，并以该点为中心生成样本，进而训练 CNN，以学习两幅图像之间的深层关系，对差异图像的中间类进行二次分类以获得更精确的结果。本章最后将 CPCD 方法在 4 组真实数据集上进行了验证并与基于库克距离的非线性变化检测方法做了对比。结果表明，CPCD 方法具有良好的鲁棒性，其二值变化图边缘的平滑性优于其他方法，且操作便捷（固定 LR 值后无须调整其他参数），这使其在实际应用中具有良好的性能。

第 11 章
自适应开放环境下目标识别

11.1 引言

在目标识别中,现行方法一般基于完备的训练样本集进行分类器学习,也就是认为训练集中涵盖所有待分类目标的类别。传统的目标识别方法往往在假设训练数据完备的基础上进行目标识别。随着目标识别方法向着更真实的应用场景发展,能够识别未知类目标,对已知类目标进行精确分类的开放环境下目标识别方法受到了越来越多的关注。许多现有的开放环境下目标识别方法利用预训练模型对测试目标进行分类。但是,基于预训练模型的方法只能使用训练数据的信息训练分类模型,模型固定后,无法利用测试数据中的未知类目标信息对模型进行动态调整。另外,许多开放环境下目标识别方法将已知类和未知类的边界值作为超参数,在缺乏对未知类的先验知识的情况下,给出最优的边界值并不容易。因此,如何利用测试数据中的信息,以及如何自适应地选择最优的阈值来完成已知类和未知类的划分,是当前开放环境下目标识别中亟待解决的问题。

针对上述开放环境下目标识别中的两个问题,本章提出基于 k 近邻的自适应开放环境下目标识别(KNN based Adaptive Open Set Recognition,KAOSR)方法(以下简称"KAOSR 方法")。首先,将训练样本与测试目标置于同一数据集中,并将所有训练样本都看作一类,即已知类。可以根据目标的 k 个近邻中训练样本的个数来计算该目标属于已知类的概率值。然后,为了找到测试数据中的已知类目标,提高所得概率值的准确性,本章设计了一种针对概率值的迭代优化方法,将测试数据中属于已知类的概率较大的目标进行伪标注,重新计算各个目标属于已知类的概率,直到概率值不再发生变化。最后,结合假设检验方法对大津法进行改进,自适应地选取最优的概率阈值。若目标属于已知类的概率大于等于该阈值,则将其划分为已知类,再由标准分类器对其进行分类。若目标属于已知类的概率小于该阈值,则判断其为未知类。在多个数据集上的实验结果表明,本章所提 KAOSR 方法能够提高已知类目标的分类准确率与未知类目标的检测正确率。

11.2 KAOSR 方法介绍

本章所提 KAOSR 方法包括 3 个环节:测试目标属于已知类概率计算、测试目标属于已知类概率迭代优化、最优概率阈值自适应计算。在开放环境下 k 近邻规则依然适用,因此本节首先利用 k 近邻规则在开放环境下计算目标属于已知类的概率。接着设计一种迭代优化方法对目标属于已知类的概率值进行优化。最后结合假设检验方法对大津法进行改进,使其能够自适应地计算最优概率阈值,借助该阈值实现对已知类目标与未知类目标的划分,进而完成已知类目标的分类与未知类目标的检测。

11.2.1 测试目标属于已知类概率计算

本节主要讲述如何将 k 近邻规则应用到开放环境下,利用测试目标的 k 个近邻计算该目标属于已知类的概率。在计算概率的过程中,本节提出了一种基于密度的加权方法,用来精细化衡量测试目标每个近邻对将该测试目标划分为已知类的支持度,并初步得出该测试目标属于已知类的概率。

k 近邻规则是一种"懒惰学习"的方法,即利用该规则对测试目标进行分类时,并没有出现显式的训练过程。这一特点可以帮助分类方法在开放环境下摆脱对模型的依赖,更好地利用测试目标中的信息。在本章所提 KAOSR 方法中,将训练样本与测试目标置于同一数据集中。这样,测试目标的 k 个近邻中既可能出现训练样本,也可能出现测试目标,而所有的训练样本都被看作一类,即已知类。这样,考察一个测试目标的 k 个近邻,若近邻中已知类样本(训练样本)很多,那么根据 k 近邻规则,该样本属于已知类的概率比较大;若近邻中已知类样本很少甚至没有,则认为该测试目标所属类别的不确定性很大。需要后续对其属于已知类的概率进行优化后再判断。

假设存在测试集 $X = \{x_l | l = 1, 2, \cdots, n\}$,其中任取一个测试目标 x_l,x_l 的 k 个近邻样本表示为 $X_l^i = \{x_l^i | i = 1, 2, \cdots, k\}$。在 x_l 的 k 个近邻样本中

共有 s 个有标签近邻样本，表示为 $\{x_l^{j'} \in X_l' | j = 1, 2, \cdots, s\}$。按照本节的已知类概率计算规则，有

$$p(x_l \in \mathbb{K}) = s\frac{1}{k} \tag{11-1}$$

式中，$\mathbb{K}$ 表示所有已知类别的集合；s 表示 x_l 的 k 个近邻中有标签近邻样本的数量。

利用测试目标的 k 个近邻中已知类样本的数量可以大致衡量该测试目标属于已知类的概率。然而，在开放环境下，由于未知类目标的存在，测试目标的概率分布无法预知，故在利用测试目标的近邻预测该测试目标所属的类别时，考虑测试目标与其近邻的关系，从中挖掘知识并用于计算测试目标属于已知类的概率。本章所提 KAOSR 方法通过考虑测试目标及其近邻中已知类样本的样本密度，计算测试目标的各个已知类近邻对将该测试目标划分到已知类的支持度，据此对测试目标的每个已知类近邻进行加权。下面通过图 11-1 举例说明样本密度与支持度/权重之间的关系。

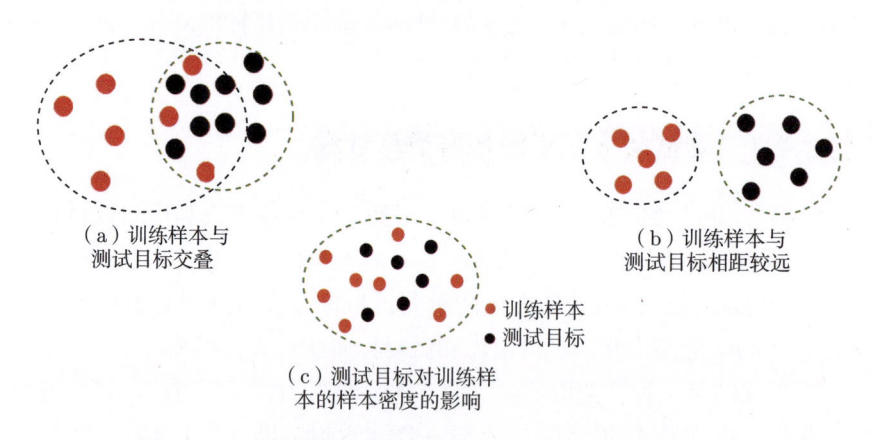

（a）训练样本与测试目标交叠

（b）训练样本与测试目标相距较远

● 训练样本
● 测试目标

（c）测试目标对训练样本的样本密度的影响

图 11-1　开放环境下测试目标与训练样本之间的位置关系

图 11-1 展示了加入测试目标后训练数据的分布变化。图 11-1（a）中训练样本与测试目标出现了交叠，可以看到训练样本与测试目标的样本密度是不同的，加入测试目标后，交叠区域的样本密度增大。在这种情况下，即使交叠区域内测试目标与其已知类近邻相距很近，也需要对这些已知类近邻赋予较小的权重。图 11-1（b）中训练样本与测试目标相距较远，加入测试目标后，样本空间的样本密度减小，表示加入的测试目标与训练样本的分布有差异，这种差异需要通过更小的权重反映在测试目标属于已知类概率的计算上。从图 11-1（c）中可以看出，测试目标的加入对原有训练样本区域的样本密度没有影响。在这种情况

下，测试目标的已知类近邻能够为将该测试目标划分为已知类给出最大的支持度，即权重较大。

从上述对加入测试目标后训练样本密度的变化可以看出，基于样本密度的加权方式相比基于距离的加权方式更加谨慎，图 11-1（a）较好地说明了这一点。按照基于距离的加权方式，测试目标与其近邻的距离越近，近邻对判断该测试目标类别的影响越大。这在不考虑存在未知类目标的情况下是成立的，并且符合 k 近邻规则的假设。然而，在开放环境下，测试过程中出现的测试目标分布无法预知，也不能假定测试目标与训练样本的分布一致。故在考虑权重时，应采用能够衡量测试目标与训练样本之间分布差异的度量，单一的距离度量在开放环境下仍然可能出现失效的情况。因此，可以采用基于样本密度的加权方式，通过计算测试目标所在区域的样本密度与其已知类近邻所在区域的样本密度，衡量测试目标的加入是否改变了原有训练样本区域的样本密度，并以此为测试目标的 k 个近邻中的已知类近邻赋予不同的权重。

对于测试目标 x_l 的样本密度与其第 j 个已知类近邻 x_l^j 的样本密度，均可以通过下式计算。

$$\rho(x) = \frac{1}{\frac{1}{k}\sum_{i=1}^{k}\left\|x - x^{i'}\right\|_2} \tag{11-2}$$

式（11-2）给出的样本密度实际上是测试目标与其 k 个近邻之间平均距离的倒数。这种度量方式相比单一的距离度量方式，能够综合考虑多个近邻样本与测试目标之间的关系，适合在测试目标先验知识匮乏的情况下使用。目标 x_l 所在区域的样本密度 $\rho(x_l)$ 通过寻找 x_l 在公共数据集中的 k 个近邻样本计算得出，这些近邻样本中既可能有训练样本，也可能包含其他测试目标。而为了计算原有训练样本的样本密度 $\rho(x_l^j)$，x_l^j 的 k 个近邻样本只从训练集中选取。这样，$\rho(x_l)$ 表示加入测试目标后，测试目标及其近邻形成的区域的样本密度，$\rho(x_l^j)$ 表示原有训练数据集中 x_l^j 所在区域的样本密度。x_l^j 对应的权重 w_j 则可以通过 $\rho(x_l)$ 与 $\rho(x_l^j)$ 之差计算得到，计算公式为

$$w_j = \exp\{-|\frac{\rho(x_l) - \rho(x_l^{j'})}{\rho(x_l)}|\} \tag{11-3}$$

式（11-3）中除了计算 $\rho(x_l)$ 与 $\rho(x_l^j)$ 的差值，还利用 $\rho(x_l)$ 对差值范围进行了调整，使用指数函数将权重限制在区间 (0,1] 内。得到 x_l 的所有已知

类近邻的权重后，将其代入式（11-4），计算测试目标 x_l 属于已知类的概率。

$$p(x_l \in \mathbb{K}) = \frac{1}{k} \sum_{j=1}^{s} w_j \tag{11-4}$$

按式 (11-4) 对每个测试目标进行计算，可得到每个测试目标属于已知类的概率。测试目标属于已知类概率的计算过程总结在算法 11-1 中。

算法 11-1 测试目标属于已知类概率的计算过程

待测目标 $X = \{x_l | l = 1, 2, \cdots, n\}$
将测试目标与训练样本置于公共数据集中，给定近邻数量 k。
procedure 已知类概率计算 X
    for $l = 1$ to n, **do**
        选取 x_l 的 k 个近邻：$X_l' = \{x_l^{i'} | i = 1, 2, \cdots, k\}$
        从 k 个近邻中选择所有的已知类近邻样本：$\{x_l^{j'} \in X_l' | j = 1, 2, \cdots, s\}$
        for $j = 1$ to s, **do**
            根据式（11-2）计算 x_l 与 $x_l^{i'}$ 近邻区域的样本密度 $\rho(x_l)$ 和 $\rho(x_l^j)$
            将 $\rho(x_l)$ 和 $\rho(x_l^j)$ 代入式（11-3），求得 $x_l^{i'}$ 对应的权重
        end for
        根据式（11-4）计算 x_l 属于已知类的概率 $p(x_l \in \mathbb{K})$
    end for
end procedure

11.2.2 测试目标属于已知类概率迭代优化

在前文中给出的计算测试目标属于已知类概率的过程中，已知类概率的大小主要取决于测试目标 k 个近邻中有标签样本（训练样本）的数量。然而，测试目标中也包括已知类目标，如果在计算已知类概率时因为已知类目标未被标注而不被考虑，会降低得到的已知类概率的可靠度。本节设计了一种迭代优化方法，将已知类概率较高的测试目标进行伪标注，重新计算其已知类概率，计算时将伪标注的目标也考虑在内，直到所有测试目标的已知类概率都不再发生变化才停止迭代，得到最终的测试目标属于已知类的概率。

本节设计的迭代优化过程的必要性及具体过程可以通过图11-2说明。在图11-2中，x_l 的 k 个近邻全部为测试目标，没有带标签的已知类样本，那么根据式(11-4)，x_l 属于未知类的概率为 0。值得注意的是，当考察 x_l 的近邻 $x_l^{3'}$ 的近邻样本时，发现其近邻样本均为带标签的已知类样本。那么，根据式(11-4)，

$x_l^{3'}$ 属于已知类的概率很高。而 $x_l^{3'}$ 作为 x_l 的一个近邻样本，应该为将 x_l 判断为已知类提供一定的支持度。但是，由于在计算 x_l 的已知类概率时并没有考虑已知类概率比较高的测试目标，而只考虑了带标签的训练样本，即使 $x_l^{3'}$ 属于已知类的概率很高，x_l 的已知类概率依然为 0。这不符合 k 近邻规则。因此，需要将已知类概率较高的测试目标进行伪标注，这样在计算已知类概率时也能将这些目标考虑在内。

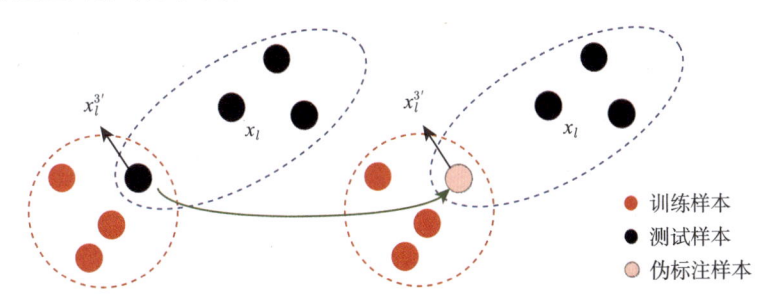

图 11-2　迭代过程示意

具体来说，设置一个阈值 α，若测试目标属于已知类的概率大于该阈值，那么将该测试目标按照其属于已知类的概率标注为已知类样本。在计算与该测试目标有近邻关系的测试目标时，将该测试目标按照其已知类概率作为已知类目标加入概率计算过程中。以图 11-2来举例说明，得到 $x_l^{3'}$ 的已知类概率后，将其与阈值 α 进行比较，若 $x_l^{3'}$ 的已知类概率大于 α，则将 $x_l^{3'}$ 标注为已知类目标，在计算 x_l 的已知类概率时，将 $x_l^{3'}$ 的已知类概率考虑进去。若重新计算得到的 x_l 的已知类概率也大于阈值 α，则将 x_l 进行标注，重新计算测试目标的已知类概率，直到所有测试目标的已知类概率达到稳定。重新计算测试目标的已知类概率时，需要考虑测试目标 k 个近邻中有标注的测试目标及其已知类概率，具体的计算公式为

$$p(x_l \in \mathbb{K}) = \frac{1}{k} \sum_{j=1}^{s} p(x_l^{j'} \in \mathbb{K}) w_j \tag{11-5}$$

式中，s 表示测试目标的 k 个近邻中带标签的样本个数，其中既包含训练样本，也包含迭代完成后标注过的测试目标。对于测试目标，需要考虑其已知类概率，即式中的 $p(x_l^{j'} \in \mathbb{K})$。式(11-4) 并未体现已知类概率，因为其只考虑了训练样本，而训练样本一定属于已知类，即已知类概率为 1，故式(11-4) 没有对此进行突出表示。而在式(11-5) 中，加入近邻的已知类概率是为了使得到的概率更加准确，并且防止误标注（将未知类目标标注为已知类目标）通过迭代造成误差传播。

11.2.3 最优概率阈值自适应计算

11.2.1 节和 11.2.2 节的概率计算过程给出了每个测试目标属于已知类的概率。11.2.2 节将已知类概率较高的测试目标标注为已知类，在标注过程中为了防止误差传播，采取了谨慎标记的策略。在开放环境下，关于未知类与已知类之间阈值的先验知识匮乏，无法利用传统的优化方法确定阈值，故 11.2.2 节设置了一个较高的阈值，以保证已知类目标的标注过程谨慎可靠。但如果将 11.2.2 节中的标注结果作为最终的已知类和未知类分类结果，将造成部分已知类目标被误分为未知类。因此，本节引入并改进了大津法以进一步挖掘所得到的已知类概率数据中蕴含的知识，从中寻找一个最优概率阈值（以下简称"最优阈值"）来完成已知类与未知类的分类，减少误分类。

本节介绍一种基于大律法的自适应最优阈值选取方法。将已知类概率值分成多个区间，利用狄克松检验寻找区间概率值标准差最大的两个相邻区间，在选择的区间内使用大津法找出最优阈值。已知类概率值小于该阈值的测试目标被认为是未知类目标，已知类概率值大于该阈值的目标则被认为是已知类目标。使用只通过训练数据训练的标准分类器（如 RF 分类器、SVM 分类器等）进行分类，这样开放环境下的目标识别任务就分成了已知类/未知类划分和已知类分类两步，这样的渐进式分类方式在划分已知类/未知类时不考虑已知类的细分类别，降低了划分难度，提高了未知类的检测识别率，并且在已知类分类时排除了未知类的干扰，从而提高了已知类的分类精度。

大津法采用无监督、非参数化的方式寻找图像分割的最优阈值，将图像分为前景和背景两部分。这种方式不需要使用大量训练数据来确定最优阈值，有助于缓解开放环境下先验知识匮乏的问题。本节所提自适应最优阈值选取方法是对大津法应用范围的改进，该改进符合得到的已知类概率值的分布特点。大津法认为，取得最优类别划分，即令划分后的两部分类间方差最大，最大类间方差能够有效度量划分后两个类别之间的离散程度。基于此定义，大津法计算待划分数据中的每个值作为阈值时的类间方差，将取得最大类间方差的阈值作为最优阈值。本节所提方法遵循了大津法的阈值寻优思想，并针对已知类概率值的数据特点进行了改进。下面描述获取最优阈值的详细过程。

首先，将目标属于已知类的概率值整理成含有 L 个等级的直方图形式。L 为已知类概率值的数值等级。假设现有 5 个测试目标，其已知类概率值为 $\{0.1, 0.1, 0.5, 0.8, 0.8\}$，那么数值等级为 $\{0.1, 0.5, 0.8\}$，L 为 3。n_h 表示在每个数值等级下的数值数量。例如，在 0.1 数值等级下的数值有两个，则该数值

等级对应的 n_1 为 2。将所有数值等级对应的数值数量相加，为测试目标的数量 n，$n = \sum_{h=1}^{L} n_h$。自然地，每个数值等级占总体的比重可以通过下式计算。

$$p_h = n_h/n, \quad \sum_{h=1}^{L} p_h = 1 \tag{11-6}$$

式中，p_h 为第 h 个数值等级所占的比重。

然后，给出类间方差的定义。假设将第 z 个数值等级的概率值作为阈值，将所有的概率值划分为 C_0 和 C_1 两类。C_0 为小于阈值的值，C_1 为剩余的大于等于阈值的值。在开放环境下，C_0 中的目标可看作未知类，C_1 中的目标可看作已知类。类间方差 σ_B^2 定义为

$$\sigma_B^2 = \varepsilon_0(\mu_0 - \mu_{\text{total}})^2 + \varepsilon_1(\mu_1 - \mu_{\text{total}})^2 \tag{11-7}$$

式中，ε_0、ε_1 分别表示 C_0 和 C_1 两类所占的比重；μ_0、μ_1 分别表示 C_0 和 C_1 两类的平均数值等级；μ_{total} 表示整体平均数值等级。ε_0 与 ε_1 通过下式给出。

$$\begin{cases} \varepsilon_0 = \sum_{h=1}^{z} p_h \\ \varepsilon_1 = \sum_{h=z+1}^{L} p_h \end{cases} \tag{11-8}$$

μ_0 与 μ_1 由下式给出。

$$\begin{cases} \mu_0 = \sum_{h=1}^{z} \frac{p_h}{\varepsilon_0} h \\ \mu_1 = \sum_{h=z+1}^{L} \frac{p_h}{\varepsilon_1} h \end{cases} \tag{11-9}$$

值得注意的是，μ_0 与 μ_1 并不是 C_0 和 C_1 两类中所包含的数值的平均值，而是数值所在的数值等级的平均值。得到 μ_0 与 μ_1 后，整体平均数值等级通过下式得到。

$$\mu_{\text{total}} = \varepsilon_0 \mu_0 + \varepsilon_1 \mu_1 = \sum_{h=1}^{L} p_h h \tag{11-10}$$

得出以上变量后，将它们代入式(11-7)，即可得出类间方差 σ_B^2。

最后，将最优划分问题整理成一个类间方差 σ_B^2 关于数值等级个数 z 的最大化问题。类间方差最大化的目标函数可以表示为

$$\sigma_B^2(z^\star)^2 = \max_{1 \leqslant z < L} \sigma_B^2(z) \tag{11-11}$$

通过遍历所有数值等级 $z(z \in 1, 2, \cdots, L)$ 时对应的类间方差，最终找到使 σ_B^2 取得最大值时的数值等级 z^* 作为最优阈值。

然而，在对目标属于已知类的概率值进行阈值选择时，z^* 的效果并不总能令人满意。经分析发现，这与得出的已知类概率值的数据特性有关。大津法原本用于灰度图像的分割任务，选取某个灰度值等级作为阈值，将图像分为前景和背景两部分。由灰度图像的灰度值构成的直方图往往包含两个峰值，大津法能够通过无监督的方式选择两个峰值之间的低谷值，从而将灰度图像分为两部分。如图 11-3 所示，类间方差的最大值（图中红色虚线）在两个峰值之间取得，将直方图分为两部分（前景与背景）。

(a) 原始灰度图像

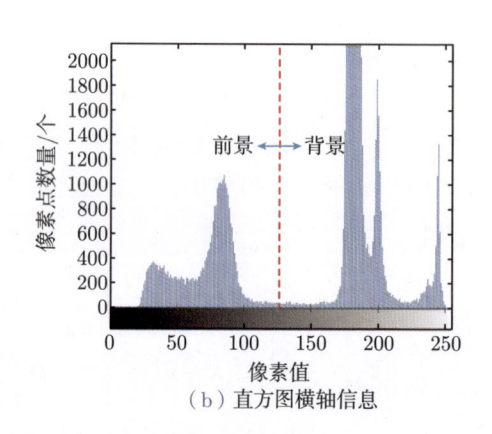

(b) 直方图横轴信息

图 11-3　对灰度图像应用大津法进行图像分割

图 11-4 给出了在多个数据集上进行测试得出的已知类概率值直方图。与灰度图像的直方图不同，本节所得已知类概率值的直方图包含不止两个峰值，因此直方图内不止一个低谷值。此外，峰值的个数与 k 值的选择有关。在大津法的应用过程中，过多的峰值会造成阈值选择偏差，因此需要划分大津法的应用范围，使每个子区间内只包含两个峰值。

关于如何划分大津法的应用范围才能使每个子区间内都能包含且只包含两个峰值，需要进一步分析。由式 11-5 可以看出，已知类概率值的增长并不是一个连续的过程，而是一个离散的过程。对每个增加的已知类近邻样本，对应测试目标的已知类概率值增加 $w_j p(x_l^{j'} \in \mathbb{K})$。而 $w_j p(x_l^{j'} \in \mathbb{K})$ 的最大值为 $\frac{1}{k}$，当 $w_j = \frac{1}{k} p(x_l^{j'} \in \mathbb{K}) = 1$ 时取得该值。假设测试目标 x_l 有 $\mathcal{Z}$ 个已知类近邻，则其已知类概率 $p(x_l \in \mathbb{K}) \leqslant \frac{\mathcal{Z}}{k}$。可以预见，大部分测试目标的已知类概率值会

在 $0, \frac{1}{k}, \frac{2}{k}, \cdots, \frac{k-1}{k}, 1$ 附近。而 $0, \frac{1}{k}, \frac{2}{k}, \cdots, \frac{k-1}{k}, 1$ 附近目标的聚集造成了直方图中峰值的出现。峰值的数量与 k 的取值有关，那么将 $[0,1]$ 区间划分为 k 个子区间 $\{I_m = [\frac{m-1}{k}, \frac{m}{k}]|m=1,2,\cdots,k\}$，便可以保证每个子区间内只包含两个峰值和一个低谷值，此时应用大津法便可以找出子区间内的最优阈值。至此，寻找最优阈值的问题转化为先寻找最优阈值存在的子区间，再利用大津法计算最优阈值的问题。下面给出寻找最优阈值存在的子区间所依据的科学假设：如果某个子区间内已知类概率值变化幅度较小，那么对应的测试目标很可能属于同一类；否则，认为该子区间内样本类别发生了变化，则最优类别划分阈值很可能存在于该子区间。用区间内概率值的标准差来衡量概率值的变化幅度。若某个子区间的标准差与其相邻子区间的标准差显著不同，那么最优阈值很可能存在于该子区间内。本方法引入狄克松检验来判断某个子区间的标准差是否与其他子区间的标准差显著不同，在进行狄克松检验时，本节选取的置信度 $\beta = 0.95$。

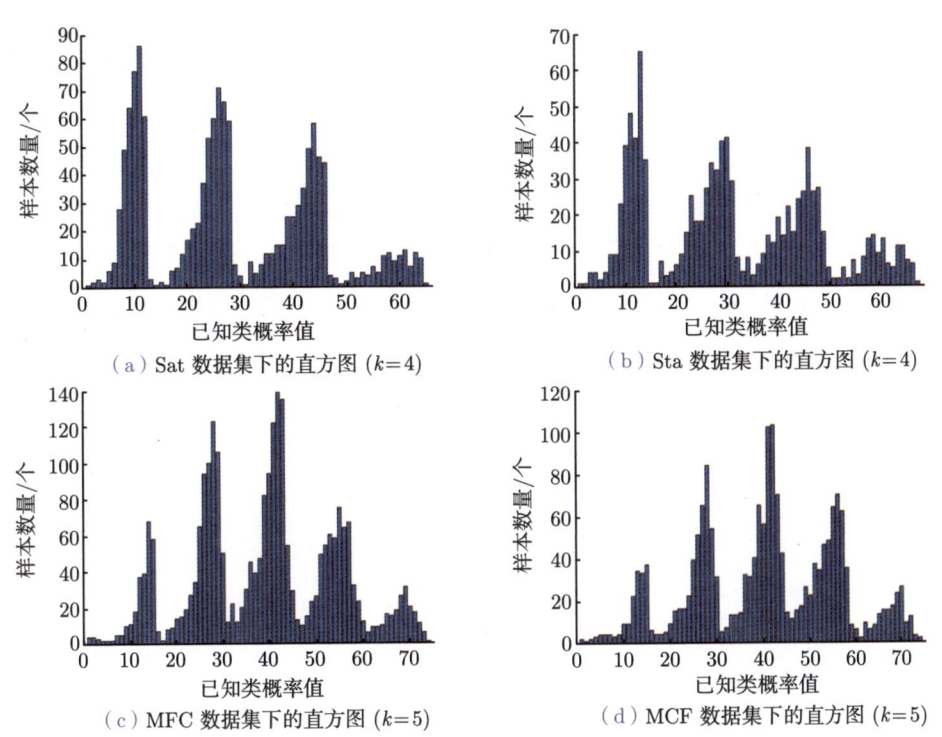

(a) Sat 数据集下的直方图 ($k=4$)

(b) Sta 数据集下的直方图 ($k=4$)

(c) MFC 数据集下的直方图 ($k=5$)

(d) MCF 数据集下的直方图 ($k=5$)

图 11-4 不同数据集、不同 k 值下的已知类概率值直方图

首先，计算每个子区间内概率值的标准差 $\sigma_m (m=1,2,\cdots,k)$，两个相邻子区间概率值标准差的差值可以表示为

$$\delta_m = |\sigma_{m+1} - \sigma_m|, m = 1, 2, \cdots, k-1$$

将得出的 $k-1$ 个标准差差值按升序排列，即

$$\delta_{\min} < \cdots < \delta_q < \delta_t$$

式中，$\delta_{\min}$ 为 $k-1$ 个标准差差值中的最小值；δ_q 为其中第二大的值；δ_t 为其中的最大值。最大差值 δ_t 对应的两个相邻子区间为 I_t 和 I_{t+1}。如果最大差值 δ_t 显著大于其他子区间的差值，则按照上文的假设，子区间 $I_t \cup I_{t+1}$ 中存在最优阈值。

采用狄克松检验来判断最大差值 δ_t 是否具有显著性。给出检验统计量 r_{10} 为

$$r_{10} = \frac{\delta_t - \delta_q}{\delta_t - \delta_{\min}} \tag{11-12}$$

狄克松检验临界值表如表 11-1 所示。如果 r_{10} 大于狄克松检验临界值，则认为 δ_t 显著大于其他子区间的差值。最优阈值可以在子区间 $I_t \cup I_{t+1}$ 中应用大津法计算得出，表示为

$$\mathscr{T} = \mathscr{T}_t \tag{11-13}$$

如果 r_{10} 小于狄克松检验临界值，意味着 δ_t 并不显著大于其他子区间的差值，则不能以高置信度认为最优阈值在子区间 $I_t \cup I_{t+1}$ 中。为了增强阈值选择的鲁棒性，扩大阈值选择范围。除了在子区间 $I_t \cup I_{t+1}$ 中应用大津法得出阈值 $\mathscr{T}_t$，在第二大差值 δ_q 对应的子区间 $I_q \cup I_{q+1}$ 中也应用大津法得出阈值 $\mathscr{T}_q$。最终的阈值 $\mathscr{T}$ 由 $\mathscr{T}_t$ 与 $\mathscr{T}_q$ 加权得出。$\mathscr{T}_t$ 和 $\mathscr{T}_q$ 对应的权重可分别表示为

$$\lambda_t = \frac{\delta_t}{\delta_t + \delta_q} \tag{11-14}$$

$$\lambda_q = \frac{\delta_q}{\delta_t + \delta_q} \tag{11-15}$$

最优阈值 $\mathscr{T}$ 表示为

$$\mathscr{T} = \lambda_t \mathscr{T}_t + \lambda_q \mathscr{T}_q \tag{11-16}$$

最终得出的最优阈值 $\mathscr{T}$ 对于确定已知类目标与未知类目标在概率值上的界限有很大帮助。已知类概率小于 $\mathscr{T}$ 的目标被划分为未知类，其余目标被划分为已知类，由常用的分类器进行分类。本章选择 RF 分类器作为已知类目标分类器。排除了未知类目标对分类的影响后，常用的分类器能够在已知类分类上取得不错的效果。

表 11-1　狄克松检验临界值表 $(P_r(r_{10} > r(n, \beta)) = \beta)$

n	β								
	0.20	0.30	0.40	0.50	0.60	0.70	0.80	0.90	0.95
3	0.781	0.684	0.591	0.500	0.409	0.316	0.219	0.114	0.059
4	0.560	0.471	0.394	0.324	0.257	0.193	0.130	0.065	0.033
5	0.451	0.373	0.308	0.250	0.196	0.146	0.097	0.048	0.023
6	0.386	0.318	0.261	0.210	0.164	0.121	0.079	0.038	0.018
7	0.344	0.281	0.230	0.184	0.143	0.105	0.068	0.032	0.016
8	0.314	0.255	0.208	0.166	0.128	0.094	0.060	0.029	0.014
9	0.290	0.234	0.191	0.152	0.118	0.086	0.055	0.026	0.013
10	0.273	0.219	0.178	0.142	0.110	0.080	0.051	0.025	0.012

11.3　实验结果与分析

将本章所提 KAOSR 方法在 12 个 UCI 数据集与一个遥感图像数据集 helloRS 上进行实验验证。helloRS 数据集中的遥感图像通过预训练的 ResNet18 提取为维度 512 的特征用于后续的实验。数据集的基本信息如表 11-2 所示。

表 11-2　数据集的基本信息

数据集	类别数/个	特征维度/个	样本数/个
Vowel（Vow）	6	3	871
Satimage（Sat）	6	36	6435
Robotnavigation（Rob）	4	3	5456
Vertebral（Ver）	3	6	317
Vehicle（Veh）	4	18	846
Ukm	4	5	403
Page-Blocks（PB）	5	10	5473
Segmentation（Seg）	7	18	2310
Statlog（Sta）	6	36	4225
Knowledge（Kno）	4	5	258
MCFFSP（MCF）	8	22	4584
MFCCs-Genus（MFG）	8	22	4003
helloRS（HRS）	10	512	12800

11.3.1　相关分类方法

本章使用 5 种分类方法作为对比方法，分别为 1-vs-Set Machine、W-SVM、P_I-SVM、One-Class SVM(OCSVM) 和 NNDR。对比方法简介如下。

1. 1-vs-Set Machine

1-vs-Set Machine 是最早提出开放环境概念的分类方法,其将开放环境目标识别问题转化为一个最小化约束问题。

2. W-SVM

W-SVM 是一种将极限值理论与支持向量机相结合的非线性开放环境目标识别方法。

3. P_I-SVM

P_I-SVM 完成开放环境下目标识别任务的思路与本章所提 KAOSR 方法类似,其更注重对已知类的分类,通过判断已知类完成对未知类的拒绝。P_I-SVM 是一种基于支持向量机的分类方法。

4. OCSVM

OCSVM 是一种经典的单分类方法。其试图寻找一个能够包含所有训练数据的超平面,在分类时,在超平面内的目标为已知类目标,在超平面外的目标为未知类目标。

5. NNDR

NNDR 是一种基于近邻的开放环境下目标识别方法。与本章所提 KAOSR 方法不同的是,NNDR 并未利用测试目标的信息,而是通过测试目标在训练集内的两个近邻的距离关系判断该目标所属的类别。

为了验证本章所提 KAOSR 方法 3 个环节的有效性,设计 3 场消融实验。11.2.1 节提出了一种基于密度的加权方法,11.2.2 节设计了一种针对概率值的迭代优化方法,11.2.3 节结合假设检验方法提出了一种基于大津法的自适应最优阈值选取方法。此处用 A、B、C 分别代表 11.2.1 节、11.2.2 节和 11.2.3 节提出的 3 种方法,$\overline{A}$、$\overline{B}$、$\overline{C}$ 分别表示没有使用对应的方法。消融实验的具体设计过程如下。

(1)$\overline{A}BC$:在该实验中,没有使用基于密度的加权方法。$\overline{A}BC$ 中所有的已知类近邻样本的权重都设置为 1,迭代优化方法和自适应最优阈值选取方法均与 11.2.2 节、11.2.3 节所述方法保持一致。

(2)$A\overline{B}C$:在该实验中,移除了迭代优化方法,利用基于密度的加权方法得出目标属于已知类的概率值后,不经过迭代优化,直接利用自适应最优阈值选取方法计算最优阈值。

（3）$AB\overline{C}$：在该实验中，计算目标属于已知类的概率时使用基于密度的加权方法和迭代优化方法，但在计算最终的最优阈值时，没有按照自适应最优阈值选取方法寻找最优阈值所在的子区间，而是直接在整个概率值区间 [0,1] 内应用大津法进行寻找，将得出的阈值作为最终的最优阈值对测试目标进行分类。

11.3.2 结果分析

在对比实验和消融实验中，随机选取总类别的一半作为已知类，剩余一半作为未知类。在测试对比方法的分类结果时，选择不同的核函数进行测试，选择其中最好的分类结果作为最终结果进行展示。另外，W-SVM 方法、P_I-SVM 方法和 NNDR 方法中存在超参数 P、C、r。在开放环境下，很难直接给出最优的参数设置，因此，超参数的设置使用遍历的方式完成。将超参数分别设置为 $0, 0.1, \cdots, 0.9, 1$，计算分类效果，并重复实验 20 次，最终取所有超参数设置下分类结果的平均值作为最终的结果。OCSVM 是一种单分类方法，只能划分正类和负类，无法对正类进行详细的分类，因此在完成 OCSVM 分类后，对预测为正类的目标使用 RF 分类器进行分类。

本章所提 KAOSR 方法需要设置近邻的数量，分别在近邻数量为 4,5,6,7,8 的情况下对不同的分类方法进行验证，并且在每个近邻数量下重复实验 20 次，得出均值与标准差作为该近邻数量下的分类结果，最后对所有近邻下的均值和标准差进行平均得出最终的实验结果。11.2.2 节中的阈值 α 在实验中设置为 0.75，下文针对该参数给出了详细的敏感性实验结果和讨论分析。

在分类结果衡量指标上，本章没有采用准确率指标，而采用了更加全面的 F_1-measure 指标。F_1-measure 是精确率和召回率的综合表征方式。精确率是真阳性目标在所有被预测为阳性的目标中的所占的比例，其中被预测为阳性的目标中不仅包含真阳性目标，还包含假阳性目标。召回率则表示在所有阳性目标中分类正确的目标（真阳性目标）所占的比例，其中所有阳性目标按照分类正确与否可分为真阳性目标和假阴性目标。F_1-measure 指标的计算方法如下：

$$精确率 = \frac{\text{TP}}{\text{TP} + \text{FP}} \tag{11-17}$$

$$召回率 = \frac{\text{TP}}{\text{TP} + \text{FN}} \tag{11-18}$$

$$F_1\text{-measure} = 2 \times \frac{精确率 \times 召回率}{精确率 + 召回率} \tag{11-19}$$

在开放环境下的目标识别方法中,已知类的分类准确率和未知类的检测正确率都很重要,单一的准确率指标不能满足衡量开放环境下目标识别方法识别性能的需要。F_1-measure 在已知类分类任务和未知类检测任务中都有涉及,并平衡了两者之间的关系,因此在许多分类方法中,F_1-measure 是使用最多的评价指标。

表 11-3 给出了对比实验结果,其中最优结果以加粗字体显示。本章所提 KAOSR 方法在 F_1-measure 指标上相比对比方法均有不同程度的提升。从实验结果中可以发现,对比方法在规模较大的数据集上能够取得令人满意的效果,而在小规模数据集上效果不尽如人意。分析认为,大多数对比方法是基于模型的分类方法,而模型的训练需要大量的数据,小规模的数据集(如 Vow 数据集、Ver 数据集)无法满足这一需求。而本章所提 KAOSR 方法是基于 k 近邻规则设计的分类方法,并不需要预训练模型,因此在大规模数据集和小规模数据集上的分类结果并无明显差异。

表 11-3 对比实验结果/%

数据集	OCSVM	1-vs-Set Machine	W-SVM	P_I-SVM	NNDR	KAOSR
Vow	49.12±4.21	45.14±8.06	68.59±3.60	49.67±8.66	32.88±6.28	**85.00±1.36**
Sat	56.13±7.02	46.83±11.09	68.71±12.00	49.76±11.53	33.48±12.34	**92.64±0.68**
Rob	58.37±2.20	12.59±8.30	47.75±8.42	31.07±17.94	28.39±11.41	**86.80±1.66**
Ver	55.61±5.36	20.42±13.92	56.22±14.07	39.15±3.00	19.06±7.39	**90.94±0.97**
Veh	56.68±0.90	17.20±15.71	45.44±8.77	35.53±4.69	37.57±13.35	**81.85±3.79**
Ukm	57.18±6.08	17.25±24.65	45.15±11.22	44.38±9.89	30.88±6.58	**86.62±2.12**
PB	46.93±8.57	58.37±42.09	71.40±25.67	73.20±25.29	54.35±28.38	**82.06±6.34**
Seg	67.63±4.04	50.08±4.89	72.75±7.74	57.51±6.48	25.07±4.61	**90.34±0.75**
Sta	57.55±6.73	45.07±8.71	68.42±12.52	52.43±17.34	31.20±6.94	**91.84±1.34**
Kno	57.78±7.06	15.25±14.03	34.37±7.21	37.46±9.69	32.63±9.45	**87.44±1.21**
MCF	66.81±2.84	42.54±24.06	77.31±9.00	47.29±25.82	34.32±13.36	**93.76±2.13**
MFG	57.90±1.19	49.92±24.79	74.69±9.64	55.58±26.90	41.54±27.74	**91.08±1.55**
HRS	61.13±0.03	47.69±6.55	73.75±3.60	30.85±8.36	45.74± 0.06	**89.69 ±0.01**

然而,一些不平衡数据集的确给本章所提 KAOSR 方法及多种对比方法的分类结果带来了较大的波动,如 PB 数据集、MFG 数据集。PB 数据集中仅"text"一类就有 4913 个样本,在 PB 数据集中的占比达到将近 90%。由于在本实验中采取随机选取已知类和未知类的策略,当"text"被选为已知类时,训练样本数量充足,而未知类目标数量较少,所以容易取得较好的分类结果;而当"text"被选为未知类时,训练样本数量严重不足,而未知类目标数量很多,在这种情况下很容易产生错分类。MFG 数据集的情况与 PB 数据集类似,MFG 数据集中包含 10 个类,共 7194 个样本,而"Adenomera"一类包含 4150 个样本,占比超过 50%,不平衡程度很高。在这些数据集上,许多对

比方法给出了很高的标准差。本章所提 KAOSR 方法也受到了数据不平衡的影响,但相较于对比方法,依然表现出了较强的鲁棒性。本章所提 KAOSR 方法将训练样本与测试目标置于同一数据集中,通过计算并迭代优化测试目标属于已知类的概率,进一步体现已知类目标与未知类目标之间的差异。在此过程中,测试目标之间的类别关系也被充分利用,实现了在先验知识匮乏下的知识挖掘。本章所提 KAOSR 方法各环节中每个测试目标的概率值变化均与其 k 个近邻有关,因此,训练样本的数量在理论上并不会影响分类结果,实验也证明了该方法对于训练样本数量、数据集是否平衡等因素具有较强的鲁棒性。

表 11-4 给出了消融实验结果,其中最优结果以加粗字体显示。消融实验是为了验证本章所提 KAOSR 方法各环节的有效性,实验结果说明了该方法的每个环节对于提高分类效果均起到了积极作用。在实验 $\overline{A}BC$ 中,去掉加权过程后,目标属于已知类的概率仅有 $k+1$ 个数值,即 $0, \frac{1}{k}, \frac{2}{k}, \cdots, 1$。而这些数值无法精细化地将每个测试目标属于已知类的可能性表示出来,粗粒度的概率计算容易带来误差,因此对每个已知类近邻样本进行加权是有必要的。实验 $A\overline{B}C$ 则说明了迭代优化方法的重要性,在迭代过程中对高置信度的测试目标进行标记,解决了在概率计算过程中测试目标中的已知类目标不被考虑的问题,取消这一迭代优化过程则会导致已知类概率计算偏差,进而造成识别效果不好。实验 $AB\overline{C}$ 没有对区间进行细分,而是在整个区间中寻找最优阈值,这并不符合先前得出的已知类概率值的数据特点。因此,结合假设检验方法选择最优阈值所处的子区间的过程对提高分类效果也有帮助。总之,本章所提 KAOSR 方法的 3 个环节都是针对开放环境下目标识别这一具体的任务场景设置的,符合分类方法的科学假设和所使用数据的特点,对于高效完成开放环境下的目标识别任务很有必要。

表 11-4 消融实验结果/%

数据集	$\overline{A}BC$	$A\overline{B}C$	$AB\overline{C}$	ABC
Vow	86.32	78.54	85.93	**86.82**
Sat	92.09	91.25	66.29	**92.64**
Rob	84.72	83.53	73.79	**86.80**
Ver	87.68	86.02	72.92	**90.94**
Veh	80.71	78.43	65.80	**81.85**
Ukm	83.14	84.06	59.89	**85.77**
PB	81.49	70.96	67.31	**82.06**
Seg	91.37	88.81	87.93	**91.42**
Sta	**92.88**	90.12	70.15	91.84
Kno	85.74	78.55	72.29	**87.44**
MCF	95.14	90.25	77.18	**96.05**
MFG	**94.64**	90.54	74.86	94.14

除了消融实验,本节还对 11.2.2 节和 11.2.3 节中的迭代优化过程做了进一步的可视化分析。11.2.2 节的可视化应用累积经验分布函数(empirical Cumulative Distribution Function,eCDF)完成。该函数计算公式为

$$F_n(p_l) = \begin{cases} 0, & p < p(x_l \in \mathbb{K}) \\ l/n, & p(x_l \in \mathbb{K}) \leqslant p < p(x_{l+1} \in \mathbb{K}) \\ 1, & p(x_n \in \mathbb{K}) \leqslant p \end{cases} \tag{11-20}$$

式中,p_l 为 $p(x_l \in \mathbb{K})$ 的简略表示;n 为测试目标的总数。可以看到,累积经验分布函数 $F_n(p)$ 为阶跃函数,在每个概率值 $p(x_l \in \mathbb{K})$ 处对应一个大小为 $\dfrac{1}{n}$ 的阶跃。如果在横轴上某值处出现了较大的阶跃,则说明该概率值所对应目标的数量较多。不同 k 值下不同数据集对应的累积经验分布函数如图 11-5 所示。

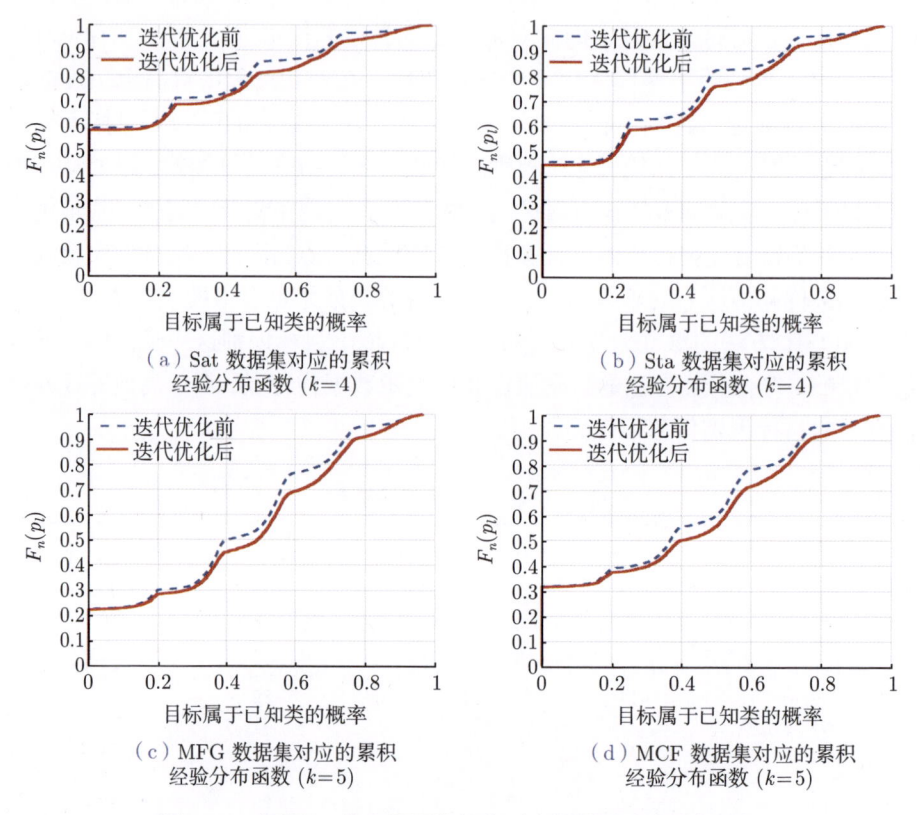

(a) Sat 数据集对应的累积经验分布函数 ($k=4$)

(b) Sta 数据集对应的累积经验分布函数 ($k=4$)

(c) MFG 数据集对应的累积经验分布函数 ($k=5$)

(d) MCF 数据集对应的累积经验分布函数 ($k=5$)

图 11-5 不同 k 值下不同数据集对应的累积经验分布函数

从图中可以看出，在迭代优化完成后，有更多的概率值进入了 $\left[\dfrac{k-2}{k}, \dfrac{k-1}{k}\right)$ 和 $[\dfrac{k-1}{k}, 1]$ 区间，这说明迭代优化过程增加了测试目标中已知类目标的概率，扩大了测试目标中已知类目标与未知类目标之间的差异，有利于后续对已知类与未知类的划分。

针对 11.2.3 节中的自适应最优阈值选取方法的必要性与有效性，本节做了进一步的探索和实验。11.2.2 节设置了阈值 α，将高置信度的测试目标标注为已知类。11.2.3 节利用改进的大津法得出了最优阈值 $\mathscr{T}$。阈值 α 与阈值 $\mathscr{T}$ 的作用实际上并不相同，如果不使用阈值 $\mathscr{T}$，而直接使用阈值 α 作为最终阈值，将造成许多已知类目标被误分为未知类，因为阈值 α 的设置是谨慎的，并且没有全局考虑已知类概率值的数据特点。设置阈值 α 是为了防止误差通过迭代过程传播，因此它并不是最优的阈值。下面通过实验来验证这一结论。表 11-5 分别给出了将不同的阈值 $\mathscr{T}$ 和阈值 α 作为最终阈值时的分类结果，其中最优结果以加粗字体显示。

从表 11-5 中可以看到，当阈值 $\mathscr{T}$ 小于阈值 α 且采用阈值 $\mathscr{T}$ 作为最终阈值时，分类结果优于采用阈值 α 的分类结果。该实验结果充分验证了上述结论，也证明了 11.2.3 节中的自适应最优阈值选取方法的必要性和有效性。

表 11-5　阈值计算必要性验证与有效性研究实验结果

数据集	$\mathscr{T}$	α	以 $\mathscr{T}$ 为最终阈值的分类结果/%	以 α 为最终阈值的分类结果/%
Vow	0.60	0.75	**85.12**	83.06
Sai	0.28	0.75	**93.28**	84.57
Rob	0.52	0.75	**85.40**	81.17
Ver	0.35	0.75	**91.03**	90.94
Veh	0.40	0.75	81.96	**83.85**
Ukm	0.52	0.75	**88.30**	84.67
PB	0.39	0.75	**82.44**	72.13
Seg	0.59	0.75	**91.45**	87.48
Sta	0.34	0.75	**92.16**	84.21
Kno	0.42	0.75	**85.32**	82.05
MCF	0.44	0.75	**96.05**	85.32
MFG	0.38	0.75	**94.11**	77.94

11.3.3　参数敏感性分析

参数 α 敏感性分析实验结果如图 11-6 所示，图中展示了在不同的 α 值下分类结果的变化。由图可知，参数 α 设置在 $[0.6, 0.8]$ 区间内能够取得较好的分类结果，这与本章的假设相符。参数 α 的值应该谨慎设置，以免造成误差传递，且不宜设置得过高，以防许多已知类测试目标无法被标注，造成迭代优化过程失效。在本章中，参数 α 的值统一设置为 0.75。

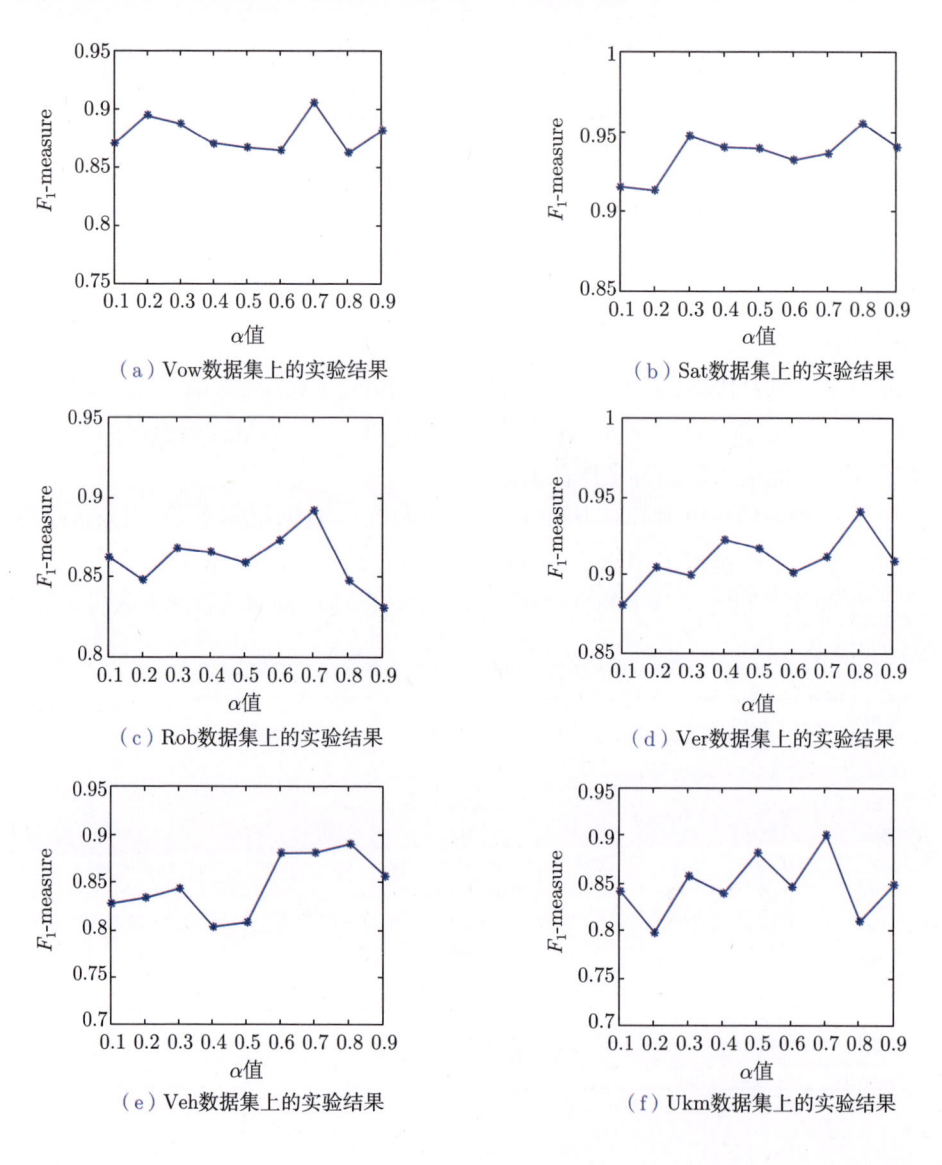

（a）Vow 数据集上的实验结果

（b）Sat 数据集上的实验结果

（c）Rob 数据集上的实验结果

（d）Ver 数据集上的实验结果

（e）Veh 数据集上的实验结果

（f）Ukm 数据集上的实验结果

（g）Pab 数据集上的实验结果

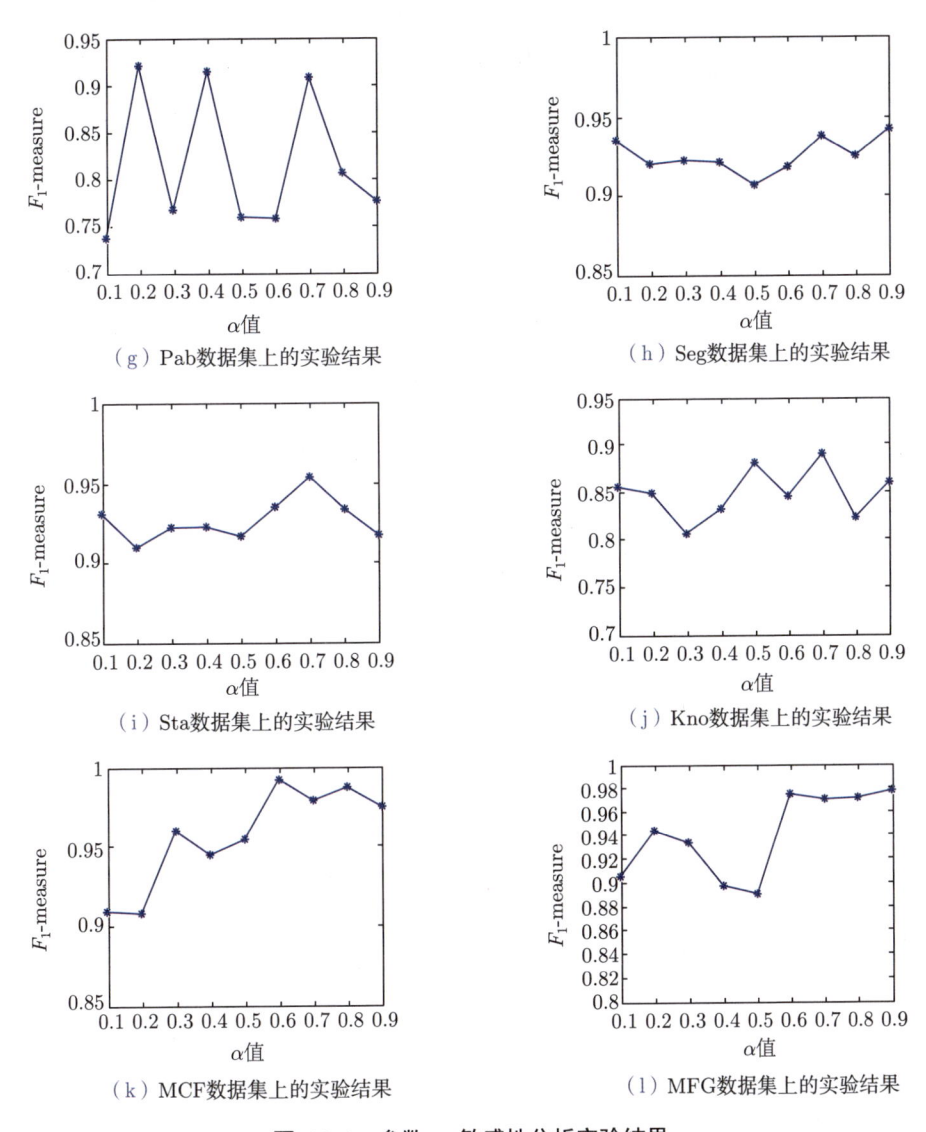

（h）Seg 数据集上的实验结果

（i）Sta 数据集上的实验结果

（j）Kno 数据集上的实验结果

（k）MCF 数据集上的实验结果

（l）MFG 数据集上的实验结果

图 11-6 参数 α 敏感性分析实验结果

本章所提 KAOSR 方法是一种基于 k 近邻规则的开放环境下目标识别方法。针对该方法对近邻数量的敏感性进行测试，分别选择 $k=4,5,6,7,8$ 进行实验，实验结果如图 11-7 所示。由图可知，在大部分数据集中，该方法对近邻数量的选择都表现出了较强的鲁棒性，但是在 PB 数据集上出现了较大的波动。我们分析这与 PB 数据集的严重不平衡有关，在未来的工作中，我们会重点研究数据集不平衡给分类方法带来的影响。

（a）Vow数据集上的实验结果

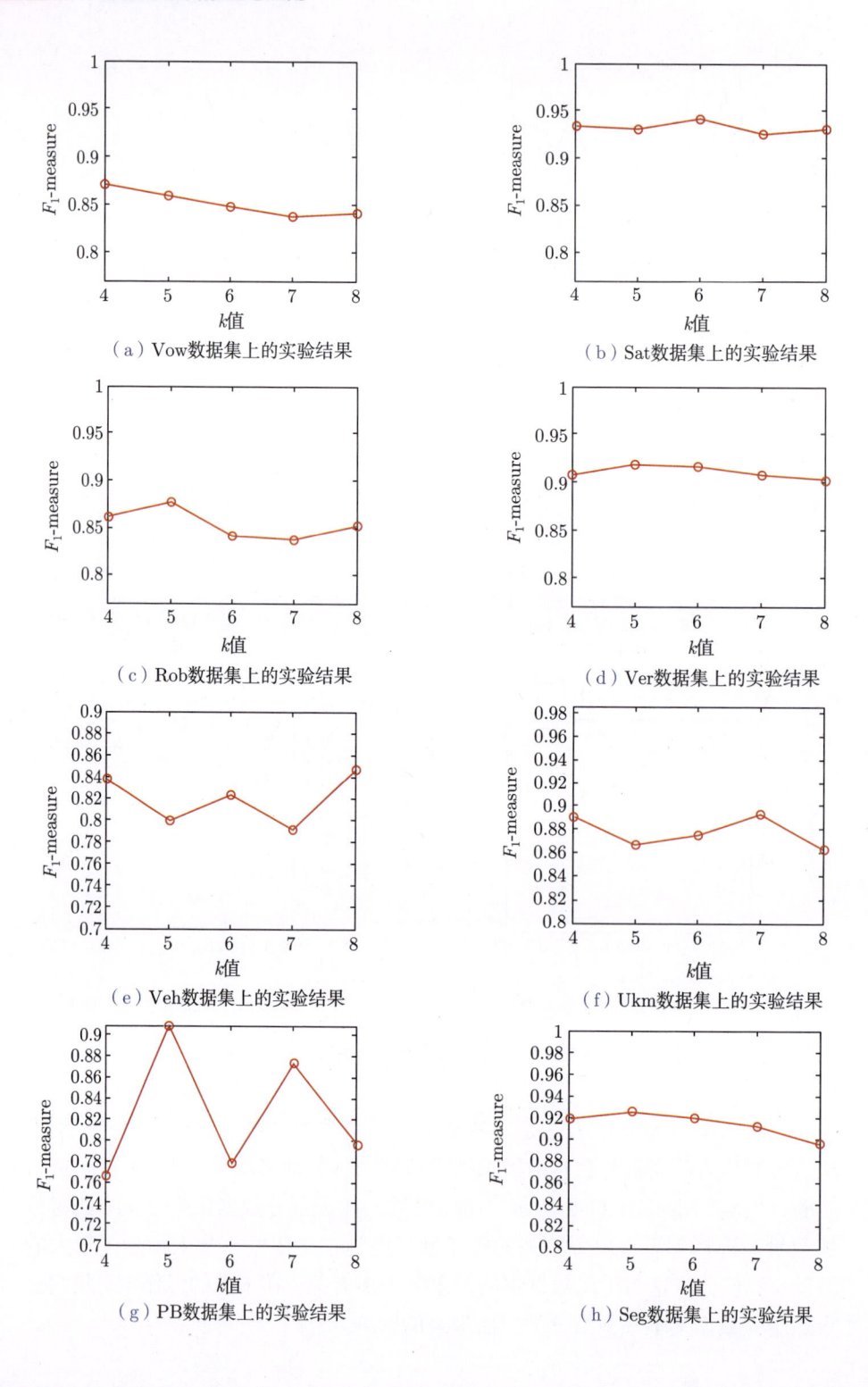

（b）Sat数据集上的实验结果

（c）Rob数据集上的实验结果

（d）Ver数据集上的实验结果

（e）Veh数据集上的实验结果

（f）Ukm数据集上的实验结果

（g）PB数据集上的实验结果

（h）Seg数据集上的实验结果

（i）Sta数据集上的实验结果

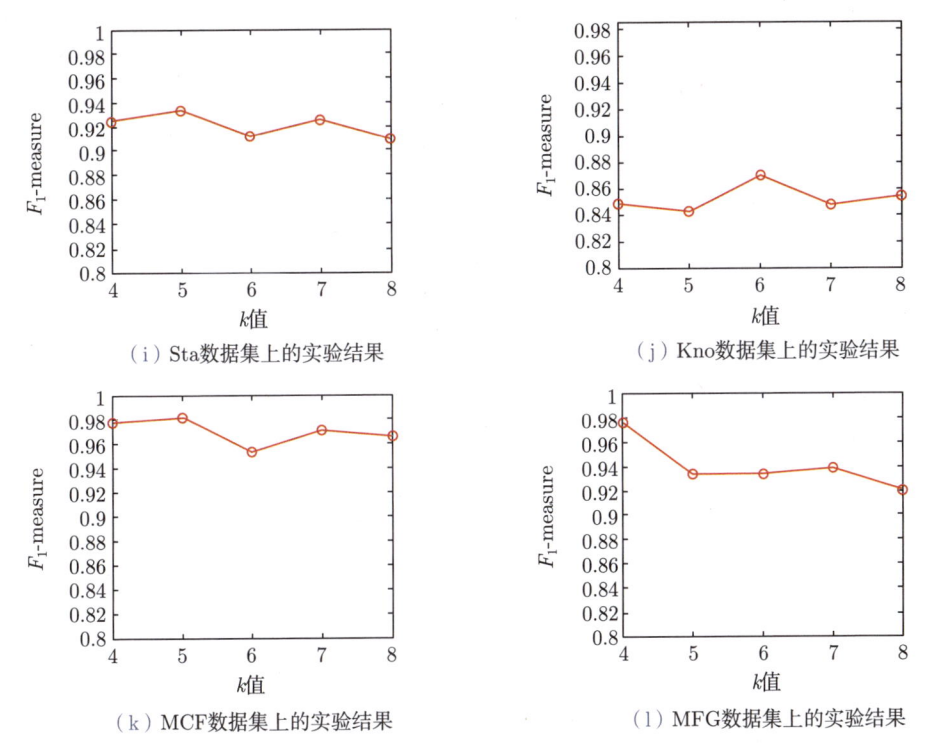

（j）Kno数据集上的实验结果

（k）MCF数据集上的实验结果

（l）MFG数据集上的实验结果

图 11-7　近邻数量 k 敏感性分析实验结果

11.4　本章小结

本章提出了一种基于 k 近邻的自适应开放环境下目标识别方法，即 KAOSR 方法。该方法将测试目标中已知类和未知类的目标差异用目标属于已知类的概率进行描述。对于目标属于已知类的概率的计算，综合考虑了目标与其已知类近邻的样本密度差。该方法将样本之间的类别关系转化到概率值空间，进而设计一种概率值迭代优化方法，对得到的概率值进行优化，最后提出自适应最优阈值选取方法，完成已知类和未知类的划分。本章进行了对比实验、消融实验、结果可视化实验等，充分验证了 KAOSR 方法在大部分数据集上的有效性。在不平衡数据集上，该方法受到的影响较小，表现出了较强的鲁棒性。

第 12 章
多源异构图像目标迁移融合识别

12.1 引言

当图像目标识别中训练样本匮乏时，迁移学习通过利用与待分类目标相似的辅助源域进行知识迁移，为训练样本匮乏下的目标识别提供了一条有效途径。现有的迁移学习域自适应方法根据源域个数可分为两类，即单源域自适应 (Single-source Domain Adaptation，SDA) 和多源域自适应 (Multi-source Domain Adaptation，MDA)。在实际应用中，经常会收集到不同平台、不同传感器等多个源域对相关目标的探测数据，多传感器比单传感器包含更丰富的潜在互补信息，可以有效地提升网络辨识性能，因此 MDA 更适用于实际应用场景。由于源域和目标域之间及各源域之间存在较大的分布差异，MDA 比 SDA 更具挑战性，受到了学者们的广泛关注。近年来，大量针对 MDA 的研究取得了一定的成果。例如，Peng 等提出矩匹配多源域自适应网络，通过动态对齐源域与目标域的特征分布矩实现知识迁移；Kang 等使用聚类方法，利用不同源域的互补知识对未标注的目标域样本进行标注。由于不同领域之间的分布差异较大，很难将多个源域和目标域映射到同一个特征空间学习域不变表征。此外，混合辅助源域的分布与初始源域的分布往往并不完全相同，即使混合后的源域与目标域差异减小，也无法保证每个源域与目标域的分布对齐效果。因此，现有的迁移学习域自适应方法无法充分挖掘各个源域的辅助知识，难以充分缩小各个领域之间的分布差异。现有的基于度量的迁移学习方法没有充分考虑和利用源域样本的已有标签。例如，MMD 可能会使用属于不同类别的样本计算分布差异。不精确的度量导致网络难以学习到域不变表征，从而给目标的精确识别带来了极大的挑战。

本章针对集中式迁移方法无法充分利用各个源域的辅助信息的问题，提出了一种多源异构图像目标迁移融合识别方法，即多源异构分布式迁移网络（Multi-source Heterogeneous Distributed Transfer Network, MHDTN）方法。该方法由两个步骤组成。第一步，将多个源域集成到一个混合辅助源域，将该混合辅助源域的分布与目标域的分布进行配准，可以粗粒度地缩小每个源域和目标域之间的分布差异及不同源域之间的分布差异。由于各领域之间均存在分布差异，仅使用辅助源域无法保证每个源域都与目标域的分布精确地对齐。第二步可以被视为细粒度对齐过程，利用混合辅助源域进行网络全体参数更新后，将每个源域分别与目标域对齐。混合辅助源域的分布通常不同于其他初始源域，因此迭代运行上述两个步骤可以从各个源域中挖掘更多潜在的辅助知识以提升网络性能。采用加权融合分类器对不同的领域分配不同的权重，并进行最终预测。针对 MMD 没有充分利用现有标签的问题，引入加权混合最大化均值差异（Weighted Hybrid Maximum Mean Discrepancy, WHMMD）计算分布差异，使分布差异度量更加精确。

12.2　MHDTN 方法介绍

针对多源异构数据迁移融合识别问题，现行的迁移学习方法大多将各个源域混合为一个辅助源域进行分布对齐，难以保证每个源域与目标域的分布均能够配准。为了充分挖掘每个源域对分类有利的辅助信息，精确地缩小各个领域之间的分布差异，可使用分布式迁移方式，将混合辅助源域与多个初始源域分别与目标域对齐，充分挖掘各源域的辅助信息，提升目标域目标的辨识性能。首先将多个源域混合为一个辅助源域，然后用混合辅助源域更新网络的所有参数，粗粒度地减小每个源域和目标域之间及不同源域之间的分布差异。随后将每个源域分别与目标域进行分布对齐，并更新其私有的域特定层的参数，细粒度地从每个源域挖掘潜在知识。在缩小分布差异时，充分利用标注信息，引入类内差异和类间差异，实现对分布差异的精确度量。在决策阶段，根据各个源域分类器的输出结果进行置信度评估，采用自适应加权决策方法得到最终的分类结果。本节首先给出基本数学符号的定义，然后介绍加权混合最大化均值差异，最后介绍多源异构分布式迁移网络。

对于多源无监督域自适应问题，假设 p_{s_j} 和 q_t 分别代表 N 个源域与目标域，潜在数据分布表示为 $\{p_{s_j}(X,Y)\}_{j=1}^{N}$，$q_t(X,Y)$。训练数据集 $\mathcal{S} =$

$\{(x_1^{s_j}, y_1^{s_j}), (x_2^{s_j}, y_2^{s_j}), \cdots, (x_{M_s}^{s_j}, y_{M_s}^{s_j})\}$ $(j = 1, 2, \cdots, N)$ 从第 j 个源域分布中采样得到。目标域数据集 $\mathcal{T} = \{(x_1^t, y_1^t), (x_2^t, y_2^t), \cdots, (x_{M_t}^t, y_{M_t}^t)\}$ 从 $q_t(X, Y)$ 中采样得到。$\{x_i^s\}$ 和 $\{x_i^t\}$ 分别代表带标注源域样本与无标注目标域样本，$y(x_i^s) \in \{1, 2, \cdots, C\}$ 代表源域样本的标签，无法获得目标域样本标签 $y(x_i^t) \in \{1, 2, \cdots, C\}$。MHDTN 方法拟使网络利用带标注源域样本和无标注目标域样本学习到合适的数据表征，准确预测目标域无标注样本的标签 $\bar{y}(x_i^t)$。

12.2.1 加权混合最大化均值差异

MMD 在深度域自适应网络中得到了很好的应用，是一种具有代表性的分布差异度量方法。如果某两个分布是等价的，那么这两个分布的所有统计量都应该是相同的。MMD 根据该假设提出一个检验方法来判断是否接受零假设 $p = q$。MMD 在再生核希尔伯特空间 $\mathcal{H}$ 中度量两个分布的均值嵌入的差异，如式 (12-1) 所示。

$$\mathcal{D}(p, q) \triangleq \left\| \mathbb{E}_{X_s \sim p}[(\phi(X_s))] - \mathbb{E}_{X_t \sim q}[(\phi(X_t))] \right\|_{\mathcal{H}}^2 \tag{12-1}$$

式中，ϕ 将数据映射至再生核希尔伯特空间，在实际应用中，核函数被用来估计 MMD，如式 (12-2) 所示。

$$\begin{aligned}
\widehat{\mathcal{D}}(p, q) &= \left\| \frac{1}{n_s} \sum_{x_s \in S} \phi(x_s) - \frac{1}{n_t} \sum_{x_t \in T} \phi(x_t) \right\|_{\mathcal{H}}^2 \\
&= \frac{1}{n_s^2} \sum_{i=1}^{n_s} \sum_{j=1}^{n_s} k(x_i^s, x_j^s) + \frac{1}{n_t^2} \sum_{i=1}^{n_t} \sum_{j=1}^{n_t} k(x_i^t, x_j^t) - \\
&\quad \frac{2}{n_s n_t} \sum_{i=1}^{n_s} \sum_{j=1}^{n_t} k(x_i^s, x_j^t)
\end{aligned} \tag{12-2}$$

式中，$k(x_i^s, x_j^t) = (\phi(x_i^s), \phi(x_j^t))$，$(\cdot, \cdot)$ 代表向量内积。

尽管 MMD 能够度量两个分布之间的差异且取得了显著的成果，但这种域层次的分布差异度量方式仍然存在一些局限性。如图 12-1 所示，传统 MMD 可能会利用来自源域和目标域的不同类别的样本计算分布差异，这使分布差异的估计不够精准。本节提出了 WHMMD，以充分利用样本的标注信息，并考虑类内信息和类间信息，精确计算跨域分布差异。WHMMD 包含 4 个目标函数，即加权 MMD、类内 MMD、类间 MMD 和条件熵。通过加权 MMD 给不同的样本分配不同的权重，使网络关注有利于将知识从源域转移到目标域的样本。通过引入类内 MMD 和类间 MMD，分布差异度量更加精确。最小化类别分布的条件熵有利于实现类间的低密度分离。

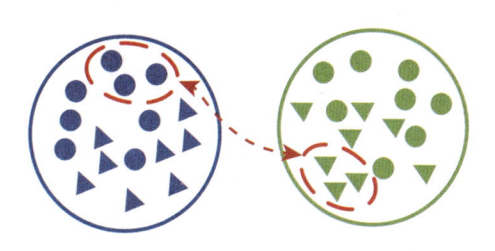

图 12-1 传统 MMD 计算分布差异的方法

加权 MMD 通过给不同的样本分配不同的权重，从一定程度上解决了度量不精确的问题。分类器生成的决策越不确定，样本获得的权重越大，网络参数优化也越关注该样本，即被分配了大权重的样本将主导网络学习到更合适的特征表征。加权 MMD 的计算公式为

$$\widehat{\mathcal{D}}(p,q) = \left\| \sum_{x_i^s \in \mathcal{S}} w_i^s \phi\left(x_i^s\right) - \sum_{x_j^t \in \mathcal{T}} w_j^t \phi\left(x_j^t\right) \right\|_{\mathcal{H}}^2 \tag{12-3}$$

通过给不同的样本分配不同的权重可以对传统 MMD 进行优化，但 MMD 没有充分利用现有标签的问题仍然存在，且由于目标域没有标注信息，很难完全精准地度量源域与目标域之间的分布差异。为了尽可能减小不精确度量带来的影响，WHMMD 引入了类内分布差异与类间分布差异，充分利用已有的标注信息计算跨域分布差异。使用源域和目标域中属于同一类别的样本计算类内 MMD，并将其最小化，使具有相同标签的跨域样本紧凑。使用源域和目标域中属于不同类别的样本计算类间 MMD，并将其最大化，使具有不同标签的跨域样本分离。如图 12-2 所示，红色虚线圆圈内的样本由于类内 MMD 的作用相互靠近，红色虚线圆圈内的蓝色样本由于类间 MMD 的作用与黑色虚线圆圈内的绿色三角形样本分离。假设当前批处理样本中源域与目标域存在 D 个相同的类别，类间 MMD 和类内 MMD 的计算公式分别为

$$\widehat{\mathcal{D}}(p,q)_{\text{intra}} = \frac{\sum_{m=1}^{D} \left\| \frac{1}{n_m^s} \sum_{i=1}^{n_m^s} \phi\left(x_{m_i}^s\right) - \frac{1}{n_m^t} \sum_{j=1}^{n_m^t} \phi\left(x_{m_j}^t\right) \right\|_{\mathcal{H}}^2}{D} \tag{12-4}$$

$$\widehat{\mathcal{D}}(p,q)_{\text{inter}} = \frac{\sum_{z=1}^{D}\sum_{m=1,m\neq z}^{D}\left\|\frac{1}{n_z^s}\sum_{i=1}^{n_z^s}\phi\left(x_{z_i}^s\right) - \frac{1}{n_m^t}\sum_{j=1}^{n_m^t}\phi\left(x_{m_j}^t\right)\right\|_{\mathcal{H}}^2}{D(D-1)} \quad (12\text{-}5)$$

式中，$x_{m_i}^s$ 代表第 i 个类别标签为 m 的源域样本；n_m^s 代表源域中属于第 m 类样本的数量；$x_{m_j}^t$ 代表第 j 个类别标签为 m 的目标域样本；n_m^t 代表目标域中属于第 m 类样本的数量。

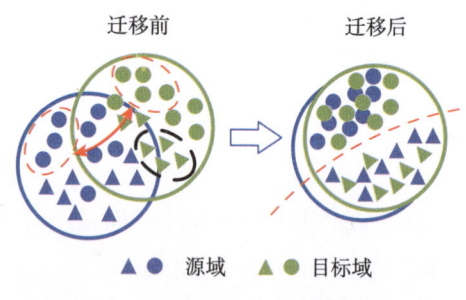

图 12-2 类内 MMD 与类间 MMD

属于同一领域的样本应同样满足类内聚集、类间分离的特性，受熵最小化准则的启发，最小化类别分布的条件熵有助于实现类间的低密度分离。条件熵的计算公式为

$$\mathcal{L}_{\text{con}} = -\frac{1}{n}\sum_{i=1}^{n}\widehat{y}\left(x_i^t\right)\log\left(\widehat{y}\left(x_i^t\right)\right) \quad (12\text{-}6)$$

式中，$\widehat{y}(\cdot)$ 为分类器预测的结果向量。WHMMD 的总体目标函数为

$$\mathcal{L}_{\text{whmmd}} = \widehat{\mathcal{D}}(p,q) + \mathcal{L}_{\text{con}}\lambda + \\ (\widehat{\mathcal{D}}(p,q)_{\text{intra}} - \widehat{\mathcal{D}}(p,q)_{\text{inter}})\delta \quad (12\text{-}7)$$

式中，$\lambda = 0.1$ 和 $\delta = 0.02$ 为超参数，用来平衡类内 MMD、类间 MMD 和条件熵的影响。

12.2.2 多源异构分布式迁移网络

同时将多个源域与目标域在一个相同的特征空间进行分布对齐是十分困难的，本节所提多源异构分布式迁移网络（MHDTN）利用多头网络将各个源域分别与目标域映射至不同的特征空间进行分布对齐，并将混合辅助源域和各个初始源域分别与目标域分布对齐，充分挖掘各个源域的辅助信息，实现目标域样本的准确分类。MHDTN 将传统的权重共享的网络架构分为 3 部分：公共特征提取器、域特定特征提取器与加权融合分类器。其总体架构如图 12-3 所示。

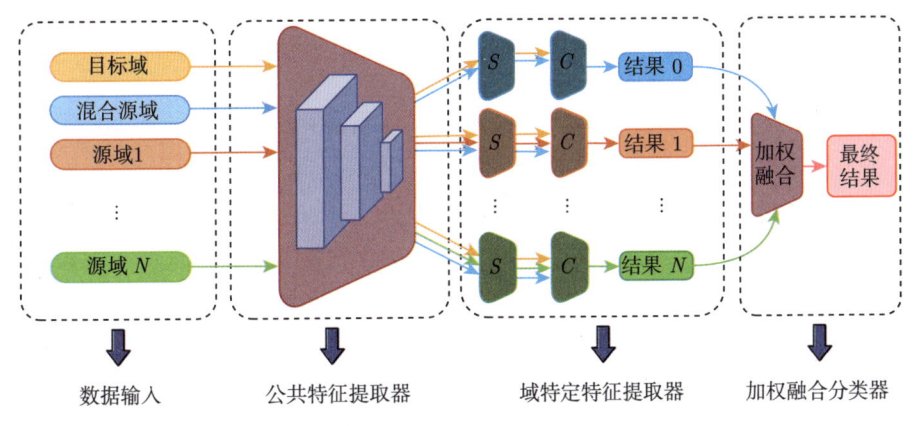

图 12-3　MHDTN 总体架构

1. 公共特征提取器

越深的深度网络的特征迁移能力越弱，而神经网络的初始几层提取出的特征往往是语义信息较少的公共特征。使用公共特征提取器 $F(\cdot)$ 将输入数据从原始特征空间映射到公共特征空间，从而提取出所有领域的公共特征表征。

2. 域特定特征提取器

由于各个领域之间均存在分布差异，随着源域数量的增加，将所有源域与目标域映射到一个公共特征空间是十分困难的。MHDTN 利用多个参数不共享的卷积模块 $S(\cdot)$ 将各个源域分别与目标域映射至域特定特征空间，随后利用决策融合策略获得最终的预测结果。

3. 加权融合分类器

将每个域特定特征提取器 $S(\cdot)$ 提取出的特征输入域特定分类器 $C(\cdot)$。域特定分类器输出当前样本属于某一类的概率向量 $\hat{y}(\cdot)$ 或 $C(S(F(\cdot)))$。利用决策融合策略整合各个分支域特定分类器的分类结果，输出最终的决策。

每个源域的质量都是不同的，在生成最终融合结果时需要考虑不同域特定分类器产生的分类结果的可靠性。为了充分利用多个域特定分类器的互补知识，可利用加权融合分类器进行决策融合，并将该分类器嵌入 MHDTN，输出最终的分类结果。加权融合使可靠度高的分类器在决策制定过程中起主导作用，这可以显著降低错误分类的风险，且加权融合分类器相较于传统的全连接层所需计算量更小，有助于加快收敛速度。

假设存在 N 个源域和一个混合辅助源域，多头网络将输出 $N+1$ 个分类结果，每个域特定分类器的输出都是一个 C 维向量，即 $\widehat{\boldsymbol{y}}_j(\cdot) = \{a_{1j}, a_{2j}, \cdots, a_{Cj}\}_{j=1}^{N+1}$。对每个域特定分类器分配一个权重向量 $\{m_{ij}\}_{i=1,j=1}^{i=N+1,j=C}$，域特定分类器的输出的计算公式为

$$\widehat{\boldsymbol{y}}_j(\cdot) = \left\{\sum_{j=1}^{N+1} a_{1j}m_{1j}, \sum_{j=1}^{N+1} a_{2j}m_{2j}, \cdots, \sum_{j=1}^{N+1} a_{Cj}m_{Cj}\right\} \tag{12-8}$$

权重由人工进行初始化，并通过反向传播进行自动更新，从而避免了设计复杂的规则来计算权重。在仿真实验中，当存在两个源域时，混合辅助源域的权重为 0.6，其余源域的权重为 0.2；当存在 3 个源域时，混合辅助源域的权重为 0.4，其余源域的权重不变。加权融合分类器的分类策略如图 12-4 所示。

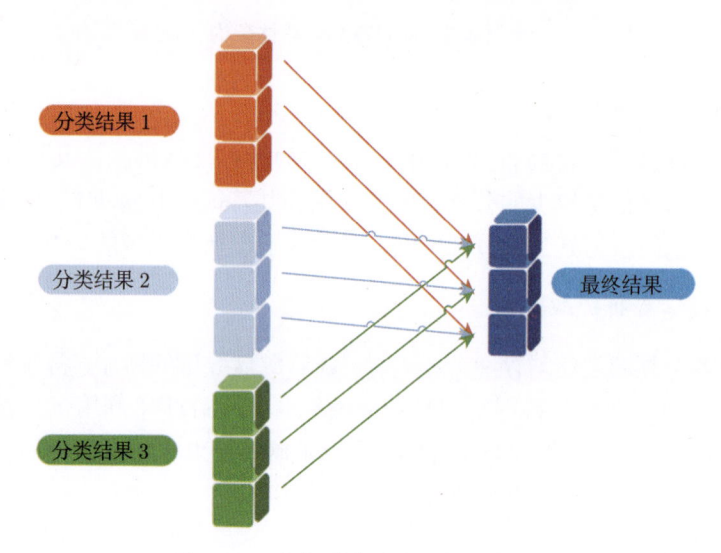

图 12-4 加权融合分类器的分类策略

4. MHDTN 目标函数

MHDTN 与大多数深度迁移学习方法相同，计算源域与目标域最后一层卷积层的输出分布差异并将其最小化，通过反向传播微调其余所有卷积层参数。MHDTN 目标函数为

$$\mathcal{L} = \mathcal{L}_{\text{cross}} + (\mathcal{L}_{\text{whmmd}} + \mathcal{L}_{\text{cls}})\gamma \tag{12-9}$$

$$\mathcal{L}_{\text{cross}} = -\frac{1}{n}\sum_{i=1}^{n} \boldsymbol{y}(x_i^{\text{s}}) \log\left(\widehat{\boldsymbol{y}}(x_i^{\text{s}})\right) \tag{12-10}$$

$$\mathcal{L}_{\text{cls}} = \frac{2}{N(N+1)}\sum_{r=1}^{N}\sum_{t=r+1}^{N+1}\left(\frac{1}{n}\sum_{i=1}^{n}\left|\widehat{\boldsymbol{y}}_r(x_i^{\text{t}}) - \widehat{\boldsymbol{y}}_t(x_i^{\text{t}})\right|\right) \tag{12-11}$$

式中，γ 为分布差异惩罚因子，用于控制分布差异在最终目标函数中的重要程度；n 代表当前批的样本个数；$\mathcal{L}_{\text{cross}}$ 代表交叉熵函数；$\mathcal{L}_{\text{cls}}$ 代表最小化各个分类器之间的差异，使各个分类器的输出保持一致。

5. MHDTN 优化过程

在网络训练过程中，每次迭代只输入一个源域的数据，将混合辅助源域与 N 个初始源域轮流输入网络。假设初始存在两个源域 $\{s_1, s_2\}$ 和一个目标域 $\{t\}$，将给定的两个源域混合为一个辅助源域 $\{s_{\text{integrated}}\}$，即此时存在 3 个源域 $\{s_1, s_2, s_{\text{integrated}}\}$。第一步，从混合辅助源域 $\{s_{\text{integrated}}\}$ 与目标域 $\{t\}$ 中采样出一批数据作为训练样本，并更新网络的全部参数，这一步为粗粒度对齐过程，可以充分挖掘混合辅助源域的辅助知识。第二步，从剩余两个源域 $\{s_1, s_2\}$ 中随机选择一个源域进行数据采样，将采样得到的数据输入网络。第三步，从剩余的一个源域中采样训练样本进行网络参数优化。第二步与第三步为细粒度分布对齐过程，充分挖掘了每个源域的潜在信息。迭代执行上述 3 个步骤直至网络收敛。

12.3 实验结果与分析

本节对 MHDTN 方法的有效性进行验证。使用 3 个公共基准图像数据集（Office-31、ImageCLEF-DA、Office-Home）进行仿真实验。与此同时，将 MHDTN 方法和其他相关分类方法进行对比，以验证前者的有效性。

12.3.1 基础数据集

1. Office-31 数据集

Office-31 数据集是迁移学习领域常用的基准图像数据集，包括 31 类样本，共 4110 幅图像。该数据集有 3 个领域：Amazon（简称 A）、Webcam（简称 W）和 DSLR（简称 D）。该数据集中的图像由 Amazon 网站、网页摄像头与数码单反相机收集得到。该数据集中的各个领域是不平衡的，A 有 2817 幅图像，W 有 795 幅图像，D 有 498 幅图像。将这些领域进行组合，构建 3 个迁移学习任务：(A, W) → D，(A, D) → W，(W, D) → A。

2. ImageCLEF-DA 数据集

ImageCLEF-DA 数据集是 ImageCLEF 2014 域自适应挑战的基准图像数据集，包括 3 个领域：Caltech-256（简称 C）、ImageNet ILSVRC 2012（简称 I）和 Pascal VOC 2012（简称 P）。各领域均包含 12 类样本，每类 50 幅图像，共 600 幅图像。基于该数据集构建 3 个迁移任务：(I, C)→P，(I, P)→C，(P, C)→I。

3. Office-Home 数据集

Office-Home 数据集是一个新的迁移学习基准数据集。该数据集包含 65 类样本，共 15588 幅图像，分别来自 4 个领域：Artistic images（简称 A）、Clip Art（简称 C）、Product images（简称 P）和 Real-World images（简称 R）。基于该数据集构建 4 个迁移学习任务：(C, P, R) → A，(A, P, R) → C，(A, C, R) → P，(A, C, P) → R。

表 12-1 总结了这 3 个基础数据集的基本信息。图 12-5 展示了这 3 个基础数据集的图像风格。

表 12-1 3 个基础数据集的基本信息

数据集	领域	类别数/个	样本数/个
Office-31	Amazon	31	2817
	Webcam	31	795
	DSLR	31	498
ImageCLEF-DA	Caltech-256	12	600
	ImageNet ILSVRC 2012	12	600
	Pascal VOC 2012	12	600
Office-Home	Artistic images	65	2427
	Clip Art	65	4365
	Product images	65	4439
	Real-World images	65	4357

在训练阶段，采用随机反转与随机裁剪进行数据增强，将数据按 256×256 像素的大小读入，然后将上述图像数据集样本裁剪至 224×224 像素输入网络进行训练。在测试阶段，直接将图像裁剪至 224×224 像素输入网络进行测试。

图 12-5 3 个基础数据集的图像风格

12.3.2 相关分类方法

为了充分验证本章所提 MHDTN 的有效性，选取具有代表性的单源域迁移学习方法与多源域迁移学习方法作为基准分类方法进行对比实验。本节选取深度鸡尾酒网络（DCTN）、多特征空间自适应网络（Multiple Feature

Spaces Adaptation Network, MFSAN) 作为多源域迁移学习的基准方法; 选取 ResNet、深度域混淆 (Deep Domain Confusion, DDC) 网络(以下为方便表述, 将 DDC 网络简述为 DDC)、深度自适应网络 DAN、深度 CORAL (Deep CORAL, DCORAL)、域对抗神经网络 (DANN)、残差迁移网络 (RTN) 和多表征自适应网络 (MRAN) 作为单源域迁移学习的基准方法。

本节使用 3 种标准 (Single Best、Source Combine 与 Multi-Source) 来衡量不同迁移学习方法的有效性。①Single Best: 单源域迁移任务最佳结果。例如, 对于迁移任务 (A,W)→D, 只记录 A→D 和 W→D 之中的最佳结果。通过比较这一结果, 可以评估引入多个辅助源域是否能提升模型的分类性能。②Source Combine: 将所有源域混合为一个源域, 并使用 MDA 方法进行分布对齐。这一标准旨在测试引入 MDA 方法的有效性。③Multi-Source: 将结果与先进的 MDA 方法进行对比, 可以证明本章所提 MHDTN 的有效性。

同时, 为了验证 MHDTN 的有效性, 本节构建了 MHDTN 的多种变体进行消融实验。

(1) MHDTN-MMD: 使用传统 MMD 和分布式对齐网络。

(2) MHDTN-OS: 使用 WHMMD 和两步对齐网络。

(3) MHDTN-WMMD: 使用加权 MMD 和分布式对齐网络。

(4) MHDTN-WCon: 使用加权 MMD、类内/类间 MMD 和分布式对齐网络。

(5) MHDTN 使用 WHMMD 和分布式对齐网络。

12.3.3 结果分析

上述所有深度迁移学习方法均基于深度学习框架 Pytorch 实现。网络基本架构为 ResNet50, 使用在 ImageNet 数据集上的预训练权重对网络参数进行初始化。使用 $(Conv1 \times 1, Conv3 \times 3, Conv1 \times 1)$ 作为域特定特征提取器, 并将特征通道数从 2048 个降至 256 个。通过反向传播训练域特定特征提取器和分类器, 将学习率设置为其他网络层的 10 倍。使用动量参数为 0.9 的随机梯度下降 (Stochastic Gradient Descent, SGD) 算法训练网络, 学习率的设置与 DANN 保持一致。学习率由公式 $lr = \eta_0/(1+\alpha p)^\beta$ 计算得到。其中, p 随着训练完成率由 0 线性增加至 1; η_0 是一个初始常数, 对于公共特征提取器和加权融合层, 它被设置为 0.001。$\eta_0 = 0.01$、$\alpha = 10$ 和 $\beta = 0.75$ 被设置为其他层的默认值, 以加速收敛。由于网络在训练开始时预测不精确, 超参数

γ 由 0 渐进地增加至 1，即 $\gamma = 2/(1+\mathrm{e}^{-\theta p}) - 1$，其中 $\theta = 10$。

表 12-2~表 12-4 分别展示了 MHDTN 和其余基准方法在 3 个数据集上的识别结果，其中最优结果以加粗字体显示。表 12-5 为 MHDTN-WMMD、MHDTN-WCon 和 MHDTN 在 Office-31 数据集上的消融实验结果，其中最优结果以加粗字体显示。大量的实验结果表明，随着源域数量的增多，训练样本越来越充分，大多数 SDA 方法将所有源域混合为一个源域进行分布对齐，有利于提升网络性能，这可能得益于训练样本的多样性。MFSAN 和 MHDTN-MMD 之间的唯一区别是 MHDTN-MMD 使用分布式迁移网络架构。在大多数迁移任务上，MHDTN-MMD 比 MFSAN 取得了更好的结果，证明了 MHDTN 的有效性。MHDTN-OS 采用 WHMMD 计算分布差异。MHDTN-OS 在大多数迁移任务上的实验结果优于其他方法，证明了使用 WHMMD 可以使分布差异测量更加精确，从而提升知识迁移的效果。MHDTN 在大多数迁移任务上显著提高了模型的准确率，特别是在源域具有大量样本的情况下。实验结果表明，WHMMD 和 MHDTN 的组合能够有效克服分布差异并进行知识迁移。

如表 12-5 所示，通过比较 MHDTN-WMMD、MHDTN-WCon 和 MHDTN 在 3 个数据集上的实验结果，可以观察到 MHDTN 在大多数迁移任务上取得了比 MHDTN-WMMD 和 MHDTN-WCon 更好的结果。MHDTN-WCon 与 MHDTN-WMMD 的区别在于前者引入了类间 MMD 和类内 MMD，使分布差异度量更加精确。在大多数迁移任务中，MHDTN-WCon 比 MHDTN-WMMD

表 12-2 不同分类方法在 Office-31 数据集上的实验结果

标准	分类方法	(A,W)→D	(A,D)→W	(D,W)→A	均值
Single Best	ResNet	99.3	96.7	62.5	86.2
	DDC	98.2	95.0	67.4	86.9
	DAN	99.5	96.8	66.7	87.7
	DCORAL	99.7	98.0	65.3	87.7
	DANN	99.1	96.9	68.2	88.1
	RTN	99.4	96.8	66.2	87.5
	MRAN	99.8	96.9	70.9	89.2
Source Combine	DAN	99.6	97.8	67.6	88.3
	DCORAL	99.3	98.0	67.1	88.1
	DANN	99.7	98.1	67.6	88.5
Multi-Source	DCTN	99.3	98.2	64.2	87.2
	MFSAN	99.5	98.5	72.7	90.2
	MHDTN-MMD	99.8	**99.0**	73.6	90.8
	MHDTN-OS	99.8	98.6	76.4	91.6
	MHDTN	**99.8**	98.7	**76.8**	**91.8**

表 12-3　不同分类方法在 ImageCLEF-DA 数据集上的实验结果

标准	分类方法	(I,C)→P	(I,P)→C	(P,C)→I	均值
Single Best	ResNet	74.8	91.5	83.9	83.4
	DDC	74.6	91.1	85.7	83.8
	DAN	75.0	93.3	86.2	84.8
	DCORAL	76.9	93.6	88.5	86.3
	DANN	75.0	96.2	87.0	86.1
	RTN	75.6	95.3	86.9	85.9
	MRAN	78.8	95.0	93.5	89.1
Source Combine	DAN	77.6	93.3	92.2	87.7
	DCORAL	77.1	93.6	91.7	87.5
	DANN	77.9	93.7	91.8	87.8
Multi-Source	DCTN	75.0	95.7	90.3	87.0
	MFSAN	79.1	95.4	93.6	89.4
	MHDTN-MMD	79.5	95.7	93.2	89.5
	MHDTN-OS	78.7	**96.8**	**94.3**	**89.9**
	MHDTN	**79.8**	95.8	93.3	89.6

表 12-4　不同分类方法在 Office-Home 数据集上的实验结果

标准	分类方法	(C,P,R)→A	(A,P,R)→C	(A,C,R)→P	(A,C,P)→R	均值
Single Best	ResNet	65.3	49.6	79.7	75.4	67.5
	DDC	64.1	50.8	78.2	75.0	67.0
	DAN	68.2	56.5	80.3	75.9	70.2
	DCORAL	67.0	53.6	80.3	76.3	69.3
	DANN	67.9	55.9	80.4	75.8	70.0
	MRAN	70.4	60.0	82.2	77.5	72.5
Source Combine	DAN	68.5	59.4	79.0	82.5	72.4
	DCORAL	68.1	58.6	79.5	82.7	72.2
	DANN	68.4	59.1	79.5	82.7	72.4
Multi-Source	MFSAN	70.0	60.7	79.0	80.8	72.6
	MHDTN-MMD	73.6	64.2	82.1	82.5	75.6
	MHDTN-OS	73.1	63.4	81.2	83.1	75.2
	MHDTN	**75.0**	**65.8**	**83.7**	**83.8**	**77.1**

表 12-5　不同分类方法在 3 个基本数据集上的消融实验结果

分类方法	(A,W)→D	(A,D)→W	(D,W)→A	均值
MHDTN-WMMD	99.8	**99.0**	74.0	90.9
MHDTN-WCon	99.8	98.5	76.7	91.7
MHDTN	**99.8**	98.7	**76.8**	**91.8**
	(I,C)→P	(I,P)→C	(P,C)→I	
MHDTN-WMMD	80.0	**96.5**	**93.7**	90.1
MHDTN-WCon	**80.5**	96.5	93.7	**90.2**
MHDTN	79.8	95.8	93.3	89.6
	(C,P,R)→A	(A,P,R)→C	(A,C,R)→P	(A,C,P)→R	
MHDTN-WMMD)	74.5	64.3	82.9	83.1	76.2
MHDTN-WCon)	74.4	65.2	83.4	83.4	76.6
MHDTN	**75.0**	**65.8**	**83.7**	**83.8**	**77.1**

的分类准确率更高,这证明了类内 MMD 和类间 MMD 的有效性。而 MHDTN 的分类性能显著优于其变体,证明 WHMMD 的所有组成部分对减小分布差异都是十分重要的。

ImageCLEF-DA 数据集中的每个类别有 50 幅图像,共 600 幅。该数据集中的训练样本并不充足,很难充分学习到每个类别的潜在表征。由于引入了类内 MMD 和类间 MMD,在网络优化过程中需要使用伪标签来计算分布差异。训练不充分的网络会产生低质量的伪标签,使用这些伪标签很难精确地测量分布差异。因此,在 ImageCLEF-DA 数据集上,MHDTN 的分类性能比 MHDTN-WMMD 差。然而,如果数据集中包含充足的训练样本(如 Office-Home 数据集),则 MHDTN 在每个迁移任务上的表现均优于其变体。

MHDTN 由两个步骤组成,这两个步骤的迭代优化使网络拥有了良好的知识迁移能力。如果不同源域之间的差异过大,仅通过对齐混合辅助源域与目标域之间的分布,通常无法达到预期的效果,甚至会带来负迁移。在这种情况下,细粒度的对齐过程起着至关重要的作用,它将每个源域分别与目标域对齐,从各个源域中挖掘尽可能多的辅助知识,抑制负迁移。这两个步骤迭代进行,相辅相成,使网络逐步产生良好的性能。本章所提 WHMMD 也被用来促进正迁移和抑制负迁移。尽管这些源域之间的差异很大,MHDTN 依然可以取得较好的分类效果。

12.3.4 参数敏感性分析

图 12-6 展示了不同分类器（域特定分类器和加权融合分类器）的隐层特征在任务（D, W）→A 上使用 t-SNE 技术进行可视化的结果。其中，图 12-6（a）～（d）为 MHDTN 域特定分类器和加权融合分类器在 D→A 上的可视化结果；图 12-6（e）～（h）为 MHDTN 域特定分类器和加权融合分类器在 W→A 上的可视化结果；图 12-6（i）～（l）为 MFSAN 域特定分类器在 D→A 和 W→A 上的可视化结果；图 12-6（m）～（r）为 MHDTN 与 MFSAN 的对应分类器在 D↔W 上的可视化结果。如图 12-6（a）～（h）所示，各个源域与目标域实现了精确对齐，这证明 MHDTN 可以有效地减小各个源域与目标域之间的分布差异，而且 MHDTN 提取的特征满足类内紧凑和类间分离的特性。如图 12-6（m）～（p）所示，在任务（D, W）→A 中，每个源域与其他源域实现了精确对齐，验证了 MHDTN 在减小不同源域之间分布差异方面的有效性。如图 12-6（i）～（l）和图 12-6（q）～（r）所示，MFSAN 无法准确对齐多个源域与目标域，而且两个源域之间仍然存在较大的分布差异。这也是 MFSAN 分类错误率较高的原因之一。

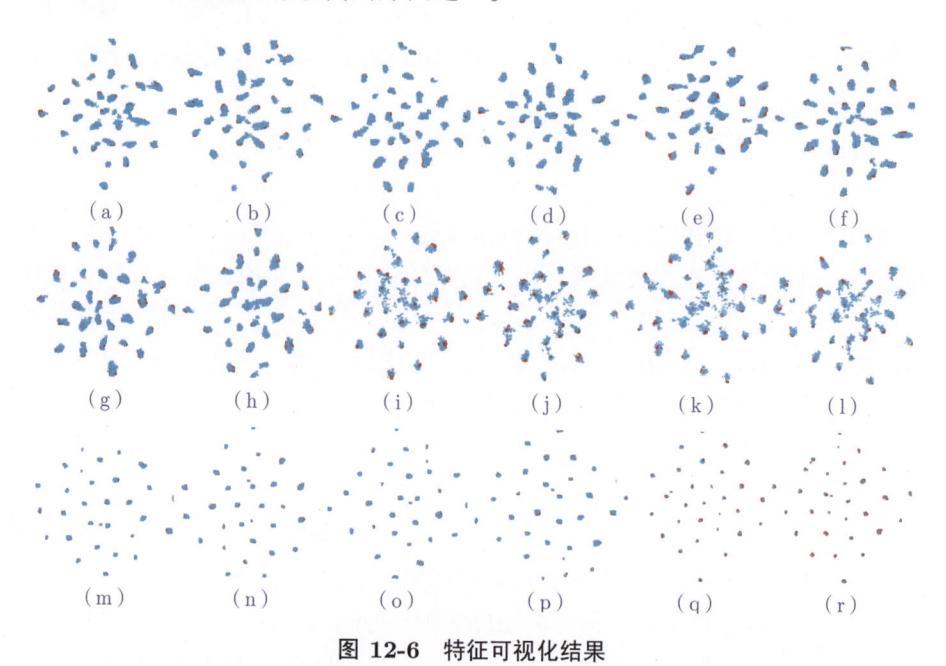

图 12-6 特征可视化结果

MHDTN 包含两个超参数 λ 和 δ，分别控制类内 MMD、类间 MMD 和条件熵损失的重要性。这 3 个损失函数仅作为辅助项使分布差异的计算更加精确，因此超参数值应较小。为了证明 MHDTN 的鲁棒性，固定其中一个参数，分别从 {0.01, 0.02, 0.03, 0.04, 0.05} 和 {0.05, 0.1, 0.15, 0.2, 0.25, 0.3} 中采样另一个参数，分析 MHDTN 对 δ 和 λ 的鲁棒性。参数敏感性分析如图 12-7 所示，其中图 12-7（a）为 MHDTN 的分类准确率随 δ 的变化情况，图 12-7（b）为 MHDTN 的分类准确率随 λ 的变化情况。最终的分类准确率在一个小范围内波动，证明 MHDTN 对于超参数 δ 和 λ 是鲁棒的。在实际应用过程中，当 $\lambda=0.1$，$\delta=0.02$ 时，可以获得良好的分类性能，因此将 $\lambda=0.1$ 和 $\delta=0.02$ 设置为默认值。

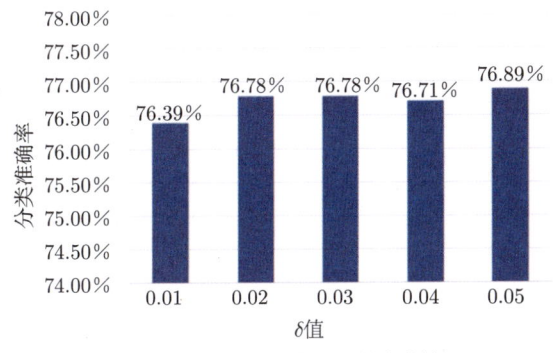

（a）MHDTN 分类准确率随 δ 的变化情况

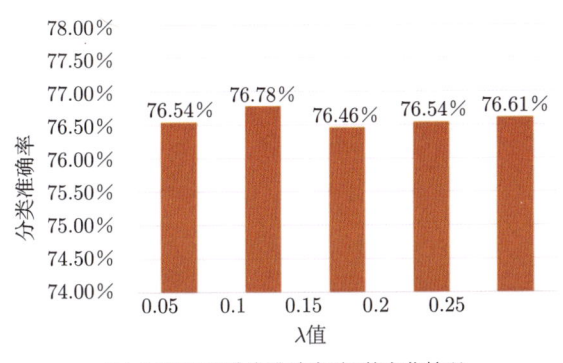

（b）MHDTN 分类准确率随 λ 的变化情况

图 12-7 参数敏感性分析

12.4 本章小结

本章提出了一种多源异构图像目标迁移融合识别方法，即 MHDTN 方法，该方法能够充分挖掘多个源域的辅助信息，显著提高对未标注目标域中目标的识别准确率。MHDTN 将传统的分布对齐过程分为两步。第一步，通过迭代输入混合辅助源域与多个初始源域进行参数训练，逐步缩小各个源域与目标域之间的分布差异，实现对目标的准确识别。第二步，在计算分布差异的过程中，使用 WHMMD，充分利用源域的标注信息，引入类内差异和类间差异，促进跨域样本的类内聚集和类间分离，提高分布对齐精度。在决策过程中使用自适应加权融合策略，充分考虑各个源域的质量与可靠度，对各个信源的分类结果进行加权，实现对目标域样本的精确识别。本章在 3 个公开基本数据集上进行了充分的实验验证，实验结果表明本章所提 MHDTN 方法能显著提升分类器的分类性能。

第 13 章
观测样本严重缺失条件下的SAR目标识别

13.1 引言

在 SAR 目标识别中，雷达观测角与目标成像密切相关，观测角不同，目标成像差异会很大。在非合作目标识别中，往往难以获得各种不同观测角下目标的成像样本，甚至在对抗条件下会存在大量目标观测数据缺失的情况，即目标观测角存在连续大范围缺失。在这种情况下，仅利用部分观测角下的 SAR 样本对目标进行正确的识别比较困难。传统的基于模型的 SAR 自动目标识别方法的典型解决方案是充分收集目标在全观测角下的强散射点（或散射中心）的信息，用于构建特征模板，收集目标在不同姿态下的所有散射特征，然后通过特征模板匹配并确定测试目标的身份。然而，散射特征会受到散斑噪声和运动模糊等实际干扰因素的影响。为了提高鲁棒性，相关文献提出了许多用于捕获目标的某些固有视觉特征的手工图像特征提取器，如关注目标姿态不变特征的尺度不变特征变换。这些特征通常对姿态是鲁棒的，因此可以达到比散射特征更好的性能，但相关方法提取到的特征表示仍然会受到观测角的影响。

为了解决部分观测角下 SAR 目标识别困难的问题，本章提出了观测样本严重缺失条件下的 SAR 目标识别方法，即对比特征解缠（Contrastive Feature Disentangling，ConFeDent）方法，构建了一种 ConFeDent 模型，利用一对待识别的目标图像解缠出相互独立的身份特征和姿态特征，并将几何变换模块和条件随机场模型作为两个正则化函数对两种特征进行约束。在训练初期，身份特征在类别标签的监督下完成对身份信息的编码，之后逐步促进类内身份特征之间的一致性。为了确保解缠出来的特征可以对目标进行完整的表示，将解缠出来的姿态特征经过几何变换模块与身份特征进行交叉重构，并对在语义空间生成的图像进行相似性度量。使用对称 KL 散度描述重构图像与输入图像之间的统计分布相似性，再利用皮尔逊相关系数来度量两者之间的目标在方向上的相似性。最终获得与姿态解缠开的身份特征，将其送入目标分类模块训练分类器，从而提升在部分观测角下的 SAR 目标识别性能。

13.2 ConFeDent 方法介绍

一般的目标识别方法关于训练集、测试集中目标满足独立同分布性质的假设不适用于非合作目标识别，原因是在实际应用中无法获得完备的、全面的非合作目标样本。如图 13-1 所示，合作目标在全观测角（0°～360°）下均匀分布，而非合作目标只在部分观测角下有对应的样本。利用这样的数据训练出来的分类器可以处理合作目标和可获取的观测角下非合作目标的识别问题，理论上对于无法获取的观测角下的非合作目标不具备辨别能力，可以将这种情况看作一种特殊的零样本学习。

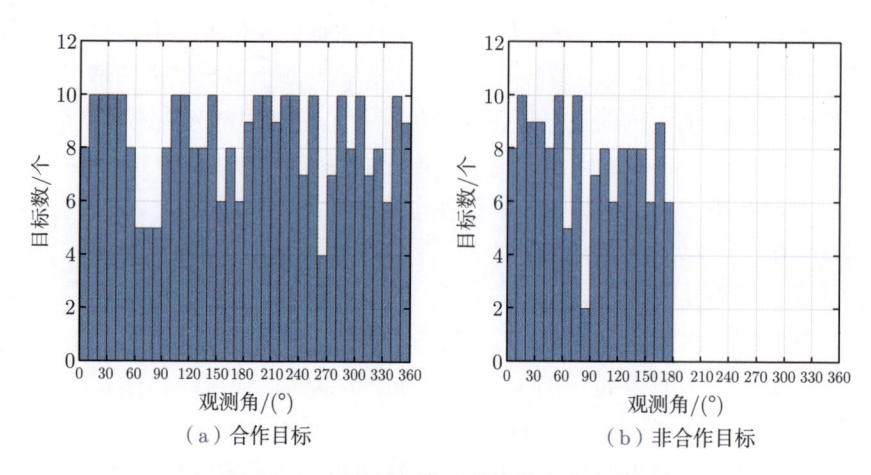

（a）合作目标

（b）非合作目标

图 13-1　两种目标关于观测角的分布情况

当对处于不同姿态下的目标进行成像时，SAR 成像平台所观测的具体结构有所不同，导致其成像结果存在较大的差异。但该目标的类别不会随着其姿态或观测角的变化而改变，这意味着理想条件下用于表征目标身份的特征具有旋转不变性。单一的身份特征并不能全面描述目标的状态，因为目标所处的空间位置还受姿态特征的影响。将这两种特征联合起来可以描述目标的基本

第 13 章　观测样本严重缺失条件下的 SAR 目标识别

状态。为了实现部分观测角下非合作目标的识别,可以解缠出不受其他因素影响的身份特征和决定目标空间位置的姿态特征。

ConFeDent 模型如图 13-2 所示,其中图 13-2(a)展示了本章所提 ConFeDent 方法的整体框架,图 13-2(b)展示了几何变换模块的结构。首先,从可获取的目标样本中采样出两个样本作为一组输入,通过编码器分别提取其身份特征和姿态特征。其中身份特征单独进入目标识别模块完成分类任务,将两种特征同时输入几何变换模块获得投影到语义空间的样本,并通过参数估计模块对其进行相似性度量。

(a) ConFeDent 方法的整体框架

(b) 几何变换模块的结构

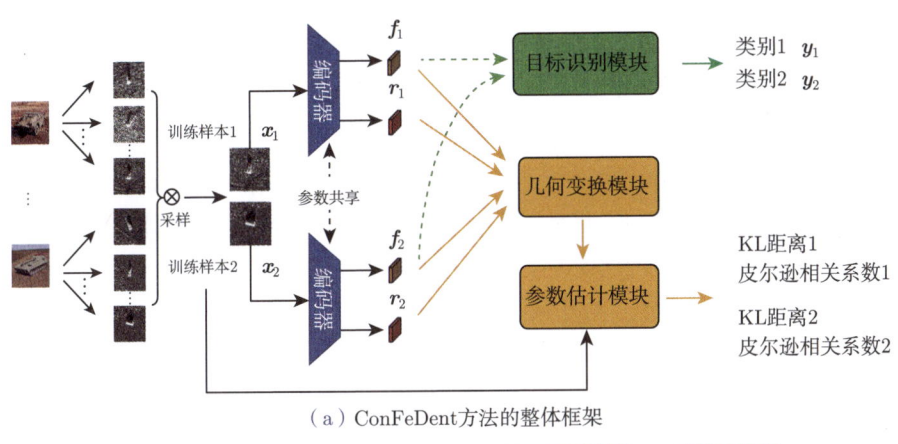

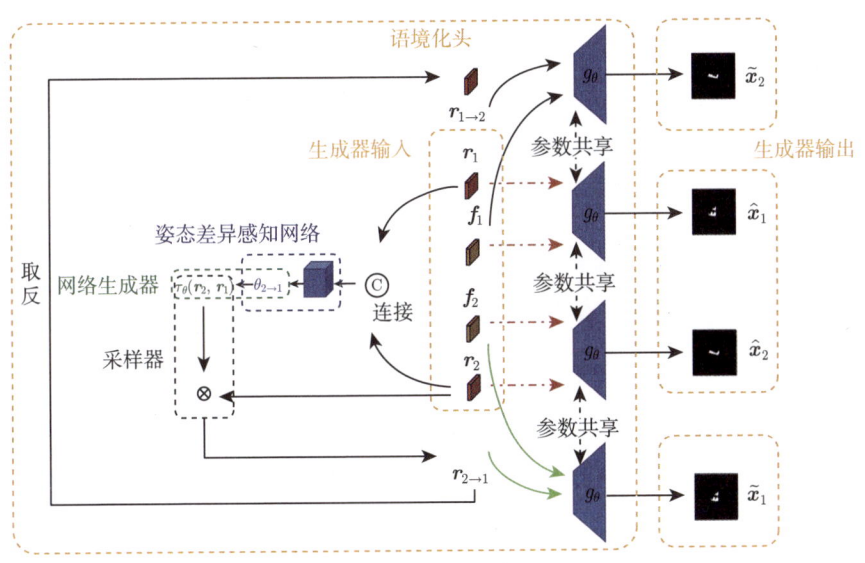

图 13-2　ConFeDent 模型

目前主流的 SAR 目标识别方法大多利用样本集，根据以下优化函数训练并学习到一个判别式模型，从而对查询样本 $\hat{x}$ 进行分类。

$$\arg\max_{c} \mathcal{E}^*(\hat{x}), \text{ s.t. } \mathcal{E}^* = \arg\min_{\mathcal{E}} \sum_{c} \sum_{i=1}^{N_c} \ell(y_i, \mathcal{E}(x_i)) \tag{13-1}$$

式中，ℓ 为分类损失函数；$\mathcal{E}$ 为所设计的判别式模型，如 CNN 模型，x_i 为全部训练样本；y_i 为与训练样本对应的类别标签；N_c 为类别个数，c 为具体类别的索引值。这种判别式模型通过将所有训练样本映射到对应的标签中，提取出具有旋转不变性的特征，从而解决旋转敏感性问题。

需要注意的是，从训练过程所依赖的优化函数式（13-1）中可以看出，该训练过程忽视了语义层面的类内差异性和类间相似性。换言之，上述学习范式是面向样本的，而不是面向语义的，在学习过程中，目标的姿态、身份等抽象语义被隐藏在图像和标签向量中。在此基础上，部分观测角下获取的非合作目标的姿态信息是不完备的，目标的姿态这一重要语义信息的大范围缺失使面向样本的学习范式在测试阶段难以识别未知姿态下的目标。相反，人类通常会从语义层面理解一幅图像，对于两个目标的成像结果，人类的视觉认知系统不仅会从类别（身份）上判断两者之间的相似性或差异性，还会从目标的姿态上进行判断。本章从这一观察中得到启发，将重点放在对样本的等变特征解耦上，而不是提取目标个体的旋转不变特征进行区分，从而希望所有类别共享的潜在姿态特征从表征类别的身份特征中分离出来。通过这种方法，可以学习到合作目标的完整姿态知识并将其转移到非合作目标中，从而解决部分观测角下非合作目标的识别问题。

使用 f、r 分别表示目标的身份特征和姿态特征（与雷达观测角相关），将 $\{f, r\}$ 联合在一起，通过非线性变换 $\mathcal{G}$ 可以生成该目标的成像结果，即 $x \leftarrow \mathcal{G}_\Theta(f, r)$，其中 Θ 为模型参数。目标的成像结果由包含身份特征、姿态特征在内的诸多因素共同决定，但在生成过程中并未考虑所有因素的影响，所以生成的结果并不是对目标成像结果的精确重构。为了清晰起见，将使用符号 "$\leftarrow$" 而不是 "="。因此，对于任意两个目标 x_i 和 x_j，可以将 ConFeDent 模型初步表述为以下反问题。

$$\begin{cases} \min\limits_{f_{i,j}, r_{i,j}, \Theta} \Omega_f(f_i, f_j) + \alpha \Omega_r(r_i, r_j) \\ \text{s.t. } x_{i,j} \leftarrow \mathcal{G}_\Theta(f_{i,j}, r_{i,j}) \end{cases} \tag{13-2}$$

式中，$\Omega_f(\cdot)$ 和 $\Omega_r(\cdot)$ 是本节设计的两个正则化函数；α 是一个用以平衡的超参数。两个正则化函数对偏好的语义进行编码，并衡量身份特征和姿态特征的对比关系。更具体地说，这两个正则化函数应该具有以下功能：①可以明确地捕捉到语义上可解释的所需因素；②可以度量 SAR 目标之间的语义相似性和语义差异性。

13.2.1 身份特征和姿态特征正则化函数

正则化函数 $\Omega_f(\cdot)$ 用来提取反映目标类别的身份特征。其将被建模为一个由判别性先验引导的结构化函数，可选择结构化关系学习中常用的典型判别式模型——条件随机场中的能量函数。在类别标签向量的条件下，将 $\Omega_f(\cdot)$ 设计为如下形式。

$$\Omega_f(\boldsymbol{f}_i, \boldsymbol{f}_j) \equiv \omega_{\mathrm{u}}(\boldsymbol{f}_i; \boldsymbol{y}_i) + \omega_{\mathrm{u}}(\boldsymbol{f}_j; \boldsymbol{y}_j) + \mu \omega_{\mathrm{p}}(\boldsymbol{f}_i, \boldsymbol{f}_j; \boldsymbol{y}_i, \boldsymbol{y}_j) \tag{13-3}$$

式中，ω_{u} 和 ω_{p} 分别代表一元势函数与二元势函数；μ 是为了保证 ω_{u} 和 ω_{p} 之间的平衡而设置的超参数。

一元势函数 ω_{u} 可以度量单个身份特征 $\boldsymbol{f}$ 的识别能力。因此，按照对比学习的方式，将具有识别能力的身份特征送入投影头 $\boldsymbol{\mathcal{W}}(\cdot)$，得到与 $\boldsymbol{f}$ 对应的度量向量 $\boldsymbol{\mathcal{W}}(\boldsymbol{f})$，这一过程与得到 $\boldsymbol{f}$ 对应的类别标签类似。投影头一般由多层感知机构成。在 ConFeDent 模型中，投影头可被简化为由 Softmax 非线性函数激活的单层感知机。然后利用交叉熵损失函数 $\mathrm{CE}(\cdot, \cdot)$ 来衡量相似性。

$$\omega_{\mathrm{u}}(\boldsymbol{f}) = \mathrm{CE}(\boldsymbol{y}, \boldsymbol{\mathcal{W}}(\boldsymbol{f})) \tag{13-4}$$

二元势函数 ω_{p} 用以度量两个身份特征 $\boldsymbol{f}_i$ 和 $\boldsymbol{f}_j$ 之间的相容性。具体而言，如果 $\boldsymbol{x}_i$ 和 $\boldsymbol{x}_j$ 是属于同一类 $\mathcal{C}^+$ 的正样本对，那么两者的判别表示应该是相似的，否则应该是相互分离的。在目前的对比学习研究中，主要使用 3 种形式的对比损失函数，包括评分函数（如曼哈顿距离、欧氏距离、余弦距离）、三元组损失和概率噪声对比估计。在实际应用中，发现对正样本对采用欧氏距离或曼哈顿距离，同时对负样本对使用常值，可以在验证集上取得更好的性能，因此 ω_{p} 被设计为

$$\omega_{\mathrm{p}}(\boldsymbol{f}_i, \boldsymbol{f}_j; \boldsymbol{\mathcal{P}}) = \begin{cases} \|\boldsymbol{\mathcal{P}}(\boldsymbol{f}_i), \boldsymbol{\mathcal{P}}(\boldsymbol{f}_j)\|_q^q, & \text{if } \boldsymbol{y}_i = \boldsymbol{y}_j \\ \text{常值}, & \text{其他} \end{cases} \tag{13-5}$$

式中，$\boldsymbol{\mathcal{P}}$ 为另一个嵌入的投影头；$q = 1, 2$ 分别表示选用曼哈顿距离和欧氏距离。可以看到，无论是合作目标还是非合作目标，式（13-5）都是成立的。

到目前为止，已经基本完成了对身份特征的正则化函数设计。然而，在训练阶段，一元势函数和二元势函数会对身份特征产生不同的影响。具体而言，前者的目的是在类别标签 y 的监督下完成对身份信息的编码，而后者的目的是促进类内身份特征之间的一致性。在训练的早期阶段，二元势函数将过度约束身份特征从而导致灾难性崩溃。例如，二元势函数对任意输入都保持常数，使任意输入对之间的距离缩短为 0。因此，在模型提取合适的特征表示之前引入延迟惩罚机制是合理的。在 ConFeDent 模型中，通过动态改变 μ 的值来实现渐进化正则约束的方案，根据以下控制函数，μ 的值将从 0 逐渐增大到 1。

$$\mu = \frac{1 - \exp(-10\rho)}{1 + \exp(-10\rho)} \tag{13-6}$$

式中，ρ 是当前时刻所在的训练步数与最大迭代步数的比值，用以反映训练进度。

对于正则化函数 $\Omega_r(\cdot)$，需要表征有关目标相对传感器（搭载 SAR 的观测平台）姿态的特征，如方位角、俯仰角等一些与姿态相关的因素，这也是完成部分观测角下非合作目标识别任务的核心。具体而言，为了解决非合作目标中姿态信息缺失的问题，本节尝试将姿态特征从身份特征中解缠出来，从而减小姿态信息缺失对识别过程的影响。除此之外，与 $\Omega_f(\cdot)$ 相比，设计约束姿态特征的正则化函数更加困难，因为很难用一个离散标签来准确地标注连续的姿态特征，这意味着不能构造一个由判别性先验引导的结构化函数来对姿态特征进行约束。为了解决这一问题，本节利用有关物理规则进行正则化，并通过完成类内目标交叉变换的自监督任务，设计了一种新的几何变换模型引导的正则化函数。

考虑两个类内样本的姿态特征 r_i 和 r_j，在其能表征目标完整的姿态信息的前提下，用一个显式几何算子 $\mathcal{T}_{\theta_{i \to j}}$ 将 r_i 向 r_j 变换，即 $\mathcal{T}_{\theta_{i \to j}}(r_i) \approx r_j$，反之亦然。在不受其他传感器因素影响的情况下，该算子中的参数 $\theta_{i \to j}$ 对测量两个目标之间的姿态差异有着明确的物理解释。在部分观测角下非合作目标识别任务中，由二维刚体几何变换模型和空间变换网络（Spatial Transformer Network，STN）可知，变换函数 $\mathcal{T}_{\theta_{i \to j}}$ 本质上是 r_i 的二维坐标中的仿射变换（在模型中 r_i 是一个二维特征的集合），然后进行采样和插值操作。如果参数 $\theta_{i \to j}$ 已知，则可以通过计算 $\mathcal{T}_{\theta_{i \to j}}(r_i)$ 和 r_j 之间的距离表示 x_i 和 x_j 两个样本之间的姿态相似性。与式 (13-5) 中的判别性正则化函数不同，现实中无法获得精确的姿态标签来约束姿态特征 r。虽然姿态标签并不能确保获取充分的目标姿态信息，但通常来讲这是一个可行的解决方案。本节尝试在一个语境化头的帮助下，在另一个模糊的语义空间测量两者之间的对比关系。解决方案基于以下假设：如果 r_i、r_j 分别获取了两个类内样本 x_i 和 x_j 的姿态信息，可以将理想的 $\mathcal{G}_\Theta$ 作为语境化头，把 f_i 和 r_j 转换成伪目标，不同的伪目标根据其包含的不同身份特征和姿态特征，分别与 x_i 和 x_j 接近，即

$$\begin{cases} \hat{x}_j = \mathcal{G}_\Theta\left(\mathcal{T}_{\theta_{i \to j}}(r_i), f_i\right) \\ \text{s.t. } x_i \leftarrow \mathcal{G}_\Theta(r_i, f_i), x_i, x_j \in \mathcal{C}^+ \end{cases} \tag{13-7}$$

由于 $\hat{x}_j$ 位于模糊的语义空间，可以很容易地根据姿态度量 $\hat{x}_j$ 和 x_j 之间的相似性。值得注意的是，实验中使用 f_i 代替 f_j 生成解纠缠的 $\hat{x}_j$，这样不仅可以有效地避免 f_j 中已经包含 x_j 的姿态信息，还可以进一步促进 f_i 和 f_j 之间身份特征的相似性。故将这个过程称为目标交叉变换，并将其用于 Ω_r 的设计之中。最终姿态对比变换正则化函数 Ω_r 被设计为

$$\begin{cases} \Omega_r\left(r_i, r_j; \Theta, \theta_{i \to j}\right) = \begin{cases} \ell\left(\mathcal{G}_\Theta\left(\mathcal{T}_{\theta_{i \to j}}(r_i), f_i\right), x_j\right), & x_i, x_j \in \mathcal{C}^+ \\ \text{常值, 其他} \end{cases} \\ \text{s.t. } x_{i,j} \leftarrow \mathcal{G}_\Theta(r_{i,j}, f_{i,j}) \end{cases} \tag{13-8}$$

式中，ℓ 是在语义空间根据图像信息度量姿态相似度的度量函数。直观上，可以将 Ω_r 视为实现了一个目标交叉重建任务，迫使生成的 $\hat{x}_j$ 尽可能接近 x_j。然而，在部分观测角下非合作目标识别任务中，姿态被特殊指定为目标的朝向或观测平台的观测角度。ℓ 应该只关注目标朝向的相似性，而不是整个图像细节。因此，应用于精细图像的一般度量是不合适的，这些度量会导致过度正则化，使模型向 r 和 f 中编码一些额外的、不需要的表征信息。为了避免这个问题，接下来将设计一种适合 SAR 目标方向比较的度量。

首先，对 SAR 目标 x_j 而言，其相关成像机制导致单个像素的幅值服从特殊的统计分布。实验中不度量 x_j 和 $\hat{x}_j$ 之间像素级别的相似度，而是选择度量两者之间统计分布的相似度，可以将其看作一种松弛的重建方法。为此，选择以下伽马分布来描述 x_j 中每个像素的幅值分布。

$$p(x \mid a, b) = \frac{b^a}{\Gamma(a)} x^{a-1} \exp(-bx) \tag{13-9}$$

式中，a 和 b 是分布参数；Γ 是伽马函数。为了使 x_j 和 $\hat{x}_j$ 的分布保持一致，选择对称的 KL（Symmetric Kullback-Leibler，SKL）距离来度量 x_j 和

$\hat{x}_j$ 分布之间的差异。令 $p_x(x)$ 和 $p_{\hat{x}}(x)$ 分别为 x 和 $\hat{x}$ 中像素幅值的分布，则 SKL 距离定义为

$$J_{\mathrm{D}}\left(p_{x}(x), p_{\hat{x}}(x)\right) = \mathrm{KL}\left[p_{x}(x) \| p_{\hat{x}}(x)\right] + \mathrm{KL}\left[p_{\hat{x}}(x) \| p_{x}(x)\right]$$
$$= a_{\hat{x}}\left(b_{x}/b_{\hat{x}} - 1\right) + a_{x}\left(b_{\hat{x}}/b_{x} - 1\right) + \qquad (13\text{-}10)$$
$$\left(a_{x} - a_{\hat{x}}\right)\left(\ln\left(b_{\hat{x}}/b_{x}\right) + \Psi(a_{x}) - \Psi(a_{\hat{x}})\right)$$

式中，Ψ 为逆伽马函数。由式（13-10）可知，SKL 距离本质上度量的是两对分布参数之间的差异，即 a_x、$a_{\hat{x}}$ 和 b_x、$b_{\hat{x}}$。这两组参数分别从 $\hat{x}$ 和 x 估计得来。伽马参数估计的典型策略包括矩估计和最大似然估计。在实验中，由于矩估计可以计算关于 $\hat{x}$ 的 SKL 距离的推导，并且可以采用端到端的方式反向传播到 Θ 及其他模型参数，故选择矩估计进行参数估计。

$$b \leftarrow \mathrm{mean}(x)/\mathrm{var}(x), a \leftarrow b\,\mathrm{mean}(x) \qquad (13\text{-}11)$$

式中，$\mathrm{mean}(x)$、$\mathrm{var}(x)$ 分别代表 x 的均值和方差。更具体地说，式（13-11）可以被设计为一个参数估计模块（层）叠加在 $\mathcal{G}_{\Theta}(\boldsymbol{r}, \boldsymbol{f})$ 后面，将其作为语境化头的补充部分。

由于描述 $\boldsymbol{x}_j$ 和 $\hat{\boldsymbol{x}}_j$ 之间统计分布相似性的 SKL 距离无法反映两者之间的空间结构关系，故引入一个二阶统计量，即使用皮尔逊相关系数来度量两者在方向上的相似性。

为了更好地说明上述两种相似性度量方法之间的差异，本节设置了一个简单的实验。选取目标范围为 $0° \sim 360°$ 的图像，将第一幅图像作为参照，计算其与其他图像之间的相似度，结果如图 13-3 所示。皮尔逊相关系数是衡量变量之间关系紧密程度的统计指标，皮尔逊相关系数越大，变量之间的相关性越大。由图 13-3 可以看出，在参考点附近区间的图像同时满足 SKL 距离小且皮尔逊相关系数大。为了证明该度量方法的有效性，首先从 MSTAR 数据集中选取 72 幅目标图像，这些图像的观测角以 $5°$ 为间隔均匀地分布在 $0° \sim 360°$，然后计算任意图像对之间的距离，绘制观测角与 SKL 距离的曲线关系。

从图 13-3 中可以看出两种相似性度量方法存在相反的趋势，故将两者联合可以得到式（13-8）中 ℓ 的定义为

$$\ell\left(\hat{\boldsymbol{x}}_j, \boldsymbol{x}_j\right) = J_{\mathrm{D}}\left(p_{\boldsymbol{x}_j}(x), p_{\hat{\boldsymbol{x}}_j}(x)\right) - r\left(\boldsymbol{x}_j, \hat{\boldsymbol{x}}_j\right) \qquad (13\text{-}12)$$

式中，r 表示相关系数的计算。

(a) SKL 距离

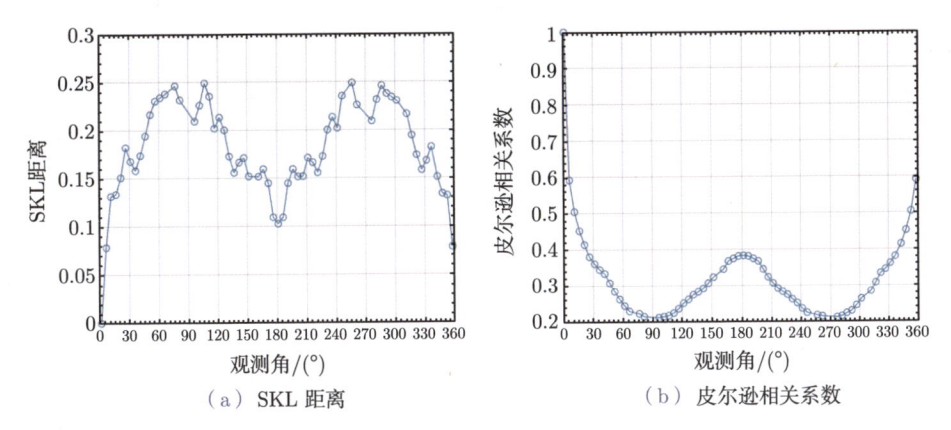

(b) 皮尔逊相关系数

图 13-3　不同观测角下目标之间的相似度

13.2.2　损失函数及优化策略

13.2.1 节提出了 ConFeDent 模型，即式（13-2），并详细阐述了两个正则化函数 $\Omega_f(\cdot)$ 和 $\Omega_r(\cdot)$，通过这两个正则化函数分别将身份信息和姿态信息提取、编码到特征 f 与 r 中。更具体地说，式（13-3）利用条件随机场模型中的能量函数对身份特征施加一种判别性的和结构化的正则约束，不仅可以将身份信息编码到特征中，还可以促进类内样本之间的相似性。另外，式（13-8）包含一个显式几何变换模型，用物理知识描述两个目标之间的方向关系。由于使用了该正则化函数，ConFeDent 模型比传统的基于 CNN 的 SAR 目标识别方法更具有解释性。然而，用一般的模型学习优化方法直接求解逆问题式（13-2）是困难的，因此应首先利用式（13-12）将有约束的优化问题放缩为无约束的优化问题，即

$$\min_{f_{i,j},r_{i,j},\Theta} \Omega_f\left(f_i,f_j;\mathcal{W},\mathcal{P}\right) + \alpha\Omega_r\left(r_i,r_j;\Theta,\theta_{i\to j}\right) + \\ \beta\ell\left(x_{i,j},\mathcal{G}_\Theta\left(f_{i,j},r_{i,j}\right)\right),\forall x_i,x_j \in \mathcal{C}^+ \tag{13-13}$$

式中，β 是新引入的用以平衡的超参数。此外，如果 $\theta_{i\to j}$ 是未知的，正则化函数 Ω_r 将是烦琐无用的。

受最近流行的平摊推理技术的启发，本章通过在端到端学习框架中使用编码器-解码器体系结构进行特征推理和参数学习，从而解决上述问题。为此，设计一个编码器，直接输出估计的特征图 $f,r = \mathcal{E}_\Psi(x)$，其中 Ψ 包含编码器函数 $\mathcal{E}_\Psi$ 的参数。接下来构建一个姿态差异感知网络来估计 $\theta_{i\to j}$，即 $\mathcal{D}_\varphi(r_i,r_j) = \theta_{i\to j}$。

如果 $\theta_{i \to j}$ 被正确地估计，$\theta_{i \to j}$ 将等于 r_j。因此，可以进一步利用 $\theta_{i \to j}$ 与 g_Θ、r_j 联合表示 x_j。在这种情况下，可以设计一个姿态差异感知网络来估计参数，即 $\theta_{i \to j} = P(r_i, r_j \mid \varphi)$，其中 φ 为网络的参数。最终的优化问题可表示为

$$\begin{cases} \min_{\Psi,\Theta,\varphi} \Omega_f\left(f_i, f_j; \mathcal{W}, \mathcal{P}\right) + \alpha \Omega_r\left(r_i, r_j; \Theta, \mathcal{D}_\varphi\left(r_i, r_j\right)\right) + \beta \ell\left(x_{i,j}, \mathcal{G}_\Theta\left(f_{i,j}, r_{i,j}\right)\right) \\ \text{s.t.} \ f_{i,j}, r_{i,j} = \mathcal{E}_\Psi\left(x_{i,j}\right), \forall x_i, x_j \in \mathcal{C}^+ \end{cases}$$

(13-14)

从 ConFeDent 模型的整体框架可以看出，ConFeDent 是一个从任意类中随意采样两个目标组成一对输入的双输入 CNN。由此可知，最多可以生成 $\mathcal{A}_N^2$ 个用于模型学习的目标对，其中 $\mathcal{A}$ 为排列算子，N 为训练样本的总数。因此，ConFeDent 模型更适合在训练样本有限的情况下进行学习。在测试阶段，只需要从 ConFeDent 模型中删除几何变换模块，并将待识别样本输入编码器，再连接到目标识别模块输出其类别标签。

$$\begin{cases} \tilde{y} = \mathcal{W}^*(\tilde{f}) \\ \text{s.t.} \ \tilde{f} \leftarrow \mathcal{E}_\Psi(\tilde{x}) \end{cases}$$

(13-15)

1. 身份特征编码器的构建

图 13-4 展示了身份特征编码器 $\mathcal{E}_{\Psi_f}$ 的网络结构。在网络中，输入的参与训练的目标图像大小为 $88 \times 88 \times 1$ 像素，经过 4 层卷积和 3 层池化操作

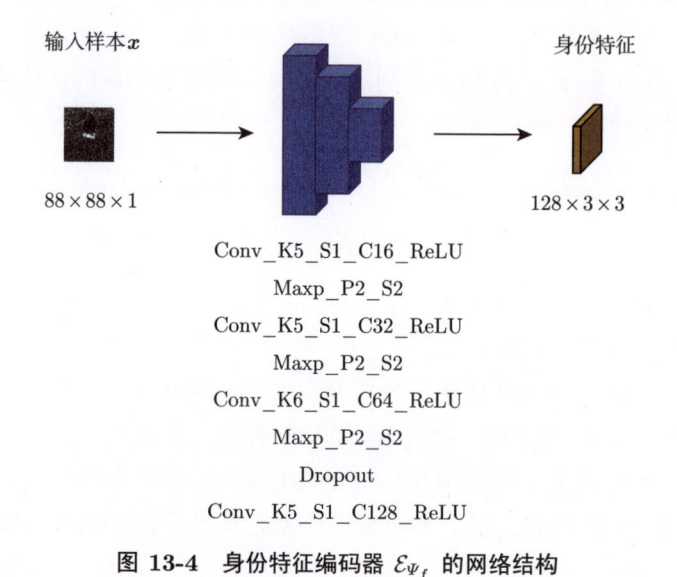

输入样本 x 身份特征

$88 \times 88 \times 1$ $128 \times 3 \times 3$

Conv_K5_S1_C16_ReLU
Maxp_P2_S2
Conv_K5_S1_C32_ReLU
Maxp_P2_S2
Conv_K6_S1_C64_ReLU
Maxp_P2_S2
Dropout
Conv_K5_S1_C128_ReLU

图 13-4 身份特征编码器 $\mathcal{E}_{\Psi_f}$ 的网络结构

第 13 章　观测样本严重缺失条件下的 SAR 目标识别

后，得到大小为 $128 \times 3 \times 3$ 像素的身份特征。需要注意的是，为了避免由于样本模式较少（非合作目标部分观测角信息缺失）而容易出现过拟合现象，在最后一层卷积前加入 Dropout 层。

2. 姿态特征编码器的构建

图 13-5 展示了姿态特征编码器 $\mathcal{E}_{\Psi_r}$ 的网络结构。与身份特征编码器类似，大小为 $88 \times 88 \times 1$ 像素的 SAR 图像经过 3 层卷积、2 层池化操作后，得到大小为 $128 \times 3 \times 3$ 像素的姿态特征。将姿态特征与身份特征编码到相同尺度下的目的是便于后续利用 Concatenate 进行连接。将姿态特征与身份特征一同输入解码器中，得到在两个特征控制下语义空间生成的图像。相比身份特征，姿态特征是一个关注整体的特征，需要提取像素之间在结构上的关系，所以在最后两层卷积操作中，将步长选定为 2。

输入样本 x　　　　　　　　　　　　　　　　　姿态特征

$88 \times 88 \times 1$　　　　　　　　　　　　　　　$128 \times 3 \times 3$

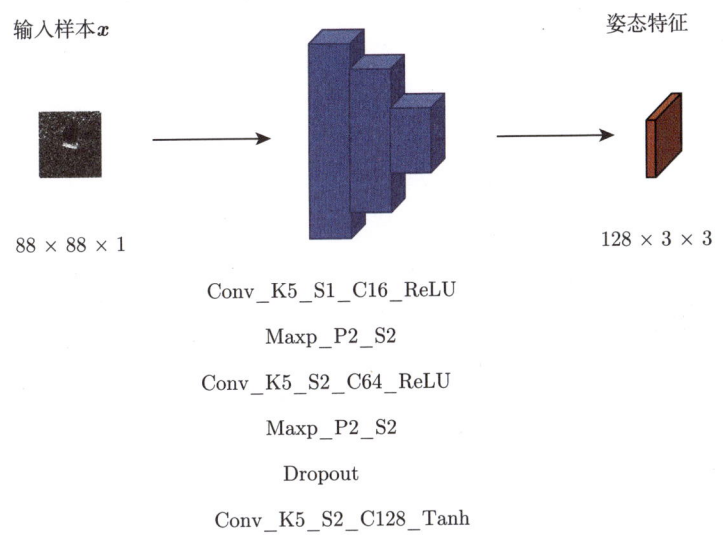

Conv_K5_S1_C16_ReLU

Maxp_P2_S2

Conv_K5_S2_C64_ReLU

Maxp_P2_S2

Dropout

Conv_K5_S2_C128_Tanh

图 13-5　姿态特征编码器 $\mathcal{E}_{\Psi_r}$ 的网络结构

3. 姿态差异感知网络的构建

图 13-6 展示了姿态差异感知网络 $\mathcal{D}_\varphi$ 的网络结构。首先将姿态特征 r 拉直，然后将其输入两层全连接网络中，其隐藏单元数分别为 60、6，激活函数为 ReLU 和 Tanh，之所以选择 Tanh 作为最后一层的激活函数，是因为其输出范围为 $[-1,1]$，正、负代表参数 θ 的方向。在两个全连接层之间插入 GaussianNoise 层的目的是提高网络提取参数的稳定性。

姿态特征 拉直 → GaussianNoise / Dense_60_ReLU / GaussianNoise / Dense_6_Tanh → 几何变换参数 $\begin{bmatrix} \theta_{11} & \theta_{12} & \theta_{13} \\ \theta_{21} & \theta_{22} & \theta_{23} \end{bmatrix}$

$128 \times 3 \times 3$

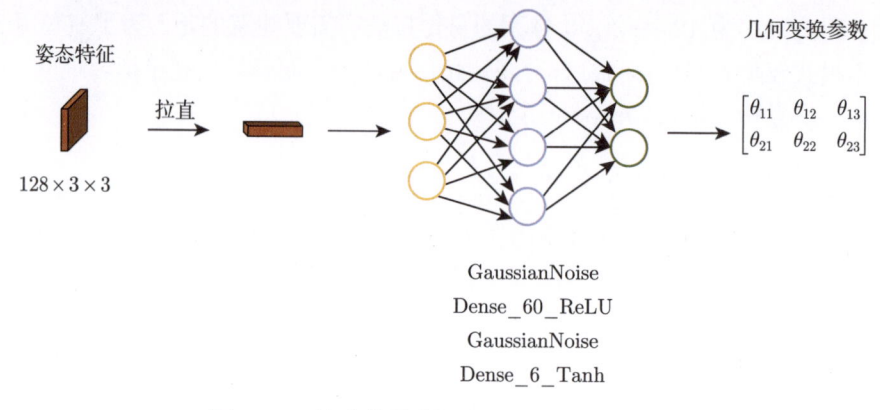

图 13-6　姿态差异感知网络 $\mathcal{D}_\varphi$ 的网络结构

4. 目标分类网络和解码器的构建

图 13-7 展示了目标分类网络（投影头 $\mathcal{W}$）的网络结构。解缠出来的身份特征经过一层卷积核大小为 3、步长为 1、通道数为 10 的卷积层，选择 Softmax 作为激活函数，将最终的输出进行归一化处理，只需要再进行一次拉直操作即可获得目标的类别标签。

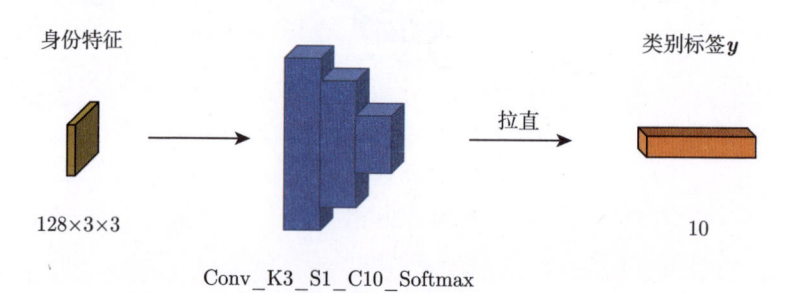

身份特征 $128 \times 3 \times 3$ → Conv_K3_S1_C10_Softmax → 拉直 → 类别标签 y　10

图 13-7　目标分类网络（摄像头 $\mathcal{W}$）的网络结构

图 13-8 展示了解码器 $\mathcal{G}_\Theta$ 的网络结构。其中 ConvT 表示反卷积层或转置卷积层（Transposed Convolution），可以理解为卷积层的逆操作；Ups 表示上采样层（Upsampling），可以理解为池化的逆操作。在反卷积层中选择 valid 这一填充方式。整体网络结构近似身份特征编码器的逆向搭建，最终输出由姿态特征与身份特征联合控制的在语义空间生成的图像。

5. 网络优化

网络构建完成后需要利用训练集数据进行优化，以确定网络中参数的取值。在优化过程中，对重构部分和转换部分进行同步优化会对提取姿态特征有较高的要求，从而导致网络陷入初期训练低点，所以采用分步优化策略，交替优化损失函数式（13-14），采用 SGD 优化器，并将其初始学习率设置为 10^{-4}，其余参数采用默认值。根据实验所用 GPU 的性能，将批处理大小设定为 100，采用早停策略，将耐心值设置为 50。

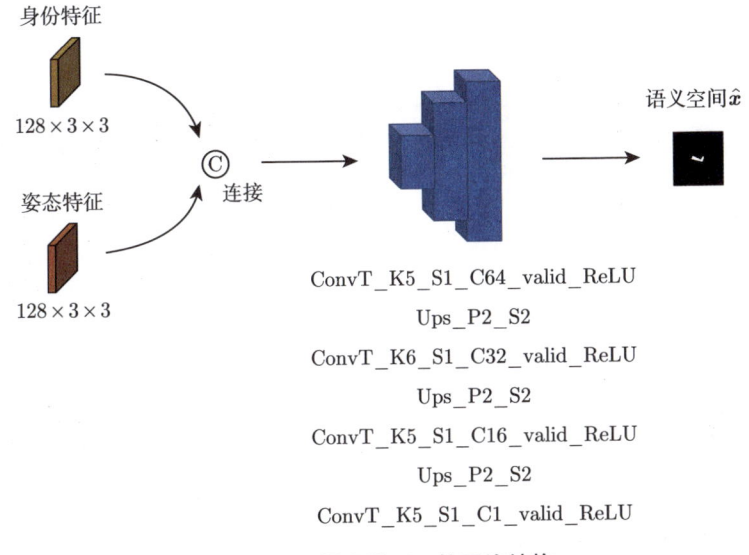

图 13-8 解码器 $\mathcal{G}_\Theta$ 的网络结构

13.3 实验结果与分析

为了评估 ConFeDent 方法的分类性能，本节使用 MSTAR 数据集进行实验验证。与此同时，将 ConFeDent 方法和其他相关分类方法进行对比，以验证其有效性。

13.3.1 基础数据集

本节将使用 SAR 军事车辆目标数据集 MSTAR 及实验所用的标准操作条件和俯仰角大差异的拓展操作条件，详细介绍完成部分观测角下非合作目标识别任务所必需的预处理工作。

MSTAR 由美国国防高级研究计划局是在 20 世纪 90 年代中期推出的高分辨率 SAR 图像数据集，采集了多种苏联军事车辆目标的聚束式 SAR 图像。采集该数据集的雷达的分辨率为 $0.3\mathrm{m} \times 0.3\mathrm{m}$，工作在 X 波段，所用的极化方式为 HH 极化，以 5° 为间隔，对目标进行 0°～360° 的观测。该数据集中的 SOC 操作条件包含 10 种公开发布的地面军事目标，包括 2S1（自行榴弹炮）、BMP-2（步兵战车）、BRDM-2（装甲侦察车）、BTR-70（装甲运输车）、BTR-60（装甲运输车）、D7（推土机）、T-62（坦克）、T-72（坦克）、ZIL-131（货运卡车）、ZSU-234（自行高炮），其光学图像如图 13-9 所示。表 13-1 列出了 MSTAR SOC 数据集中各类别军事车辆目标的数量统计信息。

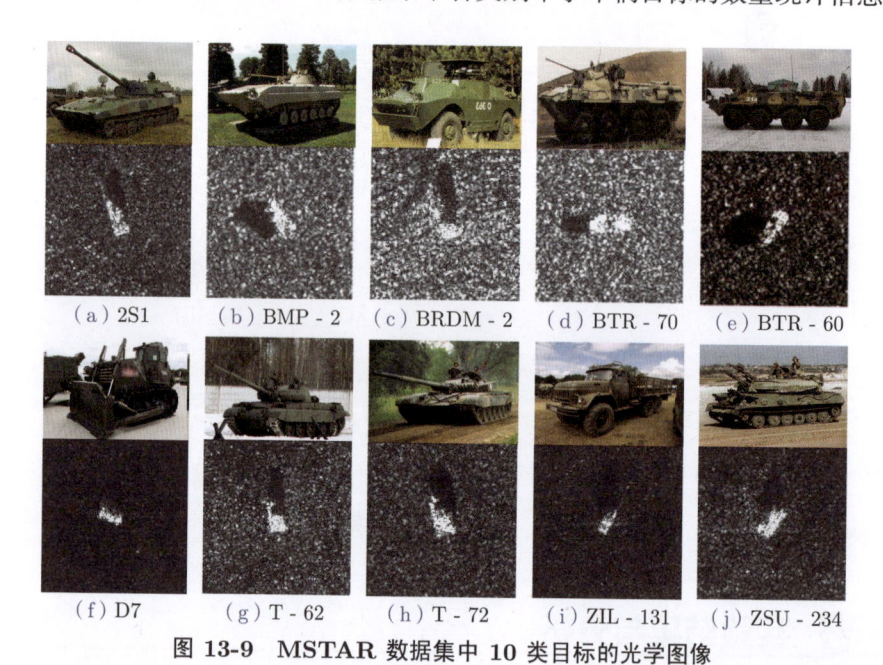

图 13-9 MSTAR 数据集中 10 类目标的光学图像

表 13-1 MSTAR SOC 数据集中各类别军事车辆目标的数量统计信息（单位：个）

类别	训练集（俯仰角 =17°）		测试集（俯仰角 =15°）	
	观测角		观测角	
	0°～180°	180°～360°	0°～180°	180°～360°
2S1	145	154	137	137
BMP-2	354	344	310	277
BRDM-2	145	153	136	138
BTR-70	108	125	107	89
BTR-60	136	120	103	92
D7	152	147	138	136
T-62	147	152	134	139
T-72	343	348	307	275
ZIL-131	146	153	136	138
ZSU-234	145	154	136	138

与 SOC 操作条件相比，EOC-D 操作条件下的样本识别难度更高。MSTAR EOC-D 数据集中包含 4 类军事车辆目标，训练集的俯仰角为 17°，测试集的俯仰角为 30°，侧视角的差别可导致相同姿态下的同一个目标的成像结果有较明显的区别。表 13-2 列出了 MSTAR EOC-D 数据集中各类别军事车辆目标的数量统计信息。为了避免受到背景杂波的影响，通常需要对原图像进行裁剪，本实验从原始图像中裁剪出大小为 88×88 像素的图像。

表 13-2 MSTAR EOC-D（俯仰角大差异）数据集中各类别军事车辆目标的数量统计信息（单位：个）

类别	训练集（俯仰角 =17°）		测试集（俯仰角 =30°）	
	观测角		观测角	
	0°～180°	180°～360°	0°～180°	180°～360°
2S1	145	154	140	148
BRDM-2	145	153	138	149
T-72	118	114	138	150
ZSU-234	145	154	139	149

13.3.2 实验细节

在部分观测角下非合作目标的识别中，对于非合作类别的训练样本需要做特别处理，以满足在部分观测角下进行目标识别的要求；对于合作类别的训练样本，其处理则与一般分类任务中对数据的处理相同。首先随机选择 m 和 n 个类别并记为 $CmNn$，其中 m、n 分别为合作目标和非合作目标的类别数。对于非合作目标，根据观测角是否大于 180° 将目标样本分成两部分，从中随机选择一部分加入训练集，另一部分加入验证集。对于合作目标，出于类别之间保持数量平衡的目的，从全角度样本中随机选取一半样本加入训练集，另一半样本则在验证集中使用。测试集中样本的数量信息与表 13-1 和表 13-2 保持一致。但为了验证不同分类方法在部分观测角下的非合作目标识别性能，将测试集分为 3 部分，即全角度观测下合作类别 $Test_{CT}$、训练中出现的观测角下非合作目标 $Test_{ANT}$ 和训练中没有出现的观测角下非合作目标 $Test_{UNT}$。后续实验将更加关注不同分类方法在 $Test_{UNT}$ 上的识别性能。图 13-10 详细说明了数据集的制作过程。实验中使用 TensorFlow2 深度学习框架进行网络构建，所有的实验都使用一块英伟达 RTX 2070 SUPER GPU 进行运算。为了消除实验结果的随机性，将所有实验均重复 3 次并取平均值作为最终结果。

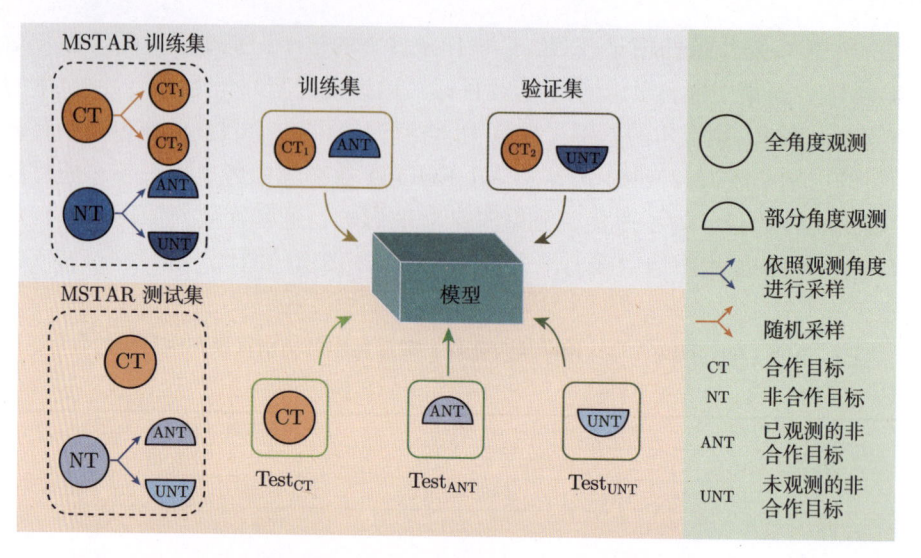

图 13-10 从 MSTAR 数据集中制作部分观测角下非合作目标识别任务所需要的数据集

13.3.3 结果分析

为了证明 ConFeDent 方法在观测样本严重缺失条件下的优越性，本节将其与现有的几种分类法进行比较，包括 SVM、稀疏表示分类器（Sparse-based Representation Classification，SRC）和先进的 AConvNet。此外，本节还将比较几种用于自然图像分类的主流深度网络模型，包括 ResNet50、VGG16、InceptionV3。特别考虑观测样本严重缺失场景，将下面两种可能的策略纳入 AConvNet 中进行比较。首先，利用数据增强策略人工生成非合作类别全观测角下的伪目标，即根据 TensorFlow 深度学习框架中的标准数据增强函数，手动旋转 ANT 中的每个样本，生成未获取的观测角下的伪目标，然后用增强的训练集训练 AConvNet，得到其变体 AConvNet* 模型。另外，将 STN 模块插入 AConvNet 中，提取旋转不变特征，得到 AConvNet+STN。为了消除实验中可能出现的随机干扰，所有实验均重复 3 次后取平均值，分别在 MSTAR SOC、MSTAR EOC-D 两个数据集上进行验证。

1. MSTAR SOC 数据集上的实验结果

为了验证 ConFeDent 方法的性能，在实验中将考虑不同数量的非合作类别的几种情况，包括 C5N5、C1N9 和 C0N10。所有分类方法的详细分类结果总结在表 13-3 中，其中最优结果以加粗字体显示。总体分类结果如图 13-11 所示。

表 13-3 MSTAR SOC 数据集下不同分类方法的分类结果/%

分类方法	C5N5			C1N9			C0N10		
	CT	ANT	UNT	CT	ANT	UNT	CT	ANT	UNT
SVM	29.80	5.45	5.66	20.00	16.09	15.71	—	18.54	18.04
SRC	91.06	95.99	31.88	94.83	96.31	33.43	—	96.50	36.11
AConvNet	84.66	94.36	37.76	88.80	95.08	34.80	—	94.98	34.73
AConvNet*	85.04	91.56	33.19	89.75	93.36	33.00	—	93.16	30.24
AConvNet+STN	81.15	91.38	40.99	87.23	93.07	38.31	—	93.58	34.04
InceptionV3	77.97	83.85	38.62	80.08	82.23	41.02	—	84.90	39.21
ResNet50	64.38	71.85	32.33	65.85	75.40	36.51	—	76.34	37.49
VGG16	87.94	93.24	39.39	82.10	87.52	38.49	—	95.11	37.80
ConFeDent	92.36	96.34	49.45	90.92	94.00	43.78	—	96.96	43.86

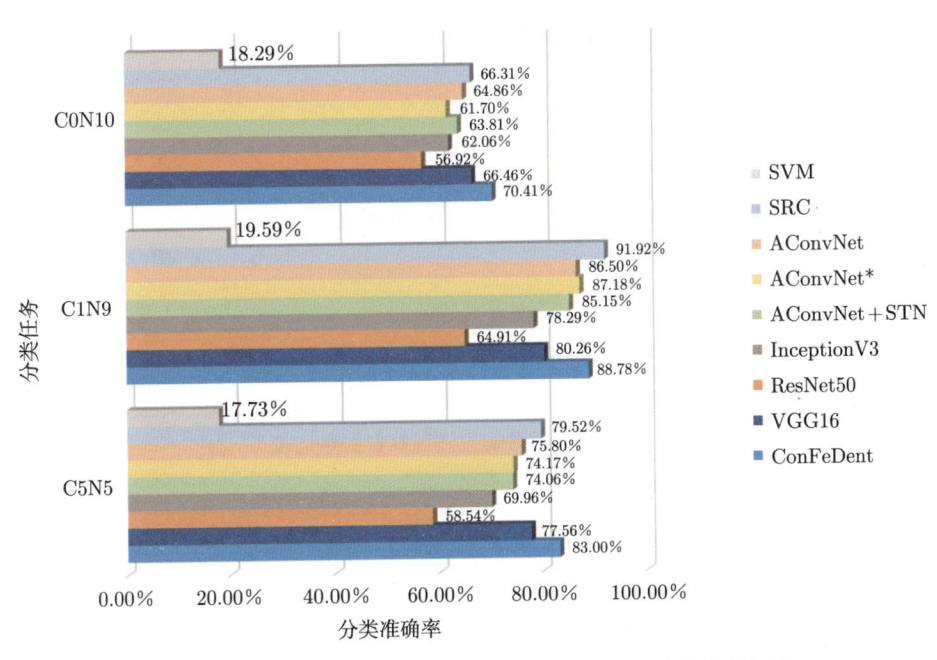

图 13-11 各分类方法在 MSTAR 数据集上的总体分类结果

此外，表 13-4 给出了 MSTAR SOC-C5N5 测试集上 ConFeDent 的混淆矩阵。在 CT 和 ANT 条件下，大多数分类方法都能达到令人满意的分类精度。在 C1N9 情况下，ConFenDent 方法可以获得比其他分类方法（除 SRC 外）更高的分类准确率，推测是因为 SRC 为一种基于线性回归的无参数分类方法，在训练集中包含足够多的目标模式的条件下，其泛化能力一般更好。从实验结果中可以看出，SRC 在大多数情况下可以在 CT 和 ANT 上达到第二高的分类准确率。在 UNT 条件下，ConFeDent 方法在最关注的分类场景中的 3 种情况下都能达到最高的分类准确率。由 AConvNet+STN 方法的分类结果可以得出结论：STN 模块确实可以提高 AConvNet 方法的分类性能。然而，由于不同的机制和动机，STN 模块的泛化能力比 ConFeDent 方法弱一些。表 13-5 展示了不同分类方法所需计算的训练参数数量，值得注意的是，AConvNet* 方法只是改变了网络的输入数据，对网络结构并未做出调整，其网络结构与 AConvNet 方法保持一致。从表中可以看出 AConvNet 方法的训练参数量最少，ConFeDent 方法的训练参数数量也远少于 InceptionV3 方法、VGG16 方法等，两者在不大幅增加训练参数数量的同时实现了较好的分类性能。

表 13-4　MSTAR SOC-C5N5 测试集上 ConFeDent 的混淆矩阵

	2S1	BMP-2	BRDM-2	BTR-70	BTR-60	D7	T-62	T-72	ZIL-131	ZSU-234
2S1	142	0	2	0	1	0	0	0	3	0
BMP-2	1	93	0	0	12	0	0	13	0	0
BRDM-2	0	0	144	0	0	0	0	1	2	0
BTR-70	0	0	0	121	4	0	0	1	0	0
BTR-60	2	8	2	9	104	0	0	0	0	0
D7	0	0	0	0	0	134	4	0	4	10
T-62	2	0	0	0	0	16	106	2	16	5
T-72	0	0	0	0	1	0	1	112	0	0
ZIL-131	1	0	0	0	0	0	0	0	146	1
ZSU-234	0	0	0	0	0	38	71	0	4	32

表 13-5　不同分类方法训练参数数量比较

分类方法	AConvNet	AConvNet+STN	InceptionV3	ResNet50	VGG16	ConFeDent
训练参数量/个	303489	373044	21788842	23555082	14719818	1308515

2. MSTAR EOC-D 数据集上的实验结果

结合观测样本严重缺失的情况和 MSTAR EOC-D 数据集，将 ConFeDent 方法与其他分类方法进行比较。在这种组合条件下，训练样本和测试样本将同时面对俯仰角与观测角上的巨大差异，产生更具挑战性的分类任务。由于 MSTAR EOC-D 数据集中的类别数量与 MSTAR SOC 数据集相比是有限的，所以考虑所有非合作类的数量情况，即 1~4。比较结果总结在表 13-6（其中最优结果以加粗字体显示）和图 13-12 中。

第 13 章 观测样本严重缺失条件下的 SAR 目标识别

表 13-6 MSTAR EOC-D 数据集下不同分类方法的分类结果/%

分类方法	C3N1			C2N2			C1N3			C0N4		
	CT	ANT	UNT	CT	ANT	UNT	CT	ANT	UNT	CT	ANT	UNT
AConvNet	78.65	**83.09**	43.39	**84.22**	**84.32**	47.96	77.13	**84.60**	46.47	—	67.81	39.55
AConvNet*	**78.90**	77.32	42.20	81.23	81.45	42.04	79.94	77.87	43.00	—	47.99	27.52
AConvNet+STN	76.87	75.92	48.61	77.80	80.17	50.11	61.00	72.62	44.01	—	50.80	37.93
InceptionV3	59.16	58.70	47.21	58.38	58.86	44.51	54.09	60.72	49.20	—	60.99	**48.73**
ResNet50	41.96	38.93	29.91	36.37	27.79	25.87	37.75	32.28	29.66	—	28.07	25.53
VGG16	69.25	80.44	48.21	64.10	73.07	50.91	66.22	79.22	49.22	—	61.51	46.87
ConFeDent	75.42	76.30	**54.07**	74.98	84.10	**58.66**	**82.58**	76.83	**49.65**	—	**68.08**	47.98

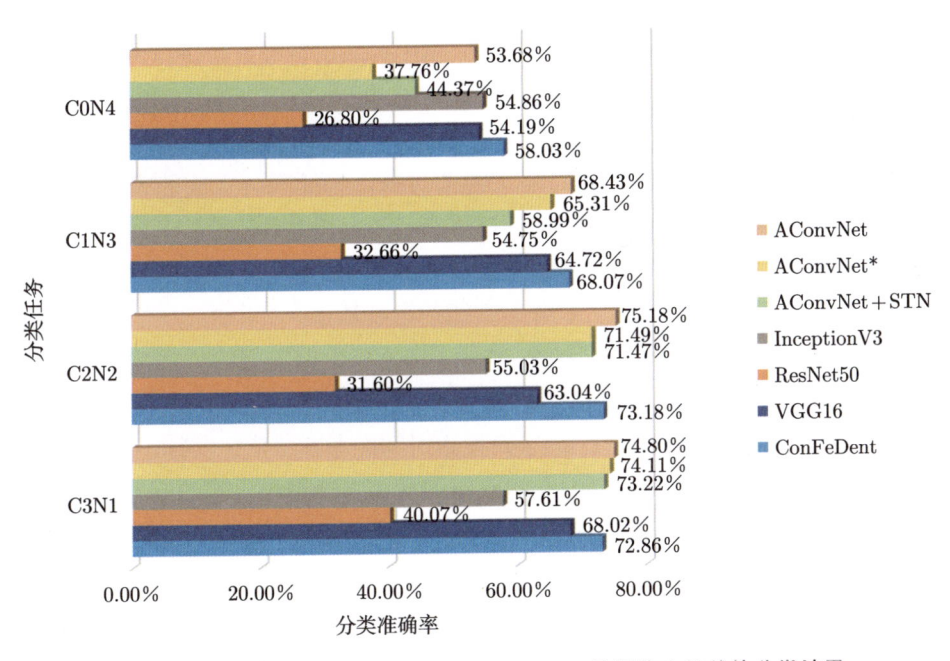

图 13-12 各分类方法在 MSTAR EOC-D 数据集上的总体分类结果

可以看出，ConFeDent 方法在 UNT 条件下取得了最好的分类性能，验证了解缠后的特征具有更强的泛化能力，可以更好地处理非合作目标识别任务，特别是当目标处于没有被观测到的角度时。与 MSTAR SOC 数据集上的实验结果类似，AConvNet* 方法的分类性能比其原型更差。在 CT 条件下，手动旋转目标进行样本扩充虽然使分类性能得到小幅改善，但也导致在 ANT 和 UNT 两个条件下分类性能显著下降，而 ANT 和 UNT 条件更符合实际应用中的场景，所以手动旋转目标进行样本扩充的方式带来的收益并不能弥补损失。STN 模块可以改善 AConvNet 方法在 UNT 条件下的分类性能。同时可以发现，随着合作目标数量的减少，AConvNet+STN 方法的性能急剧下降。而在极端条件下，ConFeDent 方法在几乎所有条件下都取得了更好的性能，这证明了 ConFeDent 方法能够有效地利用合作目标带来的额外信息，从而提高非合作目标的分类准确率。

13.3.4 参数敏感性分析

确定网络中超参数的取值，评判式（13-14）中 α 和 β 两个超参数对不同分类方法分类性能的影响。

由式（13-13）和式（13-14）可知，引入两个超参数的目的是平衡约束姿态特征的正则化函数。其中，α 对从编码器中提取的特征直接进行约束。当 α 值较小时，意味着对姿态特征的约束较为宽松，会导致两种特征的解缠程度不高，并具有相当强的耦合关系，从而使提取出来的身份特征仍然容易受到姿态等因素的影响。β 在语义空间对姿态特征与身份特征联合生成的表示进行约束，以确保在解缠过程中有关目标的重要信息不会丢失。值得注意的是，这是一种间接性约束，不会直接评判解缠的效果，只保证解缠出来的信息在联合之后仍然可以完整地表示目标，对分类性能的影响较小。

根据不同分类方法在 MSTAR 中非合作目标数据集上的分类性能对不同超参数组合进行评估，并选定一组最优超参数组合进行后续实验（主要用于消融实验中相关参数的确定）。出于对搜索时间的考虑，依据实际经验在 α 和 β 上进行网格搜索，其中 α 和 β 的取值均从 0.5 逐渐增大至 2.0，具体的候选值为 0.5、1.0、1.5 和 2.0。在搜索过程中，首先确定一组待选的超参数，然后对网络进行训练，最后将训练中出现的观测角下非合作目标 $Test_{ANT}$ 作为验证数据集。采用交叉验证策略和早停策略选择当前超参数下的最优模型，再在训练中没有出现的观测角下非合作目标 $Test_{UNT}$ 上进行测试。为消除实验中可能出现的随机干扰，将实验重复 3 次并取平均值，结果如图 13-13 所示。该结果与上述理论分析一致，直接影响解缠效果的超参数 α 的取值将直接影响各分类方法的分类性能。随着 α 取值的增大，各分类方法在测试集上的分类准确率总体呈上升趋势。而用于确保解缠信息完整性的超参数 β 在每组超参数下的分类性能较为稳定。根据网格搜索结果，最终确定一组最优超参数：$\alpha = 1.5, \beta = 1.0$。该超参数组合下非合作目标的分类准确率为 49.45%。

本节将通过大量的消融实验来阐明 ConFeDent 方法的有效性，即 ConFeDent 方法能够有效提取出解缠开的身份特征和姿态特征，提高部分观测角下非合作目标的分类准确率。

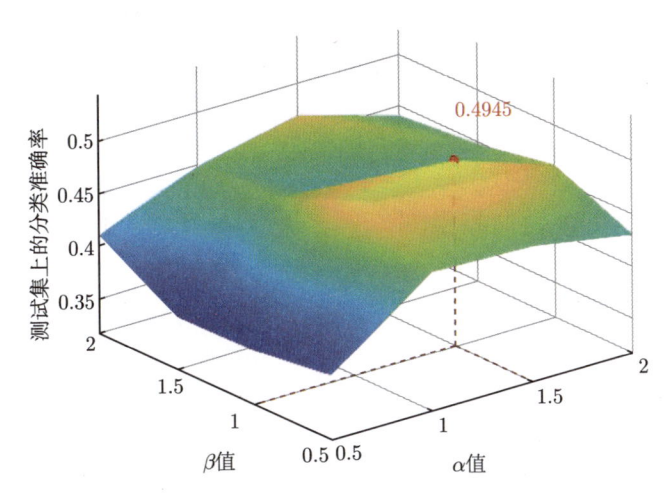

图 13-13 ConFeDent 超参数搜索

ConFeDent 方法最显著的贡献是提出了一个 ConFeDent 模型来解决观测样本严重缺失的问题。其核心思想是从合作目标和非合作目标中分离出姿态特征与身份特征，使模型能够捕获完整的姿态知识（利用合作目标完整的观测角信息）。这种方法本质上做的工作是教模型想象（模糊的）目标在未获取的观测角下的成像。如果通过 ConFeDent 方法得到的 r 确实包含足够的姿态信息，则转换后的姿态特征将能够结合身份特征在语义空间投影出 $\hat{x}_1$。利用交叉重构任务验证姿态编码器对目标姿态的表征能力及几何变换模块对输入的两个目标之间姿态差异的感知能力，结果如图 13-14 所示。各分图中的第一行和第二行图像是网络的输入 x_1、x_2；第三行和第四行是分别利用 f_1 与 r_1、f_2 与 r_2 进行重构的结果；最后两行是身份特征和转换后的姿态特征，即 f_2 与 $\mathcal{T}_{\theta_2 \to 1}$、$f_1$ 与 $\mathcal{T}_{\theta_1 \to 2}$ 在语义空间生成的图像。可以看出，重构结果 $\hat{x}_1$ 与交叉重构结果 $\tilde{x}_1$ 非常相似。尽管 x_1 和 x_2 的姿态差异很明显，但这两幅图像都可以看作原始输入相同姿态下的去噪和平滑版本。因此，这些结果可以清楚地说明 ConFeDent 方法对姿态特征解缠的有效性。

为了约束身份特征，在使用交叉熵损失约束分类任务的同时，还要求同类别的一对输入的身份特征尽可能一致。在训练的初始阶段，网络无法提取出有效的身份特征，在此阶段直接施加特征一致性约束会导致模型陷入较差解中。因此，本节采用渐进式训练策略来避免这种现象。为了验证该策略的有效性，将使用 4 种方法进行实验，实验结果如图 13-15 所示。在分类准确率方面，通过对比方法 1 和方法 3 可以看出，方法 1 可以有效提高模型的分类准确率。通过对比方法 2 和方法 3 可以看出，在训练中需要以适当的方式引入对身份特征的正则约束，身份特征正则恒定会导致模型过早满足该约束从而失去特征提取能力。从重建图像和特征解缠的效果来看，方法 2 和方法 3 的重建图像非常模糊 [见图 13-14（b）中的第 4 对输入和图 13-14（c）中的第 3 对输入]，还会出现姿态转换失败的现象 [见图 13-14（b）中的第 1 对输入和图 13-14（c）中的第 1、第 2、第 4 对输入]。

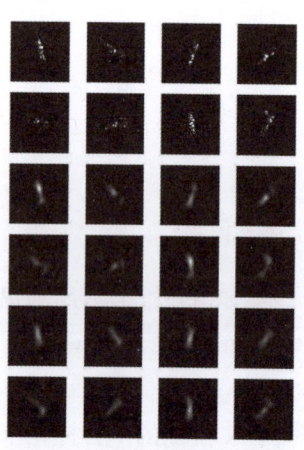

（a）方法1: ConFeDent

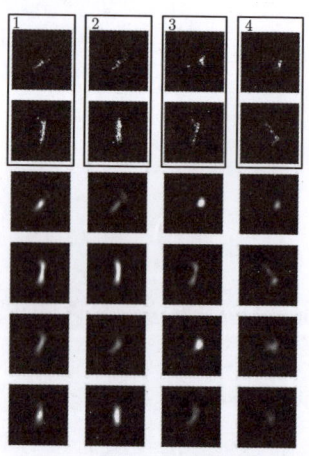

（b）方法2: 身份特征正则恒定的ConFeDent

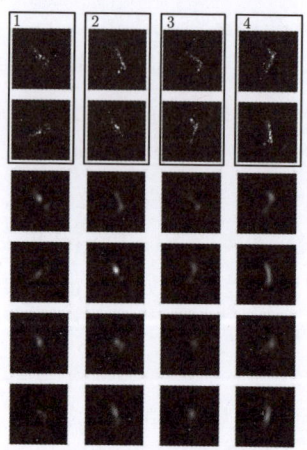

（c）方法3: 不加身份特征正则的ConFeDent

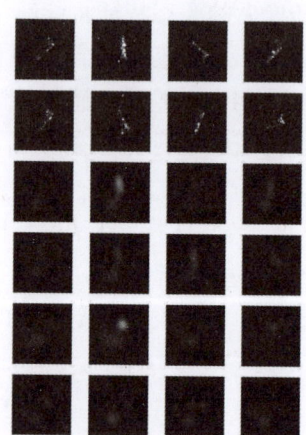

（d）方法4: 不加皮尔逊相关系数正则的ConFeDent

图 13-14　MSTAR SOC-C5N5 测试集下消融实验的交叉重构效果

在训练阶段，需要使用合适的评价指标来度量重建图像与真实图像的相似程度。考虑到 SAR 的统计分布，可以使用 SKL 距离作为评价指标。然而，该评价指标并不能反映目标之间的姿态相似度，因此在训练过程中无法评估特征提取和解缠的性能。皮尔逊相关系数可以衡量图像整体的线性关联度，用它作为评价指标可以完成目标之间姿态相似度的度量，从而将身份特征与姿态特征解缠开来。由图 13-14 和图 13-15 可以明显看出，皮尔逊相关系数约束下的姿态变换模块促使网络实现了特征解缠，提高了分类能力。而在没有皮尔逊相关系数约束的模型中，无法从编码器中提取出包含目标姿态的相关特征。

	方法1: ConFeDent	方法2: 身份特征正则恒定的 ConFeDent	方法3: 不加身份特征正则的 ConFeDent	方法4: 不加皮尔逊相关系数正则的 ConFeDent
CT	0.9236	0.7968	0.9303	0.8502
ANT	0.9634	0.8513	0.9716	0.9101
UNT	0.4945	0.3993	0.4177	0.4645

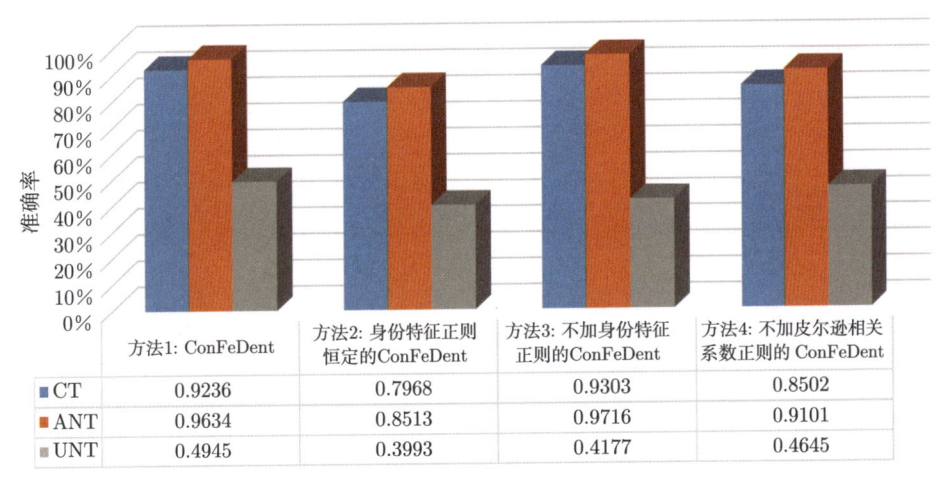

图 13-15　MSTAR SOC-C5N5 测试集下消融实验的准确率

13.4　本章小结

本章针对部分观测角下非合作 SAR 目标的识别任务，提出了基于对比特征解缠的目标融合方法，即 ConFeDent 方法。通过将目标解缠为相互独立的身份特征和姿态特征，并利用设计好的几何变换模块和条件随机场模型作为正则化函数对两种特征进行有效的约束，将所有类别共享的姿态特征从表征类别的身份特征中分离出来，有效缓解因成像结果对观测角敏感而导致的观测角连续大范围缺失条件下识别性能差的问题。本章通过大量实验证明，ConFeDent 方法利用对比学习框架可以有效解缠出身份特征和姿态特征，利用提取出的身份特征进行非合作目标识别，在部分观测角条件下，其识别性能较其他 SAR 目标识别方法有所提升。

第 14 章
多源图像数据融合目标识别

14.1 引言

在目标识别中，可见光传感器和红外探测器是两种重要的传感器。可见光传感器的成像分辨率高且具有较为清晰的细节信息，然而它容易受到光照和不利天气的影响，只有在白天才能有效工作。红外探测器不易受光照和不利天气等因素的干扰，并且成像距离远，可以全天候、全天时工作，但它的成像分辨率低且缺乏一些细节信息。由此可见，可见光传感器和红外探测器获得的可见光图像与红外图像之间具有较好的互补性。目前，很多关于多源图像数据融合识别的问题都利用深度学习来解决。在基于深度学习的多源图像融合方法中，大部分方法首先利用经 ImageNet 数据集预训练的卷积神经网络提取图像特征，然后进行特征融合和目标识别。对于可见光图像和红外图像这样的异类数据，网络所提取的特征属性和特征维数有所不同。在进行特征层融合时，常见的做法是为不同的特征分配权重后进行相加或连接。决策层融合只需要对不同信源提供的决策信息进行融合推理，能够克服异类数据属性差异的影响，因此在处理异类信息方面有着广泛的应用。在传统的多源图像数据融合网络的训练中，通常将目标的真实标签作为监督信息。深度互学习（Deep Mutual Learning，DML）是一种简单且高效的训练策略，它可以让多个网络同时开始训练，并且每个网络都为其他网络提供自身的后验概率输出作为监督信息。网络的后验概率可被视为一种软标签，包含目标属于不同类别的概率，能反映目标数据的类内和类间关系。

第 14 章 多源图像数据融合目标识别

为了充分利用多源图像数据的互补信息，进一步提升目标识别性能，本章提出了基于 DML 策略的可见光图像–红外图像数据融合目标识别方法，将成对的可见光图像和红外图像同时输入两个网络中进行训练。在训练过程中采用 DML 策略，使可见光图像的识别网络（以下简称"可见光网络"）和红外图像的识别网络（以下简称"红外网络"）不仅受到真实标签的监督，还受到来自另一网络后验概率的约束。该策略既能提高每个网络的泛化能力，又能使模型变得紧凑。最后将可见光网络和红外网络对目标的识别结果在决策层进行加权融合，其中对权重的优化贯穿整个训练过程。本章所提方法可以提高多源图像数据融合目标识别准确率。

14.2 基于 DML 策略的可见光图像–红外图像数据融合目标识别方法介绍

可见光传感器和红外探测器作为目标识别中的两种主要传感器，它们的成像各具特点，且可见光图像与红外图像彼此互补。若将两者融合，有利于得到更加准确的识别结果，因此采用可见光图像和红外图像作为融合的信源。可见光图像和红外图像属于异类数据，且具有不同的分辨率。由于决策级融合在处理异类数据方面有独特的优势，所以本节将对可见光图像和红外图像的分类结果进行决策级融合。决策级融合方法的流程是，首先对不同信源的数据进行预处理、特征提取和识别等操作，从而得到对目标的初步分类结果（概率

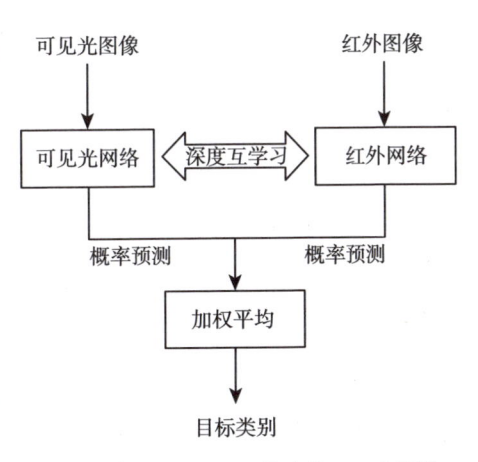

图 14-1 基于 DML 策略的可见光图像–红外图像数据融合目标识别方法的基本流程

预测），然后融合不同信源的分类结果，从而获得更加鲁棒的识别结果。DML 策略可同时训练多个网络，并且在训练过程中用包含类内信息和类间信息的网络后验概率输出作为额外的监督信息。若将 DML 策略用于融合网络的训练过程，则有助于充分利用多源图像数据的互补知识。本章提出了一种基于 DML 策略的可见光图像–红外图像数据融合目标识别方法。其基本流程如图 14-1 所示。本节将对多源图像 DML 融合网络设计和多分类结果决策级加权融合识别

进行详细介绍。

14.2.1 多源图像 DML 融合网络设计

为了使不同信源之间的互补知识得到充分利用，使用不同网络的后验概率作为监督训练的软标签，起到辅助多源数据融合网络训练的作用。本节借鉴了 DML 的思想，DML 策略让两个或两个以上学生网络队列同时开始训练，每个网络在训练过程中除了受到各自真实标签的监督，还为彼此提供监督信息。若以多源信息作为队列中学生网络的输入，那么在训练过程中每种信源都能得到其他信源的监督信息，从而实现在训练过程中对多源数据融合网络输出的充分利用。

对于深度神经网络，权重初始化对网络的收敛和性能有重要的影响。在相关文献中，同一图像被输入两个网络，由于每个网络的初始条件不同，所以对目标的概率预测有所差异。真实标签中仅包含目标属于哪一类的信息，缺少不同类之间的关联信息，而同伴网络的概率输出正好可以提供数据的分布特性，使网络的泛化性能有所提升。另外，同伴网络提供的类别概率约束起到了正则化的作用。在传统的深度网络训练中，一般对真实标签使用 One-hot 编码的方式，即在真值向量中真实类别对应的值为 1，其余类别对应的值为 0。这种编码方式会导致网络对预测结果过于确信，易产生过拟合现象。标签平滑处理可以将 One-hot 向量中为 1 的概率分配给其他类别，这样做可以防止模型的预测结果过于集中在最大概率对应的类别上，从而避免模型陷入过拟合。然而，标签平滑处理依靠超参数调节，其结果缺乏实际依据。与之相比，同伴网络的后验概率由网络分类得到，包含更多的信息。DML 策略使网络不仅受到真实标签的监督，还受到同伴网络的后验概率约束，可以有效缓解过拟合现象。在真实标签和同伴网络的监督下，模型最终能收敛到一个较为平缓的极小值点。

在 DML 中，同伴网络之间互相约束实际上为彼此提供了自身的信息。因此，考虑利用 DML 的这一特点使多源信息在训练过程中为对方提供互补信息，从而得到一个更准确的预测结果。本章所提方法在 DML 策略上做了一些变动：DML 将同一幅图像同时输入两个网络，而本章所提方法将成对的可见光图像与红外图像作为两个同伴网络的输入。因为成对的可见光图像与红外图像包含相同的目标，具有很强的相关性，所以可以用作同伴网络的输入。此外，可见光图像和红外图像是异类的，两者具有互补性，在训练过程中能为对方提供更多样的信息。利用 DML 策略，可以实现可见光网络和红外网络的同步学习，使模型结构变得更加紧凑，有利于提高算法的效率。

本章所提方法的网络模型结构如图 14-2 所示，图中的 θ_{VIS} 和 θ_{IR} 是两个，它们互为学生网络。为了防止过拟合，θ_{VIS} 和 θ_{IR} 均为经 ImageNet 预训练的网络，并将最后一层全连接层的神经元数设置为数据集的类别数进行微调。将成对的可见光图像和红外图像分别输入 θ_{VIS} 和 θ_{IR} 中。虽然预训练同伴网络的参数一致，但可见光图像和红外图像是两种不同类型的图像，网络对同一目标的预测结果有所不同。此外，网络对可见光图像和红外图像的概率预测值之间可以提供互补信息，通过成对的可见光图像和红外图像互相学习的方式为每个网络的训练提供额外信息。最后利用加权平均融合方法将 θ_{VIS}、θ_{IR} 对可见光图像和红外图像的分类结果进行融合。本节主要介绍 DML 策略在本章所提方法中的使用方法。

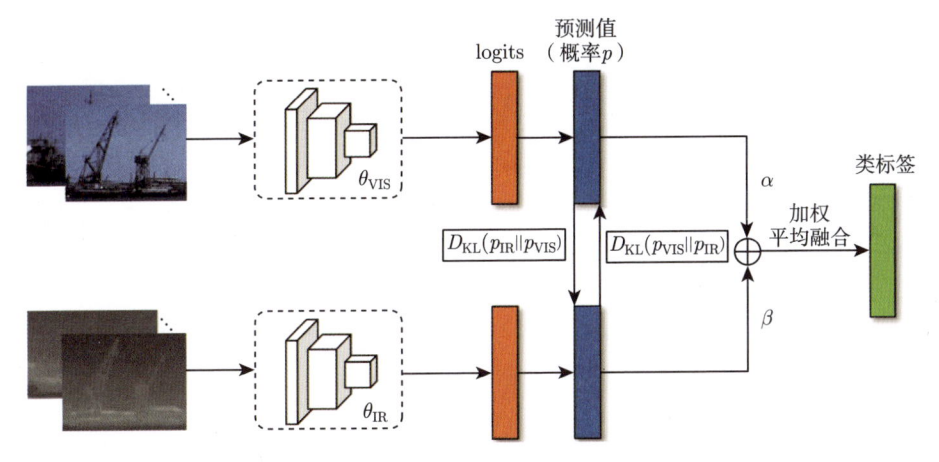

图 14-2　基于 DML 策略的可见光图像−红外图像数据融合目标识别方法的网络模型结构

从图 14-2 中可以看到，模型被分为两个分支：负责处理可见光图像的可见光流和负责处理红外图像的红外流。为了方便表达，现进行如下定义：假设可见光流和红外流的输入数据分别为 $X_{\text{VIS}} = \{x_{\text{VIS}_1}, x_{\text{VIS}_2}, \cdots, x_{\text{VIS}_N}\}$ 与 $X_{\text{IR}} = \{x_{\text{IR}_1}, x_{\text{IR}_2}, \cdots, x_{\text{IR}_N}\}$，且 X_{VIS} 和 X_{IR} 中的样本是成对的，N 代表样本的个数。标签集用 $L = \{\omega_1, \omega_2, \cdots, \omega_K\}$ 表示，其中 K 代表类别数。可见光流和红外流的网络分别用 θ_{VIS} 和 θ_{IR} 表示，它们对 X_{VIS} 和 X_{IR} 的预测标签表示为 $Y_{\text{VIS}} = \{y_{\text{VIS}_1}, y_{\text{VIS}_2}, \cdots, y_{\text{VIS}_N}\}$ 与 $Y_{\text{IR}} = \{y_{\text{IR}_1}, y_{\text{IR}_2}, \cdots, y_{\text{IR}_N}\}$。$p_{\text{VIS}}$ 和 p_{IR} 分别为 θ_{VIS} 与 θ_{IR} 对样本的概率预测，且网络预测样本 x 属于 ω_k 类的概率表示为 $p^k(x)$，其中 $k = 1, 2, \cdots, K$。

使用 DML 策略的每个网络在训练过程中会遭受两方面的损失：一方面是预测值与真实值之间的差异，另一方面是预测值与同伴网络之间的差异。下面将以可见光流为例给出每种损失的计算方式。在多分类任务中，通常使用交叉熵损失作为目标函数来评估预测值与真实值之间的差异，所以这里使用交叉熵函数作为网络的传统监督损失，计算公式为

$$L_{C_{\text{VIS}}} = -\sum_{n=1}^{N}\sum_{k=1}^{K} I(y_{\text{VIS}_n}, \omega_k) \log(p^k(x_{\text{VIS}_n})) \tag{14-1}$$

式中，x_{VIS_n} 表示数据集 X_{VIS} 中的第 n 个样本；y_{VIS_n} 表示 θ_{VIS} 对样本 x_{VIS_n} 的预测标签；$p^k(x_{\text{VIS}_n})$ 表示样本 x_{VIS_n} 属于 ω_k 类的概率；指示函数 I 为

$$I(y_{\text{VIS}_n}, \omega_k) = \begin{cases} 1, & y_{\text{VIS}_n} = \omega_k \\ 0, & y_{\text{VIS}_n} \neq \omega_k \end{cases} \tag{14-2}$$

由于 DML 策略的主要思想是利用同伴网络的预测概率值（p_{VIS} 和 p_{IR}）来相互监督学习，所以需要使 p_{VIS} 和 p_{IR} 的分布尽可能相似。p_{VIS}、p_{IR} 中包含 θ_{VIS} 和 θ_{IR} 中预测样本 x 属于不同类时所对应的概率 $p^k(x_{\text{VIS}})$ 与 $p^k(x_{\text{IR}})$（$k = 1, 2, \cdots, K$）。$\boldsymbol{p}_{\text{VIS}}$ 和 $\boldsymbol{p}_{\text{IR}}$ 中的元素可通过可见光网络的 $\text{logits}_{\text{VIS}}$ 和红外网络的 $\text{logits}_{\text{IR}}$ 经过 Softmax 函数得到，计算公式为

$$\begin{cases} p^k(x_{\text{VIS}}) = \dfrac{\exp(\text{logits}_{\text{VIS}}^k)}{\sum\limits_{k=1}^{K} \exp(\text{logits}_{\text{VIS}}^k)} \\ p^k(x_{\text{IR}}) = \dfrac{\exp(\text{logits}_{\text{IR}}^k)}{\sum\limits_{k=1}^{K} \exp(\text{logits}_{\text{IR}}^k)} \end{cases} \tag{14-3}$$

KL 散度可以评估两个分布之间的差异，所以在这里其被用来衡量同伴网络的预测概率 p_{VIS} 和 p_{IR} 之间的差异，也可称其为同伴网络之间的 KL 模拟损失，表示为

$$D_{\text{KL}}(p_{\text{IR}} \| p_{\text{VIS}}) = \sum_{n=1}^{N}\sum_{k=1}^{K} p^k(x_{\text{IR}_n}) \log \frac{p^k(x_{\text{VIS}_n})}{p^k(x_{\text{IR}_n})} \tag{14-4}$$

两个分布之间的差异越小，KL 散度越小；两个分布之间的差异越大，KL 散度越大；当两个分布相同时，KL 散度为 0。因此，p_{VIS} 和 p_{IR} 的分布越接近，KL 散度越接近 0。

综上，θ_{VIS} 的总损失函数为交叉熵损失 $L_{C_{\text{VIS}}}$ 和 KL 模拟损失 $D_{\text{KL}}(p_{\text{IR}} \| p_{\text{VIS}})$ 之和，表示为

$$L_{\theta_{\text{VIS}}} = L_{C_{\text{VIS}}} + D_{\text{KL}}(p_{\text{IR}} \parallel p_{\text{VIS}}) \tag{14-5}$$

类似地，θ_{IR} 的总损失函数可以表示为

$$L_{\theta_{\text{IR}}} = L_{C_{\text{IR}}} + D_{\text{KL}}(p_{\text{IR}} \parallel p_{\text{VIS}}) \tag{14-6}$$

通过 DML 策略，每个网络都可以受到真实标签和同伴网络后验概率的监督，从而有效地提升了每个网络的泛化性能。两个同伴网络的输入是可见光图像和红外图像，可以使可见光网络和红外网络同时进行训练，从而使模型结构变得更加紧凑。

14.2.2 多分类结果决策级加权融合识别

利用可见光流和红外流中的两个网络，可以得到关于同一个目标的两个分类结果。接下来需要考虑如何将它们有效地组合起来以获得更准确的分类结果。在融合不同的分类结果时，由于不同分类结果的可靠度不同，通常需要根据它们的可靠度分配权重。越可靠的分类结果被分配的权重越大，而越不可靠的分类结果被分配的权重越小。通过分配权重可以调整不同信息对融合结果的影响，从而进一步提高分类精度。本节将利用加权平均融合方法对 θ_{VIS} 和 θ_{IR} 的预测输出进行融合，并采用一种权重优化策略得到最优权重。

可见光图像的分辨率高且具有丰富的纹理细节等信息，而红外图像的分辨率低且缺乏细节信息，所以网络对可见光图像的识别效果往往优于对红外图像的识别效果。因此，在分配权重时考虑为可见光图像的分类结果赋予较大的权重，而给红外图像的分类结果赋予较小的权重。在此基础上，本节采用一种权重优化策略，其主要思想是最优权重应该使加权融合的结果尽可能接近真实值。现有来自 θ_{VIS} 和 θ_{IR} 对目标的两个分类结果 p_{VIS} 与 p_{IR}，需要对可见光图像和红外图像的分类结果各分配一个权重并进行优化，相应的权重向量用 $[\alpha, \beta]$ 表示。可以通过最小化融合结果与训练样本的真实标签之间的距离估计权重向量，该过程用公式可表示为

$$\{\alpha, \beta\} = \underset{\alpha,\beta}{\arg\min} \sum_{n=1}^{N} \| \alpha p_{\text{VIS}_n} + \beta p_{\text{IR}_n} - \boldsymbol{t}_n \|_2 \tag{14-7}$$

式中，$\|\cdot\|_2$ 代表欧氏距离，用于计算可见光图像和红外图像加权融合结果与真实值之间的距离；p_{VIS_n}、p_{IR_n} 是同伴网络 θ_{VIS} 与 θ_{IR} 对可见光图像和红外图像数据集 X_{VIS}、X_{IR} 中第 n 个训练样本的概率输出，也是待融合的分类结果。注意，因为 X_{VIS} 和 X_{IR} 中的图像是成对的，所以 p_{VIS_n} 和 p_{IR_n} 是对同

一目标的预测结果。t_n 代表第 n 个训练样本的真值向量,以 One-hot 向量的形式表示,$t_n = [t_{n1}, t_{n2}, \cdots, t_{nk}]$,若样本的真实标签为 ω_i,则 t_n 的第 i 个元素 t_{ni} 的值为 1,其余元素的值为 0。α、β 分别是被分配给可见光分类结果和红外分类结果的权重。当加权平均融合的结果与真值向量值之间的差距达到最小时,可得到最优的 α 和 β。此外,权重的取值受到以下条件的约束。

$$\begin{cases} \alpha + \beta = 1 \\ \alpha \in [0, 1] \\ \beta \in [0, 1] \end{cases} \tag{14-8}$$

式 (14-7) 和式 (14-8) 组成的优化策略是一个经典的有约束最小二乘问题。这里使用序列最小二乘规划优化算法(Sequential Least Squares Programming Optimization Algorithm,SLSQP)来优化权重,该算法可以通过 Python 中的 scipy.optimize 函数实现。在 SLSQP 中,需要给定待优化参数的初始值,因此需要首先给定权重的初始值 α_0 和 β_0。由于可见光图像比红外图像更易于识别,所以在选择权重初始值时考虑给予 α_0 较大的权重。为了验证不同初始值对分类结果的影响,按照式 (14-8) 的要求设置多组不同的权重初始值进行实验。在得到优化的权重 α 和 β 后,利用加权平均融合方法对可见光图像和红外图像的分类结果进行决策级融合,该过程可用公式表示为

$$p_n = \alpha p_{\text{VIS}_n} + \beta p_{\text{IR}_n} \tag{14-9}$$

式中,p_n 代表网络对 X_{VIS} 和 X_{IR} 中第 n 个样本预测概率的加权融合结果,且 p_n 中概率最大的类别为模型所预测的标签。

因为本章所提方法的最终目的是使可见光图像和红外图像的融合结果尽可能准确,所以在计算模型损失时应该把融合结果与真实值之间的距离考虑进来。为此,在监督损失 L_C 和 KL 模拟损失 D_{KL} 的基础上增加一项融合损失 L_F。因为融合结果也使用真实标签作为监督,所以这里采用交叉熵损失来计算 L_F。L_F 的计算公式与 L_C 类似,为

$$L_\text{F} = -\sum_{n=1}^{N} \sum_{k=1}^{K} I(y_n, \omega_k) \log(p^k(x_n)) \tag{14-10}$$

式中,y_n 是由式 (14-9) 中的 p_n 得到的预测标签;因为模型的输入是同一目标的可见光图像和红外图像,所以用 x_n 统一表示目标;$p^k(x_n)$ 表示通过融合得到的目标属于 ω_k 类的概率;$I(y_n, \omega_k)$ 为指示函数,其形式与式 (14-2) 相同,即

$$I(y_n, \omega_k) = \begin{cases} 1, & y_n = \omega_k \\ 0, & y_n \neq \omega_k \end{cases} \tag{14-11}$$

综上所述，可见光网络和红外网络的损失均为监督损失 L_C、KL 模拟损失 D_{KL} 和融合损失 L_F 三者之和。$L_{\theta_{VIS}}$ 和 $L_{\theta_{IR}}$ 分别表示为

$$L_{\theta_{VIS}} = L_{C_{VIS}} + D_{KL}(\boldsymbol{p}_{VIS} \| \boldsymbol{p}_{IR}) + L_F \tag{14-12}$$

$$L_{\theta_{IR}} = L_{C_{IR}} + D_{KL}(\boldsymbol{p}_{IR} \| \boldsymbol{p}_{VIS}) + L_F \tag{14-13}$$

通过对以上 3 种损失的监督，可以实现网络模型的训练和优化。对融合权重和网络参数的优化将在每个小批量样本上进行，并贯穿整个训练过程。每次迭代都可以获得在一个小批量样本上优化的权重值。最终，取在每个小批量样本上所估计权重的平均值作为 α 和 β 来融合模型对测试样本的分类结果。本章所提方法的计算过程如算法 14-1 所示。

算法 14-1 基于 DML 策略的可见光图像-红外图像数据融合目标识别方法的计算过程

input:
  可见光图像：$X_{VIS} = \{x_{VIS_1}, x_{VIS_2}, \cdots, x_{VIS_N}\}$。
  红外图像：$X_{IR} = \{x_{IR_1}, x_{IR_2}, \cdots, x_{IR_N}\}$。
  标签：$L = \{\omega_1, \omega_2, \cdots, \omega_K\}$。
  网络：$\theta_{VIS}, \theta_{IR}$。

初始化： α_0, β_0。

  for $i = 1$ to t (迭代数) **do**
    step 1： 利用 θ_{VIS} 和 θ_{IR} 对 X_{VIS} 与 X_{IR} 中的一个小批量样本进行分类。
    step 2： 依据式 (14-1) 计算两个网络的监督损失 $L_{C_{VIS}}$ 和 $L_{C_{IR}}$。
    step 3： 依据式 (14-4) 计算 θ_{VIS} 和 θ_{IR} 之间的 KL 模拟损失 $D_{KL}(\boldsymbol{p}_{VIS} \| \boldsymbol{p}_{IR})$ 和 $D_{KL}(\boldsymbol{p}_{IR} \| \boldsymbol{p}_{VIS})$。
    step 4： 依据式 (14-9)，利用 α_0 与 β_0 对 θ_{VIS} 和 θ_{IR} 的预测结果进行加权融合。
    step 5： 依据式 (14-7) 估计当前批量样本下的 α_i 和 β_i。
    step 6： 依据式 (14-10) 计算融合损失 L_F。
    step 7： 通过第 3、第 4、第 7 步分别获得 θ_{VIS} 和 θ_{IR} 的总损失。
    step 8： 更新 θ_{VIS} 和 θ_{IR} 的网络参数。
    step 9： $i = i + 1$
  end for
  取 α_i 和 β_i ($i = 1, 2, \cdots, t$) 的平均值作为 α 和 β。
  利用 α 和 β 加权融合 θ_{VIS} 与 θ_{IR} 对目标的预测值。

output: 类标签。

14.3 实验结果与分析

本节首先介绍用于实验的 VAIS 船舶数据集和 RGB-NIR 场景数据集，它们都包含成对的可见光图像和红外图像。其次介绍实验的软硬件环境配置和网络的参数设置。接着给出用于评估各分类方法性能的 4 种评价指标及其定义。最后通过消融实验对 DML 策略的有效性进行验证。因为各分类方法包含的参数是融合权重的初始值 α_0 和 β_0，所以实验分析了 α_0 和 β_0 的取值对融合结果的影响，并依据融合模型的分类结果评估分类方法的有效性。此外，为了消除实验结果的随机性，重复做 5 次实验并取其结果的平均值和标准差作为最终结果。

14.3.1 基础数据集

VAIS 船舶数据集和 RGB-NIR 场景数据集都是包含成对可见光图像和红外图像的数据集。下面将详细介绍这两个数据集的信息。

14.3.1.1　VAIS 船舶数据集

VAIS 船舶数据集中拥有成对的可见光船舶图像和红外船舶图像。该数据集中共有 2865 幅海面船舶图像，包括 1623 幅可见光船舶图像和 1242 幅红外船舶图像，本实验使用了其中 1088 对日间可见光船舶图像和红外船舶图像，以及 154 幅夜间红外船舶图像。VAIS 船舶数据集中的船舶被粗粒度地分为六大类：货船、中型其他船、客船、帆船、小型船和拖船。也可以将其细粒度地分为 15 个小类，但本次实验仅使用粗粒度类来完成目标识别任务。图 14-3、图 14-4 分别展示了 VAIS 船舶数据集中不同类别下成对的可见光船舶图像和红外船舶图像，以及夜间红外船舶图像。

14.3.1.2　RGB-NIR 场景数据集

RGB-NIR 场景数据集中包含 477 对可见光图像和红外图像，共有 9 类场景，分别为乡村、田野、森林、室内、山脉、旧建筑、街道、城市和水域。图 14-5 展示了每类场景的可见光图像和红外图像，该数据集中的可见光图像与红外图像拥有相同的分辨率。在将图像输入预训练的 VGG16 和 ResNet50 网络之前，利用双边插值法将 RGB-NIR 数据集中的图像大小调整为 224×224 像素，并将红外图像的单通道复制 3 次得到伪 RGB 图像。按照相关文献中的划分方法，在每类中随机选择 11 幅图像作为测试集，将剩余图像作为训练集。

第 14 章　多源图像数据融合目标识别

该数据集中每类图像的划分情况如表 14-1 所示。

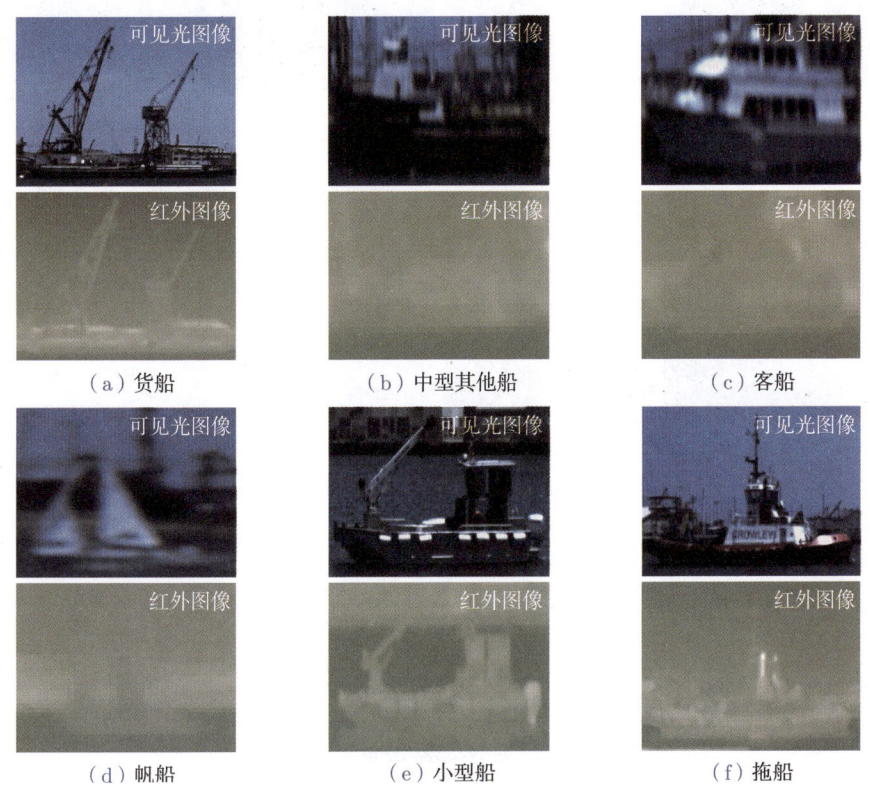

（a）货船　　　　　　　（b）中型其他船　　　　　　（c）客船

（d）帆船　　　　　　　（e）小型船　　　　　　　　（f）拖船

图 14-3　VAIS 船舶数据集中不同类别下成对的可见光船舶图像和红外船舶图像

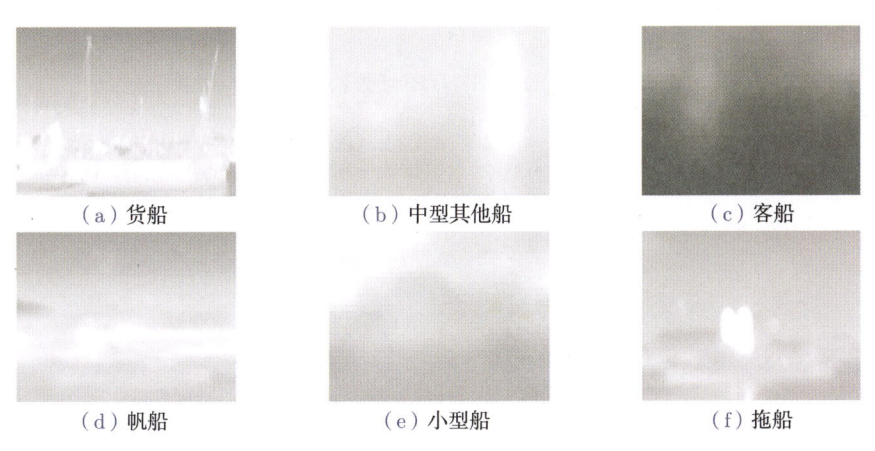

（a）货船　　　　　　　（b）中型其他船　　　　　　（c）客船

（d）帆船　　　　　　　（e）小型船　　　　　　　　（f）拖船

图 14-4　VAIS 船舶数据集中不同类别下的夜间红外船舶图像

(a) 乡村　　(b) 田野　　(c) 森林　　(d) 室内

(e) 山脉　　(f) 旧建筑　　(g) 街道　　(h) 城市

(i) 水域

图 14-5　RGB-NIR 场景数据集示例

表 14-1　RGB-NIR 场景数据集中每类图像的划分情况

序号	类别	训练集	测试集
0	乡村	41	11
1	田野	40	11
2	森林	42	11
3	室内	45	11
4	山脉	44	11
5	旧建筑	40	11
6	街道	39	11
7	城市	47	11
8	水域	40	11

14.3.2 相关分类方法

对于 VAIS 船舶数据集，本节选择了 6 种分类方法来验证本章所提方法的有效性：VGG16（AF）、ResNet50（AF）、CNN+Gnostic Fields、DyFusion、Multimodal CNN 和 Hybrid Fusion（F6C3）。其中，VGG16（AF）代表经 ImageNet 预训练并微调得到的 VGG16 网络对可见光图像和红外图像的分类结果的平均融合（Average Fusion，AF），即对可见光图像和红外图像的预测结果均赋予 0.5 的权重。同理，ResNet50（AF）表示经 ImageNet 预训练并微调得到的 ResNet50 网络对可见光图像和红外图像的分类结果的平均融合。在其他分类方法中，CNN+Gnostic Fields 是公布 VAIS 船舶数据集的文献提出的基线方法，其为决策级融合方法，该方法将 CNN 和 Gnostic 的概率输出进行加权平均融合（可见光结果的权重为 0.8，红外结果的权重为 0.2）。DyFusion 也为决策级融合方法，该方法利用上下文信息估计来自传感器的预测为正确的概率。Multimodal CNN 是一种基于 CaffeNet 的可见光流和红外流的特征级融合方法。Hybrid Fusion（F6C3）是一种基于 CNN 的混合特征级融合方法，混合特征级融合是指 CNN 中高层（全连接层）输出的特征和中层输出的特征之间的融合。

对于 RGB-NIR 场景数据集，本节选择了 8 种对比方法来验证本章所提方法的有效性：VGG16（AF）、ResNet50（AF）、MSIFT（PCA）、FV+SVM、conCENTRIST、mCENTRIST、Inceptionv3 和 ResNetv2。VGG16（AF）和 ResNet50（AF）是经 ImageNet 预训练并微调得到的网络对可见光图像和红外图像的分类结果的平均融合。MSIFT（PCA）是公布 RGB-NIR 场景数据集的文献提出的基线方法。MSIFT（PCA）是一种多光谱 SIFT 描述符，可以有效地利用 NIR 图像和 RGB 图像的时间差异获得更好的场景识别性能。FV+SVM 利用 Fisher 向量（Fisher Vector，FV）来表示图像，将颜色特征和 SIFT 特征进行晚期融合，并采用 SVM 进行最后的分类。conCENTRIST 和 mCENTRIST 是多通道特征生成机制，用于场景分类。Inceptionv3、ResNetv2 利用迁移学习和知识蒸馏能够有效地融合 NIR 图像与 RGB 图像。

14.3.3 实验细节

本节在实验中用成对的可见光船舶图像和红外船舶图像训练模型。依据相关文献中的数据集划分方法，将 539 对图像用于训练，其余 549 对图像用于测试模型。另外，利用 154 幅夜间红外图像和部分日间红外图像测试 DML

策略的有效性。VAIS 船舶数据集中每类图像的划分情况如表 14-2 所示，其中训练集和日间测试集均为成对的可见光图像和红外图像，夜间测试集仅包含红外图像。从表中可以看到，VAIS 数据集的样本数量较少，这为分类任务带来了挑战。由于红外图像的分辨率明显低于可见光图像的分辨率，因此对红外图像的分类更加困难。同时，夜间红外图像变得更加模糊，更加难以识别。

表 14-2　VAIS 船舶数据集中每类图像的划分情况

序号	类别	训练集/对	测试集	
			日间/对	夜间/幅
0	货船	83	63	34
1	中型其他船	62	76	14
2	客船	58	59	12
3	帆船	148	136	15
4	小型船	158	195	30
5	拖船	30	20	49

VAIS 船舶数据集中图像的分辨率分布在一个较大的区间范围内。可见光图像的像素值分布范围为 644 ~ 4478752 像素，平均值为 181319 像素，中值为 9983 像素。红外图像的像素值分布范围为 594 ~ 137240 像素，平均值为 8544 像素，中值为 1610 像素。由此可见，VAIS 船舶数据集中可见光图像的分辨率高于红外图像的分辨率。因为实验中所使用的预训练的 VGG16 网络和 ResNet50 网络均接受大小为 224×224 像素的 RGB 图像，所以本实验在将图像输入网络前，利用双边插值法将所有船舶图像的大小调整为 224×224 像素。又由于红外图像是单通道图像，所以将红外图像的单通道复制 3 次得到伪 RGB 图像。

本实验在远程服务器上进行，服务器的硬件环境包括 Intel(R) Xeon(R) Silver 4210R CPU@ 2.40GHz 的处理器和 NVIDIA GeForce GTX 3080Ti 的 GPU。实验使用 CUDA11.2 调用 GPU 从而达到加速训练的目的。所有实验均在 Python3.6 和开源的 Python 机器学习库 Pytorch 上进行。实验在两个数据集上均选用随机梯度下降法作为优化方法。模型的学习率设为 0.001，批大小设为 16，动量参数设为 0.92，权重衰减设为 0.01。对于 VAIS 船舶数据集和 RGB-NIR 场景数据集，模型的 epoch 分别设为 70 和 30。实验分别选择预训练的 VGG16 和 ResNet50 作为模型的主干，固定其他参数，将最后一个全连接层的神经元数改为类别数。VGG16 与 ResNet50 的网络结构如图 14-6 所示。

为了全面评估模型的性能，实验将利用准确率、召回率、精确率和 F_1 分数 4 种评价指标来度量模型。下面给出每种指标的定义，定义中的 TP、TN、FP 和 FN 分别表示测试样本中真正例数目、真反例数目、假正例数目及假反例数目。

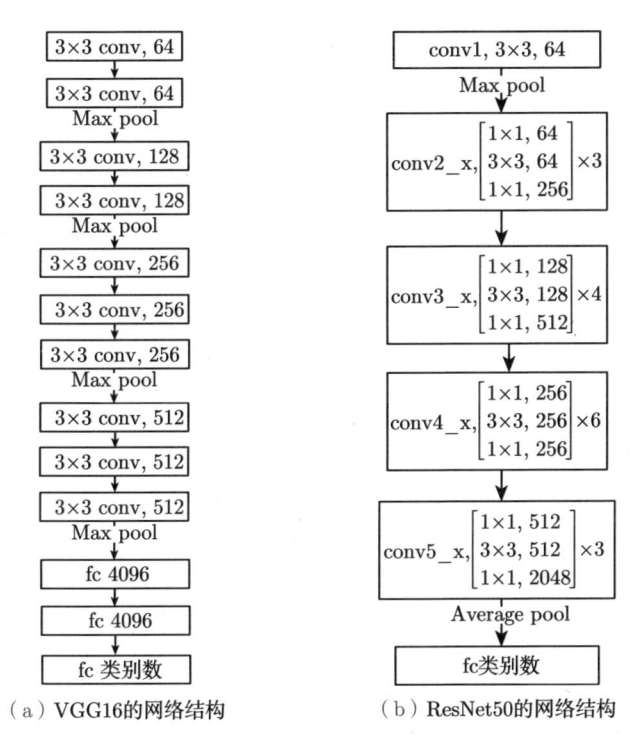

```
3×3 conv, 64
↓
3×3 conv, 64
Max pool
↓
3×3 conv, 128
↓
3×3 conv, 128
Max pool
↓
3×3 conv, 256
↓
3×3 conv, 256
↓
3×3 conv, 256
Max pool
↓
3×3 conv, 512
↓
3×3 conv, 512
↓
3×3 conv, 512
Max pool
↓
fc 4096
↓
fc 4096
↓
fc 类别数
```

（a）VGG16的网络结构

```
conv1, 3×3, 64
Max pool
↓
conv2_x, [1×1, 64; 3×3, 64; 1×1, 256] ×3
↓
conv3_x, [1×1, 128; 3×3, 128; 1×1, 512] ×4
↓
conv4_x, [1×1, 256; 3×3, 256; 1×1, 256] ×6
↓
conv5_x, [1×1, 512; 3×3, 512; 1×1, 2048] ×3
Average pool
↓
fc 类别数
```

（b）ResNet50的网络结构

图 14-6　VGG16 与 ResNet50 的网络结构

1. 准确率

准确率（Accuracy）的计算公式为

$$准确率 = \frac{TP + TN}{TP + TN + FP + FN} \tag{14-14}$$

2. 召回率

召回率（Recall）的计算公式为

$$召回率 = \frac{TP}{TP + FN} \tag{14-15}$$

3. 精确率

精确率（Precision）的计算公式为

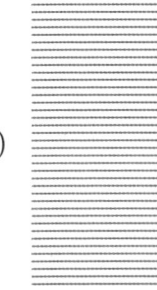

$$\text{精确率} = \frac{\text{TP}}{\text{TP} + \text{FP}} \tag{14-16}$$

4. F_1 分数

F_1 分数（F_1-Score）的计算公式为

$$F_1 \text{ 分数} = 2 \times \frac{\text{召回率} \times \text{精确率}}{\text{召回率} + \text{精确率}} \tag{14-17}$$

另外，本实验还使用混淆矩阵来展示模型对每类目标的分类情况。

14.3.4 消融实验

本节将验证 DML 策略的有效性。DML 使用同伴网络的后验概率作为互相监督的约束条件，可见光图像和红外图像的信息可通过彼此的预测概率传递。为了说明 DML 策略能够让可见光图像和红外图像在训练过程中为对方提供有用信息，利用 VAIS 船舶数据集中成对的可见光图像和红外图像训练网络，并利用测试集中的日间红外图像和夜间红外图像检验在模型训练中加入 DML 策略能否提高网络的识别性能。因为本节只讨论 DML 策略是否能够令不同信源在训练过程中为彼此提供互补信息，所以在本节实验的模型训练中不加入融合损失 L_F。值得注意的是，与日间红外图像相比，夜间红外图像更难分辨。因此，提高夜间红外图像的分类性能更具有挑战性。表 14-3 展示了不同分类方法对在日间、夜间和全天时间拍摄的红外图像的分类准确率，其中最优结果以加粗字体显示。

表 14-3 不同分类方法对红外图像的分类准确率对比/%

分类方法	日间	夜间	全天
CNN+Gnostic Fields	56.8	61.0	—
ELM-CNN	—	—	61.17
Multimodal CNN	63.47	—	—
Hybrid Fusion（F6C3）	69.0	64.9	68.6
VGG16	69.54	66.62	68.43
ResNet50	72.93	53.90	68.76
DML（VGG16）	70.27	**68.05**	69.79
DML（ResNet50）	**74.17**	56.10	**70.21**

在表 14-3 中，CNN+Gnostic Fields 为决策级融合方法，表中展示了该方法单独对红外图像分类的结果；ELM-CNN、Multimodal CNN 和 Hybrid Fusion（F6C3）均为特征级融合方法，表中同样展示了这些方法单独对红外图像分

类的结果；VGG16 和 ResNet50 均为经 ImageNet 预训练并微调得到的模型；DML（VGG16）和 DML（ResNet50）代表在预训练的 VGG16 和 ResNet50 基础上使用 DML 策略训练的模型。从表中可以看到，DML（VGG16）和 DML（ResNet50）的所有分类准确率相比 VGG16 与 ResNet50 都有所提升，其中 DML（VGG16）对夜间红外图像的分类准确率比 VGG16 提高了 1.43 个百分点，DML（ResNet50）对夜间红外图像的分类准确率比 ResNet50 提高了 2.20 个百分点。这说明 DML 策略在训练过程中起到了正面作用，可见光网络后验概率输出中包含的丰富信息较好地辅助了红外网络的训练。除此之外，DML 策略对夜间红外图像的识别准确率提高得最多，说明该策略可以提升网络的泛化性能，能找到一个鲁棒的极小值点。同时，DML（VGG16）和 DML（ResNet50）的表现都优于其他对比方法。实验结果表明 DML 策略能够让红外图像从可见光图像中学习到有用的信息，并提高自身模型的准确性。这说明同伴网络的后验概率输出确实可以提供更多关于目标的信息，从而证明了 DML 策略的有效性。

14.3.5 参数敏感性分析

本章所提方法涉及两个参数，即融合权重 α 和 β。为了分析权重初始值对实验结果的影响，这里选取不同的 α_0 和 β_0 进行多组实验。利用分类任务中几种常见的评价指标分析不同权重初始值对分类性能的影响。由于可见光图像的分辨率通常高于红外图像的分辨率，且包含更多细节信息，所以用可见光图像训练的网络往往比用红外图像训练的网络对目标的分类性能更好。因此，在本实验中考虑使 α 的取值不低于 β 的取值。这里为权重初始值 $[\alpha_0, \beta_0]$ 设置了 5 组数值，分别是 [0.5, 0.5]、[0.6, 0.4]、[0.7, 0.3]、[0.8, 0.2] 和 [0.9, 0.1]，并利用准确率、精确率、召回率和 F_1 分数对不同权重初始值下的分类性能进行评估。表 14-4～表 14-7 分别展示了本章所提方法以 VGG16 和 ResNet50 为主网络在不同融合权重初始值下对 VAIS 船舶数据集与 RGB-NIR 场景数据集的分类性能。

根据表 14-4～表 14-7 可知，在 VAIS 船舶数据集和 RGB-NIR 场景数据集中，当算法采用不同的权重初始值时，其分类性能差异并不大，这说明本章所提方法对权重初始值的设置不是特别敏感，融合模型具有较强的鲁棒性。由表 14-4 和表 14-5 可以看出，对于 VAIS 船舶数据集，当使用 VGG16 网络进行分类时，α_0 和 β_0 分别取 0.8 与 0.2 时模型分类性能较好；当使用 ResNet50 网络进行分类时，α_0 和 β_0 分别取 0.6 与 0.4 时模型分类性能较好。因此，建议当使用 VGG16 网络对 VAIS 船舶数据集进行分类时，将可见光网络和红外网络输出的分类结果的权重初始值分别设为 0.8 与 0.2；当使用 ResNet50 网络对 VAIS 船舶数据集进行分类时，将可见光网络和红外网络输出的分类结果的权重初始值分别设为 0.6 与 0.4。同时可以看到，基于 VGG16 网络的模型在各项评价指标上的表现均优于基于 ResNet50 网络的模型，说明 VGG16 网络比 ResNet50 网络更适用于 VAIS 船舶数据集。由表 14-6 和表 14-7 可以看出，对于 RGB-NIR 场景数据集，当使用 VGG16 网络进行分类时，α_0 和 β_0 均取 0.5 时模型分类性能较好；当使用 ResNet50 网络进行分类时，α_0 和 β_0 分别取 0.7 与 0.3 时模型分类性能较好。因此，建议当利用 VGG16 网络对 RGB-NIR 场景数据集进行分类时，将可见光网络和红外网络输出的分类结果的权重初始值均设为 0.5；当使用 ResNet50 网络对 RGB-NIR 场景数据集进行分类时，将可见光网络和红外网络输出的分类结果的权重初始值分别设为 0.7 与 0.3。从表中也可看到，基于 ResNet50 网络的模型在 RGB-NIR 数据集上表现更好。

表 14-4　基于 VGG16 网络在不同权重初始值下对 VAIS 船舶数据集的分类性能/%

$[\alpha_0, \beta_0]$	准确率	精确率	召回率	F_1 分数
[0.5, 0.5]	85.32±0.98	85.30±0.89	85.02±0.82	84.40±0.98
[0.6, 0.4]	89.22±0.55	89.54±0.78	89.22±0.55	88.87±0.63
[0.7, 0.3]	89.03±0.57	89.40±0.78	89.03±0.57	88.54±0.75
[0.8, 0.2]	90.31±1.27	90.20±1.12	89.76±1.22	89.54±1.27
[0.9, 0.1]	89.76±0.85	90.02±0.99	89.58±0.99	89.35±1.07

表 14-5　基于 ResNet50 网络在不同权重初始值下对 VAIS 船舶数据集的分类性能/%

$[\alpha_0, \beta_0]$	准确率	精确率	召回率	F_1 分数
[0.5, 0.5]	83.10±1.50	83.99±1.81	83.10±1.50	82.65±1.41
[0.6, 0.4]	87.03±1.16	87.58±1.61	87.03±1.16	86.58±1.35
[0.7, 0.3]	86.74±0.76	88.29±0.80	86.74±0.76	86.43±0.84
[0.8, 0.2]	86.52±0.73	87.45±1.07	86.52±0.73	86.06±0.81
[0.9, 0.1]	86.45±1.18	87.73±0.97	86.45±1.18	86.41±1.12

表 14-6　基于 VGG16 网络在不同权重初始值下对 RGB-NIR 场景数据集的分类性能/%

$[\alpha_0, \beta_0]$	准确率	精确率	召回率	F_1 分数
[0.5, 0.5]	90.30±1.53	90.42±1.81	90.15±1.72	90.09±1.73
[0.6, 0.4]	89.70±1.11	90.02±1.12	89.70±1.11	89.56±1.20
[0.7, 0.3]	88.89±2.47	89.27±2.40	88.89±2.47	88.81±2.47
[0.8, 0.2]	89.90±1.01	90.27±1.09	89.90±1.01	89.81±1.06
[0.9, 0.1]	90.10±0.85	90.31±0.75	90.10±0.85	89.97±0.91

表 14-7 基于 ResNet50 网络在不同权重初始值下对 RGB-NIR 场景数据集的分类性能/%

$[\alpha_0, \beta_0]$	准确率	精确率	召回率	F_1 分数
[0.5, 0.5]	90.10±0.45	90.59±0.50	90.10±0.45	89.95±0.50
[0.6, 0.4]	90.51±1.69	91.27±1.62	90.51±1.69	90.51±1.77
[0.7, 0.3]	91.11±1.66	91.73±1.68	91.11±1.66	91.10±1.71
[0.8, 0.2]	90.10±0.00	91.50±0.29	90.91±0.00	90.87±0.12
[0.9, 0.1]	88.89±0.71	89.59±0.72	88.89±0.71	88.85±0.76

图 14-7 和图 14-8 分别展示了 VAIS 船舶数据集与 RGB-NIR 场景数据集使用 VGG16 网络、ResNet50 网络分类时在不同权重初始值下 4 种评价指标之间的对比，从图中可看到 4 种评价指标的变化趋势大致相同。对于 VAIS 船舶数据集，$[\alpha_0, \beta_0]$ 取 [0.5,0.5] 时的分类效果明显低于其他权重初始值下的分

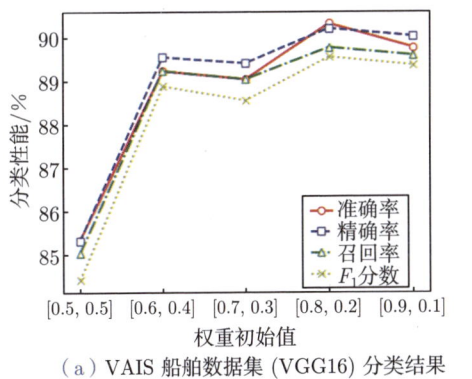

(a) VAIS 船舶数据集 (VGG16) 分类结果

(b) VAIS 船舶数据集 (ResNet50) 分类结果

图 14-7 VAIS 船舶数据集在不同权重初始值下 4 种评价指标之间的对比

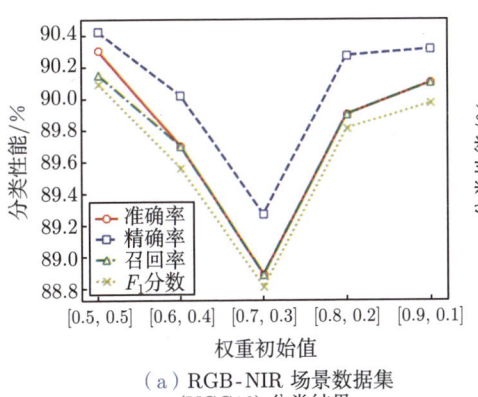

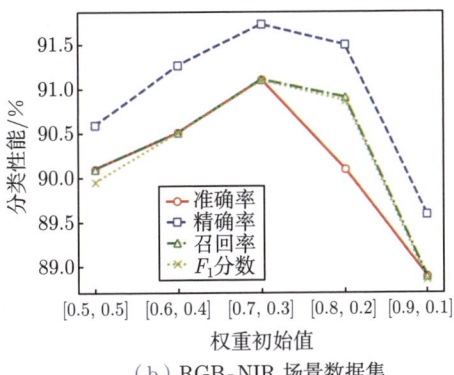

(a) RGB-NIR 场景数据集 (VGG16) 分类结果

(b) RGB-NIR 场景数据集 (ResNet50) 分类结果

图 14-8 RGB-NIR 场景数据集在不同权重初始值下 4 种评价指标之间的对比

类效果，这是因为 VAIS 船舶数据集中红外图像的质量远低于可见光图像的质量，为两者分配相同的权重不能有效地改善分类精度。对于 RGB-NIR 场景数据集，在不同权重初始值下，VGG16 网络和 ResNet50 网络的分类性能变化趋势有所不同，可能是因为网络结构差异对该数据集的分类结果造成了影响。

14.3.6 结果分析

表 14-8 为不同分类方法在 VAIS 船舶数据集上的分类结果，其中最优结果以加粗字体显示。从表中可以看到，仅用预训练微调的网络而不学习权重，难以得到理想的结果，VGG16（AF）、ResNet50（AF）的分类准确率甚至没有基线方法（CNN+Gnostic Fields）高。对于 VAIS 船舶数据集，本章所提方法采用 VGG16 网络进行分类能够取得比采用 ResNet50 网络进行分类更好的效果。同时，根据实验结果可知，与其他分类方法相比，本章所提方法获得了更高的识别准确率，更具优越性。当以 VGG16 为主网络时，本章所提方法的分类准确率比基线方法高出 2.91 个百分点，比 Hybrid Fusion（F6C3）方法高出 0.71 个百分点。图 14-9 为 VAIS 船舶数据集其中一次实验的归一化混淆矩阵。图中横纵坐标轴上的序号代表 VAIS 船舶数据集中的类别，序号与类别之间的对应关系见表 14-2。当模型采用 VGG16 网络进行分类时，难以区分货船（0）和中型其他船（1）两个类别、客船（2）和小型船（4）两个类别；当模型采用 ResNet50 网络进行分类时，难以区分客船（2）和拖船（5）两个类别、客船（2）和小型船（4）两个类别，并且 ResNet50 网络比 VGG16 网络有更多难以区分的类别。

表 14-8 不同分类方法在 VAIS 船舶数据集上的分类结果/%

分类方法	分类准确率
VGG16（AF）	84.15
ResNet50（AF）	85.35
CNN+Gnostic Fields	87.4
Multimodal CNN	86.87
DyFusion	88.2
Hybrid Fusion（F6C3）	89.6
DML（ResNet50）	87.03
DML（VGG16）	**90.31**

表 14-9 为不同分类方法在 RGB-NIR 场景数据集上的分类结果，其中最优结果以加粗字体显示。从表中可以看出，利用 VGG16（AF）、ResNet50（AF）、Inceptionv3、ResNetv2 及本章所提方法所获得的融合结果均优于 MSIFT（PCA）、

FV+SVM、conCENTRIST、mCENTRIST，这显示出深度神经网络自动提取的特征比描述符提取的特征表达能力更强。VGG16（AF）和 ResNet50（AF）的分类准确率没有本章所提方法的高，说明进行权重学习和优化是必要的。最后可以看到，本章所提方法的分类结果优于所有对比方法，这体现了本章所提方法的有效性。对于 RGB-NIR 场景数据集，本章所提方法采用 ResNet50 网络进行分类取得了比采用 VGG16 网络进行分类更好的分类结果。当以 ResNet50 为主网络时，本章所提方法的分类准确率比基线方法高出 18.01 个百分点，比 ResNetv2 高出 0.81 个百分点。图 14-10 为 RGB-NIR 场景数据集其中一次实验的归一化混淆矩阵。图中横纵坐标轴上的序号代表 RGB-NIR 场景数据集中的类别，序号与类别之间的对应关系见表 14-1。当模型利用 VGG16 网络进行分类时，比较难以区分田野（1）和山脉（4）两个类别、乡村（0）和街道（6）两个类别、乡村（0）和水域（8）两个类别；当模型利用 ResNet50 网络进行分类时，比较难以区分旧建筑（5）和城市（7）两个类别。

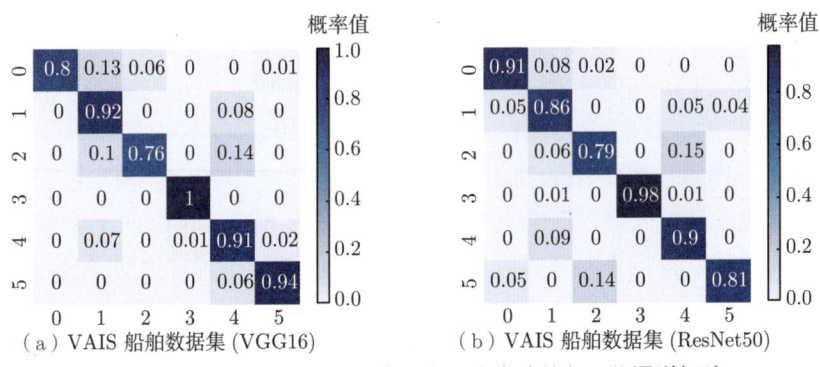

（a）VAIS 船舶数据集（VGG16）　　（b）VAIS 船舶数据集（ResNet50）

图 14-9　VAIS 船舶数据集其中一次实验的归一化混淆矩阵

表 14-9　不同分类方法在 RGB-NIR 场景数据集上的分类结果/%

分类方法	分类准确率
VGG16(AF)	88.28
ResNet50(AF)	89.69
MSIFT(PCA)	73.1
FV+SVM	87.9
conCENTRIST	81.7
mCENTRIST	84.5
Inceptionv3	90.2
ResNetv2	90.3
DML(VGG16)	90.3
DML(ResNet50)	**91.11**

(a) RGB-NIR 场景数据集 (VGG16)　　　(b) RGB-NIR 场景数据集 (ResNet50)

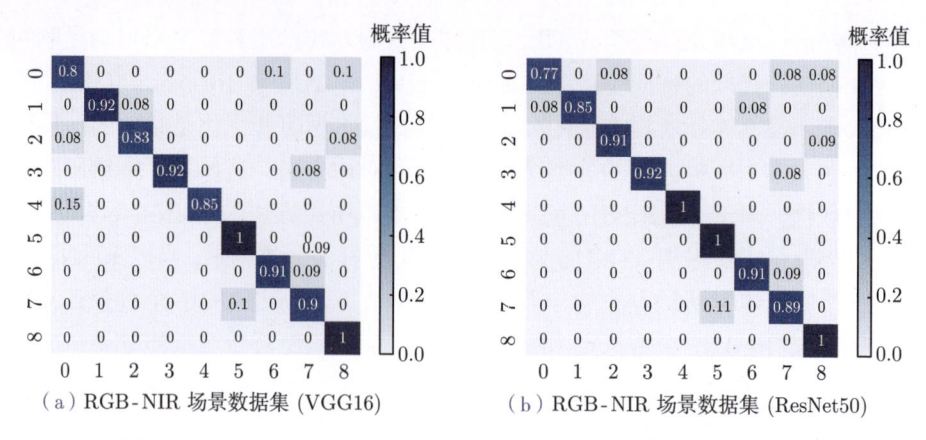

图 14-10　RGB-NIR 场景数据集其中一次实验的归一化混淆矩阵

14.4　本章小结

为了充分利用多源图像融合中异类数据的互补信息，本章提出了基于 DML 策略的可见光图像–红外图像数据融合目标识别方法。该方法首先利用 DML 策略，使可见光图像和红外图像在训练过程中不仅受到真实标签的监督，还受到另一网络后验概率的约束。在模型的优化学习中可见光网络与红外网络共同训练、互相监督，不仅使模型更加紧凑，还提高了网络的泛化性能。然后通过令加权融合结果与真实值之间距离最近的方法得到优化的融合权重。最后通过对两个网络的分类结果进行加权平均融合提高目标分类准确率。本章在 VAIS 船舶数据集和 RGB-NIR 场景数据集上进行了验证，结果表明利用 DML 策略可以使可见光图像和红外图像充分利用彼此的互补信息，从而提高融合分类精度。

第 15 章
异源舰船图像语义特征融合目标识别

15.1 引言

　　天基多平台协同探测是实现对海目标全天候、全天时探测与识别的重要手段，SAR 是实现全天时、全天候有效对海监测的"主力成员"，而光学遥感图像通常清晰度更高，更容易被人眼辨识和理解。在少量有标注和大量无标注光学遥感舰船图像、少量有标注 SAR 舰船图像的情况下，如何利用非配对异源舰船图像有效提取目标的语义层次化特征，并通过特征融合学习提升 SAR 舰船目标识别性能，是一个亟待解决的科学问题。对于非配对异源图像的融合问题，常规的基于图像时空配准的像素级图像融合与识别方法不再适用，现行的可处理非配对异源图像融合问题的方法为基于域自适应的特征级迁移融合方法。这类方法首先引入了一个共同子空间，并将异源图像分别映射到该子空间得到对应的两源特征，通过最小化两源特征之间的差距学习到域不变特征，然后采用有监督的方式，利用源域（光学）和目标域（SAR）中有标注样本的域不变特征及对应的标签来共同训练分类器，从而完成非配对异源舰船图像的融合（迁移）与识别。但在这些方法中，异源图像之间共享的域不变特征语义层次不明确，融合过程可解释性不强，同时这些方法不能有效利用辅助源中的无标注样本，导致融合后目标域识别性能提升效果不够显著。

　　针对非配对异源图像的融合问题，本章提出了基于对抗学习的异源舰船图像语义特征融合目标识别方法，利用少量有标注/标签 SAR 舰船图像和光学遥感舰船图像及大量无标注光学遥感舰船图像，提取舰船目标语义层次化特征，通过特征融合并将舰船特征与数据源特征解缠，获得完备的舰船特征，从而更好地描述舰船这一目标，提高舰船识别准确率。同时，舰船特征共享于两源图像中，是实现异源图像语义特征融合的桥梁。基于这些思想，本章构建了一种动态生成式模型，利用异源舰船图像来共同学习 3 个结构化语义子空间，完成舰船目标的语义结构化特征融合，实现舰船图像的跨源转换，提升 SAR 舰船目标识别性能。在 SAR 舰船识别基准数据集 FUSAR-Ship 上的大量实验结果表明，本章所提方法可以有效利用光学辅助源图像来提高 SAR 舰船目标识别准确率，且识别效果明显优于其他先进的 SAR 自动目标识别方法。

15.2 异源舰船图像语义特征融合目标识别方法介绍

本节将详细阐述基于对抗学习的异源舰船图像语义特征融合目标识别方法。图 15-1 为异源舰船图像语义特征融合目标识别方法的实现步骤。首先利用有标注/标签的舰船图像预训练舰船分类器，并通过知识蒸馏的方法指导舰船特征编码器 E_{ship} 和舰船分类器 C_{ship} 对无标注/标签辅助源图像中舰船特征的学习。然后采用对抗学习的方法交替训练主网络，完成舰船特征与数据源特征的解缠。接下来将详细介绍其中各个步骤。

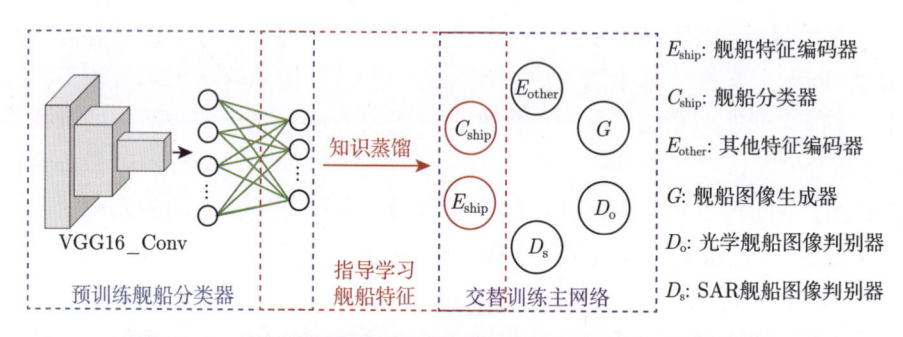

图 15-1　异源舰船图像语义特征融合目标识别方法的实现步骤

E_{ship}：舰船特征编码器
C_{ship}：舰船分类器
E_{other}：其他特征编码器
G：舰船图像生成器
D_o：光学舰船图像判别器
D_s：SAR舰船图像判别器

15.2.1　光学图像辅助 SAR 舰船目标

为挖掘并融合 SAR 舰船目标图像和光学遥感舰船目标图像中的异源互补信息，实现利用光学遥感图像作为辅助数据源提高 SAR 舰船目标识别与解译能力，首先需要明确用什么来辅助，或者融合什么。

当同时使用 SAR 和光学遥感相机对同一舰船目标进行成像时，尽管由于两种传感器的成像机理不同，两幅图像表现出一定的差异性，但两幅图像都包含同一目标，这就表明它们之间必定共享一些关于这艘舰船的特征。从更大的范围来看，对不同数据源关于舰船这类目标的 SAR 图像和光学遥感图像来说，它们也会共享一部分特征，将这些特征中有助于辨别不同类别舰船的特征称为舰船特征。由于最终的任务是舰船识别/分类，因此，认为舰船特征是实现光学遥感舰船图像辅助 SAR 舰船图像识别的桥梁，如图 15-2 所示。

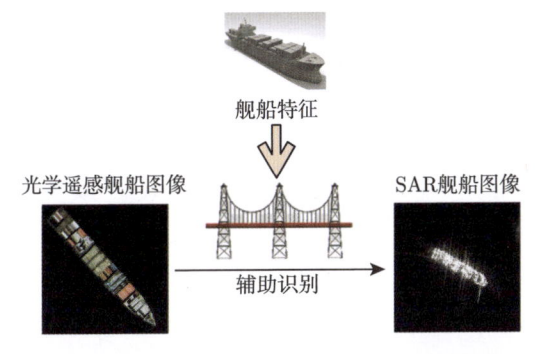

图 15-2　舰船特征是光学遥感舰船图像辅助 SAR 舰船图像识别的桥梁

舰船图像识别过程可分为两个阶段：特征提取阶段和分类阶段。在特征提取阶段，从舰船图像中提取出判别性强的舰船特征，即这些特征包含可用于区分不同类别舰船的信息。在分类阶段，则利用分类器对舰船特征进行分类，预测舰船的类别。我们认为舰船特征提取阶段所需的代价远大于分类阶段所需的代价，即对一个多层神经网络模型来说，处于低层的舰船特征提取网络中可训练参数的数量远多于处于高层的分类网络中可训练参数的数量。因此，当只用少量有标签的 SAR 舰船图像来训练整个网络时，过拟合主要体现在特征提取网络部分。可以利用大量光学遥感舰船图像来辅助完成舰船特征提取网络的学习任务，缓解过拟合问题，从而完成光学遥感舰船图像对 SAR 舰船图像的辅助识别。

15.2.2　预训练辅助舰船分类网络及知识蒸馏

用 x 表示从某一分布 $p(x)$ 上采样得到的舰船图像样本，且 $x \in \mathcal{X}$，$\mathcal{X}$ 为舰船图像的样本空间。其中，有标签的 SAR 舰船图像和光学遥感舰船图像分别用 x_s、x_{ol} 表示，它们对应的舰船类别标签分别用 y_s 和 y_{ol} 表示，且 $y_s \in \mathcal{Y}$，

$y_{ol} \in \mathcal{Y}$,$\mathcal{Y}$ 为舰船图像的类别空间,无标签的光学遥感舰船图像样本用 x_{ou} 表示,舰船图像的数据源类别用 k 表示。

基于域自适应的多源图像特征级迁移融合方法不能有效利用无标签的辅助源样本,即光学遥感舰船图像。为了有效利用这些光学图像,借鉴知识蒸馏的思想,首先使用有标签光学遥感舰船图像预训练一个辅助的舰船分类网络,然后用该网络指导主网络对无标签光学遥感舰船图像的学习。

图 15-3 展示了辅助舰船分类网络的网络结构,首先使用在 ImageNet 上预训练的权重初始化 VGG16 网络中的卷积部分,并在其后添加两层随机初始化的全连接网络。然后用训练集数据对网络进行微调。经交叉验证和提前停止确定网络参数后,便得到了训练好的辅助舰船分类网络。

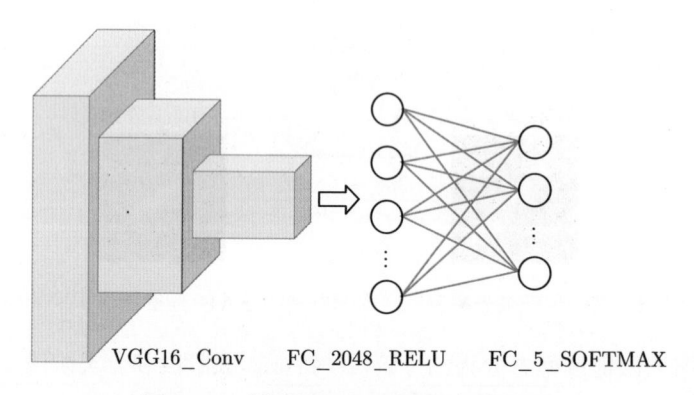

图 15-3 辅助舰船分类网络的网络结构

注:VGG16_Conv 表示 VGG16 网络中的卷积部分;FC_2048_RELU 表示输出神经元个数为 2048、激活函数为 ReLU 的全连接层;FC_5_SOFTMAX 表示输出神经元个数为 5、激活函数为 Softmax 的全连接层。

为实现辅助舰船分类网络指导主网络完成对无标签光学遥感舰船图像的学习,借鉴知识蒸馏的思想,通过辅助网络向主网络教授软标签来完成这一指导过程。具体地,利用训练好的辅助舰船分类网络对无标签光学遥感舰船图像 x_{ou} 进行分类,得到对应的舰船类别伪标签 $\tilde{y}_{ou}$。为了使主网络重点关注置信度高的样本,采用如下公式得到最终的软标签。

$$\tilde{y}_j' = \frac{\tilde{y}_j^2}{\sum\limits_{i=1}^{d} \tilde{y}_i^2} \tag{15-1}$$

式中,为了便于表示,将 $\tilde{y}_{ou}$ 简写为 $\tilde{y}$,$\tilde{y}_j$ 表示舰船分类器 C_{ship} 对标签的光学遥感舰船图像样本进行处理后该图像中的舰船属于第 j 类的概率值;$\tilde{y}_j'$ 为软标签。由式（15-1）可知，软标签 $\tilde{y}'_{ou}$ 是原伪标签 $\tilde{y}_{ou}$ 经升幂后再归一化得到的。得到无标签光学遥感舰船图像对应的软标签后，便可将其用于后续主网络的训练。

15.2.3 主网络设计

如第 15.2.1 节所述，把有助于区分不同类别舰船的特征称为舰船特征。此外，将两源图像所表现出来的成像风格方面的差异性信息称为数据源特征，而将剩余的信息称为其他特征，这 3 种特征构成了整个特征空间，即所有的两源舰船图像都可以由其对应的这 3 种特征表达。因此，模型可描述为

$$p(\boldsymbol{x}, \boldsymbol{z}_{\text{ship}}, \boldsymbol{z}_{\text{other}}, k) = p(\boldsymbol{x}|\boldsymbol{z}_{\text{ship}}, \boldsymbol{z}_{\text{other}}, k)p(\boldsymbol{z}_{\text{ship}})p(\boldsymbol{z}_{\text{other}})p(k) \quad (15\text{-}2)$$

式中，$\boldsymbol{z}_{\text{ship}}$、$\boldsymbol{z}_{\text{other}}$ 分别为表示舰船特征和其他特征的隐变量；k 为代表图像数据源类别的隐变量，不同的数据源类别代表了不同的数据源特征。为了更好地分离 3 种特征，将模型构建为

$$p(\boldsymbol{x}|\boldsymbol{z}_{\text{ship}}, \boldsymbol{z}_{\text{other}}, k) = p(\boldsymbol{x}|\boldsymbol{z}_{\text{ship}}; \theta(\boldsymbol{z}_{\text{other}}, k)) \quad (15\text{-}3)$$

式中，θ 为模型参数；$\theta(\boldsymbol{z}_{\text{other}}, k)$ 表示 $\theta = f(\boldsymbol{z}_{\text{other}}, k)$，即 θ 是由以 $\boldsymbol{z}_{\text{other}}$ 和 k 为自变量的函数 f 生成的。在这里，可以把 $p(\boldsymbol{x}|\boldsymbol{z}_{\text{ship}}; \theta)$ 看作舰船目标的成像模型，其他特征 $\boldsymbol{z}_{\text{other}}$ 和数据源类别 k 控制着这个成像模型的参数 θ。对同一舰船目标（$\boldsymbol{z}_{\text{ship}}$）来说，通过指定不同的数据源类别，模型会对这一舰船目标采用不同的修饰方法，生成与其对应的 SAR 舰船图像或光学遥感舰船图像。

为实现上述过程，构建主网络，并将其命名为 ShipNet，图 15-4 展示了 ShipNet 的整体架构。图中，E_{ship} 为舰船特征编码器；E_{other} 为其他特征编码器；G 为舰船图像生成器，其由卷积层组成，且卷积层的卷积核由卷积核生成器 G_{kernel} 生成；G_{kernel} 的输入为其他特征 $\boldsymbol{z}_{\text{other}}$ 和数据源类别 k 或 $1-k$，通过指定不同的数据源类别 k 或 $1-k$，可以生成不同的卷积核，从而得到不同的 G，通过对舰船特征 $\boldsymbol{z}_{\text{ship}}$ 进行不同的修饰，可得到原输入舰船图像 $\boldsymbol{x}$ 的重构图像 $\boldsymbol{x}'$ 或其对应的跨源转换后的舰船图像 $\boldsymbol{x}''$；C_{ship} 为舰船分类器，用于从 $\boldsymbol{z}_{\text{ship}}$ 中预测舰船类别 y；D_{s} 为 SAR 舰船图像判别器，用于辨别真实的 SAR 舰船图像和生成的假 SAR 舰船图像；D_{o} 为光学遥感舰船图像判别器。接下来将详细介绍 ShipNet 中各个子模块的功能。

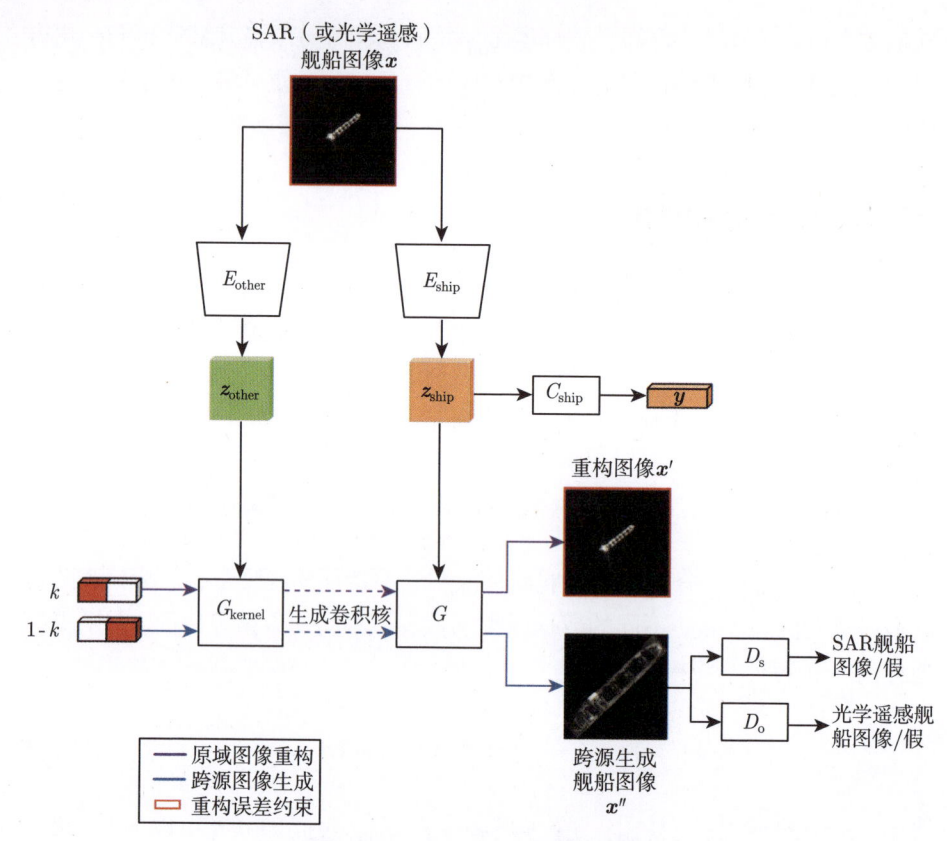

图 15-4 ShipNet 的整体架构

15.2.3.1 舰船特征的学习

为了得到舰船特征，设计了舰船特征编码器 E_{ship}，其输入为 SAR 舰船图像或光学遥感舰船图像 x，输出为舰船特征 z_{ship}。如前所述，舰船特征被定义为可用于区分不同类别舰船的特征，因此为了使 z_{ship} 具有相应的语义，利用舰船分类器 C_{ship} 对其进行分类，预测出其对应的舰船类别标签 $\hat{y} = C_{\text{ship}}(z_{\text{ship}})$，并最小化 $\hat{y}$ 与真实舰船类别标签 y 之间的差异，即通过最小化如下误差函数完成对 z_{ship} 的学习。

$$\begin{aligned}\mathcal{L}_{\text{ship}} &= \mathbb{E}_{(\boldsymbol{x},\boldsymbol{y})\in(\mathcal{X},\mathcal{Y})} \text{CE}_{\text{balanced}}[C_{\text{ship}}(E_{\text{ship}}(\boldsymbol{x})),\boldsymbol{y}] \\ &= \mathbb{E}_{(\boldsymbol{x},\boldsymbol{y})\in(\mathcal{X},\mathcal{Y})} \text{CE}_{\text{balanced}}[C_{\text{ship}}(\boldsymbol{z}_{\text{ship}}),\boldsymbol{y}]\end{aligned} \tag{15-4}$$

式中，$\text{CE}_{\text{balanced}}$ 为平衡交叉熵损失。值得注意的是，式（15-4）中的 $\mathcal{X}$ 包含无标签光学遥感舰船图像，其对应的类别标签 $\boldsymbol{y}$ 由式（15-1）计算得到。

考虑到各类别的 SAR 舰船图像数量非常不平衡，如果直接采用普通的交叉熵损失，模型会趋向于将所有的样本分类到所含样本数量较多的几个类别中，从而忽略样本数量较少的类别。为了防止这一现象，在这里采用平衡交叉熵损失 $\text{CE}_{\text{balanced}}$，其计算公式为

$$\text{CE}_{\text{balanced}} = -\sum_{i=1}^{d} a_i y_i \log(\hat{y}_i) \tag{15-5}$$

式中，d 为 SAR 舰船图像或光学遥感舰船图像的舰船类别总数；$y_i(i=1,2,\cdots,d)$ 为该图像属于第 i 类舰船的真实概率；$\hat{y}_i(i=1,2,\cdots,d)$ 为网络输出的该图像属于第 i 类舰船的预测概率；$a_i(i=1,2,\cdots,d)$ 为第 i 类样本的权重。平衡交叉熵损失通过减小样本数量较多的舰船类别对应的权重使模型更加关注样本数量较少的类别，在本章所提方法中，将 a_i 设为第 i 类 SAR 舰船或光学遥感舰船图像样本频数的倒数。在实际训练过程中，由于每次迭代只利用一小批次数据，因此该频数为这一小批次数据中第 i 类舰船图像的数量。

此外，为了避免 z_{ship} 的取值过大，同时为了促使其各维度之间线性独立，施加如下约束。

$$\text{KL}_{\text{ship}} = \text{KL}(z_{\text{ship}} \parallel \mathcal{N}(\mathbf{0}, \mathbf{I})) \tag{15-6}$$

15.2.3.2 其他特征的学习

与舰船特征类似，还设计了其他特征编码器 E_{other} 来从舰船图像中提取出其他特征 z_{other}。为了使 z_{other} 与 z_{ship} 解缠，也就是说，为了使 z_{other} 中不包含可用于区分不同类别舰船的特征，也利用上述舰船分类器 C_{ship} 对 z_{other} 进行分类。与舰船特征学习不同的是，此处应该最大化 $C_{\text{ship}}(z_{\text{other}})$ 与 y 之间的距离。当 z_{other} 中不再包含舰船特征时，C_{ship} 将不能从中预测出舰船类别，也就是说，$C_{\text{ship}}(z_{\text{other}})$ 中各类别的概率不相上下。因此，目标可转化为最小化 $C_{\text{ship}}(z_{\text{other}})$ 与 $\bar{y} = \left(\frac{1}{d}, \frac{1}{d}, \cdots, \frac{1}{d}\right)$ 之间的差异，其中 d 为舰船类别数。因此，可以通过最小化如下误差函数来完成对 z_{other} 的学习。

$$\begin{aligned}\mathcal{L}_{\text{other}} &= \mathbb{E}_{\boldsymbol{x} \in \mathcal{X}} \text{CE}[C_{\text{ship}}(E_{\text{other}}(\boldsymbol{x})), \bar{\boldsymbol{y}}] \\ &= \mathbb{E}_{\boldsymbol{x} \in \mathcal{X}} \text{CE}[C_{\text{ship}}(z_{\text{other}}), \bar{\boldsymbol{y}}]\end{aligned} \tag{15-7}$$

式中，CE 为交叉熵损失，其计算公式为

$$\text{CE} = -\sum_{i=1}^{d} y_i \log(\hat{y}_i) \tag{15-8}$$

式 (15-8) 中各符号的含义与式 (15-5) 中的相同。

此外，与 z_{ship} 类似，为了避免 z_{other} 的取值过大，同时为了促使其各维度之间线性独立，施加如下约束。

$$\text{KL}_{\text{other}} = \text{KL}(z_{\text{other}} \parallel \mathcal{N}(\bm{0}, \bm{I})) \tag{15-9}$$

15.2.3.3 舰船特征的跨源解缠

为使舰船特征同数据源特征解缠，即学习到共享于两源图像之间的舰船特征，设计了舰船图像生成器 G。G 中的参数是根据 k 和 z_{other} 的取值动态生成的。在本实验中，G 由卷积层搭建而成，故其中的卷积核是由 G_{kernel} 动态生成的。

首先详细介绍一下舰船图像生成器 G 中卷积核的生成过程，如图 15-5 所示，当卷积层的输入大小为 $W_{\text{in}} \times H_{\text{in}} \times C_{\text{in}}$、输出特征图的大小为 $W_{\text{out}} \times H_{\text{out}} \times C_{\text{out}}$ 时，其卷积核大小为 $W_k \times H_k \times C_{\text{in}} \times C_{\text{out}}$，其中 W、H、C 分别表示特征图或卷积核的宽度、高度和通道数。因此，G_{kernel} 将输出多个大小为 $W_k^{(n)} \times H_k^{(n)} \times C_{\text{in}}^{(n)} \times C_{\text{out}}^{(n)}$ 的特征图并用作舰船图像生成器 G 中第 n 层卷积的卷积核。

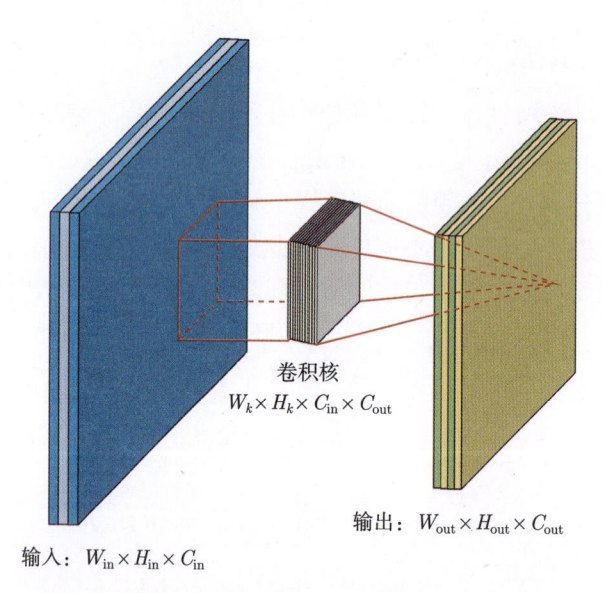

卷积核
$W_k \times H_k \times C_{\text{in}} \times C_{\text{out}}$

输入：$W_{\text{in}} \times H_{\text{in}} \times C_{\text{in}}$

输出：$W_{\text{out}} \times H_{\text{out}} \times C_{\text{out}}$

图 15-5 舰船图像生成器 G 中卷积核的生成过程

对于相同的舰船特征 z_{ship}，通过指定不同的数据源类别 k 及 $1-k$，可以生成不同的卷积核 $G_{\text{kernel}}(z_{\text{other}}, k)$ 及 $G_{\text{kernel}}(z_{\text{other}}, 1-k)$。舰船图像生成器

G 通过采用不同的卷积核，可以生成输入舰船图像 x 的重构图像

$$x' = G(z_{\text{ship}}; G_{\text{kernel}}(z_{\text{other}}, k)) \tag{15-10}$$

及对应的经过跨源转换后生成的舰船图像

$$x'' = G(z_{\text{ship}}; G_{\text{kernel}}(z_{\text{other}}, 1-k)) \tag{15-11}$$

通过最小化 x 与 x' 之间的平均绝对误差生成重构图像，即

$$\mathcal{L}_{\text{r}} = \|x - x'\|_1 \tag{15-12}$$

为使舰船图像生成器 G 能够跨源生成逼真的舰船图像，设计了 SAR 舰船图像判别器 D_{s} 和光学遥感舰船图像判别器 D_{o}，使其可以辨别出给定的舰船图像是光学遥感图像、SAR 舰船图像还是跨源生成的假图像。采用对抗的方法来训练生成器和判别器，且判别器和生成器的损失分别为

$$\mathcal{L}_D = \mathbb{E}_{x_{\text{o}} \in \mathcal{X}_{\text{o}}}[D_{\text{s}}(x''_{\text{o}}) - D_{\text{o}}(x_{\text{o}})] + \mathbb{E}_{x_{\text{s}} \in \mathcal{X}_{\text{s}}}[D_{\text{o}}(x''_{\text{s}}) - D_{\text{s}}(x_{\text{s}})] \tag{15-13}$$

$$\mathcal{L}_G = -\mathbb{E}_{x_{\text{o}} \in \mathcal{X}_{\text{o}}} D_{\text{s}}(x''_{\text{o}}) - \mathbb{E}_{x_{\text{s}} \in \mathcal{X}_{\text{s}}} D_{\text{o}}(x''_{\text{s}}) \tag{15-14}$$

式中，x''_{o} 表示由光学遥感舰船图像经跨源转换后生成的 SAR 舰船图像；x''_{s} 表示由 SAR 舰船图像经跨源转换后生成的光学遥感舰船图像。

由于 SAR 舰船图像和光学遥感舰船图像是非配对的，也就是说，不存在关于同一舰船目标甚至同一场景下的两源图像，所以并没有跨源转换后的舰船图像 x'' 的真值。为了使舰船图像跨源转化后图像 x'' 中的目标不变，借鉴 CycleGAN 的思想，通过施加以下约束促使 x'' 中的舰船类别不变。

$$\begin{aligned}\mathcal{L}''_{\text{ship}} &= \mathbb{E}_{(x,y)\in(\mathcal{X},\mathcal{Y})}\text{CE}_{\text{balanced}}[C_{\text{ship}}(E_{\text{ship}}(x'')), y] \\ &= \mathbb{E}_{(x,y)\in(\mathcal{X},\mathcal{Y})}\text{CE}_{\text{balanced}}[C_{\text{ship}}(z''_{\text{ship}}), y]\end{aligned} \tag{15-15}$$

15.2.3.4 损失函数

ShipNet 网络整体的损失函数为

$$\mathcal{L} = \mathcal{L}_{\text{r}} + \alpha(\text{KL}_{\text{ship}} + \text{KL}_{\text{other}}) + \beta\mathcal{L}_{\text{other}} + \gamma\mathcal{L}_G + \theta(\mathcal{L}_{\text{ship}} + \mathcal{L}''_{\text{ship}}) + \mathcal{L}_D \tag{15-16}$$

式中，α、β、γ 和 θ 为 4 个权重系数。

15.2.4 网络搭建及优化

15.2.4.1 舰船特征编码器的搭建

图 15-6 展示了舰船特征编码器 E_{ship} 的网络结构。在网络中，输入舰船图像的大小为 $128\times128\times1$ 像素，经过 7 层卷积计算后，得到大小为 $16\times16\times8\times2$ 的 z_{ship} 的参数 $(\mu_{z_{\text{ship}}}, \log\sigma_{z_{\text{ship}}})$，其中前 $16\times16\times8$ 个元素为 z_{ship} 的均值 $\mu_{z_{\text{ship}}}$，后 $16\times16\times8$ 个元素为标准差的自然对数 $\log\sigma_{z_{\text{ship}}}$。这里之所以对标准差进行取对数操作，是为了便于网络的计算，因为相比输出值域为 $(0,+\infty)$ 的特征值，神经网络更便于输出值域为 $(-\infty,+\infty)$ 的特征值。在图 15-6 中，用"(Conv_K3_S1_C64_RELU)×2"表示连续两层卷积核大小为 3×3、步长为 1、输出通道数为 64 且激活函数为 ReLU 的卷积层，而用"Maxp_P2_S2"表示 2×2 的最大值池化层。需要注意的是，最后一层卷积层并没有使用非线性激活函数。

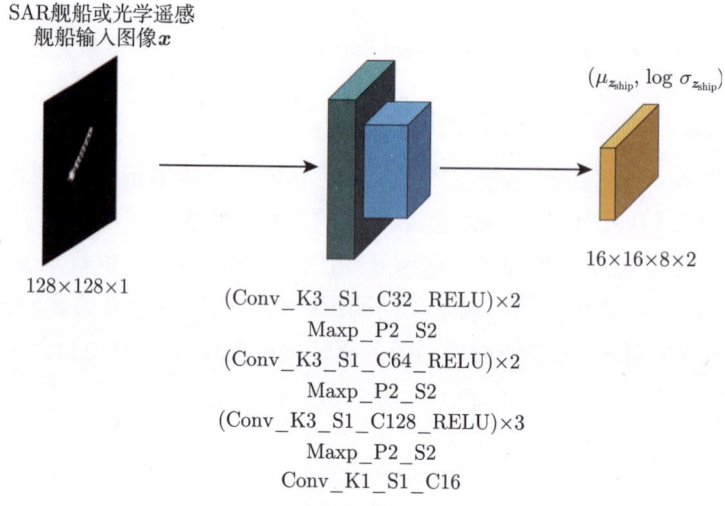

图 15-6 舰船特征编码器 E_{ship} 的网络结构

15.2.4.2 其他特征编码器的搭建

图 15-7 展示了其他特征编码器 E_{other} 的网络结构。与图 15-6 中的舰船特征编码器 E_{ship} 类似，大小为 $128\times128\times1$ 像素的舰船图像经过 7 层卷积计算后，得到大小为 $16\times16\times8\times2$ 的 z_{other} 的参数 $(\mu_{z_{\text{other}}}, \log\sigma_{z_{\text{other}}})$，然后从 $\mathcal{N}(\mu_{z_{\text{other}}}, \text{diag}(\sigma^2_{z_{\text{other}}}))$ 上采样便可以得到 z_{other}。其中，$\text{diag}(v)$ 表示以向量 v 为对角元素的对角矩阵。

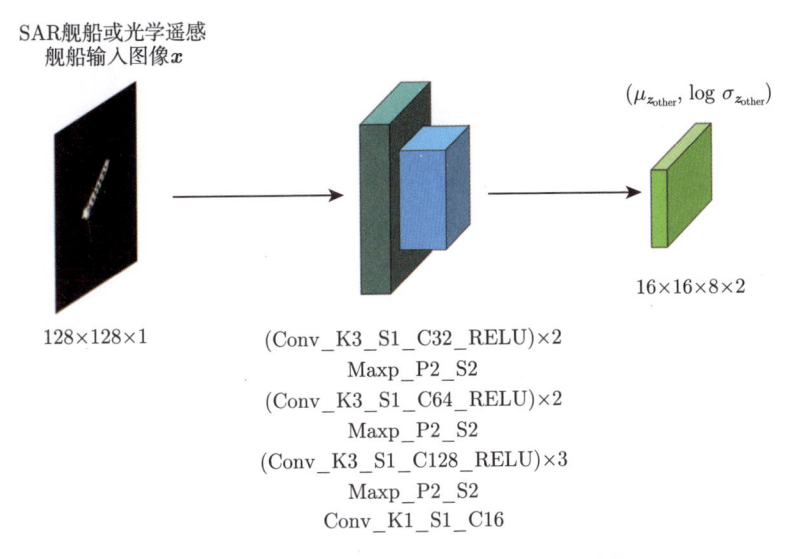

图 15-7 其他特征编码器 E_{other} 的网络结构

15.2.4.3 舰船图像生成器 G 和卷积核生成器 G_{kernel} 的搭建

图 15-8 展示了舰船图像生成器 G 的网络结构，其中"ConvT"表示反卷积层或转置卷积层，"INSTANCE_NORM"表示实例归一化层。舰船图像生成器 G 中除最后一层卷积层外，其他层的卷积核均由卷积核生成器 G_{kernel} 生成。z_{ship} 经舰船图像生成器 G 解码后将重构原域的舰船图像 x' 或生成跨源转换后的舰船图像 x''。

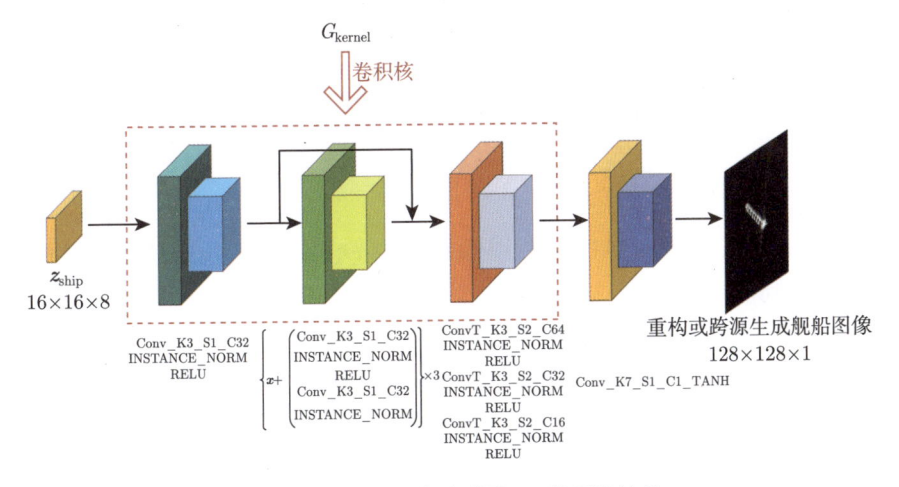

图 15-8 舰船图像生成器 G 的网络结构

图 15-9 展示了卷积核生成器 G_{kernel} 的网络结构。数据源类别标签 k 经复制后与 z_{other} 拼接在一起,然后经 2 层共享的卷积和 10 路并行的单层卷积处理,输出 10 个卷积核,分别与图 15-8 中的前 10 层卷积一一对应。

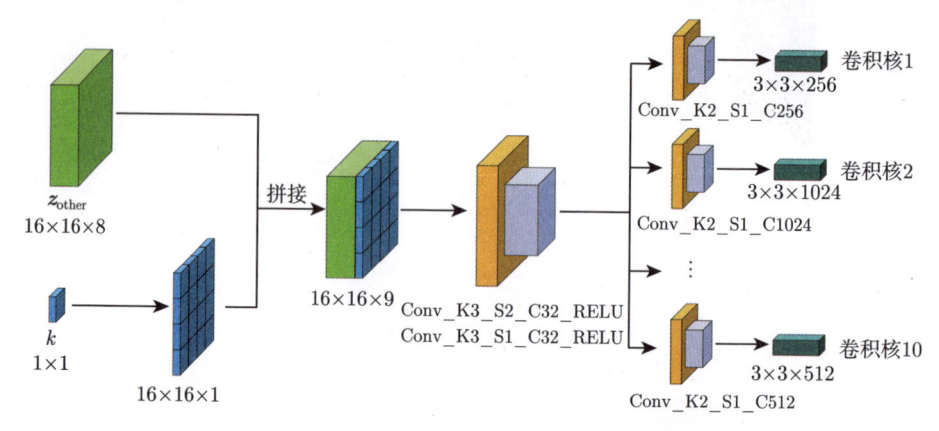

图 15-9 卷积核生成器 G_{kernel} 的网络结构

15.2.4.4 舰船分类器 C_{ship} 及判别器 D_{o} 和 D_{s} 的搭建

图 15-10 展示了舰船分类器 C_{ship} 的网络结构,其只包含一层线性全连接层。

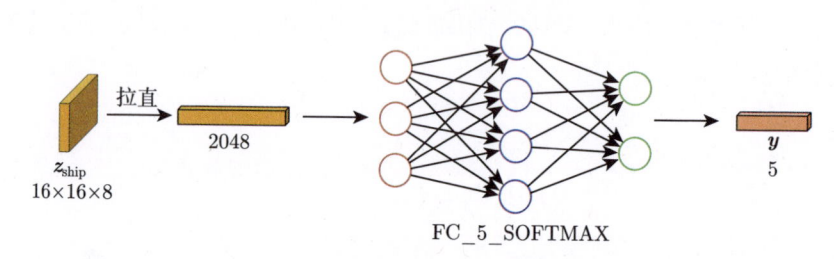

图 15-10 舰船分类器 C_{ship} 的网络结构

如图 15-11 所示,SAR 舰船图像判别器 D_{s} 和光学遥感舰船图像判别器 D_{o} 具有相同的网络结构。$D_{\text{s}}/D_{\text{o}}$ 的输入为真实的 SAR/光学遥感舰船图像 x 或跨源生成的假 SAR/光学遥感舰船图像 x'',输出为判别结果,即输入图像是真实的 SAR/光学遥感舰船图像或跨源生成的假 SAR/光学遥感舰船图像。图中的"LRELU"表示 Leaky ReLU 非线性激活函数;"INSTANCE_NORM"表示实例归一化层。

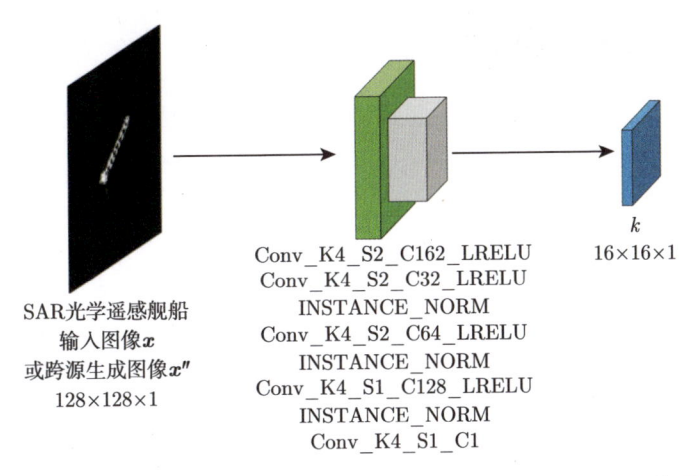

图 15-11　SAR 舰船图像判别器 D_s 和光学遥感舰船图像判别器 D_o 的网络结构

15.2.4.5　网络优化

网络搭建完成后需要利用训练集数据对其进行优化，以确定网络中参数的取值。为了最小化损失函数式 (15-16)，采用 Adam 优化器，并将其初始学习率设置为 10^{-4}，其余参数采用默认值。根据 GPU 的性能，将批处理大小设定为 32。

15.3　实验结果与分析

本节将进行广泛的实验来评估本章所提 ShipNet 的有效性和高效性。首先介绍用于实验的 SAR 舰船图像数据集和光学遥感舰船图像数据集。然后评估 ShipNet 在不同的超参数值下的表现。接着通过一些精心设计的消融实验评估模型中所采用的一些策略的有效性。最后在 SAR 舰船图像数据集上对 ShipNet 进行分类测试，并与其他先进的分类方法进行比较，以证明 ShipNet 在舰船分类上的优越性。

使用 TensorFlow2 深度学习框架进行网络的搭建，所有的实验都使用英伟达 GTX 1080Ti GPU 进行运算（也可以使用 RTX 2070 SUPER 或 RTX 3070 进行运算）。为消除实验结果的随机性，将所有实验均重复 5 次并取平均值作为最终结果。

15.3.1 基础数据集

本节将详细介绍实验中使用的两种数据源图像数据：SAR 舰船图像数据和光学遥感舰船图像数据。前者来自 FUSAR-Ship 数据集，后者来自 DOTA、HRSC2016 和 FGSCR-42 数据集。

15.3.1.1 SAR 舰船图像数据及数据集

本实验中使用的数据集为 FUSAR-Ship，接下来将对该数据集进行详细介绍，并说明必要的预处理工作。

由复旦大学发布的 FUSAR-Ship 数据集是一个专门用于 SAR 舰船识别的数据集。为了得到该数据集，徐丰等收集了 126 幅覆盖长江中下游、黄河和东海等区域的 GF-3 SAR 场景图，其方位向分辨率为 1.124m，斜视距离向分辨率为 1.700～1.754m。经过与 AIS 信息匹配等处理，共得到 5000 多幅大小为 512×512 像素的高分辨率 SAR 舰船切片图像，涵盖货轮、渔船、邮轮等 15 种主类别及散货船、杂货船、集装箱船等 98 种子类别的舰船。除舰船目标外，该数据集中还包含一些强散射体、桥梁、海岸、岛屿、海洋和陆地杂波等目标图像。用于获取这些图像的 GF-3 卫星是我国第一颗民用的全极化 C 波段 SAR 卫星，重返周期为 29 天，支持多种成像方式，且具有很宽阔的成像视野。图 15-12 展示了一幅 GF-3 卫星拍摄的场景图像及对应的航拍图。表 15-1 列出了 FUSAR-Ship 数据集的基本信息。

（a）GF-3 卫星拍摄的场景图　　（b）对应的航拍图

图 15-12　GF-3 卫星拍摄的场景图及对应的航拍图

在本实验中，为了与光学遥感图像类别相对应，从 FUSAR-Ship 数据集中选取了 5 种类别的舰船用于分类：散货船、集装箱船、其他货船、其他船和邮轮，图 15-13 展示了这 5 类舰船的图像示例。从这些舰船图像中随机挑选

70%的样本用于训练,剩余的 30%样本用于测试,表 15-2 列出了这 5 类舰船的详细信息。

表 15-1 FUSAR-Ship 数据集基本信息

序号	类别	样本数/个
1	货船	2114
2	潜水船	3
3	挖泥船	61
4	渔船	789
5	高速船	15
6	执法船	35
7	其他船	1644
8	客轮	64
9	港口供应船	6
10	专用船	37
11	搜救船	5
12	邮轮	248
13	拖船	64
14	待定	142
15	地效翼船	16
总计		5243

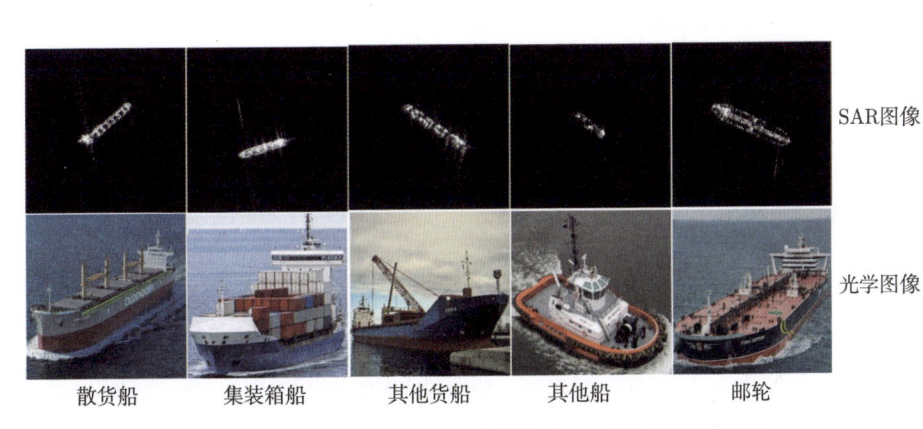

图 15-13 FUSAR-Ship 数据集中 5 类舰船图像示例

FUSAR-Ship 数据集中的 SAR 舰船图像大小均为 512×512 像素,由于所用 GPU 卡内存有限,在本实验中采用大小为 128×128 像素的 SAR 舰船图像。注意到原始图像中不同类别舰船的像素大小是不一致的,为了在 128×128 像素的图像中尽可能保留原始图像中舰船的像素信息,采用如表 15-3 所示的方法对原始 SAR 舰船图像进行处理。对于图像中舰船像素较大的类别,即散货船、集装箱船、其他货船和邮轮,直接利用双线性插值方法,将原始大小为 512×512 像素的图像调整成 128×128 像素的图像;对于像素较小的其他船,首先从原始图像中裁剪出 256×256 像素的图像,然后将裁剪出来的图像大小调整为 128×128 像素。

表 15-2 FUSAR-Ship 数据集中用于本实验的 5 类舰船信息

序号	类别	样本数/个		
		训练集	测试集	总计
1	散货船	192	81	273
2	集装箱船	46	19	65
3	其他货船	1215	520	1735
4	其他船	1151	493	1644
5	邮轮	174	74	248
	总计	2778	1187	3965

表 15-3 用于本实验的 5 类大小为 128×128 像素的 SAR 舰船图像生成方法

序号	类别	生成方法
1	散货船	直接调整为 128×128 像素
2	集装箱船	
3	其他货船	
5	邮轮	
4	其他船	裁剪至 256×256 像素后调整为 128×128 像素

15.3.1.2 光学遥感舰船图像数据及数据集

本实验共使用了 3 个光学遥感图像数据集:DOTA、HRSC2016、FGSCR-42。接下来将详细介绍这些数据集及一些预处理工作。

由武汉大学发布的 DOTA 是一个大型的航拍图像目标检测数据集,其中包含 2806 张通过不同传感器和平台获取的航拍图像,每幅图像的大小为 4000×4000 像素左右,涵盖舰船、飞机等由航拍图像解译专家标注的 15 类姿态各异的目标。为了得到其中的舰船目标图像,根据提供的标注信息从训练集原始图像中裁剪出所有的舰船切片图像。为了保留一部分背景信息,利用标准不倾斜的矩形包络选框进行裁剪,共得到 28067 幅舰船切片图像。然后对其进行筛选,删除包含两艘及以上舰船的图像后,得到 12770 幅舰船切片图像。再通过在图像较长边长的两侧填充值为 0 的像素得到正方形图像。之后利用双线性插值方法将这些图像的大小调整为 128×128 像素,经过灰度化处理,最终得到 12770 幅单通道光学遥感舰船图像。整个处理过程如图 15-14 所示。

第 15 章 异源舰船图像语义特征融合目标识别

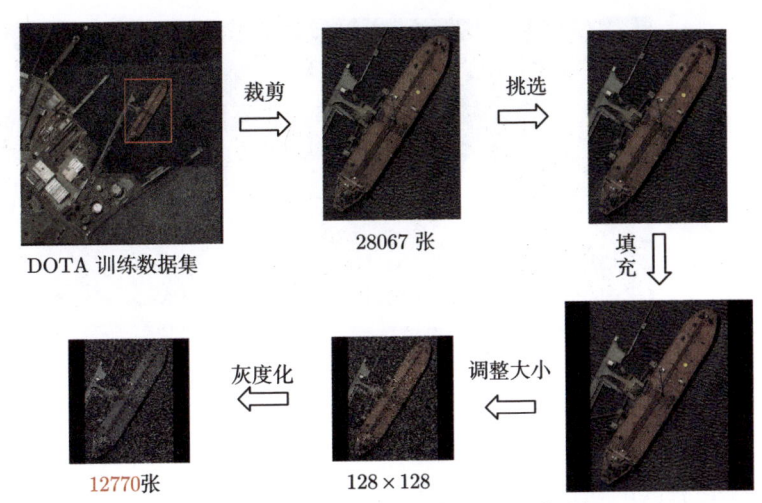

图 15-14 光学遥感舰船数据集生成过程

HRSC2016 是一个公开的用于高分辨率光学遥感舰船图像检测的数据集，其中包含远洋和近海岸两种场景下的光学遥感图像（图像来自谷歌地球），涵盖 6 个著名的港口。该数据集共收集了 1061 幅场景图像，图像大小介于 300×300 像素到 1500×900 像素之间，且大部分图像的大小大于 1000×600 像素，所有的图像中共包含 2976 艘舰船。不同于其他目标检测数据集，该数据集采用 3 层树形结构对舰船目标类别信息进行了细粒度的标注。

为了得到有标签的光学舰船切片图像，根据标注信息，采用与 DOTA 数据集类似的方法，将散货船、集装箱船、其他货船、其他船及邮轮这 5 类舰船图像裁剪出来。然后通过在图像较长边长的两侧填充值为 0 的像素得到正方形图像。再利用双线性插值方法将这些图像的大小调整为 128×128 像素。之后经过灰度化处理，得到 465 张单通道有标签光学遥感舰船图像。表 15-4 列出了该数据集中用于本实验的 5 类有标签光学遥感舰船图像信息，图 15-15 中第一行的图像展示了该数据集中用于本实验的 5 类光学遥感舰船图像示例。

表 15-4 用于本实验的 5 类有标签光学遥感舰船图像信息

序号	类别	样本数/个		
		HRSC2016 数据集	FGSCR-42 数据集	总计
1	散货船	43	89	132
2	集装箱船	243	455	698
3	其他货船	64	270	334
4	其他船	92	778	870
5	邮轮	23	176	199
总计		465	1768	2233

| HRSC2016数据集 | | | | | |

| FGSCR-42数据集 | | | | | |

| 散货船 | 集装箱船 | 其他货船 | 其他船 | 邮轮 |

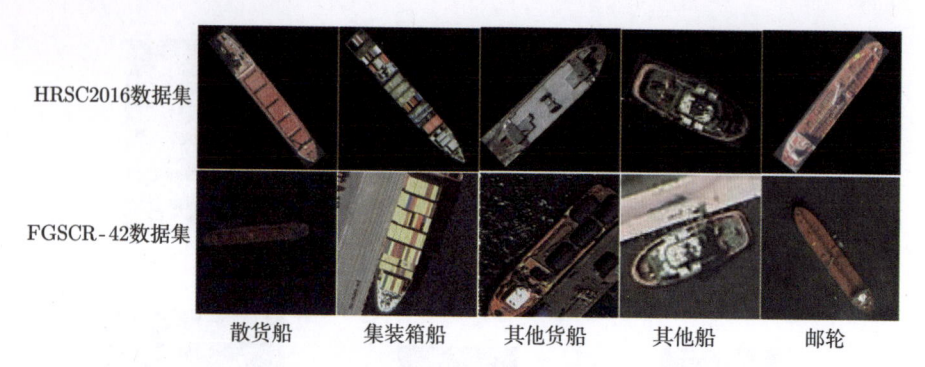

图 15-15　用于本实验的 5 类光学遥感舰船图像示例

FGSCR-42 是一个用于光学遥感舰船图像细粒度分类的公开数据集，其中包含 9320 张舰船切片图像，涵盖 42 个类别的舰船。本实验从中选出了 5 类光学遥感舰船图像，具体信息如表 15-4 所示，图 15-15 中第二行的图像展示了该数据集中用于实验的 5 类光学遥感舰船图像示例。

15.3.2　参数敏感性分析

首先应该确定网络中各个超参数的取值。为了简化超参数搜索过程，将损失函数式（15-16）中的 α 和 β 根据经验分别固定为 0.01 与 1.0，只评估 γ 和 θ 两个超参数对模型性能的影响。

由式（15-4）～式（15-16）可知，对 z_{ship} 和 z_{other} 施加 KL 散度约束，在 z_{ship} 和 z_{other} 的后验分布逼近 $\mathcal{N}(\mathbf{0}, \mathbf{I})$ 的过程中，一方面 z_{ship} 和 z_{other} 的各维度之间可趋于相互独立，即各维度所编码的信息可相互补充，学习到的特征表示更完备，解缠效果更好；另一方面可使 z_{ship} 和 z_{other} 各元素的取值不会太大，这样可隐式地约束网络中权重的取值，使其不会太大，防止过拟合。但如果 α 的取值过大，网络会过度优化，使 $q(z_{\text{ship}}|x) \sim \mathcal{N}(\mathbf{0}, \mathbf{I})$ 或 $q(z_{\text{other}}|x) \sim \mathcal{N}(\mathbf{0}, \mathbf{I})$，即 z 中不再包含输入图像 x 的信息，导致特征学习失败，模型崩塌。对 β 来说，随着其取值的增大，网络会更加关注 z_{other} 的语义信息，逐渐剔除其中包含的可用于辨别不同类别舰船的判别性信息。但 β 取值过大也会使网络忽略其他约束项，导致优化失败。在舰船特征与数据源特征的解缠任务中，γ 的取值发挥着关键作用。随着 γ 取值的增大，网络会更加关注舰船图像的跨源生成效果，但这需要判别器 D_{o} 和 D_{s} 的配合。θ 直接控制舰船的分类性能，随着其取值的不断增大，舰船分类准确率会逐渐提高，但也有可能因优化过度而造成模型崩塌。

为了评估不同超参数组合下模型在 SAR 舰船图像测试集上的分类性能，同时确定一组最优超参数，依据经验及对搜索过程消耗时间总量的考虑，将 α 和 β 分别固定为 0.01 与 1.0，只在 γ 和 θ 上进行网格搜索。将 γ 和 θ 的取值均从 0.01 逐渐增大至 100.0，具体的候选值列表为：0.01、0.1、1.0、10.0 和 100.0。在每组超参数下，利用训练集数据对网络进行训练，经交叉验证和提前停止确定网络权重的取值后，再在 SAR 舰船图像测试集上进行测试。重复上述过程 5 次后取平均值，结果如图 15-16 所示。该结果与理论分析相符，θ 的取值直接影响模型的分类性能，随着其取值从 0.01 逐渐增大至 100.0，SAR 舰船图像测试集上的分类准确率呈总体上升趋势。根据分类结果可确定一组最优超参数：$\alpha = 0.01$、$\beta = 1.0$、$\gamma = 1.0$ 和 $\theta = 100.0$。此时，测试集平均分类准确率为 93.88%。

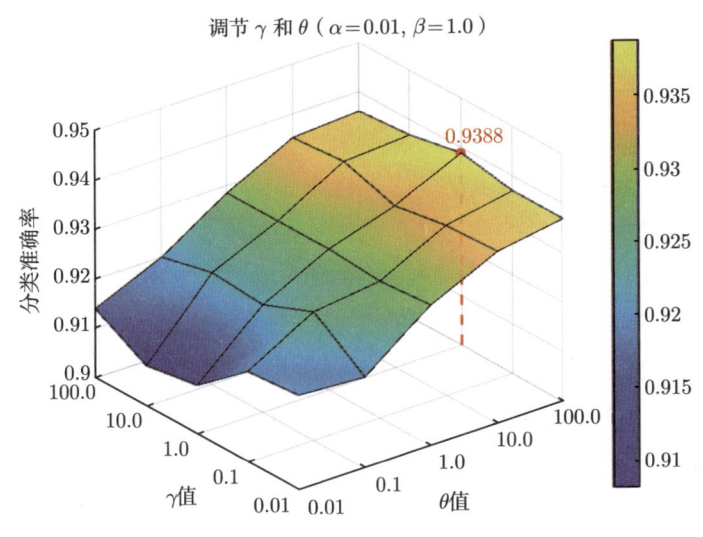

图 15-16 ShipNet 超参数搜索

15.3.3 结果分析

本节将通过大量的消融实验验证 ShipNet 的有效性，即 ShipNet 能够有效融合 SAR 舰船图像和光学遥感舰船图像，提高 SAR 舰船图像分类准确率。

在 ShipNet 中，利用舰船特征编码器 E_{ship} 来融合 SAR 舰船图像和光学遥感舰船图像并提取舰船特征，且通过与其他特征编码器 E_{other}、舰船图像生成器 G、舰船图像判别器 D_o 和 D_s 的配合完成舰船特征、其他特征及数据源特征之间的解缠。通过对光学遥感舰船图像的学习，E_{ship} 可以从 SAR 舰船图像中提取出尽可能完备的舰船特征，提高 SAR 舰船图像分类准确率。为了说明 ShipNet 中 E_{other}、G、D_o 和 D_s 的有效性，进行如下对比实验。

（1）ShipNet_Encoder（SAR）。ShipNet 训练完成后，在对新的 SAR 舰船图像进行分类时，只需要舰船特征编码器 E_{ship} 和舰船分类器 C_{ship} 的参与，故只利用训练集中的 SAR 舰船图像来训练这部分网络。经交叉验证和提前停止确定网络权重后，再在 SAR 舰船图像测试集上进行测试。

（2）ShipNet_Encoder（SAR+LO）。为了评估直接粗糙地使用 SAR 舰船图像和有标签光学遥感舰船图像来共同训练 E_{ship} 和 C_{ship} 时模型对 SAR 舰船图像分类性能的提升效果，利用 SAR 舰船图像训练集和有标签光学遥感舰船图像来共同训练 E_{ship} 和 C_{ship}。经交叉验证和提前停止确定网络权重后，再在 SAR 舰船图像测试集上进行测试。

（3）ShipNet_Encoder。为了进一步说明在训练过程中加入无标签光学遥感舰船图像后模型对 SAR 舰船图像分类性能的影响，利用有标签 SAR 舰船图像训练集、有标签光学遥感舰船图像和无标签光学遥感舰船图像（通过预训练模型生成伪标签）来共同训练 ShipNet。经交叉验证和提前停止确定网络权重后，再在 SAR 舰船图像测试集上进行测试。

（4）ShipNet（SAR）。只使用 SAR 舰船图像训练集来训练 ShipNet，经交叉验证和提前停止确定网络权重后，再在 SAR 舰船图像测试集上进行测试。

（5）ShipNet（$\beta = 0$）。为了评估使用 ShipNet 融合 SAR 舰船图像和光学遥感舰船图像后，模型在 SAR 舰船图像分类任务上的分类性能，同时为了评估 E_{other} 对舰船特征学习效果的影响，将损失函数式（15-16）中的 β 去除，使用所有的光学遥感舰船图像和 SAR 舰船图像训练集来训练 ShipNet，经交叉验证和提前停止确定网络权重后，再在 SAR 舰船图像测试集上进行测试。

（6）ShipNet。为了评估使用 ShipNet 融合 SAR 舰船图像和光学遥感舰船图像后，模型在 SAR 舰船图像任务上的分类性能，使用所有的光学遥感舰船图像和 SAR 舰船图像训练集来训练 ShipNet。经交叉验证和提前停止确定网络权重后，再在 SAR 舰船图像测试集上进行测试。

表 15-5 展示了不同分类方法在 SAR 舰船图像测试集上的分类结果，其中 1～5 表示第 1～5 次实验，最优结果以加粗字体显示。通过对比 ShipNet_Encoder（SAR）、ShipNet_Encoder（SAR+LO）和 ShipNet_Encoder 可知，如果直接将有标签光学遥感舰船图像与 SAR 舰船图像一起训练，不仅不能提升编码网络 ShipNet_Encoder 对 SAR 舰船图像的分类性能，还会导致分类准确率由 89.81% 下降至 89.18%，其中的原因可能是光学遥感舰船图

像的加入干扰了分类网络对 SAR 舰船图像的学习,当带有伪标签的光学遥感舰船图像也参与训练后,分类准确率变为 89.72%,所以直接进行暴力融合无法提升分类网络的 SAR 舰船目标分类性能。通过对比 ShipNet(SAR)和 ShipNet 可知,利用光学遥感舰船图像的信息,ShipNet 在 SAR 舰船图像测试集上的分类准确率可提高 4.41 个百分点,这充分说明了 ShipNet 能够有效利用辅助源数据提取舰船的语义层次化特征,并通过特征融合学习提升 SAR 舰船目标分类性能。ShipNet 与 ShipNet($\beta=0$)的对比结果则说明通过在损失函数式(15-16)中添加关于 z_{other} 的约束项式(15-7),可使舰船特征同其他特征解缠,从而学习到更完备的舰船特征,提升 SAR 舰船目标分类性能。

表 15-5　不同分类方法在 SAR 舰船图像测试集上的分类结果

分类方法	SAR 舰船图像测试集分类准确率/%					
	1	2	3	4	5	均值±标准差
ShipNet_Encoder(SAR)	90.06	89.81	91.07	89.30	88.80	89.81±0.86
ShipNet_Encoder(SAR+LO)	89.05	89.47	88.21	90.14	89.05	89.18±0.71
ShipNet_Encoder	88.89	89.30	89.47	89.89	90.06	89.72±0.32
ShipNet(SAR)	89.89	89.30	89.55	89.47	89.13	89.47±0.29
ShipNet($\beta=0$)	93.09	93.01	93.18	93.09	93.18	93.11±0.07
ShipNet	93.93	93.93	93.77	93.93	93.85	**93.88±0.08**

此外,为了评估 ShipNet 是否能够有效地解缠舰船特征、数据源特征和其他特征,本实验还测试了 ShipNet 的舰船图像跨源生成效果,并与 CycleGAN 进行了对比。图 15-17 展示了将光学遥感舰船图像转化为 SAR 舰船图像后的效果,其中第一行的 4 幅图像为真实的光学图像,第二行和第三行分别为使用 CycleGAN 与 ShipNet 转换生成的 SAR 图像。由图 15-17 可知,由 ShipNet 转换得到的 SAR 舰船图像细节更丰富,而 CycleGAN 生成的 SAR 舰船图像背景信息逼真,更像真实的 SAR 舰船图像。总体来说,ShipNet 可将光学遥感舰船图像转换为令人满意的 SAR 舰船图像,且与 CycleGAN 的转换效果不相上下,表明 ShipNet 可以学习到数据源特征,实现舰船特征同数据源特征的解缠。同时实验结果表明,这两种方法均不能有效地将 SAR 舰船图像转换为光学遥感舰船图像,因为光学遥感舰船图像相对于 SAR 舰船图像细节更丰富,所以将光学图像转换为 SAR 图像的过程是一个减少细节的过程,故该过程容易实现,逆过程则难以实现。

下面通过与其他 SAR 目标识别方法的比较,说明 ShipNet 在 SAR 舰船图像分类任务上的优越性。在 SAR 舰船图像分类任务上,既与传统的机器学习方法如 KNN、基于主成分分析的支持向量机（Principle Component Analysis-Support Vector Machine，PCA-SVM）、基于稀疏表示的分类方法（Sparse Representation-based Classification，SRC）、基于协同表示的分类方法（Collaborative Representation-based Classification，CRC）等进行了比较，也评估了先进的基于深度学习的 VGG16、ResNet50v2 等方法在 SAR 舰船图像分类任务中的性能。在这些方法中，均只使用 SAR 舰船图像来进行训练。对于 KNN、PCA-SVM、SRC 和 CRC 等方法，首先通过超参数网格搜索和交叉验证确定模型的最优参数，然后在 SAR 舰船图像测试集上进行测试。对于 VGG16 和 ResNet50v2 两种方法，首先将网络中的卷积层截取出来，并在其后添加两层全连接层，并使用网络在 ImageNet 数据集上的预训练权重来初始化卷积层部分。然后使用 SAR 舰船图像训练集对网络进行微调。在微调过程中，首先固定前面的卷积层，只训练全连接层，经交叉验证和提前停止确定网络参数后，再对网络进行整体微调并确定网络参数，最后进行分类测试。为了消除实验结果的随机性，将所有实验均重复 5 次并取平均值，实验结果如图 15-18 所示。由实验结果可知，ShipNet 在 SAR 舰船图像测试集上的分类性能明显优于传统的分类方法，且其分类准确率可提高 20 个百分点以上。相比 ResNet50v2 和 VGG16 等先进的深度分类网络，ShipNet 通过融合非配对的 SAR 舰船图像和光学遥感舰船图像，分类准确率可再提高 3.72 个百分点以上，达到了最优的分类性能。

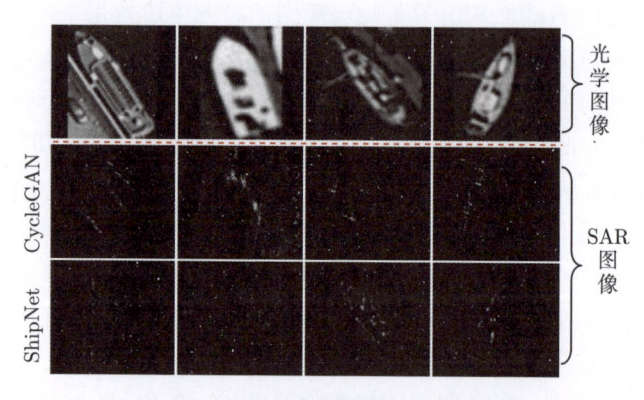

图 15-17　舰船图像跨源生成效果比较

表 15-6 列出了 ResNet50v2、VGG16 和 ShipNet 3 种深度神经网络中的参数总量。由表可知，ShipNet 的参数总量远少于 ResNet50v2 和 VGG16，即在算法复杂度降低的情况下，ShipNet 仍然可以实现更好的 SAR 舰船图像分

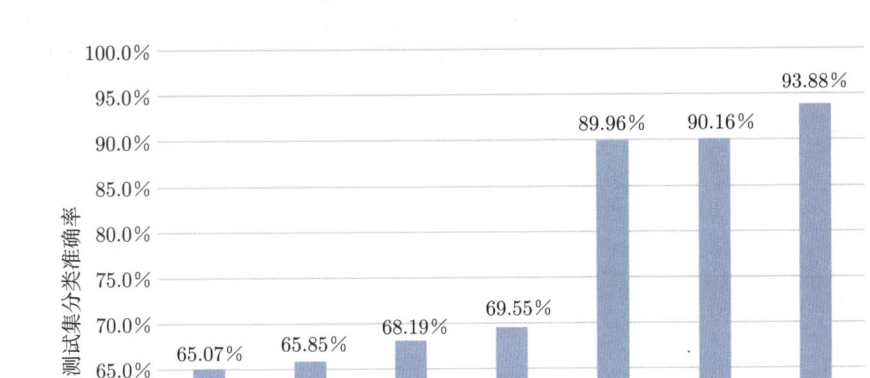

类性能，这充分说明了 ShipNet 的高效性。

图 15-18　不同分类方法在 SAR 舰船图像测试集上的分类准确率

表 15-6　3 种深度神经网络中的参数总量/个

分类方法	ResNet50v2	VGG16	ShipNet
参数总量	23575045	14717253	2833304

15.4　本章小结

本章针对辅助源包含少量有标注样本和大量无标注样本的情况，提出了基于对抗学习的异源舰船图像语义特征融合目标识别方法，完成了对舰船特征子空间、数据源特征子空间和其他特征子空间 3 个结构化语义子空间的学习，有效解决了常规域自适应异源图像融合方法中特征空间语义层次不明确的问题。实验结果表明，本章所提方法可以有效利用光学辅助源图像，且通过特征融合使 SAR 舰船图像分类准确率较其他先进的 SAR 自动目标识别方法提高了至少 3.72 个百分点。本章所提方法还可以有效解决 SAR 舰船目标识别中的小样本问题。

参 考 文 献

[1] 杨桄，童涛，陆松岩，等. 基于多特征的红外与可见光图像融合 [J]. 光学精密工程，2014, 22(2): 489-496.

[2] LIU Z G, LIU Y, DEZERT J, et al. Evidence combination based on credal belief redistribution for pattern classification[J]. IEEE Transactions on Fuzzy Systems, 2019, 28(4): 618-631.

[3] 王坚强，何波. 基于证据推理的信息不完全确定的 MCDM 方法 [J]. 系统工程与电子技术，2005, 27(4): 659-661.

[4] DENOEUX T, LI S, SRIBOONCHITTA S. Evaluating and comparing soft partitions: an approach based on Dempster-Shafer theory[J]. IEEE Transactions on Fuzzy Systems, 2017, 26(3): 1231-1244.

[5] 邓勇，施文康，朱振福. 一种有效处理冲突证据的组合方法 [J]. 红外与毫米波学报，2004, 23(1): 27-32.

[6] 王栋，李齐，蒋雯，等. 基于 pignistic 概率距离的冲突证据合成方法 [J]. 红外与激光工程，2009, 38(1): 149-154.

[7] 尹慧琳，王磊. DS 证据推理改进方法综述 [J]. 计算机工程与应用，2005, 41(27): 22-24.

[8] 汤潮，蒋雯，陈运东，等. 新不确定度量下的冲突证据融合 [J]. 系统工程理论与实践，2015, 35(9): 2394-2400.

[9] DUBOIS D, PRADE H. Representation and combination of uncertainty with belief functions and possibility measures[J]. Computational Intelligence, 1988, 4(3): 244-264.

[10] 陈寅，林良明，颜国正. DS 证据推理在信息融合应用中的存在问题及改进 [J]. 系统工程与电子技术，2000, 22(11): 69-71.

[11] SHAFER G, LOGAN R. Implementing Dempster's rule for hierarchical evidence[J]. Artificial Intelligence, 1987, 33(3): 271-298.

[12] 陈一雷，王俊杰. 一种 DS 证据推理的改进方法 [J]. 系统仿真学报，2004, 16(1): 28-30.

[13] GUO H, SHI W, DENG Y, et al. Evidential conflict and its 3D strategy: discard, discover and disassemble?[J]. Journal of Systems Engineering and Electronics, 2007, 29(6): 890-898.

[14] BOGDANOV A V. Neuroinspired architecture for robust classifier fusion of multisensor imagery[J]. IEEE Transactions on Geoscience and Remote Sensing, 2008, 46(5): 1467-1487.

[15] SHEN H, MENG X, ZHANG L. An integrated framework for the spatio-temporal-

spectral fusion of remote sensing images[J]. IEEE Transactions on Geoscience and Remote Sensing, 2016, 54(12): 7135-7148.

[16] SPORTOUCHE H, TUPIN F, DENISE L. Extraction and three-dimensional reconstruction of isolated buildings in urban scenes from high-resolution optical and SAR spaceborne images[J]. IEEE Transactions on Geoscience and Remote Sensing, 2011, 49(10): 3932-3946.

[17] WEGNER J D, ZIEHN J R, SOERGEL U. Combining high-resolution optical and InSAR features for height estimation of buildings with flat roofs[J]. IEEE Transactions on Geoscience and Remote Sensing, 2013, 52(9): 5840-5854.

[18] XU X, LI W, RAN Q, et al. Multisource remote sensing data classification based on convolutional neural network [J]. IEEE Transactions on Geoscience and Remote Sensing, 2017, 56(2): 937-949.

[19] FAN J, WU Y, LI M, et al. SAR and optical image registration using nonlinear diffusion and phase congruency structural descriptor[J]. IEEE Transactions on Geoscience and Remote Sensing, 2018, 56(9): 5368-5379.

[20] HUANG Z, PAN Z, LEI B. What, where, and how to transfer in SAR target recognition based on deep CNNs[J]. IEEE Transactions on Geoscience and Remote Sensing, 2019, 58(4): 2324-2336.

[21] LONG M, CAO Y, CAO Z, et al. Transferable representation learning with deep adaptation networks[J]. IEEE Transactions on Pattern Analysis and Machine Intelligence, 2018, 41(12): 3071-3085.

[22] PALLOTTA L, DE MAIO A, ORLANDO D. A robust framework for covariance classification in heterogeneous polarimetric SAR images and its application to L-band data[J]. IEEE Transactions on Geoscience and Remote Sensing, 2018, 57(1): 104-119.

[23] HOU C, ZENG L L, HU D. Safe classification with augmented features[J]. IEEE Transactions on Pattern Analysis and Machine Intelligence, 2018, 41(9): 2176-2192.

[24] LA L, GUO Q, CAO Q, et al. Transfer learning with reasonable boosting strategy[J]. Neural Computing and Applications, 2014, 24(3): 807-816.

[25] LI H, PAN S J, WANG S, et al. Heterogeneous domain adaptation via nonlinear matrix factorization[J]. IEEE Transactions on Neural Networks and Learning Systems, 2019, 31(3): 984-996.

[26] BRUZZONE L, MARCONCINI M. Domain adaptation problems: a DASVM classification technique and a circular validation strategy[J]. IEEE Transactions on Pattern Analysis and Machine Intelligence, 2009, 32(5): 770-787.

[27] BANERJEE B, BOVOLO F, BHATTACHARYA A, et al. A novel graph-matching-based approach for domain adaptation in classification of remote sensing image pair[J]. IEEE Transactions on Geoscience and Remote Sensing, 2015, 53(7): 4045-

4062.

[28] LIU Z, LI G, MERCIER G, et al. Change detection in heterogenous remote sensing images via homogeneous pixel transformation[J]. IEEE Transactions on Image Processing, 2017, 27(4): 1822-1834.

[29] SHI X, LIU Q, FAN W, et al. Transfer across completely different feature spaces via spectral embedding[J]. IEEE Transactions on Knowledge and Data Engineering, 2011, 25(4): 906-918.

[30] CHEN W Y, HSU T M H, TSAI Y H H, et al. Transfer neural trees: semi-supervised heterogeneous domain adaptation and beyond[J]. IEEE Transactions on Image Processing, 2019, 28(9): 4620-4633.

[31] QIN Y, BRUZZONE L, LI B, et al. Cross-domain collaborative learning via cluster canonical correlation analysis and random walker for hyperspectral image classification[J]. IEEE Transactions on Geoscience and Remote Sensing, 2019, 57(6): 3952-3966.

[32] LI X, ZHANG L, DU B, et al. On gleaning knowledge from cross domains by sparse subspace correlation analysis for hyperspectral image classification[J]. IEEE Transactions on Geoscience and Remote Sensing, 2018, 57(6): 3204-3220.

[33] YAN Y, WU Q, TAN M, et al. Online heterogeneous transfer by hedge ensemble of offline and online decisions [J]. IEEE Transactions on Neural Networks and Learning Systems, 2017, 29(7): 3252-3263.

[34] WEI P, KE Y, KEONG G C. A general domain specific feature transfer framework for hybrid domain adaptation[J]. IEEE Transactions on Knowledge and Data Engineering, 2018, 31(8): 1440-1451.

[35] LI L, ZHANG Z. Semi-supervised domain adaptation by covariance matching[J]. IEEE Transactions on Pattern Analysis and Machine Intelligence, 2018, 41(11): 2724-2739.

[36] LI J, LU K, HUANG Z, et al. Transfer independently together: a generalized framework for domain adaptation[J]. IEEE Transactions on Cybernetics, 2018, 49(6): 2144-2155.

[37] JIAO L, DENOEUX T, PAN Q. A hybrid belief rule-based classification system based on uncertain training data and expert knowledge[J]. IEEE Transactions on Systems, Man, and Cybernetics: Systems, 2015, 46(12): 1711- 1723.

[38] ZHOU Z J, CHANG L L, HU C H, et al. A new BRB-ER-based model for assessing the lives of products using both failure data and expert knowledge[J]. IEEE Transactions on Systems, Man, and Cybernetics: Systems, 2015, 46(11): 1529-1543.

[39] FENG Z, ZHOU Z J, HU C, et al. A new belief rule base model with attribute reliability[J]. IEEE Transactions on Fuzzy Systems, 2018, 27(5): 903-916.

[40] ZHAO F J, ZHOU Z J, HU C H, et al. A new evidential reasoning-based method

for online safety assessment of complex systems[J]. IEEE Transactions on Systems, Man, and Cybernetics: Systems, 2016, 48(6): 954-966.

[41] QUADRIANTO N, GHAHRAMANI Z. A very simple safe-Bayesian random forest[J]. IEEE Transactions on Pattern Analysis and Machine Intelligence, 2014, 37(6): 1297-1303.

[42] GAO B, WANG J. Multi-objective fuzzy clustering for synthetic aperture radar imagery[J]. IEEE Geoscience and Remote Sensing Letters, 2015, 12(11): 2341-2345.

[43] CHANG L L, ZHOU Z J, CHEN Y W, et al. Belief rule base structure and parameter joint optimization under disjunctive assumption for nonlinear complex system modeling[J]. IEEE Transactions on Systems, Man, and Cybernetics: Systems, 2017, 48(9): 1542-1554.

[44] LIAN C, RUAN S, DENOEUX T. Dissimilarity metric learning in the belief function framework[J]. IEEE Transactions on Fuzzy Systems, 2016, 24(6): 1555-1564.

[45] SU Z G, DENOEUX T. BPEC: belief-peaks evidential clustering[J]. IEEE Transactions on Fuzzy Systems, 2018, 27(1): 111-123.

[46] LIU Z G, PAN Q, DEZERT J, et al. Combination of classifiers with optimal weight based on evidential reasoning [J]. IEEE Transactions on Fuzzy Systems, 2017, 26(3): 1217-1230.

[47] YERIMA S Y, SEZER S. Droidfusion: a novel multilevel classifier fusion approach for android malware detection [J]. IEEE Transactions on Cybernetics, 2018, 49(2): 453-466.

[48] SENANAYAKA J S L, VAN KHANG H, ROBBERSMYR K G. Multiple classifiers and data fusion for robust diagnosis of gearbox mixed faults[J]. IEEE Transactions on Industrial Informatics, 2018, 15(8): 4569-4579.

[49] MAI X, ZHANG H, JIA X, et al. Faster R-CNN with classifier fusion for automatic detection of small fruits[J]. IEEE Transactions on Automation Science and Engineering, 2020, 17(3): 1555-1569.

[50] OZDEMIR O, ALLEN T G, CHOI S, et al. Copula based classifier fusion under statistical dependence[J]. IEEE Transactions on Pattern Analysis and Machine Intelligence, 2017, 40(11): 2740-2748.

[51] YAN K, KOU L, ZHANG D. Learning domain-invariant subspace using domain features and independence maximization[J]. IEEE Transactions on Cybernetics, 2017, 48(1): 288-299.

[52] WANG D, LU C, WU J, et al. Softly associative transfer learning for cross-domain classification[J]. IEEE Transactions on Cybernetics, 2019, 50(11): 4709-4721.

[53] DO Q, LIU W, FAN J, et al. Unveiling hidden implicit similarities for cross-domain recommendation[J]. IEEE Transactions on Knowledge and Data Engineering, 2019, 33(1): 302-315.

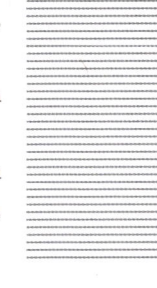

[54] ZHU Y, ZHUANG F, WANG J, et al. Deep subdomain adaptation network for image classification[J]. IEEE Transactions on Neural Networks and Learning Systems, 2020, 32(4): 1713-1722.

[55] BELL D A, GUAN J W W, BI Y. On combining classifier mass functions for text categorization[J]. IEEE Transactions on Knowledge and Data Engineering, 2005, 17(10): 1307-1319.

[56] DESTERCKE S, BUCHE P, CHARNOMORDIC B. Evaluating data reliability: an evidential answer with application to a web-enabled data warehouse[J]. IEEE Transactions on Knowledge and Data Engineering, 2011, 25(1): 92-105.

[57] LIU Z G, PAN Q, MERCIER G, et al. A new incomplete pattern classification method based on evidential reasoning [J]. IEEE Transactions on Cybernetics, 2014, 45(4): 635-646.

[58] DENUXDENOEUX T, SMETS P. Classification using belief functions: relationship between case-based and model-based approaches[J]. IEEE Transactions on Systems, Man, and Cybernetics, Part B (Cybernetics), 2006, 36(6): 1395-1406.

[59] DENOEUX T. Maximum likelihood estimation from uncertain data in the belief function framework[J]. IEEE Transactions on Knowledge and Data Engineering, 2011, 25(1): 119-130.

[60] WANG G, LU J, CHOI K S, et al. A transfer-based additive LS-SVM classifier for handling missing data[J]. IEEE Transactions on Cybernetics, 2018, 50(2): 739-752.

[61] MA X, MOU X, WANG J, et al. Cross-data set hyperspectral image classification based on deep domain adaptation [J]. IEEE Transactions on Geoscience and Remote Sensing, 2019, 57(12): 10164-10174.

[62] WANG Y, XIA S T, TANG Q, et al. A novel consistent random forest framework: Bernoulli random forests[J]. IEEE Transactions on Neural Networks and Learning Systems, 2017, 29(8): 3510-3523.

[63] WEN Z, WU Q, LIU Z, et al. Polar-spatial feature fusion learning with variational generative-discriminative network for PolSAR classification[J]. IEEE Transactions on Geoscience and Remote Sensing, 2019, 57(11): 8914- 8927.

[64] YANG L, JING L, YU J, et al. Learning transferred weights from co-occurrence data for heterogeneous transfer learning[J]. IEEE Transactions on Neural Networks and Learning Systems, 2015, 27(11): 2187-2200.

[65] LIU Z, PAN Q, DEZERT J, et al. Classifier fusion with contextual reliability evaluation[J]. IEEE Transactions on Cybernetics, 2017, 48(5): 1605-1618.

[66] SMETS P. The combination of evidence in the transferable belief model[J]. IEEE Transactions on Pattern Analysis and Machine Intelligence, 1990, 12(5): 447-458.

[67] LIU Z G, PAN Q, DEZERT J, et al. Hybrid classification system for uncertain data[J]. IEEE Transactions on Systems, Man, and Cybernetics: Systems, 2016,

47(10): 2783-2790.

[68] LIANG J, HE R, SUN Z, et al. Aggregating randomized clustering-promoting invariant projections for domain adaptation[J]. IEEE Transactions on Pattern Analysis and Machine Intelligence, 2018, 41(5): 1027-1042.

[69] LI S, SONG S, HUANG G, et al. Cross-domain extreme learning machines for domain adaptation[J]. IEEE Transactions on Systems, Man, and Cybernetics: Systems, 2018, 49(6): 1194-1207.

[70] LI W, DUAN L, XU D, et al. Learning with augmented features for supervised and semi-supervised heterogeneous domain adaptation[J]. IEEE Transactions on Pattern Analysis and Machine Intelligence, 2013, 36(6): 1134-1148.

[71] GUEGUEN L, HAMID R. Toward a generalizable image representation for large-scale change detection: application to generic damage analysis[J]. IEEE Transactions on Geoscience and Remote Sensing, 2016, 54(6): 3378-3387.

[72] LIU J, GONG M, QIN K, et al. A deep convolutional coupling network for change detection based on heterogeneous optical and radar images[J]. IEEE Transactions on Neural Networks and Learning Systems, 2016, 29(3): 545-559.

[73] TOUATI R, MIGNOTTE M, DAHMANE M. A reliable mixed-norm-based multiresolution change detector in heterogeneous remote sensing images[J]. IEEE Journal of Selected Topics in Applied Earth Observations and Remote Sensing, 2019, 12(9): 3588-3601.

[74] ZHAO W, WANG Z, GONG M, et al. Discriminative feature learning for unsupervised change detection in heterogeneous images based on a coupled neural network[J]. IEEE Transactions on Geoscience and Remote Sensing, 2017, 55(12): 7066-7080.

[75] ZHAN T, GONG M, JIANG X, et al. Log-based transformation feature learning for change detection in heterogeneous images[J]. IEEE Geoscience and Remote Sensing Letters, 2018, 15(9): 1352-1356.

[76] WANG Z, CHEN J, HOI S C. Deep learning for image super-resolution: a survey[J]. IEEE Transactions on Pattern Analysis and Machine Intelligence, 2020, 43(10): 3365-3387.

[77] GREEN O. Efficient scalable median filtering using histogram-based operations[J]. IEEE Transactions on Image Processing, 2017, 27(5): 2217-2228.

[78] GONG M, SU L, JIA M, et al. Fuzzy clustering with a modified MRF energy function for change detection in synthetic aperture radar images[J]. IEEE Transactions on Fuzzy Systems, 2013, 22(1): 98-109.

[79] SAHA S, SOLANO-CORREA Y T, BOVOLO F, et al. Unsupervised deep transfer learning-based change detection for HR multispectral images[J]. IEEE Geoscience and Remote Sensing Letters, 2020, 18(5): 856-860.

[80] ZHANG M, SHI W. A feature difference convolutional neural network-based change detection method[J]. IEEE Transactions on Geoscience and Remote Sensing, 2020, 58(10): 7232-7246.

[81] CHEN Y, JIANG H, LI C, et al. Deep feature extraction and classification of hyperspectral images based on convolutional neural networks[J]. IEEE Transactions on Geoscience and Remote Sensing, 2016, 54(10): 6232-6251.

[82] SONG Q, XU F. Zero-shot learning of SAR target feature space with deep generative neural networks[J]. IEEE Geoscience and Remote Sensing Letters, 2017, 14(12): 2245-2249.

[83] QIN X, ZOU H, ZHOU S, et al. Region-based classification of SAR images using Kullback–Leibler distance between generalized gamma distributions[J]. IEEE Geoscience and Remote Sensing Letters, 2015, 12(8): 1655-1659.

[84] CHEN S, WANG H, XU F, et al. Target classification using the deep convolutional networks for SAR images[J]. IEEE Transactions on Geoscience and Remote Sensing, 2016, 54(8): 4806-4817.

[85] GENG J, DENG X, MA X, et al. Transfer learning for SAR image classification via deep joint distribution adaptation networks[J]. IEEE Transactions on Geoscience and Remote Sensing, 2020, 58(8): 5377-5392.

[86] JO H W, LEE S, PARK E, et al. Deep learning applications on multitemporal SAR (Sentinel-1) image classification using confined labeled data: the case of detecting rice paddy in South Korea[J]. IEEE Transactions on Geoscience and Remote Sensing, 2020, 58(11): 7589-7601.

[87] WRIGHT J, YANG A Y, GANESH A, et al. Robust face recognition via sparse representation[J]. IEEE Transactions on Pattern Analysis and Machine Intelligence, 2008, 31(2): 210-227.

[88] DING Z, SHAO M, FU Y. Missing modality transfer learning via latent low-rank constraint[J]. IEEE Transactions on Image Processing, 2015, 24(11): 4322-4334.

[89] LI J, JING M, LU K, et al. Locality preserving joint transfer for domain adaptation[J]. IEEE Transactions on Image Processing, 2019, 28(12): 6103-6115.

[90] LUO Y, WEN Y, LIU T, et al. Transferring knowledge fragments for learning distance metric from a heterogeneous domain[J]. IEEE Transactions on Pattern Analysis and Machine Intelligence, 2018, 41(4): 1013-1026.

[91] DENG Z, JIANG Y, CHUNG F L, et al. Transfer prototype-based fuzzy clustering[J]. IEEE Transactions on Fuzzy Systems, 2015, 24(5): 1210-1232.

[92] ZUO H, ZHANG G, PEDRYCZ W, et al. Fuzzy regression transfer learning in Takagi-Sugeno fuzzy models[J]. IEEE Transactions on Fuzzy Systems, 2016, 25(6): 1795-1807.

[93] ZUO H, ZHANG G, PEDRYCZ W, et al. Granular fuzzy regression domain adapta-

tion in Takagi-Sugeno fuzzy models[J]. IEEE Transactions on Fuzzy Systems, 2017, 26(2): 847-858.

[94] ZUO H, LU J, ZHANG G, et al. Fuzzy transfer learning using an infinite Gaussian mixture model and active learning[J]. IEEE Transactions on Fuzzy Systems, 2018, 27(2): 291-303.

[95] ZUO H, LU J, ZHANG G, et al. Fuzzy rule-based domain adaptation in homogeneous and heterogeneous spaces [J]. IEEE Transactions on Fuzzy Systems, 2018, 27(2): 348-361.

[96] SONG S, YU H, MIAO Z, et al. Domain adaptation for convolutional neural networks-based remote sensing scene classification[J]. IEEE Geoscience and Remote Sensing Letters, 2019, 16(8): 1324-1328.

[97] MATASCI G, VOLPI M, KANEVSKI M, et al. Semisupervised transfer component analysis for domain adaptation in remote sensing image classification[J]. IEEE Transactions on Geoscience and Remote Sensing, 2015, 53(7): 3550-3564.

[98] PERSELLO C, BRUZZONE L. Active learning for domain adaptation in the supervised classification of remote sensing images[J]. IEEE Transactions on Geoscience and Remote Sensing, 2012, 50(11): 4468-4483.

[99] PERSELLO C. Interactive domain adaptation for the classification of remote sensing images using active learning [J]. IEEE Geoscience and Remote Sensing Letters, 2012, 10(4): 736-740.

[100] OTHMAN E, BAZI Y, MELGANI F, et al. Domain adaptation network for cross-scene classification[J]. IEEE Transactions on Geoscience and Remote Sensing, 2017, 55(8): 4441-4456.

[101] SHAO L, ZHU F, LI X. Transfer learning for visual categorization: a survey[J]. IEEE Transactions on Neural Networks and Learning Systems, 2014, 26(5): 1019-1034.

[102] ZHOU Z J, HU G Y, HU C H, et al. A survey of belief rule-base expert system[J]. IEEE Transactions on Systems, Man, and Cybernetics: Systems, 2019, 51(8): 4944-4958.

[103] RAGHAVAN R. Analysis of CA-CFAR processors for linear-law detection[J]. IEEE Transactions on Aerospace and Electronic Systems, 1992, 28(3): 661-665.

[104] BLAKE S. OS-CFAR theory for multiple targets and nonuniform clutter[J]. IEEE Transactions on Aerospace and Electronic Systems, 1988, 24(6): 785-790.

[105] BRUZZONE L, CHI M, MARCONCINI M. A novel transductive SVM for semisupervised classification of remotesensing images[J]. IEEE Transactions on Geoscience and Remote Sensing, 2006, 44(11): 3363-3373.

[106] WU J, PAN S, ZHU X, et al. Multi-instance learning with discriminative bag mapping[J]. IEEE Transactions on Knowledge and Data Engineering, 2018, 30(6): 1065-1080.

[107] WEI X S, WU J, ZHOU Z H. Scalable algorithms for multi-instance learning[J]. IEEE Transactions on Neural Networks and Learning Systems, 2016, 28(4): 975-987.

[108] SCHERREIK M D, RIGLING B D. Open set recognition for automatic target classification with rejection[J]. IEEE Transactions on Aerospace and Electronic Systems, 2016, 52(2): 632-642.

[109] KECHAGIAS-STAMATIS O, AOUF N. Automatic target recognition on synthetic aperture radar imagery: a survey[J]. IEEE Aerospace and Electronic Systems Magazine, 2021, 36(3): 56-81.

[110] SCHEIRER W J, JAIN L P, BOULT T E. Probability models for open set recognition[J]. IEEE Transactions on Pattern Analysis and Machine Intelligence, 2014, 36(11): 2317-2324.

[111] SCHEIRER W J, DE REZENDE ROCHA A, SAPKOTA A, et al. Toward open set recognition[J]. IEEE Transactions on Pattern Analysis and Machine Intelligence, 2013, 35(7): 1757-1772.

[112] GENG C, HUANG S, CHEN S. Recent advances in open set recognition: a survey[J]. IEEE Transactions on Pattern Analysis and Machine Intelligence, 2021, 43(10): 3614-3631.